会计电算化教程

韩庆兰　编著

立信会计出版社

LIXIN ACCOUNTING PUBLISHING HOUSE

图书在版编目(CIP)数据

会计电算化教程 / 韩庆兰编著. —上海：立信会计
出版社,2011.1
ISBN 978-7-5429-2746-0

Ⅰ. ①会… Ⅱ. ①韩… Ⅲ. ①计算机应用-会计-
教材 Ⅳ. ①F232

中国版本图书馆 CIP 数据核字(2011)第 014973 号

策划编辑 黄成艮
责任编辑 赵志梅
封面设计 周崇文

会计电算化教程

出版发行	立信会计出版社			
地　　址	上海市中山西路 2230 号	邮政编码	200235	
电　　话	(021)64411389	传　　真	(021)64411325	
网　　址	www.lixinaph.com	电子邮箱	lxaph@sh163.net	
网上书店	www.shlx.net	电　　话	(021)64411071	
经　　销	各地新华书店			

印　　刷	江苏凤凰数码印务有限公司
开　　本	787 毫米×1092 毫米　1/16
印　　张	20.75
字　　数	407 千字
版　　次	2011 年 1 月第 1 版
印　　次	2018 年 9 月第 4 次
书　　号	ISBN 978-7-5429-2746-0/F
定　　价	35.00 元

如有印订差错,请与本社联系调换

前　　言

本书以财政部 2006 年颁布的《企业会计准则》、《企业会计准则讲解》和《企业会计准则的讲解与运用》为依据,以真实的科研单位为背景,设计了企业实用的会计科目体系、企业日常业务资料,以用友 U8(V6.1)教学版软件为应用系统,对书中的账务处理系统、应收/应付系统、薪酬管理系统、固定资产系统、会计报表编制、会计报表分析,进行了全方位的运行,为本书的系统应用部分奠定了坚实的基础。本书的任何业务实例不仅仅注重操作,同时保证了科目之间、各子系统之间数据的勾稽关系,严格按照实际企业的系统应用程序,进行了月末的对账、结转及费用分配,最终在完成总账及损益结转之后,进行了报表编制与分析。书中查询列示的数据与报表之间都符合会计业务的勾稽关系。对学生了解系统之间的数据传递关系起到了重要作用。

本书的特点突出表现在以下几个方面:

(1) 培养对象明确。本教材的使用对象是作为应用型人才培养对象的会计及财务管理专业的学生,他们是会计软件的应用者,而不是会计软件的开发者。但是他们又不同于在岗职工的软件培训,他们需要掌握软件的功能结构和软件初始设置的原理,既需要对软件的整体结构和相互关联有深入透彻的了解,又需要具有解决实际问题的能力。

(2) 教材定位准确。清楚区分本课程的先修课程和相关课程,会计电算化是多学科的综合运用,但这些课程是会计电算化的先修课程,而不能构成会计电算化教材的内容。

(3) 注重理论联系实际。每章首先厘清系统的业务处理流程和核算程序,使学生懂得本章在企业会计处理中的作用,即应该做什么事情,并通过功能设置懂得如何使系统能够做好这些事情,最后通过每章的系统应用,利用企业实务资料进行初始设置、日常处理和月末结转的全过程体验,使理论教学与实际应用紧密结合,有助于提高学生解决实际问题的能力。

本书既适合作为应用型本科、高职高专院校经济管理专业的教材,也适合作为在职人员的参考用书。

本书由中南大学商学院韩庆兰教授编著,硕士研究生刘沙、雷晨对第3至第7章的系统初始化、日常运行及月末处理进行了全过程的实际运行,吴武玲、王金秋根据对象企业的实际生产经营背景,编写了各系统的会计业务资料和初始余额,欧阳朔斯也参加了部分业务资料的编写及工资系统费用结转的处理工作,薛振纲老师为最后提交的稿件精心做了全面校对,用友公司长沙分公司的杭宏芳老师为本书配了 U8(V6.1)的光碟,对实验教学起到重要作用,在此一并表示真诚的谢意。同时,真诚希望读者和同行给予批评指正。

本书配有教学资源,任课老师可通过邮箱 chenggen765@163.com 联系索取。

韩庆兰

2011 年 1 月

目　　录

第1章　概述 ··· 1

1.1　会计电算化的发展历程 ························· 1

1.2　目前企业管理系统的主流产品 ············· 6

1.3　打造与计算机管理相适应的管理基础 ··· 12

1.4　本书的编写思路及结构 ······················· 15

本章重点精炼 ··· 17

习题 ··· 17

第2章　系统管理与基础设置 ························· 18

2.1　系统管理模块的内容及操作流程 ········· 18

2.2　账套管理 ··· 19

2.3　角色管理 ··· 24

2.4　基础设置 ··· 28

本章重点精炼 ··· 38

习题 ··· 38

第3章　账务处理系统 ································· 40

3.1　账务处理的一般程序及业务分析 ········· 40

3.2　会计科目设置与编码 ·························· 45

3.3　总账系统的主要功能 ·························· 48

3.4　账务处理系统的应用 ·························· 51

3.5　总账系统日常业务处理 ······················· 89

3.6　总账系统期末处理 ···························· 101

3.7　账簿管理 ··· 110

本章重点精炼 ··· 117

习题 ·· 117

第4章 应收款管理系统 ······································· 121

4.1 应收款业务概述 ··· 121

4.2 应收账款系统分析 ····································· 124

4.3 应收账款子系统的主要功能 ············ 125

4.4 应收款系统的应用 ····································· 131

4.5 应收款日常业务处理 ······························ 147

4.6 应收款期末处理 ··· 163

4.7 账表管理 ·· 164

本章重点精炼 ·· 170

习题 ·· 170

第5章 应付款管理系统 ······································· 173

5.1 应付款管理业务概述 ······························ 173

5.2 应付账款系统分析 ····································· 175

5.3 应付账款系统的主要功能 ···················· 177

5.4 应付款系统的应用 ····································· 182

5.5 应付款日常业务处理 ······························ 191

5.6 应付款期末处理 ··· 200

5.7 账表管理 ·· 201

本章重点精炼 ·· 207

习题 ·· 207

第6章 职工薪酬管理系统 ································· 209

6.1 薪酬管理业务概述 ····································· 209

6.2 薪酬核算业务分析 ····································· 209

6.3 薪酬核算系统的主要功能 ···················· 212

6.4 薪酬系统的应用 ··· 216

6.5 薪酬的日常业务处理 ······························ 223

6.6 薪酬系统期末处理 ····································· 230

本章重点精炼 ·· 241

习题 ·· 241

第7章　固定资产管理系统 ·· 243

7.1　固定资产业务概述 ·· 243

7.2　固定资产系统分析 ·· 244

7.3　固定资产系统的主要功能 ···································· 247

7.4　固定资产系统的应用 ·· 251

7.5　固定资产日常业务处理 ·· 264

7.6　固定资产期末处理 ·· 267

本章重点精炼 ·· 275

习题 ·· 276

第8章　会计报表系统 ·· 278

8.1　报表概述 ·· 278

8.2　编制报表的工作步骤 ·· 279

8.3　会计报表系统的应用 ·· 286

8.4　报表数据汇总 ·· 301

本章重点精炼 ·· 303

习题 ·· 305

第9章　财务分析 ·· 307

9.1　财务分析的方法分类 ·· 307

9.2　财务分析的主要功能 ·· 308

9.3　财务分析系统应用 ·· 312

本章重点精炼 ·· 321

习题 ·· 321

参考文献 ·· 322

第1章 概 述

1.1 会计电算化的发展历程

我国会计电算化工作始于 20 世纪 70 年代末,至今已走过 30 多年的历程。今天的"会计电算化"与 30 多年前相比,不可同日而语,今天的"会计电算化"无论从应用普及程度,还是功能覆盖广度,以及它在企业经营管理工作中所起的作用,都已远远超越它诞生之时赋予它的使命。因此,笔者认为讨论它的定义和概念无多大意义,因为应用性的学科与理论研究不同,它是多学科综合运用的体现,"定义"有着深深的时代烙印。回顾历史,目的是让人懂得发展演变过程,从中得到启示,使从事该行业的后来者清楚自己的定位,懂得努力的方向,并懂得如何成为一个时代需要的人。

本节从"会计电算化"一词的产生开始,按照会计软件及商品化的过程对会计电算化 30 多年的发展历程进行阐述。

1.1.1 会计电算化的产生

1979 年,财政部给长春第一汽车制造厂拨款 50 万元,进行会计电算化试点工作,主要运用计算机进行工资、产值的计算,首次由组织主导将计算机技术引入会计工作。1981 年 8 月,在中国人民大学和长春第一汽车制造厂联合召开的"财务、会计、成本应用电子计算机问题研讨会"上,由中国人民大学教授王景新提出"会计电算化"一词。这标志着我国会计电算化已经起步。此时没有商品化会计软件专业开发商,人们还没发现会计软件未来的应用前景和市场空间,因此出现了自行开发的局面,开始步入定点开发阶段。

1.1.2 定点开发阶段

有部分具有前瞻性眼光的单位,开始考虑将计算机应用于企业管理工作中,这种应用于企业管理工作中的尝试,首先起始于易于解决的会计核算和工资发放管理工作。在这种背景下,部分高校和研究所的一批学者开始了对会计电算化理论的研究,框架性地提出了会计软件的结构与主要功能。在进行会计电算化教学和研究的同时,部分单位开始了会计软件的定点开发工作。

这一时期的定点开发工作进行得非常艰难,由于应用单位并不完全了解计算机技术,不懂得计算机管理与手工处理的差异是什么,不能系统全面地描述自己的业务需求,更不能站在系统的高度提出较高的设想,只能阐述手工记账、算账与形成报表的过程,而软件开发人员对会计业务不熟悉,对计算机技术与会计业务处理的结合尚不能达到融会贯通,由此形成系统开发人员与使用者之间在相互表达和理解上的差异,这种差异最终会影响到软件的质量,这种差异也使得开发的软件只能依靠个人的理解,仅限于模拟手工业务处理过程。

可以说,早期的开发工作处于非常盲目的状态,尽管后来随着定点开发工作的深入,开发工作的盲目性逐渐减少,会计软件开发的规律逐渐被人们掌握,定点开发的成功率也在一定程度上有所提高,但总体来说,早期会计软件定点开发工作的成功率还是处于一个非常低的水平。

由于早期的会计软件开发主要是企业与大专院校、科研院所进行合作开发,研究与探索过程是必然要付出一定代价的。一些软件开发出来之后,一是由于服务跟不上,造成部分软件没有发挥应有的作用;二是因为企业没有自己的维护管理人员,企业的业务稍有变化,就会影响软件的运行,乃至废弃整个系统。

1.1.3 有序发展阶段

1.1.3.1 软件开发规范的引导

1988 年 8 月,我国召开首届会计电算化学术研讨会,提出实现会计软件通用化的若干措施:

(1)确定通用化财务软件的适用范围。因为不可能设计开发出适用于所有企事业单位的通用化财务软件,而且若适用范围过大,则设计开发难度极大;反之,若适用范围过小,则缺乏实用及推广价值。所以,一般应按工业、商业、外贸、金融、保险、机关、学校、科研等单位的特点,分别开发适用于各行业不同特点的通用财务软件。

(2)找出各行业应用单位的共同点,设计出通用功能模块。由于国家会计制度上的统一性,以及同一行业机构设置、业务处理等内容和计算机财务数据处理技术上的相似性,同一类企事业单位财务数据处理中有许多相同或相似之处。针对一些具体的账务处理、财务报表编制方法等,可以设计出通用化功能模块。不同单位之间的财务管理虽然有很多不同点,但这些功能模块还是可以通用的。

(3)同一类型企事业单位的业务处理还有一些完全不同的部分。工业企业由于生产组织、技术流程的不同,成本计算和管理也不完全相同。这时可以根据各单位的不同特点,在采用结构化、模块化设计原则的前提下,开发和设计适用于本单位的选用功能模块,并将适用于本单位特点的选用功能模块和通用功能模块组装起来使用。

（4）设计通用化财务软件时，不要做得太"死"。有些内容可以留待用户根据本单位的需求选用后，由用户自己来定义，而且要尽量扩大自定义内容。

（5）如上述几项措施仍不能满足用户的特殊需求，必要时可以做二次开发。但作为通用化软件，二次开发不宜过多，一般限制在编程总量的10%左右，最多不能超过20%。

这些措施有效地引导并规范了会计软件的开发工作，同时将市场机制引进我国会计软件市场，极大地促进了我国会计电算化的发展。

1.1.3.2　政策引导

财政部和中国会计学会在全国大力推广会计电算化，以财政部为中心的会计电算化宏观管理体系逐步形成。各地财政部门、各行业主管部门加强了会计电算化的组织、指导和管理工作；与单位会计电算化工作相配套的各种管理制度及其控制措施逐步建立和成熟起来。1989年，财政部颁布了《会计核算软件管理的几项规定（试行）》；1990年，财政部颁布了《关于会计核算软件评审规则问题的补充规定（试行）》；1994年，颁布了《会计电算化管理办法》、《商品化会计核算软件评审规则》、《会计核算软件基本功能规范》三个文件；1996年，颁布了《会计电算化工作规范》；1998年，出台了《中国财务软件数据接口标准》。

1.1.3.3　商品化会计软件的出现

在软件规范标准指引下，软件开发向通用化、规范化、专业化、商品化方向发展，涌现出一批会计电算化先进单位。1989年9月，财政部评审通过了先锋集团公司开发研制的CP—800通用财会软件系统，这是首家通过财政部评审的商品化会计软件。社会上出现了专门从事商品化会计软件开发的单位，如用友电子财务技术有限公司、金蝶国际软件集团有限公司等。

1）商品化会计软件的功能

这期间开发出的商品化会计软件主要是以计算机替代手工会计核算和减轻会计人员的记账工作量为目的，一般人们称之为"核算型"会计软件，其主要功能包括账务处理、报表生成、工资核算、固定资产核算、材料核算、销售核算和库存核算等。各功能模块可以独立运行，模块之间在结构上是松散的，不能称之为一个系统整体。这期间开发出的商品化会计软件未能解决数据重复录入和数据一致性控制机制等问题。

2）商品化会计软件的局限性

这期间开发出的商品化会计软件主要有以下局限性：

（1）在工资系统中录入的工资数据不能自动生成工资费用分配凭证以及其他工资核算凭证，只能从工资系统中打印输出工资汇总表、工资费用分配表等信息，再到账务处理系统中手工制作工资核算凭证。

（2）固定资产发生变动时，不能在进行固定资产卡片信息维护的同时，自动生成固定资产核算凭证，而必须由会计人员再到账务处理系统中依据有关原始票据手工制作凭证。

（3）材料采购必须在材料系统录入采购单和入库单以便进行材料数量、单价和金额的管理，而材料核算则只能由会计人员在账务处理系统中依据相同的原始单据制作核算凭证。

1.1.4　商品化软件的成熟阶段

财政部提出的《会计核算软件基本功能规范》和财政部门对会计核算软件进行的规范化评审，对提高会计核算软件质量和促进会计核算软件商品化发展起到了积极作用。在 20 世纪 90 年代，用友、金蝶、浪潮等公司得到迅速发展。该阶段的软件与前一阶段相比，其优势体现在以下几方面。

1）开发过程规范化

在开发过程中，以系统总体设计为指导，实现了会计信息各模块数据关联的整体化与集成化。

2）功能结构一体化

在 20 世纪 90 年代中期先后推出的商品化会计核算软件从一开始就进行规范化总体设计，力求克服第一批商品化会计核算软件结构上的缺陷，并在功能上作出较大调整，主要功能包括账务处理、资金管理、报表、工资核算、固定资产核算、采购与应付账款核算、销售与应收账款核算和存货核算等。

（1）实现数据的一次录入与共享使用。这主要表现在：由工资模块进行工资计算并自动生成工资费用分配以及其他工资核算凭证进入账务处理模块；由固定资产模块录入固定资产变动原始资料，以便对固定资产进行管理，与此同时自动生成固定资产变动核算凭证进入账务处理系统，此外在自动计提每月固定资产折旧额的同时，也能自动生成折旧核算凭证进入账务处理系统；在采购模块录入采购原始单据对采购业务、应付账款及其核销进行管理的同时，自动生成采购核算凭证进入账务处理系统；在销售模块录入销售原始单据对销售业务、应收账款及其核销进行管理的同时，自动生成销售核算凭证进入账务处理系统，同时自动结转销售成本；采购和销售模块的信息变动自动改变原材料和产成品库存信息，在实现对库存数量、警戒线等管理的同时，自动按照预先设置的库存成本计价方法进行库存核算。

（2）加强往来管理功能。将往来管理明确地划分为应收账款管理和应付账款管理，并使其成为相对独立的功能模块，加强了对客户与供应商信息、信誉和应收账款与应付账款余额的管理，强化了应收账款、应付账款与货币资金的管理功能，体现了企业强化对流动资金管理的意识，这也满足了企业适应新时期社会主义市场经济发展的需要。

（3）将材料管理模块划分为采购和库存管理两个模块。采购与应付账款管理模块相结合，以利于企业对订单、供应商、采购价格、应付账款及其核销的管理，并为企业制定科学的资金支付策略提供支持。此外,库存管理模块的功能不仅注重对生产过程原材料使用的管理,而且增强了对在产品和产成品的库存管理。

从商品化会计核算软件的功能结构和特点,不难看出该阶段的软件在逐步向核算管理型转变,凸显数据共享机制和往来管理,并将应收账款管理和应付账款管理从总账系统独立出来,实现与相关的销售、采购业务管理系统协同运作。

1.1.5　财务业务管理一体化软件

随着市场经济体制改革地不断深入,越来越多的中国企业迈进市场,走向规模,企业管理的自主性和自主权越来越高,单纯记账与核算已经无法满足企业管理决策的需求,Novell 局域网的应用配合着财务管理和决策设计理念的软件产品,丰富着财务(管理)软件的阵营。

Windows 平台的问世带来技术上的革命,财务软件模块从分离走向整合,集成管理思想的技术实现成为可能,从而掀起中国财务管理软件第二次革命的浪潮。在 1997 年年末,一股企业资源计划(Enterprise Resource Planning, ERP)风潮迅速在中国财务软件市场中蔓延开来。当时的所谓 ERP 软件仅仅是 ERP 的部分模块,就是我们现在所说的一体化企业管理软件。

1) 一体化管理软件的功能及特点

(1) 实现供销存业务与财务一体化管理。在业务处理与结算上,实现业务的跟踪管理,同时实现信息流、资金流、物流的管理统一,解决长期困扰企业供销存管理的难题。在财务的监控机制上,一体化的特性得到充分保障。

(2) 有效控制工业生产成本。在成本数据归集方面,设计了与相关子系统的数据接口,可实现动态成本核算;在成本计划方面,可以编制全面的成本计划,并可用成本计划控制实际发生的成本,实现动态成本控制。

(3) 有效控制企业财务运营风险。信用控制机制由信用等级、信用发生控制及信用分析等一系列流程组成。付款控制机制由预付款信用控制、付款节奏控制、应付款分析等一系列流程组成。库存资金占用控制机制由存货控制、库存资金占用规划及库存资金占用分析等业务流程来保障实现。

(4) 提供企业级的分析决策信息。提供完善的现金流量表解决方案;提供全面而深入的企业财务分析手段,通过财务分析模块来完成这种具体要求;提供完整而及时的企业决策支持手段,通过可与财务核算及业务管理各模块挂接的决策支持模块来完成。

(5) 软件开发平台与开发技术。大型企业管理软件主要采用 32 位的开发工具,运行在 Windows 95 以上的平台上,数据库将不再使用桌面数据库,而多数使用服务器数据库。网络体系结构主要采用三层(数据库服务器/应用服务器或事务处理服务器/客户)或多层结构,以克服传统的 C/S 结构易于出现的网络瓶颈现象。此外,在企业管理软件系统中,还采用浏览器与 Web 服务器技术(B/S 结构),以实现软件系统数据的标准化、跨地区和跨平台运行,同时已经开始考虑电子商务(E-Business)在软件功能中的应用。

2) 一体化管理软件的目标

实现企业资金流与物流的一体化管理,从企业经营管理的角度进行设计,实现供销存业务管理、会计核算和财务管理的一体化,提供经营决策的预测、控制和分析手段,能有效控制成本和经营风险,帮助企业提高竞争力。这种建立在一体化基础之上的会计信息系统能够跨部门应用,使信息资源充分共享,企业管理中各部门都能够第一时间得到其最需要的相关信息,从而以最快速度作出经营决策,实现企业资金流、物流、信息流的一体化管理目标。

1.2　目前企业管理系统的主流产品

计算机技术特别是数据库技术的发展为企业建立管理信息系统,甚至对改变管理思想起着不可估量的作用,管理思想的发展与信息技术的发展是互成因果的环路,而实践证明,信息技术已在企业的管理层面扮演越来越重要的角色。

正如美国生产与库存管理协会(APICS)的 ERP 定义一样,财务会计一直是 ERP 的核心及导向,国内的老牌 ERP 厂商,比如用友、新中大、金蝶等就是沿着这样一条轨迹清晰的路子走向成功的。实际上,无论在传统的 MRP(Material Requirement Planning)、MRPⅡ(Manufacturing Resources Planning)还是在 ERP 中,财务管理始终是核心的模块。会计和财务管理的对象是企业资金流,是企业运营效果和效率的衡量和表现,因而财务信息系统一直是各行业实施 ERP 时关注的重点。随着企业外部经营环境和内部管理模式的不断变化,企业对财务管理功能提出了更高的要求。主要的 ERP 供应商,如 SAP、用友、金蝶等,都提供了功能强大、集成性好的财务系统。

1.2.1　用友 U9 产品

1.2.1.1　用友 U9 产品的功能介绍

用友 U9 产品是完全基于 SOA 架构的世界级企业管理软件,面向快速发展与成长的中大型制造企业的复杂应用,以"实时企业、全球商务"为核心理念,完全适应多组织供应链协同、多工厂制造协同、产业链协同、产品事业部和业务中心的管理模式,更能支持多生产模式的混合生产与规划、多经营模式的混合管理、精益生产、全面成本、跨国财务等深度应用,具有高度灵活的产品架构,帮助企业快速响应变化,支持经营、业务与管理模式的创新。用友 U9 产品的(部分)关键业务模式组件表如图 1-1 所示。

1.2.1.2　用友 U9 产品的技术构架

UFIDA U9 是完全基于 SOA 架构的新一代世界级企业管理软件产品,而展现了这

采购	常规采购	集中采购	协同采购	询比价	采购合同管理	采购配额管理
	采购货源管理	VMI 管理	固定资产采购	费用类采购	KIT 件采购	借入转采购
	全程委外	采购收货	采购退货			
库存	库存规划	库存盘点	调拨	借料	跨组织调拨	形态转化
制造	按订单生产	按计划生产	生产模式	计划管理	产能管理	多工厂生产
	委外生产	返工返修	材料管理	派工	现场管理	工程数据
成本	多维度成本	成本池管理	成本模拟	实时成本	标准成本体系	实际成本核算
销售	信用管理	价格与折扣策略	多组织价格管控	销售计划	销售合同管理	一般销售
与	内部直运	外部直运	选配销售	套件(KIT 件)管理	借出转销售	委托代销
分销	多角贸易	加工贸易	出货计划	预出货	销售出货	销售立账
	销售退货	销售费用	外部渠道体系	渠道物流	区域库存优化	DRP
	销售返还	销售返点	销售返利额度	配送管理		
财务	账务处理	报表管理	总账多账簿	多组织多账簿	科目预算管理	资产多账簿
会计	资产多组织	多会计准则	应收管理	应付管理	现金银行	网上银行
	票据管理	现金流监控				
HR	集团人力资源管理		公司人力资源管理			

图 1-1　用友 U9 产品的(部分)关键业务模式组件表

种划时代的创新理念正是 UAP 企业管理软件平台。用友 U9 产品引领了企业开发平台技术的潮流,同步全球前沿科技,它完全采用面向服务架构(SOA),率先实现全程模型驱动开发(MDD)模式,达到降低集成和开发成本的目的。UAP 使企业管理软件具有多项新技术应用特点:企业信息资源变得可重用、透明化,并且系统具有高可扩展性,让业务处理更加高效、简洁、安全。UAP 还提供了统一的集成开发环境(IDE),用户可以使用包括企业建模、领域建模、服务设计、UI 设计、报表设计、规则设计、数据库设计等全方位的设计器,并通过可视化的界面和友好的交互操作,自动生成用户所需要的各种服务部件。UAP 完全支持企业级的集成与应用协同,如 Office 集成、移动商务、企业搜索、智能客户端等多项领域。UAP 作为开发工具和平台,提高了软件开发的效率和质量;作为应用平台,促进了应用软件的灵活性和开放性;作为交付和部署工具,增强了应用软件的可定制性与可集成性。总体架构如图 1-2 所示。

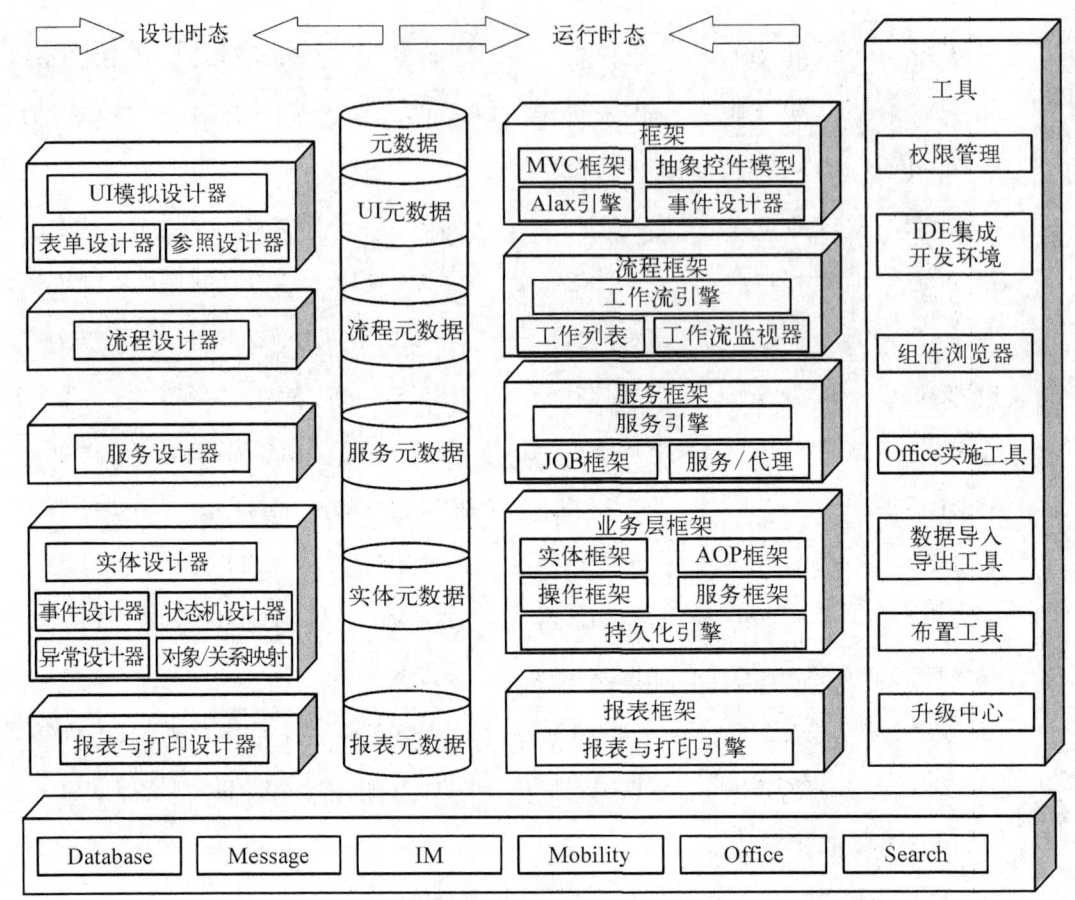

图 1 - 2　U9 UAP 总体架构

1.2.2　金蝶 EAS 产品

1.2.2.1　金蝶 EAS 产品架构

　　金蝶 EAS 产品构建于金蝶自主研发的业务操作系统——金蝶 BOS（Business Operating System）之上，提供了集成的集团财务管理、集团人力资源管理、集团采购管理、集团分销管理、供应链管理、协同平台等 50 多个应用模块，并为企业提供行业及个性化解决方案、移动商务解决方案，实现企业间的业务协作和电子商务的应用集成（如图 1 - 3 所示）。

1.2.2.2　金蝶 EAS 产品特点

　　金蝶 EAS 产品秉承 40 万家用户的最佳应用实践，采用最新的 ERPⅡ 管理思想和最先进的平台化技术架构，是 K/3 产品的重大平台升级和管理升级，是国内第一套"ERP＋中间件"的企业管理软件，涵盖集团管理、财务管理、人力资源管理、供应链管理、协同平

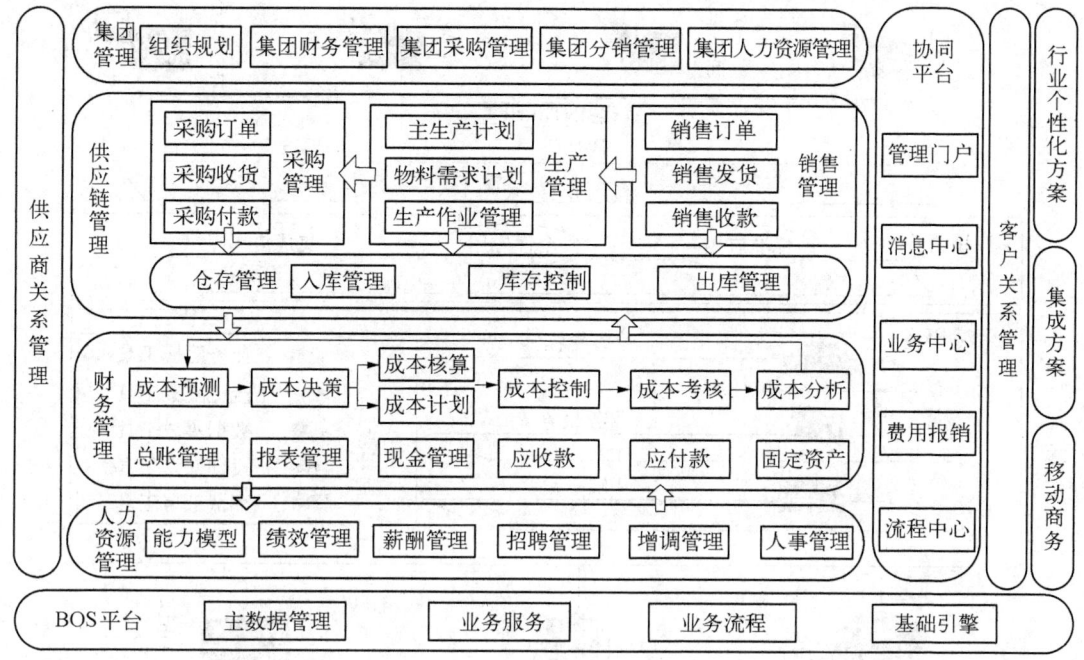

图1-3　金蝶EAS产品架构

台等管理领域,为大中型企业提供最适合中国企业管理特质的个性化企业管理及电子商务应用解决方案。金蝶EAS支持多种管理模式:财务控制型、战略控制型和运营控制型集团企业管理等。

1.2.2.3　金蝶EAS产品技术架构

基于金蝶BOS构建的金蝶EAS产品在架构模型上遵循SOA(Service-Oriented Architecture)的架构体系,由四部分构成如图1-4所示。

1.2.3　主流产品的特征

书中仅选择了用友公司的U9产品和金蝶公司的EAS产品,用于说明产品的主要特征和今后的发展,它们都具有如下特征。

1.2.3.1　功能综合化

过去的会计软件是单独开发的独立模块,现在的会计软件功能结构则向综合一体化发展。因为一个企业的生产经营活动是一个相互联系、相互制约的有机整体,会计要综合反映和监管企业的财务状况和经营成果。企业产、供、销各环节的经营状况,人、财、物各项消耗的数据,都直接反映在企业的财务状况和经营成果中。

产品管理不仅是企业资源计划(ERP)的管理,它已由企业内部管理走向企业的外部,成为电子商务的重要组成部分。它能够帮助企业实现财务与业务的协同远程

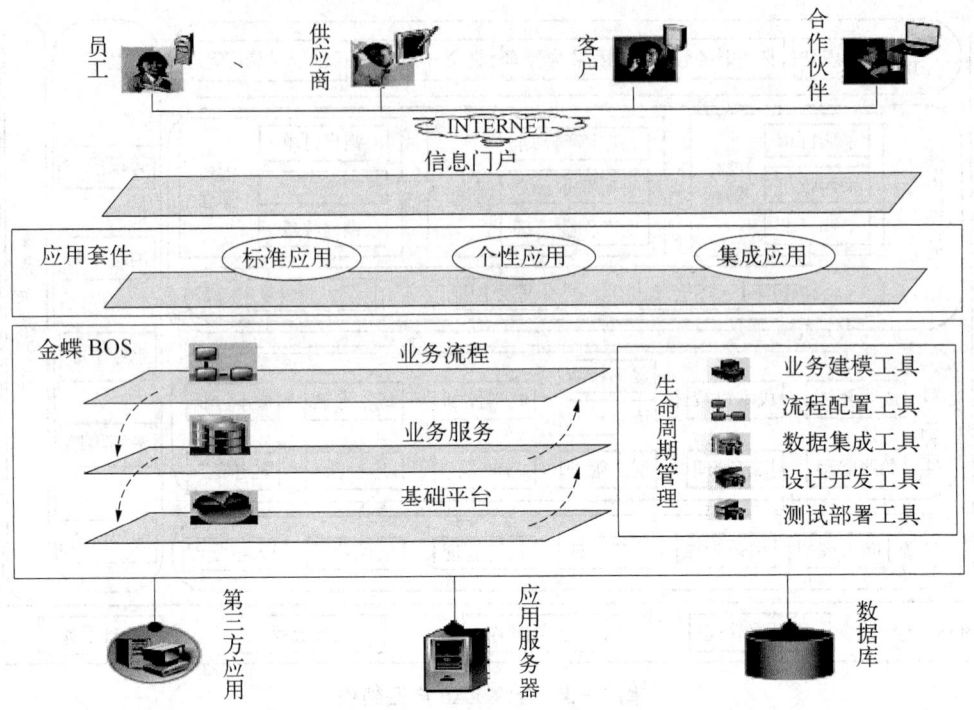

图 1-4　金蝶 EAS 产品的技术架构

报表、报账、查账、审计等远程处理,事中动态会计核算与在线财务管理,支持电子单据与电子货币,改变财务信息的获取与利用方式,使企业管理工作走上无纸化的阶段。

1.2.3.2　技术集成化

从图 1-4 金蝶 EAS 的技术架构到图 1-2 U9 UAP 总体架构,技术的集成度越来越高,技术集成的范围越来越广,不仅是软件开发所需要的技术集成,而且 UAP 还提供了统一的集成开发环境(IDE),用户可以使用包括企业建模、领域建模、服务设计、UI 设计、报表设计、规则设计、数据库设计等全方位的设计器,并通过可视化的界面和友好的交互操作,自动生成用户所需要的各种服务部件。

1.2.3.3　协同管理网络化

协同管理网络化是指通过网络实现与客户和供应商的协同。协同商务是指集团企业各组织间以及企业与供应商、客户、合作伙伴在信息共享的基础上协同工作,在集团企业内部各工厂、分销、物资等部门之间的业务计划、流程、资源的协同。企业间协同包括供应链计划协同和计划执行监控,通过整个供应链资源和计划的协调,形成整体供应链协同计划,依托于供应链协同计划,驱动从下游企业到制造企业再到上游企业的物流的顺畅和反向资金流,以实现供应链的协同运作。

1.2.3.4　数据处理多维化

为了有效支持预测、决策的实施,需要对各项数据进行多维分析。例如,对生产费用支出,可以分别按产品品种、成本项目、管理部门等不同角度归类分析,对销售收入可按不同产品、销售渠道、销售市场、销售部门、业务员等标准归类分析,生成多种类多维度的分析表。

1.2.3.5　软件产品个性化

每个专业软件开发商都提供了按行业划分的产品、按企业规模划分的产品、按应用领域划分的产品,用户可根据自身的行业特点、企业规模以及应用需求,选择适合的产品。用友公式的软件产品展示如图 1-5 所示。

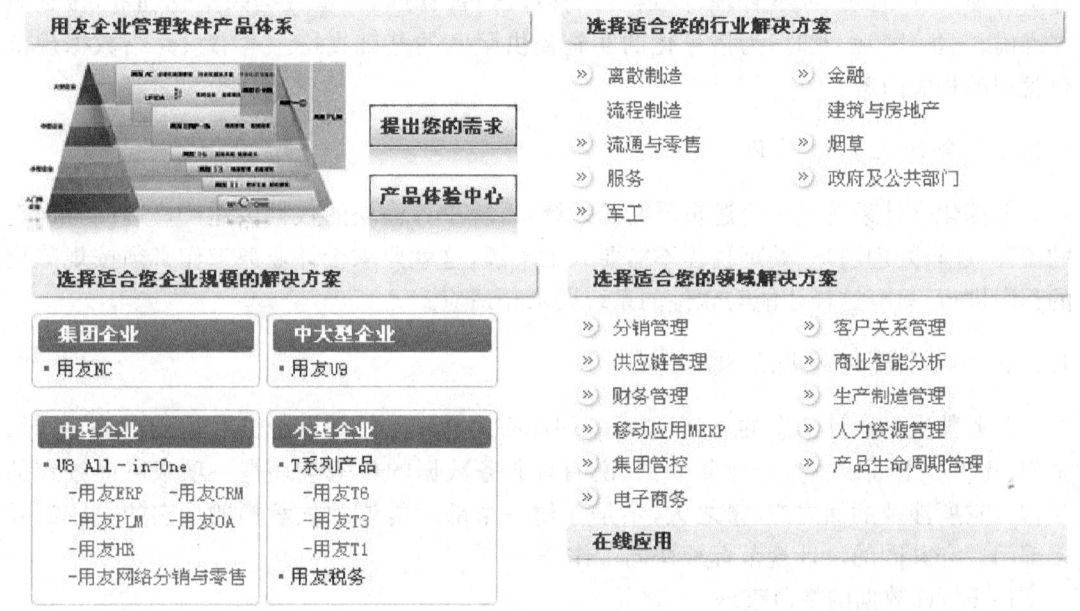

图 1-5　用友产品展示

1.2.4　会计电算化人员的主要职能

在 21 世纪的今天,会计软件的开发工作与会计软件的应用工作,走向了明确的专业分工,形成独立的专业职能。本书所讲的会计电算化人员指的是会计专业的学生(或会计工作者),他们的主要职责是掌握现代主流会计软件的特征和应用环境,以便科学地加以运用,使它更好地为企业的会计工作服务。

尽管当今的软件产品,实现了会计数据处理的高度自动化,功能集成化,许多开发技术已达到世界先进水平,但仍然改变不了在软件实施过程中人的主导作用。企业可以用钱买软件产品,但无法买应用效果。如果要使软件在企业真正发挥作用,需要的是大量的会用这些先进软件的会计人员。因此,要培养会计专业的学生了解软件的整体结构、处理流程及应用基础,使其能够站在全局的高度设计本企业的基础资料,负责企业实施会计电算化的全面工作,只有这样才能使企业实现真正意义上的电算化。

1.3 打造与计算机管理相适应的管理基础

实现财务管理与业务处理的协同,必须科学地规范企业的管理工作,设计业务流程,统一基础数据管理。如果这些工作做不好,再先进的系统也无法实现系统的设计目标。因此,先要扎实做好信息资源的基础管理工作,包括财务管理、人事劳资管理、采购管理、存货管理、生产管理、成本管理、固定资产管理、销售管理、计量数据采集管理等,做到数据准确、完备、客观、及时,为信息化的实施提供坚实的基础支持。本书只介绍数据规范化管理的相关内容。

1.3.1 会计业务规范化

电算化会计系统是一个逻辑严密的系统,系统中各模块的数据传递严格遵循着设定的流程,逻辑处理清晰,处理过程不需要人工干预,这就要求会计业务工作必须按规范化的程序进行,只有这样才能与软件的系统要求相适应。

1.3.2 业务数据的规范化

业务数据是会计信息的基础和载体,因此必须从根本上保证业务数据的准确、及时、全面、完整。下面以主生产业务为例,说明对业务数据的规范整理是一项艰巨而细致的工作。它所涉及的面之广、量之大,不是任何一个部门能够独立承担的。它的完成需要多部门遵守共同的设计规范标准协同工作。

1) BOM 数据的规范整理

在工业制造业中,BOM(Bill of Material)是物料清单的英文缩写,描述了物料(包括成品、半成品)的组成情况,即该物料是由哪些原材料、半成品组成的,每一组成成分的用量是多少及成分之间的层次关系。在流程型行业中 BOM 被配方取代,它描述的是产品由哪些原料配合而成,并说明各原料所占的比重。BOM 是工业企业最基本的资料之一,应用于企业销售、计划、生产、供应、物料、成本、设计、工艺等各个业务环节,充分体现了企业业务数据共享和信息集成。BOM 数据的准确与否,直接影响到其他系统。

2) 与 BOM 相关的数据

BOM 数据项中的工序号是产品在某一工作中心加工的过程编号,而工艺路线是生产产品的一组工序的有机序列。所以直接与 BOM 相关的数据是划定工作中心、建立相关的部门、工作中心与工序、建立工艺路线组的依据,最后才能建立工艺路线清单。

在编制工艺路线前,先要划定工作中心。工作中心主要应用于工艺路线、能力需求计划、工序计划、工序排程与工序汇总以及成本归集等。

工艺路线的每道工序要消耗资源,每个资源对应一个工作中心,也可以几道连续串行工序对应一个工作中心。工件经过每个工作中心要发生费用,产生加工成本,在作业成本(Activity-based Cost)中可定义一个或几个工作中心为一个成本中心。

对工艺路线实行分组管理。在建立工艺路线前,先要建立工艺路线组。每一个工艺路线必须归属于某个工艺路线组。

1.3.3 财务数据规范化

财务基础数据包括为财务系统提供信息的各种业务数据、各种材料和产品信息、工艺配方、客户和供应商档案、固定资产、人事信息等。这些数据是企业最重要的资源,是企业信息化建设的基石。通过系统实施,可以强行规范各种数据的建立。如在输入销售订单时,一定要输入客户编码信息、产品销售的行业流向等。这些规范的数据和特征值为今后信息的查询和决策分析提供了强有力的支持。

财务基础数据主要有两类:一类是进行管理和会计监督所必需的定额和费用开支的标准和预算(或计划);另一类是各种核算对象(如原材料、零配件、包装物、产成品、固定资产、低值易耗品等)的名称和编码。对第一类基础数据,要结合管理制度和具体的管理办法制定出科学、合理、完整的标准,并规定相应的审核、批准权限。第二类基础数据是会计软件运行的基础,也是系统能够按照设计要求运行的基本保证,必须对这类数据进行系统的分类整理,为会计软件的顺利实施打好基础。

1) 完善各项定额

定额是会计系统进行预测、计划、核算、分析的依据,是评价经济效益的标准,这些定额包括原料及主要材料、辅助材料、燃料及动力、修理用备件等消耗定额、各部门管理费用定额、工程项目预算定额等。这些定额是事中控制的主要依据之一。

2) 制定企业内部价格

企业内部价格是内部核算的必要条件之一,也是财务会计与责任会计有机结合的基础。在制定企业内部价格时,要结合企业的内部核算制度以及责任单位的成本水平,确定合理的互供材料、燃料、动力、半成品、劳务等内部价格。这是计算成本及内部利润的依据。

3) 完善会计科目编码体系

会计科目编码体系是会计信息系统的核心,它的二级科目或明细科目必然会与其他系统产生联系,这是以账务系统为核心,实现与专业核算系统集成的关键。因此,要明确每一会计科目的经济意义、核算范围、与其他科目的对应关系,以及与其他系统的关系。总之,应从本单位具体情况出发,遵照国家的统一规定,并充分考虑到单位的变化和发展,建立规范、完整的会计科目体系。

4）完善与会计科目体系相关的各项辅助编码

（1）单位往来核算科目。这些科目具体而言就是应收账款和应付账款，应收账款下设客户辅助核算，必须对每一个客户编一个代码。客户编码必须在账务系统、销售系统、应收款管理系统保持一致，以实现三者共享客户资料，保证基础资料的统一。应付账款下设供应商辅助核算，必须对每一个供应商编一个代码。供应商编码必须在账务系统、采购系统、应付款管理系统保持一致，以实现三者共享供应商资料，保证基础资料的统一。

（2）部门核算科目。部门核算科目主要涉及的是费用科目，如管理费用。设置部门核算科目的主要目的是控制各部门的费用。此处的部门编码必须与存货系统、制造与成本系统所使用的部门编码一致。

（3）个人核算科目。个人往来核算科目涉及其他应收款，需要对每一个职工进行编号，该编号应与人事、劳资系统的职工编号一致，以便系统共享资料。

5）建立各系统主要管理对象的编码

物料编码是贯穿采购管理系统、存货管理系统、制造与成本管理系统以及账务系统的项目核算管理，物料包括原材料、半成品、产成品。

（1）原材料编码。原材料编码包括原料及主要材料、辅助材料、外购半成品（外购件）、修理用备件（备品备件）、包装材料、燃料等。要按照系统的编码规则，为企业所使用的每种物料进行逐一编码。

（2）产品编码。产品是销售管理系统、存货管理系统、制造与成本管理系统的主要管理与核算对象，并且是账务系统项目核算管理的对象之一。产品编码指本企业所生产的所有产品，包括生产过程中产生的副产品。

（3）半成品编码。半成品是生产与制造管理系统和存货系统的主要管理对象之一，并且是非常复杂的。因为半成品编码，不仅仅考虑它的唯一性，而且必须考虑它与产成品的联系，还要考虑它与生产工艺的联系。即要知道它是处于哪道工序，构成哪种产成品。

（4）固定资产编码。固定资产管理系统是一个相对独立的系统，但必须考虑它与账务系统会计科目的衔接，以便计提的折旧可直接生成转账凭证；同时要考虑与备品、备件联系，要保证备品备件的管理符合设备维修的需要。由于固定资产包括的类别较多，存放地点遍及企业各个角落，进行规范整理是一项繁重的工作。在启用固定资产管理系统前，必须要先进行资产的清查，然后再进行逐一编码。

1.3.4　历史数据规范化

为了保证会计信息系统初始化工作顺利进行，还需要对有关的历史数据进行必要的规范整理。

1）规范会计科目体系，整理期初数据

按照选择的软件要求，设计企业的会计科目体系。然后对已使用的科目按照新的标准

进行调整,使之与新系统对接,并按新科目准备期初数据。这些数据包括如下几个方面:

(1) 各科目(包括明细科目)的年初数、累计发生数、期末数。

(2) 辅助核算项目的期初余额。例如,在建工程项目的明细科目期初余额。

(3) 待清理的往来款项、数量金额账的数量和单价,外币金额账的外币和汇率等。

初始数据准备完毕之后,应进行正确性校验,包括明细科目与一级科目的平衡,辅助核算项目与一级科目的平衡,以保证会计信息系统有一个良好的运行基础。

2) 往来账户的清理

对于历史遗留下的无望收回的呆账、乱账和难账,应组织整理和处理,不宜进入会计信息系统中的往来账户。不同的用户对往来账的管理不同,可将往来账分设为客户往来、供应商往来、个人往来辅助账,系统在登记往来账户明细账、总账的同时,还应按单位名称或个人姓名在辅助账数据文件中,按辅助账的特点进行汇总登记和明细登记;如果往来项目较少,也可把往来账当作普通明细账管理。有的会计软件为了加强往来账管理,单独设置为应收款、应付款管理。不论采用哪一种方式,都有必要清理手工方式下的往来账户,还应对往来账户的有关资料,如企业名称、个人姓名、地址、电话、邮政编码等资料进行认真的清理,做到名称使用规范,相关资料齐全。

3) 存货的清理

存货的清理就是将各仓库中的物料、半成品、产成品进行盘点,对盘点结果进行相应的处理,再按照软件的设计要求进行整理。比如,物料编码、物料名称、型号规格、计量单位、计划价格、实际价格、库存量等。

4) 固定资产的清理。固定资产的清理首先要对所有在册固定资产进行实地盘点,对于盘亏、毁坏的资产进行清理处理,然后按照软件的设计要求对固定资产进行分类整理。具体工作包括整理卡片资料,确定每一资产的编号、原始价值、累计折旧、维修资料等变动项资料。

历史数据的正确与否,是决定系统运行结果是否准确可靠的前提条件,因为系统中大多数数据的处理,都是以期初数作为处理和结转的依据。

1.4　本书的编写思路及结构

1.4.1　本书的编写思路

以培养应用型人才为目标,而应用型人才与操作员有着本质的不同,应用者需要对系统进行全面了解,了解处理要求即初始设置,了解处理过程,了解实现目标,而不是局部操作。因此,每章应先理清系统的业务处理流程和核算程序,使学生懂得本章在企业会计处理中的作用,即应该做什么事情,并通过功能设置懂得如何使系统能够做好这些事情,最后通过每章的系统应用,利用企业实务资料进行初始设置、日常处理和月末结转的全过程体验,使理论教学与实际应用紧密结合,有助于提高学生解决实际问题的能力。

本书称为"系统应用"而不称为"实验"是因为两者有一定的区别。"系统应用"是全面而系统的,它是以企业为背景,将应用置入企业的真实环境,并且保证了各系统间数据的勾稽关系,全书使用的数据形成了一套完整的账务数据。而"实验"是局部的对某一个事件进行的,并不需要各个实验之间的数据符合勾稽关系。

1.4.2 各章之间的信息处理关系

本书共分为9章,第1章回顾与展望,但重点是数据的规范处理,为第2章的基础管理做数据资料准备;第2章是全书的基础资料管理,负责为业务功能和处理过程提供统一的基础数据的管理,如客商资料、银行账户、商品物料、工程项目资料、部门编码、职员编码及所属部门等内容,是第3至第7章的共享资料。第3至第7章是财务会计的主要模块,日常工作是并行处理的业务,生成的记账凭证自动传入总账系统,在总账进行记账处理。但期末各专业核算系统必须与总账对账平衡之后,才能结账。结转生成的凭证如计提折旧的凭证、结转工资费用的凭证,传入总账之后,总账才能进行月末处理,结转销售成本,分配结转制造费用,最后结转损益类科目,才能结账。总账结账之后编制会计报表,进行财务分析。各章之间的关系如图1-6所示。

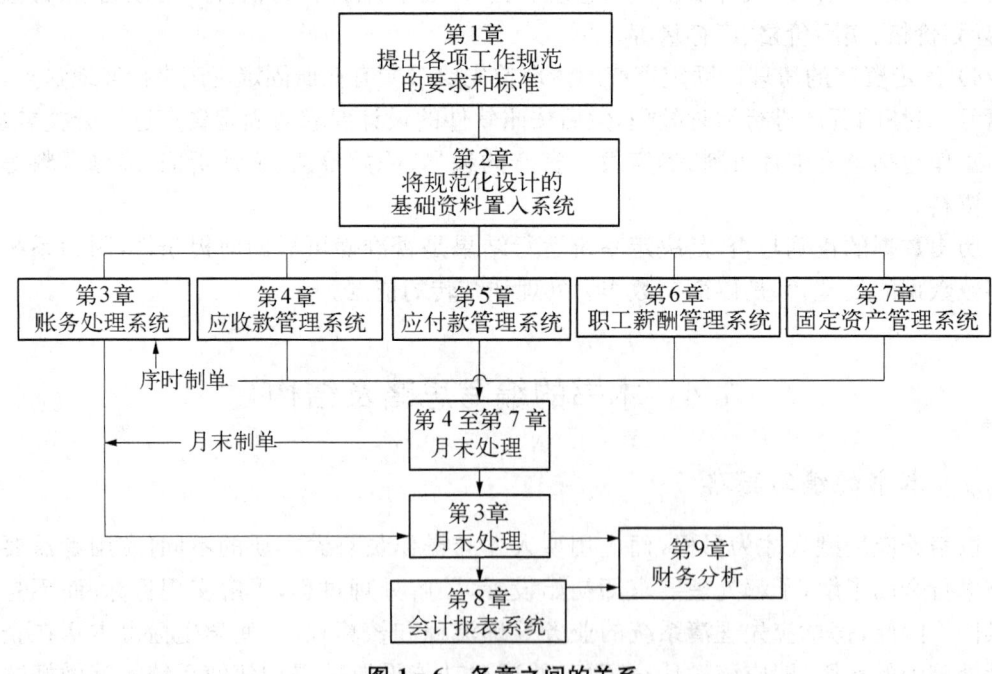

图1-6 各章之间的关系

本章重点精炼

　　企业的 ERP 系统是一个面向社会、服务于企业的、与环境交互作用的开放式信息处理系统,而财务会计是其中的核心模块。它能对信息的产生、传输、分配和使用全过程的有关要素,如信息、人员、设备(软、硬件)、组织和环境等,进行合理的组织与控制。它涉及有关信息活动中的人文因素、经济因素、技术因素、环境因素的综合性与集成性问题。对任何一个系统而言,除了设计开发以外,大量的工作是解决实施和运作过程中的问题,一个完整系统的效益需要管理它的人和使用它的人共同努力,才能更好地发挥。因此,需要研究系统的实施基础、运作管理、管理制度、工作质量等问题。只有真正懂得管理基础的重要性,并采取有效的措施,使企业的管理工作规范化、基础数据标准化,才能真正发挥系统的优势,取得实际效益。

习　　题

简答题

1. 会计电算化的发展经历了哪些阶段?
2. 日前企业管理系统的主要特征是什么?
3. 会计数据的规范化包括哪些主要数据?
4. 同样的软件在不同的企业是否具有相同的作用? 请说明理由。

第2章　系统管理与基础设置

系统管理通过账套管理和操作员权限设置来实现对总账、应收款管理、应付款管理、职工薪酬管理、固定资产管理、会计报表、财务分析等多个模块的统一管理。基础设置包括账套基础信息和基础档案的设置，这些设置构成上述模块的应用基础，是各模块之间共享的数据，是实现一体化管理的基础。

2.1　系统管理模块的内容及操作流程

系统管理模块提供了一个对账套的建立、修改、删除及备份，操作员的建立、角色的划分和权限的分配进行集中管理的操作平台，系统管理模块操作流程如图 2-1 所示。

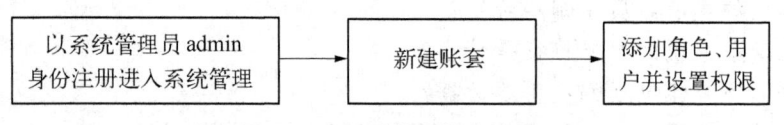

图 2-1　系统管理操作流程

2.1.1　系统管理模块的主要功能

系统管理模块主要包括以下功能：
（1）对账套的统一管理，即账套的建立、修改、引入和输出。
（2）对操作员及其功能权限实行统一管理。
（3）允许设置自动备份计划，减轻系统管理员的工作量，而且可以实现多个账套同时输出。
（4）对年度账的管理，即年度账的建立、引入及输出，结转上年数据，清空年度数据等。

2.1.2　系统管理模块的基本操作步骤

如果企业是第一次使用本系统，应该按照下面的步骤操作。
【操作】　以系统管理员 admin 身份注册→新建账套→增加角色、用户→设置角色、用户权限→启用各相关系统。
如果企业不是第一次使用本系统，则应该按照如下步骤操作。
【操作】　以账套主管身份注册→建立下一年度账→结转上年数据→启用各相关系

统→进行新年度操作。

2.1.3　系统管理模块的启动与退出

在新建账套或建立下一年度账之前,首先要启动系统管理模块,才能建立账套信息。

【操作】　单击[开始]→[所有程序]→[用友 ERP‐U8]→[系统服务],进入如图 2‐2 所示的[系统管理]界面。如要退出系统管理模块,单击[系统]→[退出]。

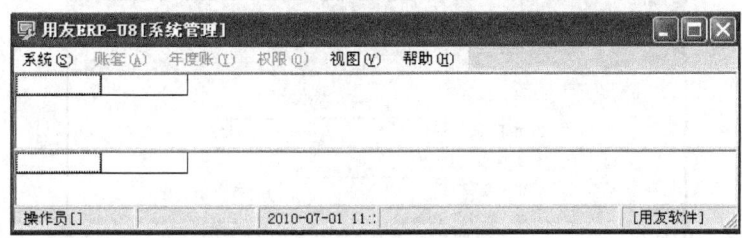

图 2‐2　系统管理界面

系统管理界面分为上下两部分,上部分列示的是正在运行的子系统,下部分列示的是子系统中正在执行的功能。操作员可在上方用鼠标选中一个子系统,下方将自动列示出该子系统中正在执行的功能。这两部分的内容根据系统的执行情况而自动变化。

2.2　账 套 管 理

账套是一个特定的核算单位及其所属的账簿体系。账套管理包括建账、账套的修改、账套的输出与引入以及账套的删除,其中建账中基础信息和科目编码的设置是企业后续核算的基础。企业账套运行一段时间后,如果需要修改或补充某些信息,可以通过修改账套功能完成。由于计算机运行时经常会受到各方面因素的干扰,可能会破坏财务数据,企业可以通过账套的输出与引入功能实现数据的备份与恢复。

2.2.1　建立新账套

企业进行会计电算化时,应该先建立企业核算账套。在建立账套中需要输入企业基本信息,设置企业的核算类型和编码规则等。只有系统管理员才能建立新账套。

以新世纪轧钢厂为例,介绍企业建立账套的过程,其基础信息见表 2‐1。

表 2‐1　新世纪轧钢厂基础信息

账套号	003
账套名称	新世纪轧钢厂
启用会计期	2010 年 7 月
单位地址	湖南省长沙市岳麓区
邮政编码	410083
联系电话	0731‐88830421
传真	88245643
电子邮件	xsjzgc@126.com
税号	210300136033721

2.2.1.1 注册

系统管理员首先要注册,即登录到如图 2-2 所示的[系统管理]界面,然后才能建立新账套。

【操作】 在图 2-2 中单击[系统]→[注册],打开如图 2-3 所示的[注册系统管理]窗口,默认系统管理员为 admin,无密码,单击[确定]返回如图 2-2 所示的界面。

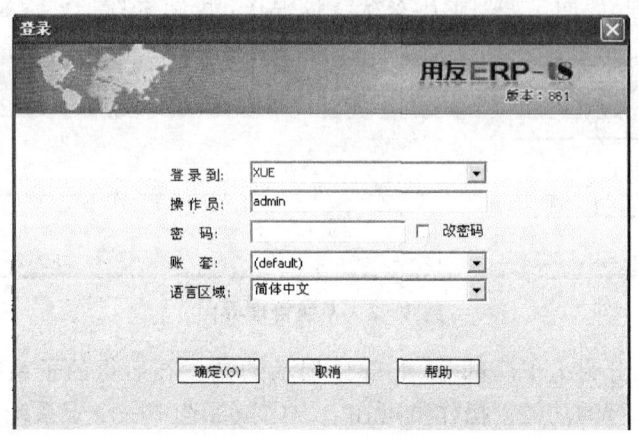

图 2-3 注册系统管理

2.2.1.2 设置账套信息和单位信息

创建账套时,账套信息中的"账套号"、"账套名称"、"账套路径"、"启用会计期"是必输项,企业的实际核算期间与自然日期不一致时,系统管理员可通过"会计期间设置"更改启用月份以后每个会计月历的起止日期。单位信息窗口中"单位名称"必须输入,否则不能继续账套创建工作,其他项非必填项。

【操作】 在图 2-2 中选择[账套]→[建立],进入如图 2-4 所示的[创建账套—账套信息]窗口,参照表 2-1 输入新世纪轧钢厂的账套信息,若要改变会计期间则在图 2-4 中单击[会计期间设置],弹出如图 2-5 所示的[会计月历—建账]窗口,设置完会计期间后单击[确定]返回图 2-4,单击[下一步],进入如图 2-6 所示的[创建账套—单位信息]窗口,参照表 2-1,输入新世纪轧钢厂的单位信息,单击[下一步]进入如图 2-7 所示的[创建账套—核算类型]窗口。

2.2.1.3 设置核算类型

[创建账套—核算类型]窗口用于记录本单位的基本核算信息,包括本币代码、本币名称、企业类型、行业性质、账套主管、是否按行业性质预置科目。

【操作】 按图 2-7 设置新世纪轧钢厂的核算类型,单击[下一步]进入如图 2-8 所示的[创建账套—基础信息]窗口。

"本币代码"、"本币名称"和"账套主管"系统分别默认为"RMB"、"人民币"和

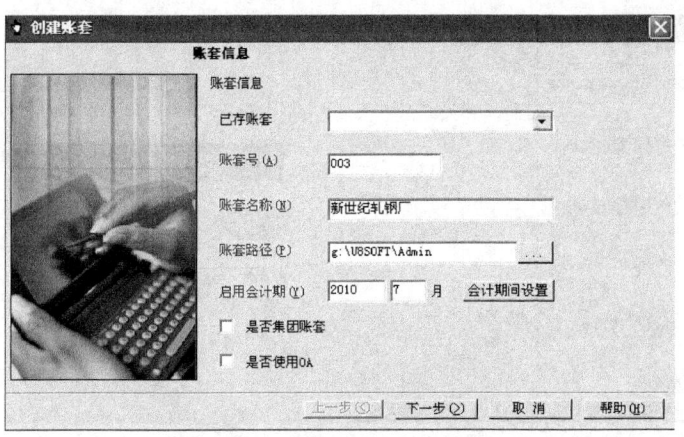

图 2-4 创建账套—账套信息    图 2-5 会计月历—建账

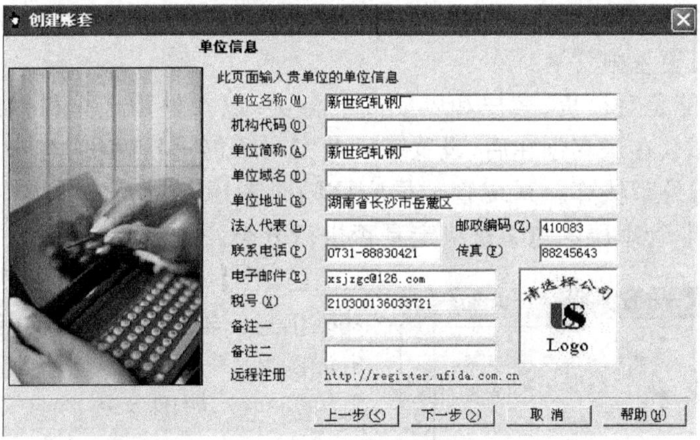

图 2-6 创建账套—单位信息

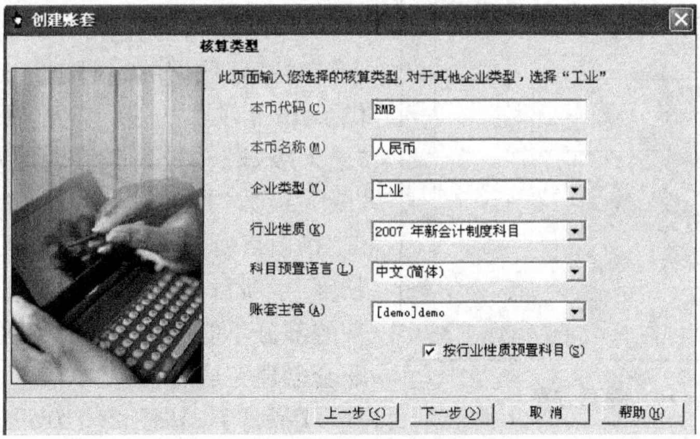

图 2-7 创建账套—核算类型

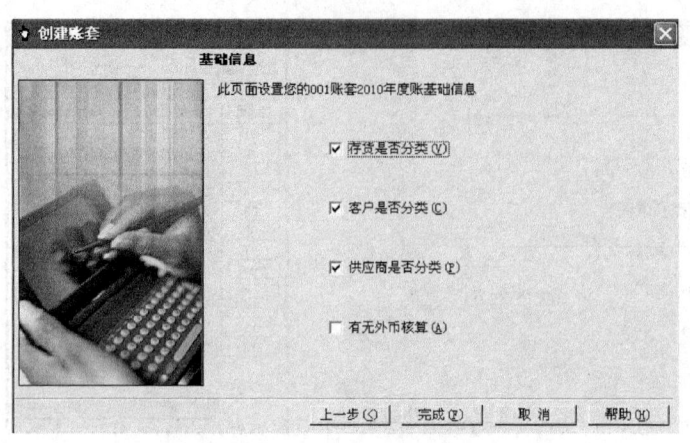

图 2-8 创建账套—基础信息   图 2-9   创建账套确认

"demo","企业类型"选择"工业","行业性质"选择"2007 年新会计制度科目"。

2.2.1.4   设置基础信息

基础信息功能是对存货、客户和供应商的分类,以及外币核算科目的设置。如果现在不选择分类,那么在账套创建后,设置基础档案时不能进行存货、客户和供应商的分类操作,也不能进行外币核算。系统管理员应该同时考虑存货、客户、供应商的多少、是否有外币核算及企业管理层的意愿来决定是否进行分类。

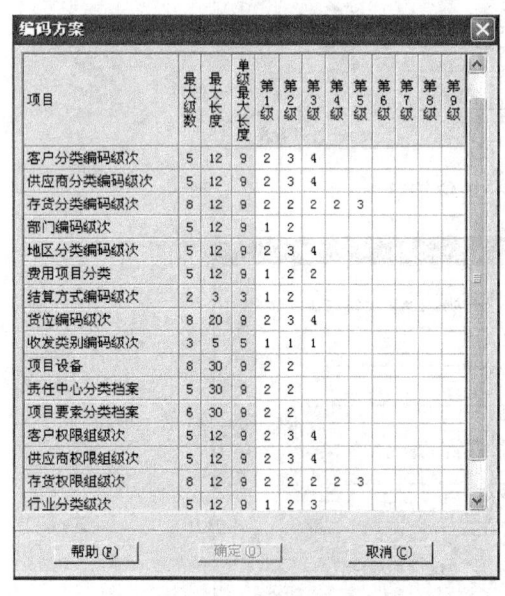

图 2-10   编码方案

【操作】   按图 2-8 设置新世纪轧钢厂的基础信息。输入完成后,单击[完成],系统弹出如图 2-9 所示的[创建账套]确认窗口,单击[是]进入如图 2-10 所示的[编码方案]窗口。

1)设置分类编码方案

为了便于企业进行分级核算、统计和管理,系统对基础数据的编码进行分级设置,系统提供了 15 个项目的编码方案,每个项目都规定了"最大级数"、"最大长度"和"单级最大长度","最大级数"指项目可设级数的上限,"最大长度"指项目所有级数的总长度上限,"单级最大长度"指项目各级的长度上限。项目编码中置灰的部分不能修改。分类编码的设置也可以在账套创建完成后,在基本信息里修改。

【操作】   按图 2-10 设置新世纪轧钢厂的分类编码。单击[确定]进入如图 2-11 所示的[数据精度]窗口。

数据精度	
请按您单位的需要认真填写	
存货数量小数位	2
存货单价小数位	2
开票单价小数位	2
件数 小 数 位	2
换算率小数位	2
税率 小 数 位	2
确定(Q)　取消(C)　帮助(F)	

系统启用

[003]新世纪轧钢厂账套启用会计期间2010年7月

系统编码	系统名称	启用会计期间	启用自然日期	启用人
☑ GL	总账	2010-07	2010-07-01	admin
☑ AR	应收款管理	2010-07	2010-07-01	admin
☑ AP	应付款管理	2010-07	2010-07-01	admin
☑ FA	固定资产	2010-07	2010-07-01	admin
☐ NE	网上报销			
☐ NB	网上银行			
☐ GR	公司对账			
☐ WH	报账中心			
☐ CA	成本管理			
☐ PM	项目管理			
☐ BM	预算管理			
☐ FM	资金管理			
☐ CS	客户关系管理			
☐ CM	合同管理			
☐ PA	售前分析			
☐ SA	销售管理			

图 2-11　数据精度　　　　　　　　　　图 2-12　系统启用

2）设置数据精度及系统启用

根据企业的需要设置存货数量、存货单价、开票单价、件数、换算率和税率的小数位,这关系企业核算的精确程度。系统启用是选择企业需要启用的系统,对于未启用的系统不能进行任何操作。与分类编码一样,数据精度和系统启用也可以在基本信息里修改。

【操作】　图 2-11 中每个项目的小数位可以输入 0~6 之间的整数,将新世纪轧钢厂的数据精度设为系统默认值 2,单击[确定],进入如图 2-12 所示的[系统启用]窗口,为新世纪轧钢厂选择应付款管理、应收款管理、固定资产、总账、存货核算、库存管理和职工薪酬管理系统,设置完成后单击[退出]返回到图 2-2,账套创建成功。

2.2.2　账套输出

账套的输出是指数据的备份或删除。系统管理员应该定时将企业数据备份出来存储到不同的介质上(如常见的软盘、光盘、网络磁盘等等),一旦发现硬盘数据文件被非法篡改或被破坏,就能够利用备份数据使系统数据尽快恢复以保证业务正常进行。删除账套功能需要慎用,因为删除后将不能恢复。

【操作】　在图 2-2 中单击[账套]→[输出],系统弹出如图 2-13 所示的[账套输出]窗口,在[账套号]处选择需要输出的账套"[003]-新世纪轧钢厂",单击[确认],系统会提示如图 2-14 所示的[请选择账套备份路径]窗口,选择输出路径,单击[确定]完成输出。如果要删除账套,则在图 2-13 中勾选[删除当前输出账套]。

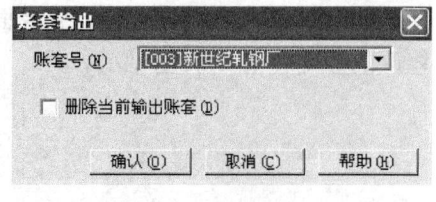

账套输出	
账套号(N)	[003]新世纪轧钢厂 ▼
☐ 删除当前输出账套(D)	
确认(Q)　取消(C)　帮助(H)	

图 2-13　账套输出

2.2.3 账套引入

账套引入是将系统外数据引入到本系统中,可以实现账套数据的恢复,对于集团公司而言,还可以定期将子公司的账套引入到母公司系统中,以便进行有关账套数据的分析和合并工作。

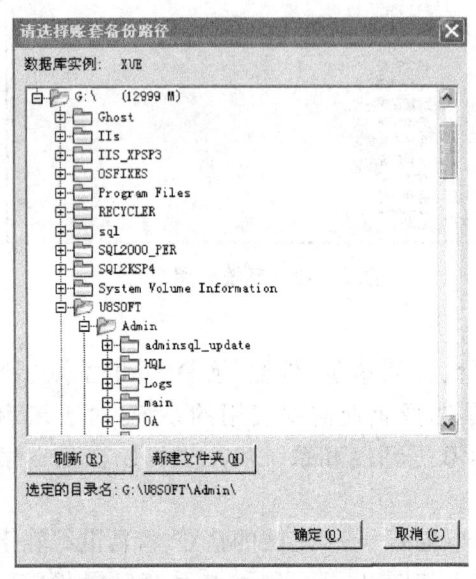 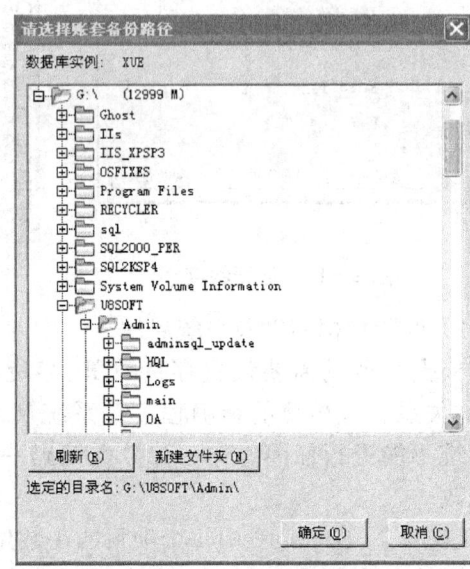

图 2 - 14　请选择账套备份路径　　　　**图 2 - 15　引入账套数据**

【操作】　在图 2-2 中单击[账套]→[引入],系统弹出如图 2-15 所示的[引入账套数据]窗口,按图 2-15 选择所要引入的账套数据备份文件,单击[打开]即可。

2.2.4 账套修改

账套经过一段时间运行之后,如果需要修改或补充某些信息,可以通过账套修改功能来完成。只有账套主管才有权利使用账套修改功能。

【操作】　在图 2-2 中单击[系统]→[注册],系统弹出如图 2-16 所示的[登录]窗口,操作员输入[01],无密码,账套选择"[003]新世纪轧钢厂",单击[确定]返回图 2-2,单击[账套]→[修改],其余步骤参照建账。系统中可修改的账套信息以白色显示,不可修改的账套信息以灰色显示。

2.3 角色管理

角色是指在企业管理中拥有某一类职能的组织,这个组织可以是实际的部门,也可

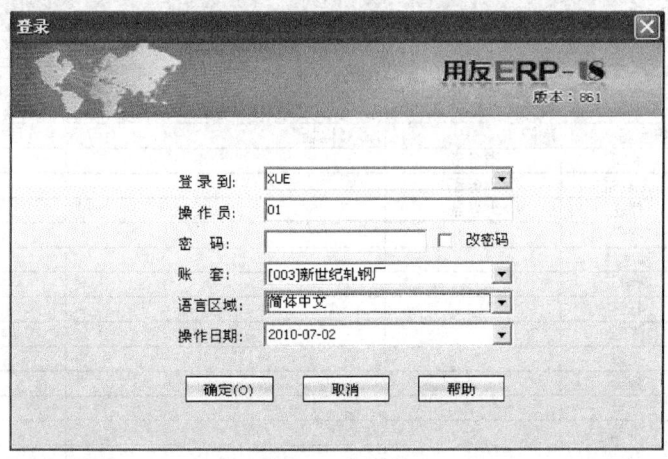

图 2-16　登录

以是由拥有同一类职能的人构成的虚拟组织。我们在设置角色后,首先定义角色的权限,然后添加用户,将某个角色授予指定用户,则这个用户也就被赋予了相应的权限。在建立新账套时,必须由系统管理员确定账套主管、进行用户的授权或撤销权限设置。

2.3.1　增加用户及其角色

2.3.1.1　添加用户

在新世纪轧钢厂账套追踪添加 4 名用户如表 2-2 所示。

表 2-2　用户及用户权限

编　码	用　户	用　户　权　限
01	王　浩	负责账套的维护工作,可以修改和管理所选年度内的账套,即账套主管
02	徐　晓	具有出纳签字权(GL0203),负责现金管理(GL04)
03	龙胜强	审核业务(GL0204)、管理账簿及月末处理(GL0108,GL0109,GL1501~GL1510)、负责对账和结账工作(GL1511,GL1512)
04	疗　江	负责制单(GL0201)、常用凭证录入(GL0211)、记账(GL0208)、恢复记账前状态(GL0209)、应收款(AR)、应付款(AP)、固定资产(FA)、薪酬管理(WA)

【操作】　在图 2-2 中单击[权限]→[用户],系统打开如图 2-17 所示的[用户管理]窗口,单击[增加],弹出如图 2-18 所示的[增加用户]窗口,其中[编号]和[姓名]是必输项,参照表 2-2 为新世纪轧钢厂添加新用户,单击[增加],保存新增用户信息。

2.3.1.2　添加角色

添加角色"物料计划员",编号"01"。

图 2-17　用户管理

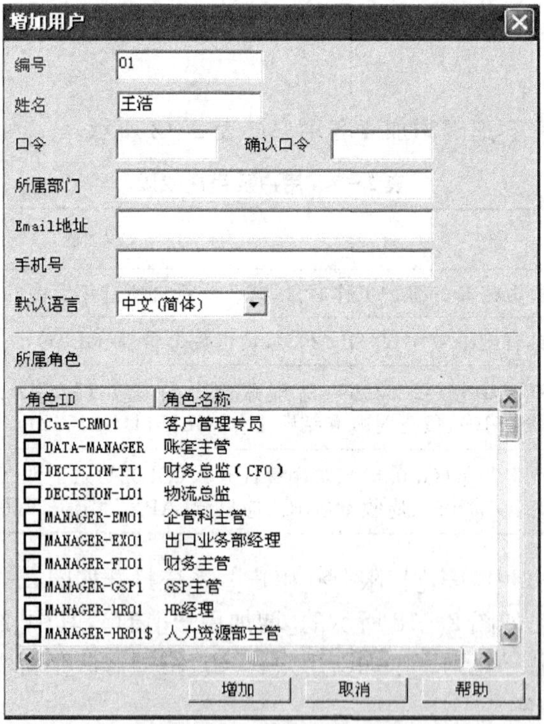

图 2-18　增加用户

【操作】　在图 2-2 中单击[权限]→[角色],打开如图 2-19 所示的[角色管理]窗口,单击[增加],弹出如图 2-20 所示的[增加角色]窗口,其中[角色编号]和[角色名称]是必输项,在"备注"中可以加入对此角色的注释,在"所属用户名称"中可以选中归属该角色的用户,单击[增加],保存新增设置。

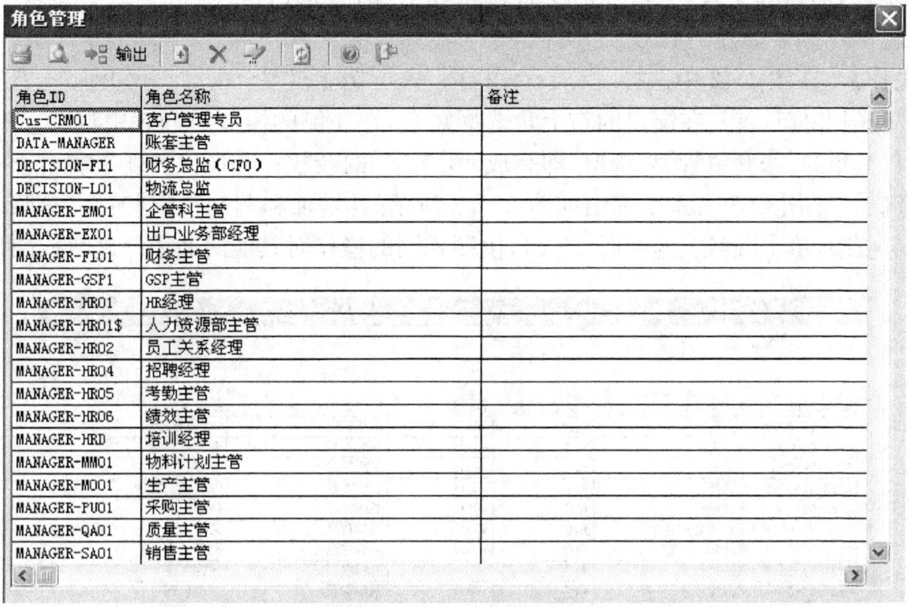

图 2-19　角色管理

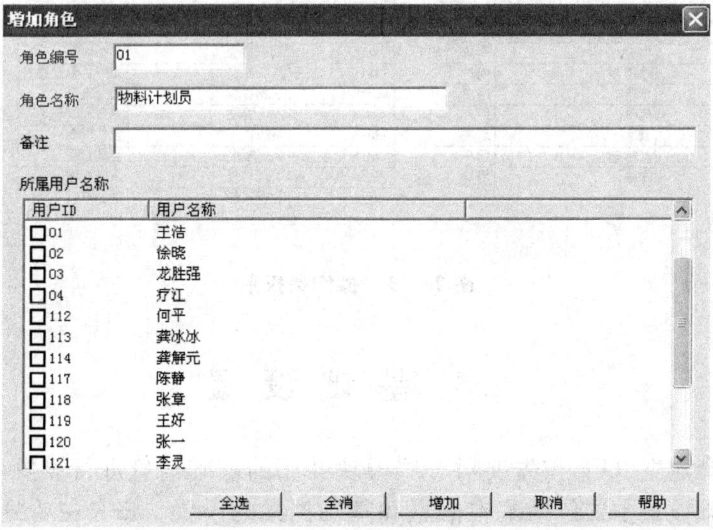

图 2-20　增加角色

2.3.2 用户授权

对用户实行使用权限控制,可以防止与业务无关的人员擅自使用软件,杜绝越权操作的行为发生。系统管理员可以指定某账套的账套主管,还可以对各个账套的操作员进行权限设置,而账套主管,只可以对所管辖账套的操作员进行权限指定。参照表2-2为新世纪轧钢厂的4名用户授权。

【操作】 在图2-2中选择[权限]→[权限]进行功能权限分配,打开如图2-21所示的[操作员权限]窗口,首先在窗口的右上角选择账套,在左侧的操作员列表中选择[王浩],勾选窗口右上角的[账套主管]复选框,即完成对[王浩]的授权。在图2-21的操作员列表中选择[徐晓],单击[修改],系统弹出如图2-22所示的[增加和调制权限]窗口,参照表2-2选择对应权限,单击[确定]返回图2-21,按照相同的操作对其他两名用户进行权限设置。

图2-21 操作员权限

2.4 基础设置

一个新账套建立以后,首先要对一些模块共用的基础信息进行设置,然后才能进行会计核算。基础设置主要包括基本信息和基础档案的设置。账套主管通过系统中的企业门户可以进行基础信息的设置。

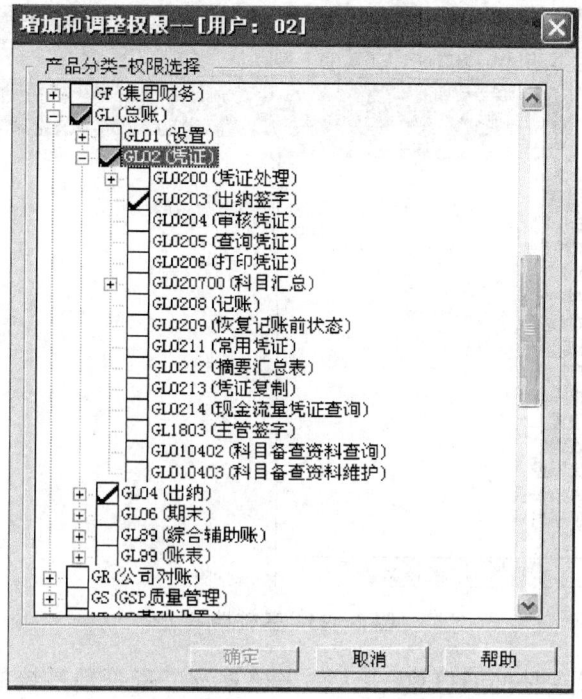

图 2 - 22　增加和调整权限

2.4.1　基本信息设置

　　基本信息包括系统启用、编码方案和数据精度的设置。在创建新账套时,前面已经详细说明,这里不再重复介绍。随着业务需求的变化,账套主管可以对这些设置进行修改。

2.4.2　基础档案设置

　　基础档案资料是后期业务处理的基础。基础档案包括设置机构人员、客商信息、存货、财务、收付结算、业务和其他七个部分的内容如图 2 - 23 所示。本节主要介绍机构人员、客商信息和存货的设置,财务的设置将在第 3 章详细讲解。

2.4.2.1　机构人员设置

　　机构人员设置包括本单位信息、部门档案、人员档案、人员类别、职务档案、岗位档案的设置,这里仅介绍部门档案、人员类别和人员档案。设置人员类别,就是识别职工的工作性质,确定工资分摊的科目,可以按人员类别进行工资汇总和分配,也可按人员类别进行工资的管理。新世纪轧钢厂设有人员类别"生产人员"、"生产管理人员"和"管理人员"。由于在设置职员档案时要选择其所属部门和人员类别,所以必须先设置部门档案

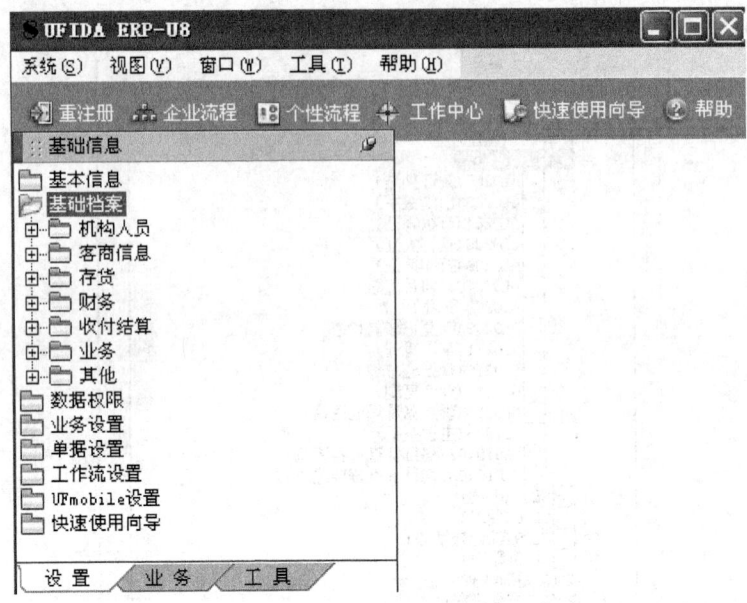

图 2 - 23　基础档案

和人员类别。机构设置是部门核算、个人往来核算及工资管理系统的基础。新世纪轧钢
厂的部门及部分职员信息如表 2 - 3 所示。

表 2 - 3　部门及部分职员信息

部门编码		部门名称	职员编码	职员名称	性别	人员类别	工行账号
01		采购部	001	刘思宇	男	管理人员	12345678901
			002	任　笑	女	管理人员	12345678902
02		财务部	003	龙胜强	男	管理人员	12345678903
			004	疗　江	男	管理人员	12345678904
			027	王　浩	男	管理人员	12345678927
			028	徐　晓	女	管理人员	12345678928
03	0301	生产部	005	孙亚楠	男	生产管理人员	12345678905
		加热炉车间	006	孙　艳	女	生产人员	12345678906
			017	岑　洁	男	生产人员	12345678917
			018	覃　晓	男	生产人员	12345678918
			019	张巧枚	女	生产人员	12345678919
			020	王传东	男	生产人员	12345678920

（续表）

部门编码		部门名称		职员编码	职员名称	性别	人员类别	工行账号
03	0302	生产部	轧机车间	007	戴 熊	男	生产管理人员	12345678907
				008	熊 伟	男	生产人员	12345678908
				021	李文贤	女	生产人员	12345678921
				022	李 明	男	生产人员	12345678922
				023	邓 超	男	生产人员	12345678923
	0303		精整车间	009	熊 卓	男	生产管理人员	12345678909
				010	甦 娟	女	生产人员	12345678910
				024	孙 莉	女	生产人员	12345678924
				025	王 杰	男	生产人员	12345678925
				026	袁 帅	男	生产人员	12345678926
04		企业管理部		011	刘雄伟	男	管理人员	12345678911
				012	刘 壮	男	管理人员	12345678912
05	0501	销售部	销售一部	013	邓 娟	女	管理人员	12345678913
				014	吴 迪	女	管理人员	12345678914
	0502		销售二部	015	李 杰	男	管理人员	12345678915
				016	张 星	女	管理人员	12345678916

【操作】　在图 2-23 中单击［机构人员］→［部门档案］，打开如图 2-24 所示的［部门档案］窗口，单击［增加］，参照表 2-3 输入新世纪轧钢厂的部门信息。输入完成后，单击［退出］返回图 2-23，单击［机构人员］→［人员类别］，打开如图 2-25 所示的［人员类别］窗口，在窗口左侧选择［在职人员］，单击［增加］，参照表 2-3 添加人员类别，保存成功后单击［退出］返回图 2-23，单击［机构人员］→［人员档案］弹出如图 2-26 所示的［人员档案］窗口，单击［增加］，参照表 2-3 增加人员档案。

2.4.2.2　客商信息设置

企业可以通过客商信息设置对其客户和供应商进行分类管理。客户和供应商设置与应收款、应付款密切相关，如果在应收款、应付款设置了客户或供应商往来辅助核算，则必须从这些档案中选择相应的客户或供应商。

1）客户设置

企业根据需要设置客户类别，在每个客户类别下录入对应客户。新世纪轧钢厂的客户资料如表 2-4 所示。

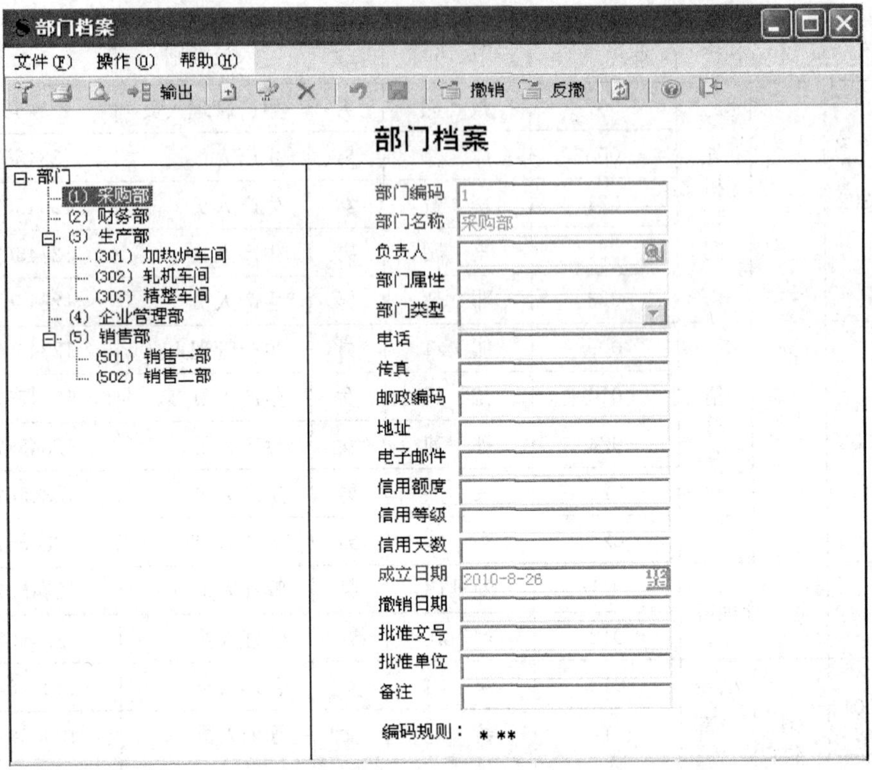

图 2-24 部门档案

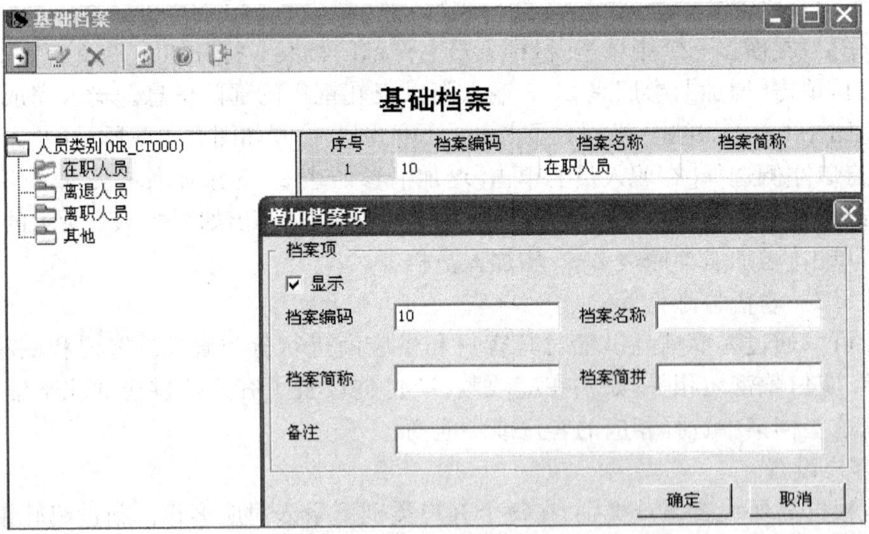

图 2-25 人员类别

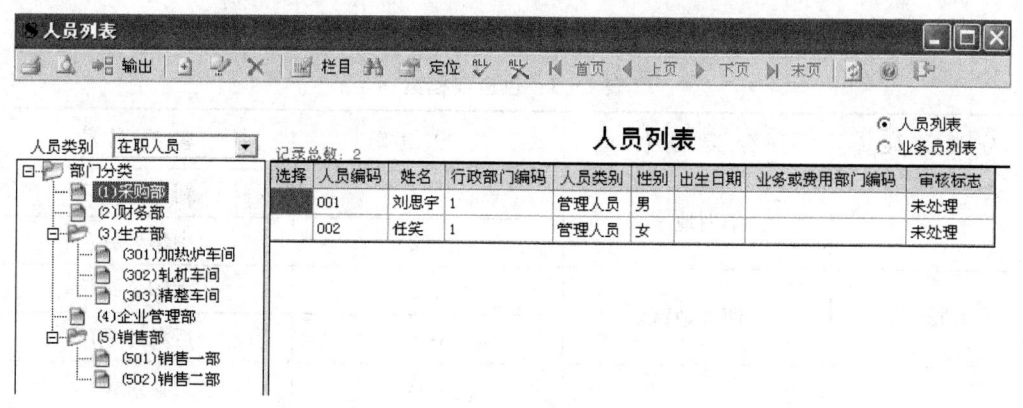

图 2 - 26　人员档案

表 2 - 4　客户档案

分 类 编 码	分 类 名 称	客 户 编 码	客 户 名 称
01	华南地区	001	新康机械厂
		002	涞源公司
02	西南地区	003	彭园公司
		004	浦华公司
03	东北地区	005	单南公司
		006	高迪公司
04	东南地区	007	巴氏集团
		008	肯亚集团

【操作】　客户分类和客户的关系与部门和职员的关系相同,因此操作过程一样。客户设置结果如图 2 - 27 所示。

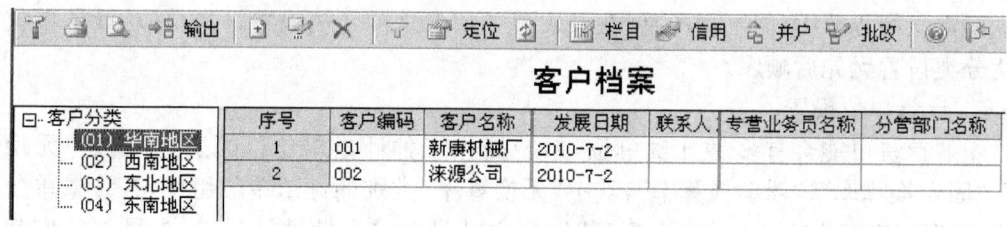

图 2 - 27　客户档案

2) 供应商设置

企业根据需要设置供应商类别,在每个供应商类别下录入对应供应商。新世纪轧钢厂的供应商信息如表2-5所示。

表2-5 供应商档案

分类编码	分类名称	客户编码	客户名称
01	华南地区	001	新元炼钢厂
		002	中华炼钢厂
02	西南地区	003	大阳炼钢厂
		004	巨象炼钢厂
03	东北地区	005	启德炼钢厂
		006	连庆炼钢厂
04	东南地区	007	中隆炼钢厂
		008	昌南炼钢厂

【操作】 供应商分类和供应商的关系与部门和职员的关系相同,因此操作过程一样。供应商档案设置结果如图2-28所示。

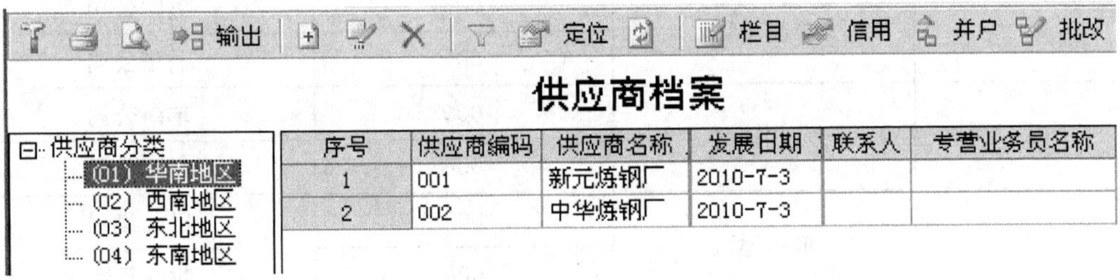

图2-28 供应商档案

2.4.2.3 存货设置

企业可以根据需求对存货进行分类管理,在输入存货档案时,同往来单位设置一样,首先要定义存货分类,但不同的是,在录入存货信息之前还需设置计量单位,计量单位和存货分类设置无先后顺序。

1) 计量单位设置

企业存货可能会有多种计量单位,系统提供三种计量单位组类别,分别是"无换算率"、"固定换算率"、"浮动换算率",其中"无换算率"类别的计量单位组中,各计量单位是独立的,"固定换算率"与"浮动换算率"包含主计量单位和辅助计量单位,虽然它们都只能包含一个主计量单位,但"固定换算率"可以包含若干辅助计量单位,而"浮动换算率"只能包含一个。在计量单位设置时,先设置计量单位组别,再定义计量单位。

新世纪轧钢厂的计量单位组名称为"无换算组",计量单位为"吨"。

【操作】　在图 2-23 中单击[存货]→[计量单位],打开如图 2-29 所示的[计量单位]窗口,单击[分组],打开如图 2-30 所示的[计量单位分组]对话框,添加编号为[01]的[无换算组],单击[保存]进入图 2-31,在[计量单位组别]中选中[无换算组],单击[单位],打开如图 2-32 所示的[计量单位设置]对话框,添加编号为[01]的单位[吨],单击[保存]。

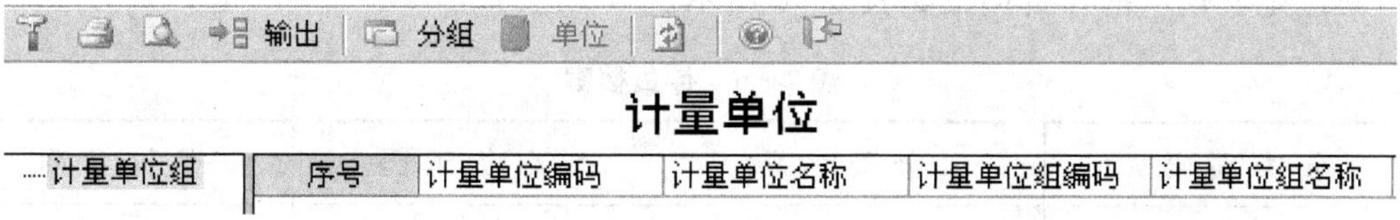

图 2-29　计量单位

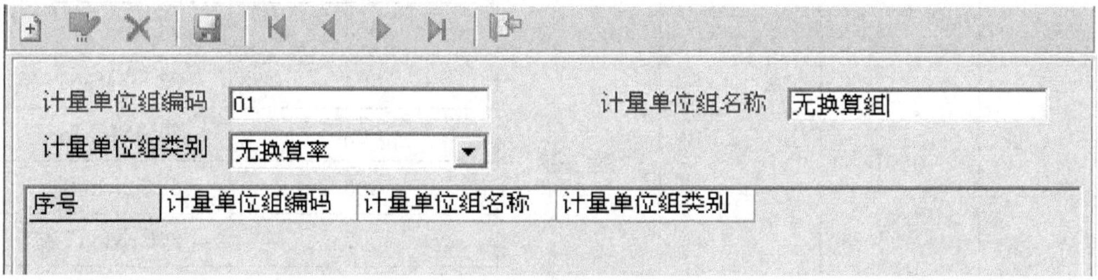

图 2-30　计量单位分组

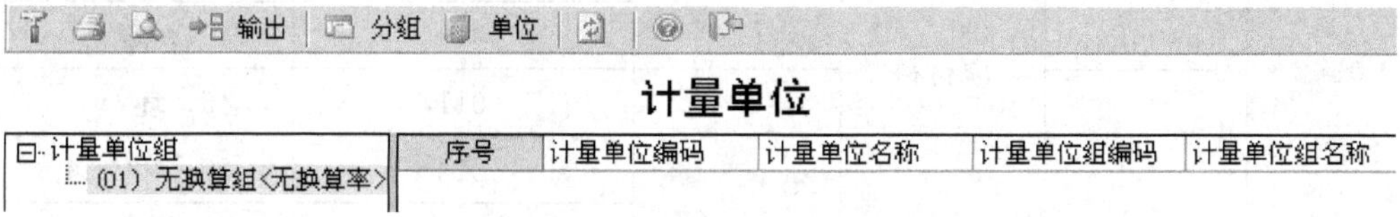

图 2-31　增加计量单位组

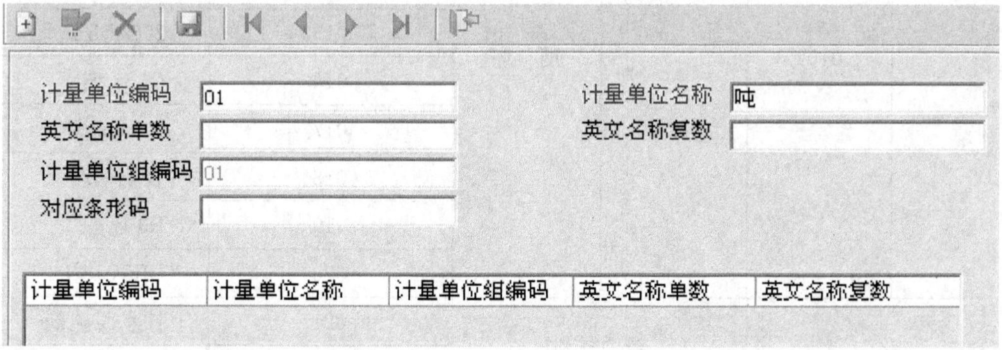

图 2-32　计量单位设置

2) 存货分类及档案设置

在增加存货档案时,如果没有为存货设置相应的属性,则填制相应的业务单据时,会提示"非法操作"。如在设置"齿轮钢"的存货属性时没有勾选"销售",则在存货系统中无法填制出库业务单据。一般情况下,原材料和辅助材料的存货属性应设置为"销售"和"外购",产成品的存货属性设置为"销售"和"自制"。

新世纪轧钢厂的存货档案如表 2-6 所示。

表 2-6 存货档案

分类编码		分类名称		存货编码	存货名称
01	0101	原材料	钢锭	001	45♯锭
				002	20 管锭
				003	T8 锭
				004	27-34SiMn 锭
				005	55SiMnMo 锭
				006	60Si2Mn 锭
				007	20CrMnTi 锭
				008	M20Mn 锭
				009	M30Mn2 锭
				010	40Cr 锭
	0102		钢坯	011	45♯坯
				012	20-40Cr 坯
				013	25MV 坯
				014	60Si2Mr 坯
				015	20GrMrTi 坯
				016	Q235 坯
				017	20Mnsi 坯
				018	轻轨钢坯
				019	R3 坯
				020	DR510 坯
	02		辅助材料	021	铁水脱硫剂
				022	增碳剂

（续表）

分 类 编 码	分 类 名 称	存货编码	存 货 名 称
03	产成品	023	齿轮钢
		024	螺纹钢
		025	角 钢
		026	槽 钢
		027	扣件钢
		028	轻 轨
		029	链条钢
		030	锚杆钢
		031	弹条钢
04	其 他		

【操作】 与往来单位设置操作相同,先增加存货分类信息,然后在各分类下增加存货档案。注意存货属性的设置,图 2-33 为增加存货的界面,存货档案设置结果如图 2-34 所示。

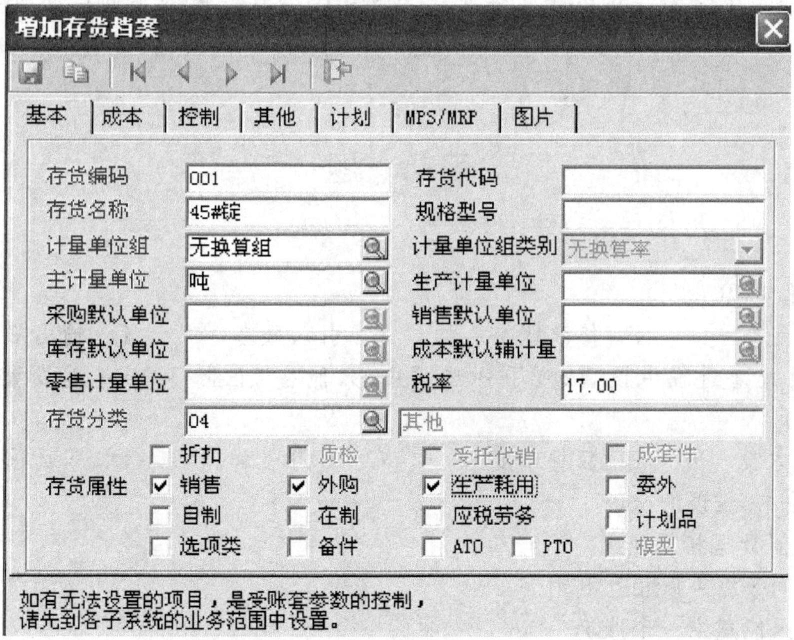

图 2-33 增加存货

图 2-34　存货档案

本章重点精炼

　　系统管理就是提供了一个负责建立账套、修改账套、删除和备份账套的平台,在此平台上可设置操作员、进行角色划分并对角色进行权限分配,实现对账套和操作员及其权限的统一管理。因系统中的各个产品都是为同一个会计主体的不同层面服务,因此,就要求这些模块具备公用的基础信息,拥有相同的账套和年度账,业务数据共用一个数据库。

习　　题

一、选择题

1. 账套管理包括(　　)。

　　A. 建立账套　　　　B. 修改账套　　　　C. 引入账套　　　　D. 输出账套

2. 除在建立账套过程中设置外,下列选项中,只能在"企业门户-基础设置"中定义的有(　　)。

　　A. 编码方案　　　　B. 数据精度　　　　C. 部门档案　　　　D. 职员档案

3. 下列说法中,错误的是(　　)。

　　A. 账套间数据相互独立

　　B. 账套间数据可以相互利用

　　C. 企业只能建立一个账套

　　D. 企业可以为下属独立核算单位各自建立一套账

4. 下列各项中,属于系统管理员可以操作的权限有(　　　)。

　　A. 修改账套　　　　B. 引入账套　　　　C. 增加操作员　　　　D. 设置操作员权限

5. 在软件操作中,不能重复的项目有(　　　)。

　　A. 单位名称　　　　B. 账套号　　　　C. 操作员姓名　　　　D. 科目编码

6. 在建立账套时如果选择供应商不需要分类,则下列关于在总账系统中供应商档案的说法中,正确的有(　　　)。

　　A. 供应商档案建立在供应商分类中的无分类下

　　B. 供应商档案不能建立

　　C. 供应商档案建立在客户分类中的某一分类下

　　D. 供应商档案建立在项目档案中

7. 启动总账系统需在"注册总账"窗口中输入或选择的内容有(　　　)。

　　A. 相关的账套　　　　B. 会计年度　　　　C. 操作日期　　　　D. 用户名及其密码

8. 下列各项中,属于新建账套内容的有(　　　)。

　　A. 客户是否分类　　　　B. 是否预置科目　　　　C. 编码方案设置　　　　D. 选择企业性质

9. 在 ERP 管理系统中,系统管理员不能进行的操作有(　　　)。

　　A. 账套修改　　　　B. 建立账套　　　　C. 增加操作员　　　　D. 设置操作员权限

二、判断题

1. 如果一个企业已经使用账务处理系统 1 年了,那么该企业以后不需要使用初始设置模块。　　　　　　　　　　　　　　　　　　　　　　　　　　　　　　(　　)

2. 供应商分类与供应商档案的设置无先后顺序。　　　　　　　　　　　　(　　)

3. 所有的基础信息必须在"企业门户"中的"基础设置"中完成。　　　　　(　　)

4. 如果存货较少且类别单一,可不进行存货分类。　　　　　　　　　　　(　　)

5. 存货档案中的存货属性设置与否不影响其他子系统的业务处理。　　　　(　　)

第3章 账务处理系统

从账务处理的起源分析入手,由原始凭证追溯数据来源,便可得到各系统与总账之间的数据接口,及数据之间的传递关系。由分析得出账务处理的两条主线:其一,账务处理的基础数据是记账凭证;其二,账务处理的依据是会计科目。因此,必须对会计凭证所涉及的业务范围及其与各种账簿之间的关系进行深入分析,以保证凭证数据的全面和正确,从而使处理结果精确可靠;必须对会计科目及其编码体系进行科学的设置,使之能够使各子系统的凭证顺利传入总账系统,保证总账系统与其他系统数据的一致性,这是账务处理的基础保证。

3.1 账务处理的一般程序及业务分析

账务处理程序又称会计核算组织程序或会计核算形式,是指在会计循环中,会计凭证、会计账簿、会计报表的种类和格式与记账程序相结合的方式。账务处理程序包括会计凭证和账簿的种类、格式,由原始凭证到编制记账凭证、登记各种会计账簿、编制会计报表的工作程序和方法等。

建立规范的账务处理程序,能够更好地发挥会计核算的作用,可以保证会计记录准确、及时、完整。会计核算工作的重要作用是对企业发生的交易和事项进行记录,并保证记录的准确性、及时性和完整性,这种作用是通过会计核算和监督的职能体现出来的。

会计核算工作需要会计部门和会计人员之间的密切配合。依靠科学合理的账务处理程序,会计机构和会计人员在进行会计核算的过程中就能够做到有序可循,有章可依,按照不同的责任分工,相互协调处理好各个环节的会计核算工作,按照既定的会计核算组织程序进行会计信息的处理,及时提供对外报告。

3.1.1 手工进行账务处理的一般程序

我国一般采用的会计核算形式有记账凭证核算形式、汇总记账凭证核算形式、科目汇总表核算形式。这三种会计核算形式,都是在经济业务发生或完成后,先根据原始凭证(或原始凭证汇总表)填制记账凭证,再根据原始凭证和记账凭证登记日记账和明细账,都是根据账簿记录提供会计信息并编制会计报表。它们的根本区别在于登记总分类账的依据和程序不同。在此以记账凭证核算形式为例进行分析。

记账凭证账务处理程序是根据原始凭证(或原始凭证汇总表)填制记账凭证,根据记账凭证直接登记总分类账,并定期编制会计报表的一种账务处理程序。它是会计核算中最基本的一种账务处理程序,其他账务处理程序都是在此基础上发展演变而形成的。

记账凭证账务处理程序的特点是直接根据各种记账凭证逐笔登记总分类账,在记账凭证和总分类账之间没有其他的中间环节。直接根据各种记账凭证逐笔登记总分类账,是记账凭证账务处理程序与其他账务处理程序截然不同的做法,是记账凭证账务处理程序的一个鲜明特点。

1) 记账凭证核算形式的记账程序

(1) 根据审核无误的原始凭证和原始凭证汇总表填制记账凭证。

(2) 根据收款凭证和付款凭证登记现金日记账和银行存款日记账。

(3) 根据原始凭证、原始凭证汇总表和记账凭证登记各种明细分类账。

(4) 根据各种记账凭证登记总分类账。

(5) 月末,现金日记账、银行存款日记账和明细分类账分别与总分类账相互核对。

(6) 根据明细分类账和总分类账的资料编制会计报表。

2) 记账凭证账务处理程序

记账凭证账务处理程序如图 3 - 1 所示。

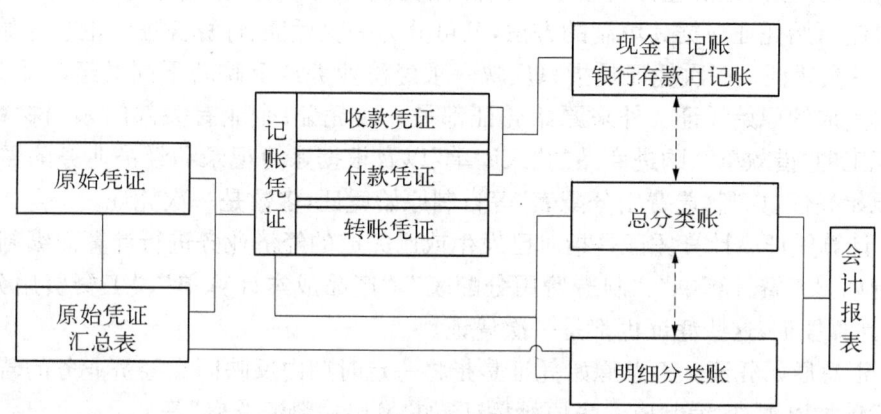

图 3 - 1 记账凭证账务处理程序

3.1.2 账务处理的业务分析

账务处理的数据源是原始凭证,不同原始凭证来源于不同的经济业务。分析原始凭证的来源和种类,可以明确经济业务之间的分工。

3.1.2.1 原始凭证的分类

原始凭证按其来源不同,分为外来原始凭证和自制原始凭证;按原始凭证的填列方法,可分为一次凭证、累计凭证、汇总原始凭证(如图3-2所示)。

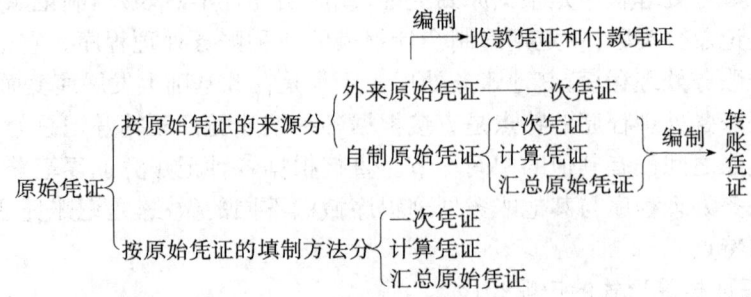

图3-2 原始凭证的分类以及与记账凭证的对应关系

1) 外来原始凭证

外来原始凭证是在经济业务发生或完成时,从外单位或外部个人直接取得的原始凭证,如企业收到销货单位开具的增值税专用发票、普通发票、银行转来的收(付)款通知、出差人员用过的车船票、机票等。外来原始凭证一般为一次凭证。

2) 自制原始凭证

自制原始凭证是指在经济业务事项发生或完成时,由本单位内部经办业务的部门或个人,根据所办理的经济业务自己填制的原始凭据,如差旅费报销单、产品入库单、领料单等。自制原始凭证根据其填制的方法,又可分为一次凭证、计算凭证和汇总原始凭证。

(1) 一次凭证。一次凭证是指只反映一项经济业务或反映若干同类经济业务、填制手续一次完成的原始凭证。外来原始凭证都是一次凭证;企业有关部门领用材料的"领料单"、职工的"借款单"、购进商品的"入库单"以及根据账簿记录和经济业务的需要编制的计算原始凭证,如"制造费用分配表"等自制原始凭证,多数是一次凭证。

(2) 计算凭证。计算凭证是指对已发生或已完成的经济业务进行计算而编制的原始凭证。例如,"工资计算单"、"制造费用分配表"、"产品成本计算单"、"工资费用分配表"等,都是计算凭证,这些凭证也都是一次凭证。

(3) 汇总原始凭证。汇总原始凭证是指将一定时期内反映同类经济业务的若干张同类原始凭证加以汇总,编制成一张原始凭证,如"发出材料汇总表"等。

3.1.2.2 记账凭证与原始凭证的对应关系

记账凭证是会计人员根据审核无误的原始凭证或原始凭证汇总表填制的反映经济业务内容、应借应贷会计科目及金额,并直接作为记账依据的会计凭证。

1) 记账凭证分类

记账凭证根据反映的经济业务内容分为收款凭证、付款凭证和转账凭证。

(1) 收款凭证。收款凭证是用来记录现金和银行存款收入业务的记账凭证,根据有关现金和银行存款收入业务的原始凭证填制。收款凭证可分为现金收款凭证和银行存款收款凭证两种。根据现金收入业务的原始凭证填制的收款凭证称为现金收款凭证；根据银行存款收入业务的原始凭证填制的收款凭证称为银行存款收款凭证。

（2）付款凭证。付款凭证是用来记录现金和银行存款付出业务的记账凭证，根据现金和银行存款付出业务的原始凭证填制。付款凭证可分为根据现金和银行存款付出业务的原始凭证填制的现金付款凭证和银行存款付款凭证。

（3）转账凭证。转账凭证是用来记录不涉及现金和银行存款收付业务的记账凭证，是根据现金和银行存款收付以外的其他原始凭证填制的记账凭证。

2）记账凭证与原始凭证的对应关系

（1）一般而言，根据外来原始凭证编制的记账凭证为收款凭证或付款凭证。

（2）根据自制原始凭证编制的记账凭证大多为转账凭证。

3.1.3　手工账务处理各岗位的核算业务及其结转关系

3.1.3.1　不同岗位会计工作的衔接分析

会计核算工作需要会计部门和会计人员之间依靠科学合理的账务处理程序密切配合。任何一个企业的会计工作，都有一个合理分工，按照业务的特点和核算及管理要求，设定相应的会计岗位，并制定相关的制度，使各岗位分工明确，职责分明。各岗位按照会计制度的要求，进行日常账务处理和月末的结转对账，以保证账务体系的完整性和数据的衔接关系。

1）存货岗位的会计

存货是指企业在正常生产经营过程中持有以及出售的产成品或商品，或者为了出售仍然处在生产过程中的在产品，或者将在生产或提供劳务过程中耗用的材料、物料等。存货包括各类材料、周转材料、库存商品、在产品、自制半成品等。由于存货种类多、金额大且存放地点分散，一般企业会根据存货仓库分设会计岗位。

（1）材料会计岗位。材料会计负责材料的明细分类核算，按照材料的外购入库单和发出材料的出库单（材料领用单），逐笔登记每种材料的收入、发出和结存三栏式明细账。该明细账既有数量核算又有价值核算。月末，材料会计编制材料库存统计表、材料收入汇总表、材料发出汇总表（用于材料的费用分配），并将月末统计结果报送总账会计。

（2）成品库会计岗位。成品库会计负责库存商品的明细分类核算，按照库存商品入库单和销售出库单，逐笔登记每种商品入库、发出和结存三栏式明细账。该明细账既有数量核算又有价值核算。月末，成品库会计编制产品库存统计表、商品入库汇总表（结转生产成本）、产品出库汇总表（用于结转销售成本），并将月末统计结果报送总账会计。

2）工资会计岗位

工资会计负责职工薪酬的核算，按照国家规定的计提标准，计算企业应当向社会保险经办机构缴纳的医疗保险费、养老保险费、失业保险费、工伤保险费、生育保险资等社会保险费，应向住房公积金管理中心缴存的住房公积金，以及应向工会部门缴纳的工会经费等。工资会计将职工工资发放表和结算汇总表报送总账会计,作为工作发放和费用结转的原始凭证。

3）往来核算会计岗位

往来核算会计建立客商档案及信用机制,负责往来客商的明细核算,办理往来款项的结算业务,负责往来款项结算的明细核算。往来核算会计编制往来客商期末余额表,计提坏账准备等,并将相关的凭证及期末余额表报送总账会计。

4）固定资产会计岗位

固定资产会计会同有关部门拟定固定资产的核算与管理办法,参与编制固定资产更新改造和大修理计划,负责固定资产的明细核算和有关报表的编制,计算提取固定资产折旧和资产减值准备,参与固定资产的清查盘点。月末,固定资产会计将本期的资产变动情况及相关凭证报送总账会计。

3.1.3.2 手工账务处理各岗位核算的结转关系

每个专业核算岗位的原始凭证,都必须通过总账手工编制记账凭证,进入账务处理程序。其处理过程如图3-3所示。

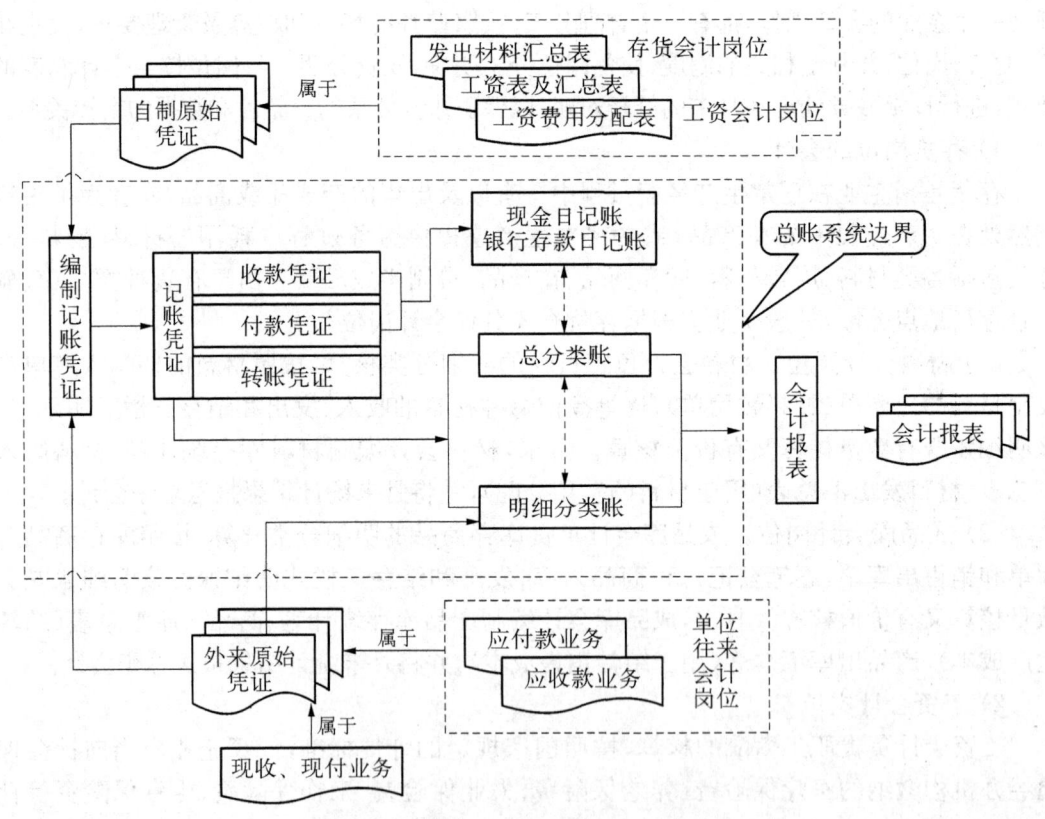

图3-3 不同岗位之间结转的账务处理

3.1.4　总账系统与其他专业核算系统的接口

总账系统与其他专业核算系统的接口如图 3−4 所示。

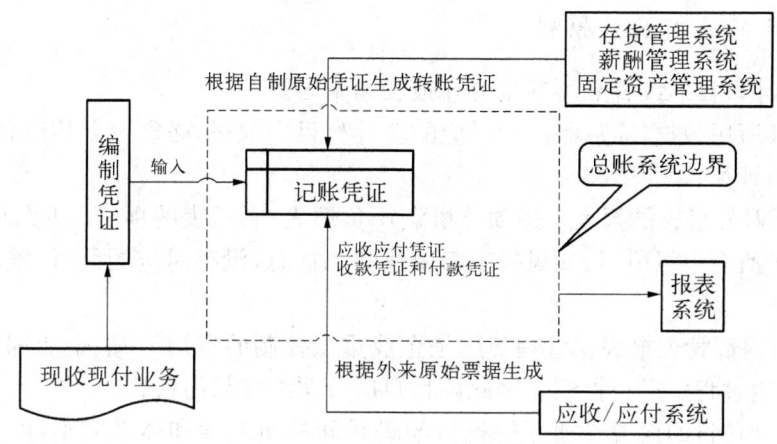

图 3−4　总账与其他系统的接口

3.1.5　手工与计算机处理的差异分析

此处所讲的差异,主要是指账务处理程序的差异。比较图 3−3 和图 3−5,便可发现,两者的主要区别凸显在原始凭证的处理上。

在图 3−3 中,所有的会计专业岗位核算的最终结果,都作为原始凭证,人工编制记账凭证;而在图 3−4 中,其他专业核算系统的数据,不再需要人工编制记账凭证,而是直接自动生成记账凭证,不通过凭证输入入口,直接存入记账凭证库。

这一改变,对会计科目的设置提出了很高的要求,必须考虑科目的对接关系,各系统结转凭证的发生额,必须是总账系统的明细科目。

由上述分析可知,不论是手工处理,还是计算机处理,总账系统的数据均取自于记账凭证,而进行各种处理的依据都是会计科目。账务处理主要有两条主线:其一,账务处理的基础数据是记账凭证;其二,账务处理的处理依据是会计科目。因此,必须对会计凭证所涉及的业务范围及其与各岗位之间的关系进行深入分析,以保证账务处理的结果信息全面、精确可靠;必须对会计科目及其编码体系进行科学的设置,使之能够保证财务会计模块之间的正确结转、账务处理的顺利进行,两者是账务处理的基础保证。

3.2　会计科目设置与编码

建立会计科目是会计核算方法之一。会计科目根据经济业务的隶属关系分为一级科目、二级科目和明细科目。一级科目和部分二级科目是由中华人民共和国财政部 2006 年颁布的《企业会计准则应用指南》统一制定的。明细科目应根据本企业经济业务的多少，以及现行会计制度对各科目核算的要求，自行设计。

3.2.1　会计科目的设置原则

第一，会计科目的设置必须满足会计报表编制的要求。

凡是报表所用数据，需从账簿中对应的会计科目中取得，必须设立相应科目，避免编制报表时重新计算。

（1）分析对外呈报的报表。逐项分析资产负债表、利润表的项目，以及组合项目，这些项目对应了所有一级科目，如果报表需要反映的信息，没有对应的科目，报表系统就无法提取数据。

（2）分析内部管理报表。管理费用是企业重点控制的费用，一般企业都会按部门作预算，并在发生过程中进行控制。因此该科目应分明细按部门核算。

第二，会计科目的设置必须保持科目与科目间的协调性和体系完整性，以及科目之间的对应关系。

（1）具有相同明细的科目。"材料采购"、"原材料"、"材料成本差异"科目，它们的明细科目都是存货中具体的材料。

"生产成本"、"库存商品"、"主营业务收入"、"主营业务成本"科目，它们的明细科目都是存货中的具体产品。要保持科目之间的一致性，这些科目均应按存货设置项目核算。这样既简化了会计科目表，又保证了科目间的一致性和基础数据的共享。

（2）系统之间共享信息的科目。"应收账款"、"预收账款"、"应收票据"这些科目的明细都是客户，并且与销售系统共享客户资料，既方便客户管理又便于应收款项的管理。

"应付账款"、"预付账款"、"应付票据"这些科目的明细都是供应商，并且与采购系统共享供应商资料，既方便供应商管理又便于应付款项的及时支付。

第三，会计科目要保持相对稳定。

凡是已经使用的科目，不能增加下级明细科目，也不能随意删除，只能等下一年度开始时，将该科目的余额转入其他科目，才能删除该科目。

第四，设置会计科目要考虑与其他业务核算系统的衔接。

在账务处理系统中，只有末级会计科目才允许有发生额，才能接收各个系统转入的数据，因此，要将各个系统中的核算科目设置为末级科目。

3.2.2　会计科目的编码规则

因为会计科目按照核算内容需要分级，如何表示科目的级次称为编码规则，不同软件有不同的规则，科目的表示方法也因规则的不同而异。所有的级次设置规则可归纳为以下两种。

1) 统一设置

所谓统一设置就是在启用新建账套时,规定科目的级次,定义科目设为几级以及每级的长度。如定义为 422,表示科目定义为 3 级,第一级为 4 位,第二级为 2 位,第三级为 2 位。以"应交税费——应交增值税——进项税额"科目为例,其编码为 22210101。由于建账时定义了编码规则,因此级次之间不需要任何分隔符,系统按照编码规则判别编码的级次。一般而言,应选择核算内容最多的科目为对象进行定义,才能使定义的规则满足所有科目的需要。这种方法强制了编码的规范统一,但不灵活,一旦某个科目在实际应用时需突破编码规则,系统就无法进行正确处理。大多数会计软件,包括用友 U8 系统,采用这种编码方法。

2) 弹性设置

弹性设置就是没有统一的规范,可根据每个科目的实际业务设置级次和位长,因该方法没有统一规范,所以科目编码的表示上应有分隔符,便于系统识别。仍以"应交税费——应交增值税——进项税额"科目为例,编码为 2221.1.1,对于这种编码系统识别的标志是分隔符"点",与各级的位长无关,它无需给后续科目留空位,但可任意扩展某个科目的级次和位长,应用非常方便。金蝶 ERP 采用这种编码方式。

系统采用哪种编码方法是由软件开发时决定,使用者是不能选择的。采用第一种编码的软件,进行科目处理时按照用户定义的规则截取字符串进行处理,因此对于 1～99 之间的编码必须从 01 开始,仍以 22210101 为例,"应交税费"科目下有十几项税费,所以编码必须从 01 开始;第二种编码则不需要,因为软件处理会计科目时,以"点"识别级次。

3.2.3　会计科目设置与辅助核算之间的关系

3.2.3.1　根据分析结果,相关科目的设置如表 3-1 所示。

表 3-1　辅助核算设置

科 目 编 码	科 目 名 称	辅 助 核 算	对核算项目说明
1121	应收票据	客户核算	
1122	应收账款	客户核算	
122101	其他应收款	个人核算	
122102	其他应收款	客户核算	
2203	预收账款	客户核算	
2201	应付票据	供应商核算	
2202	应付账款	供应商核算	
1123	预付账款	供应商核算	

（续表）

科 目 编 码	科 目 名 称	辅 助 核 算	对核算项目说明
1401	材料采购	项目核算	
1403	原材料	项目核算	按存货大类中的原材料
1404	材料成本差异	项目核算	
50010101	基本生产成本——材料	项目核算	
50010102	基本生产成本——人工	项目核算	
50010103	基本生产成本——制造费用	项目核算	按存货中的产品
1405	库存商品	项目核算	正确结转销售成本
6001	主营业务收入	项目核算	
6401	主营业务成本	项目核算	
660201	管理费用——招待费	部门核算	
660202	管理费用——差旅费	部门核算	
660203	管理费用——办公费	部门核算	按工程项目
1604	在建工程	项目核算	

3.2.3.2 根据会计科目之间的关系定义转账凭证

在账务系统中,大量的业务是在不同的科目之间进行结转。因此,这些科目必须具有对应关系,才可能使计算机对其进行正确处理。如销售成本的结转、销售利润的计算,必须使对应科目的明细项目一一对应,或设置同样的项目核算,如表3-1所示的科目。若科目设置不合理,最后的转账将无法进行。

3.3 总账系统的主要功能

总账系统是财务会计的核心,其他系统的核算结果最终都必须以记账凭证形式进入总账系统,构成企业完整的财务数据。总账系统的功能结构如图3-5所示。总账系统有六大功能模块,但最重要的是"设置"、"凭证"和"期末"功能,其他功能多为数据查询。

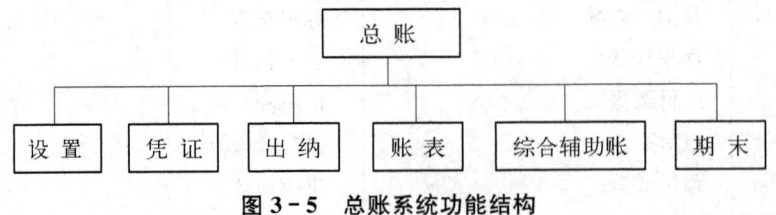

图3-5 总账系统功能结构

3.3.1 设置模块功能

该模块设置总账的账务处理规则和记账基础,账务处理过程的操作程序、审核步骤。而记账基础资料的设置:如会计科目、存货档案、供应商、客户、部门、职员的设置决定账表和综合辅助账的数据详尽程度。这是总账系统核算基础的保证。

1)基础资料设置

会计科目是基础资料中的关键数据,是账务处理的依据,每一具体的会计科目,根据核算业务设置不同的辅助核算,通过会计科目实现与相关辅助核算对象的联系,使辅助核算的基础资料,如存货档案、供应商、客户、部门、职员等资料,通过与会计科目的联系成为记账凭证的一部分。

2)基础资料设置与账表及综合辅助账的关系

账表功能提供了供应商、客户、部门、职员、项目核算的明细分类查询、余额表查询等多种功能,查询的对象都是基础资料提供的。综合辅助账提供了按科目查询的科目辅助明细账和科目辅助汇总账,如"应收账款"科目下的客户明细账或"管理费用"科目下的部门明细账。与账表相比,综合辅助账只是换了一种查询方式。

3.3.2 凭证模块功能

记账凭证是总账系统的基础数据,账表、综合辅助账的查询数据都来自记账凭证和相关基础资料。所以,记账凭证的填制工作,决定账务处理所提供信息的质量。要保证高质量的输出信息,必须依靠记账凭证填制环节提供保障。该模块的主要功能是填制凭证、审核凭证、记账。

1)填制记账凭证

记账凭证是总账系统处理的起点,也是所有查询数据的最主要的一个来源。日常业务处理首先从填制凭证开始。填制记账凭证的过程,就是将会计业务与会计科目和相关辅助核算项目资料融为一体,形成总账系统的核算基础。

2)审核记账凭证

审核记账凭证是根据系统设置的原则,审核人按照财会制度,对制单人填制的记账凭证进行检查核对,主要审核记账凭证是否与原始凭证相符,会计分录是否正确等。审查认为错误或有异议的凭证,应交与填制人员修改后,再审核。具有审核权的人才能使用审核功能。通过审核的凭证才可以记账。

3)查询记账凭证

财务人员因工作需要,可随时使用该功能查询所需的凭证,因此,需要按条件快速找到所查凭证。该功能可对已记账和未记账凭证进行过滤查询,可按凭证类别进行筛选,也可以根据凭证日期或凭证编号查询,还可自行定义查询条件。

4）记账

记账凭证经审核签字后,即可用来登记总账和明细账、日记账、部门账、往来账、项目账以及备查账等。记账之后的凭证表示是审核无误的凭证,因此在进行期末处理之前,要对所有的凭证进行记账。

3.3.3 期末功能模块

期末会计业务是指会计人员将本月所发生的日常经济业务全部登记入账后,在每个会计期末都需要完成的一些特定的会计工作,主要包括期末转账业务、试算平衡、对账、结账等。因为各会计期间的许多期末业务具有较强的规律性,可为这些特定业务定义转账凭证模板,按模板生成转账凭证,以规范会计业务的处理,提高处理期末业务的工作效率和质量。

1）定义转账凭证

定义转账凭证功能包括"自定义转账凭证"、"销售成本结转"、"对应结转"、"期间损益结转"等转账凭证的定义。正确定义转账凭证的基础是以会计科目设置为前提条件,需要结转科目之间保持一致的明细科目,或同类辅助核算。

（1）自定义转账凭证。由于各个企业情况不同,必然会造成对各类成本费用的分配结转方式不同。为实现各企业不同时期期末会计业务处理的个性化,可以自行定义自动转账凭证,以完成每个会计期末固定会计业务的自动转账。自定义转账凭证功能可以完成对各种费用的分配、分摊、计提、税金的计算等转账凭证的设置。

自定义转账凭证是对"销售成本结转"、"对应结转"、"期间损益结转"的补充,即定义它们不能完成的转账任务,因为"销售成本结转"、"对应结转"、"期间损益结转"对结转双方的科目结构有严格要求,有些会计业务必须通过自定义转账凭证完成。

如:制造费用分配表的结果转入"生产成本——基本生产成本——制造费用"科目（按存货设置项目核算）,制造费用科目在明细科目下设部门核算（按生产车间）。两者之间的辅助核算类别不同,不符合对应结转条件,只能提供自定义转账凭证进行结转,参见表3-11自定义转账凭证资料。

（2）销售成本结转设置。销售成本结转是将月末商品（或产成品）销售数量乘以库存商品（或产成品）的平均单价计算各类商品销售成本并进行结转。需要分别给库存商品、商品销售收入、商品销售成本三个科目定义对应的编码,其中商品销售收入对应主营业务收入、商品销售成本对应主营业务成本,要求三个科目都必须在科目设置中设为"数量金额核算",且这三个科目的下级必须一一对应,在上节的科目设置中,这三个科目均按照存货设置的项目核算,系统便可自动计算出所有商品的销售成本。

（3）对应结转。对应结转可进行两个科目一对一结转,也可提供一对多科目结转功能（转出科目只能是一个,转入科目可以是多个）。对应结转的科目可为上级科目,但其下级科目的科目结构必须一致(相同明细科目),如有辅助核算,则两个科目的辅助账类也必须一一对应,定义的对应结转凭证保存时,系统会自动检查结转科目的一致性,通不过检查者不能保存。参见表 3-12 对应结转凭证的资料,该功能只结转期末余额。

(4) 期间损益结转。期间损益结转用于在一个会计期间结束时,将损益类科目的余额结转到"本年利润"科目中,反映企业利润的盈亏情况。由于损益结转主要是"对管理费用"、"销售费用"、"财务费用"、"主营业务收入"、营业外收支等固定科目的结转。因此,系统提供了模板,使用时可进行调整。

2) 生成转账凭证

在定义了转账凭证后,每月月末只需执行生成转账凭证功能即可快速生成转账凭证,该功能生成的转账凭证将自动追加到未记账凭证中去。由于转账凭证生成时,是按照已记账凭证的数据进行计算的,所以在进行月末转账工作之前,必须先将所有未记账凭证进行记账;否则,将影响生成的转账凭证数据。

3) 月末结账

(1) 对账。在手工进行账务处理过程中,对账是必不可少的环节。对账是对账簿数据进行核对,以检查记账是否正确,以及账簿是否平衡。它主要是通过核对总账与明细账、总账与辅助账数据来完成账账核对。为了保证账证相符、账账相符,应经常使用本功能进行对账,至少一个月一次,一般可在月末结账前进行。

用计算机进行账务处理,处理的数据起点是记账凭证,只要保证凭证输入正确,从处理过程分析,对账是没意义的,因为账表的数据都是从凭证中查询的结果,两者不会出现不相符的数据。但是如果有些科目控制没设好,可能会出现有的凭证重复,造成专业核算结果与总账不符。为保证财务数据的正确性,对账也是必要的。若对账过程出现总账与明细账对账不符,则不能结账。

(2) 结账。结账是指每月月末计算和结转各账簿的本期发生额和期末余额,并终止本期的账务处理工作的过程。结账只能每月进行一次。要正确地完成结账工作必须符合系统对结账工作的要求。用计算机处理的结账是一个标志性的操作,一旦进行了结账操作,该期间的所有操作都不能进行,这是为符合会计制度的结账要求而设的。

(3) 结账后的问题。已结账月份不能再填制凭证,若有遗漏凭证必须要填制,应先作反结账操作,然后进行凭证填制工作。但反结账操作只能由账套主管执行。

3.4　账务处理系统的应用

总账系统是会计系统的核心,既可以单独使用,也可以接收应收、应付、工资、固定资产和购销存等管理系统的数据资料,为编制报表提供数据。因此,总账系统就成为财务核算体系最为重要的内容。

为了更好地将总账系统日常会计实务处理流程和财务软件在实务中运用的实际步骤融合,以新世纪轧钢厂具体的会计实务材料为基础,通过各系统的初始化、日常业务处理和期末处理完整呈现企业的真实环境。

3.4.1 企业背景描述

新世纪轧钢厂的生产程序主要有加热、轧机和精整。它的产成品包括齿轮钢、螺纹钢、角钢、槽钢、扣件钢、轻轨、链条钢、锚链钢、弹条钢。采用的原料主要是钢坯、钢锭,具体品种见表2-6存货中的原材料。新世纪轧钢厂的部门有采购部、财务部、企业管理部、生产部、销售部,其中生产部包括加热炉车间、轧机车间和精整车间,销售部包括销售一部和销售二部。

3.4.2 资料准备

3.4.2.1 会计科目的调整优化

根据会计科目之间的关系分析及新世纪轧钢厂的具体情况,将新世纪轧钢厂现用的会计科目进行优化,使之实现基础资料共享。会计科目及主要属性如表3-2所示。

表3-2 新世纪轧钢厂会计科目

类型	级次	科目编码	科 目 名 称	辅助账类型	余额方向
资产	1	1001	库存现金		借
资产	1	1002	银行存款		借
资产	2	100201	工行		借
资产	2	100202	建行		借
资产	2	100203	招行		借
资产	1	1003	存放中央银行款项		借
资产	1	1011	存放同业		借
资产	1	1012	其他货币资金		借
资产	2	101201	外埠存款		借
资产	2	101202	银行本票		借
资产	2	101203	银行汇票		借
资产	2	101204	信用卡		借
资产	2	101205	信用证保证金		借
资产	2	101206	存出投资款		借

（续表）

类型	级次	科目编码	科　目　名　称	辅助账类型	余额方向
资产	1	1021	结算备付金		借
资产	1	1031	存出保证金		借
资产	1	1101	交易性金融资产		借
资产	2	110101	股票		借
资产	2	110102	债券		借
资产	2	110103	基金		借
资产	2	110104	其他		借
资产	1	1111	买入返售金融资产		借
资产	1	1121	应收票据	客户往来	借
资产	1	1122	应收账款	客户往来	借
资产	1	1123	预付账款	供应商往来	借
资产	1	1131	应收股利		借
资产	1	1132	应收利息		借
资产	1	1201	应收代位追偿款		借
资产	1	1211	应收分保账款		借
资产	1	1212	应收分保合同准备金		借
资产	1	1221	其他应收款		借
资产	2	122101	应收内部职工款	个人往来	借
资产	2	122102	应收其他单位款	客户往来	借
资产	1	1231	坏账准备		贷
资产	1	1301	贴现资产		借
资产	1	1302	拆出资金		借
资产	1	1303	贷款		借
资产	2	130301	本金		借
资产	2	130302	利息		借
资产	1	1304	贷款损失准备		贷
资产	1	1311	代理兑付证券		借
资产	1	1321	代理业务资产		借

（续表）

类型	级次	科目编码	科 目 名 称	辅助账类型	余额方向
资产	1	1401	材料采购	项目核算	借
资产	1	1402	在途物资		借
资产	1	1403	原材料	项目核算	借
资产	1	1404	材料成本差异	项目核算	借
资产	1	1405	库存商品	项目核算	借
资产	1	1406	发出商品		借
资产	1	1407	商品进销差价		贷
资产	1	1408	委托加工物资		借
资产	1	1411	周转材料		借
资产	2	141101	包装物		借
资产	2	141102	低值易耗品		借
资产	1	1421	消耗性生物资产		借
资产	1	1431	贵金属		借
资产	1	1441	抵债资产		借
资产	1	1451	损余物资		借
资产	1	1461	融资租赁资产		借
资产	1	1471	存货跌价准备		贷
资产	1	1501	持有至到期投资		借
资产	1	1502	持有至到期投资减值准备		贷
资产	1	1503	可供出售金融资产		借
资产	1	1511	长期股权投资		借
资产	2	151101	股票投资		借
资产	2	151102	其他股权投资		借
资产	1	1512	长期股权投资减值准备		贷
资产	1	1521	投资性房地产		借
资产	1	1531	长期应收款		借
资产	1	1532	未实现融资收益		贷
资产	1	1541	存出资本保证金		借

（续表）

类型	级次	科目编码	科 目 名 称	辅助账类型	余额方向
资产	1	1601	固定资产		借
资产	1	1602	累计折旧		贷
资产	1	1603	固定资产减值准备		贷
资产	1	1604	在建工程	项目核算	借
资产	1	1605	工程物资		借
资产	2	160501	专用材料		借
资产	2	160502	专用设备		借
资产	2	160503	预付大型设备款		借
资产	2	160504	为生产准备的工具及器具		借
资产	1	1606	固定资产清理		借
资产	1	1611	未担保余值		借
资产	1	1621	生产性生物资产		借
资产	1	1622	生产性生物资产累计折旧		贷
资产	1	1623	公益性生物资产		借
资产	1	1631	油气资产		借
资产	1	1632	累计折耗		贷
资产	1	1701	无形资产		借
资产	1	1702	累计摊销		贷
资产	1	1703	无形资产减值准备		贷
资产	1	1711	商誉		借
资产	1	1801	长期待摊费用		借
资产	1	1811	递延所得税资产		借
资产	1	1821	独立账户资产		借
资产	1	1901	待处理财产损溢		借
资产	2	190101	待处理流动资产损溢		借
资产	2	190102	待处理固定资产损溢		借
负债	1	2001	短期借款		贷
负债	1	2002	存入保证金		贷

（续表）

类型	级次	科目编码	科 目 名 称	辅助账类型	余额方向
负债	1	2003	拆入资金		贷
负债	1	2004	向中央银行借款		贷
负债	1	2011	吸收存款		贷
负债	1	2012	同业存放		贷
负债	1	2021	贴现负债		贷
负债	1	2101	交易性金融负债		贷
负债	1	2111	卖出回购金融资产款		借
负债	1	2201	应付票据	供应商往来	贷
负债	1	2202	应付账款	供应商往来	贷
负债	1	2203	预收账款	客户往来	贷
负债	1	2211	应付职工薪酬		贷
负债	1	2221	应交税费		贷
负债	2	222101	应交增值税		贷
负债	3	22210101	进项税额		贷
负债	3	22210102	已交税金		贷
负债	3	22210103	转出未交增值税		贷
负债	3	22210104	减免税款		贷
负债	3	22210105	销项税额		贷
负债	3	22210106	出口退税		贷
负债	3	22210107	进项税额转出		贷
负债	3	22210108	出口抵减内销产品应纳税额		贷
负债	3	22210109	转出多交增值税		贷
负债	2	222102	未交增值税		贷
负债	2	222103	应交营业税		贷
负债	2	222104	应交消费税		贷
负债	2	222105	应交资源税		贷
负债	2	222106	应交所得税		贷
负债	2	222107	应交土地增值税		贷

（续表）

类型	级次	科目编码	科 目 名 称	辅助账类型	余额方向
负债	2	222108	应交城市维护建设税		贷
负债	2	222109	应交房产税		贷
负债	2	222110	应交土地使用税		贷
负债	2	222111	应交车船税		贷
负债	2	222112	应交个人所得税		贷
负债	1	2231	应付利息		贷
负债	1	2232	应付股利		贷
负债	1	2241	其他应付款		贷
负债	1	2251	应付保单红利		贷
负债	1	2261	应付分保账款		贷
负债	1	2311	代理买卖证券款		贷
负债	1	2312	代理承销证券款		贷
负债	1	2313	代理兑付证券款		贷
负债	1	2314	代理业务负债		贷
负债	1	2401	递延收益		贷
负债	1	2501	长期借款		贷
负债	1	2502	应付债券		贷
负债	2	250201	债券面值		贷
负债	2	250202	债券溢价		贷
负债	2	250203	债券折价		贷
负债	2	250204	应计利息		贷
负债	1	2601	未到期责任准备金		贷
负债	1	2602	保险责任准备金		贷
负债	1	2611	保户储金		贷
负债	1	2621	独立账户负债		借
负债	1	2701	长期应付款		贷
负债	1	2702	未确认融资费用		借
负债	1	2711	专项应付款		贷

（续表）

类型	级次	科目编码	科 目 名 称	辅助账类型	余额方向
负债	1	2801	预计负债		贷
负债	1	2901	递延所得税负债		贷
共同	1	3001	清算资金往来		借
共同	1	3002	货币兑换		借
共同	1	3101	衍生工具		借
共同	1	3201	套期工具		借
共同	1	3202	被套期项目		借
权益	1	4001	实收资本		贷
权益	1	4002	资本公积		贷
权益	2	400201	资本（或股本）溢价		贷
权益	2	400202	接受捐赠非现金资产准备		贷
权益	2	400203	接受现金捐赠		贷
权益	2	400204	股权投资准备		贷
权益	2	400205	拨款转入		贷
权益	2	400206	外币资本折算差额		贷
权益	2	400207	其他资本公积		贷
权益	1	4101	盈余公积		贷
权益	2	410101	法定盈余公积		贷
权益	2	410102	任意盈余公积		贷
权益	2	410104	储备基金		贷
权益	2	410105	企业发展基金		贷
权益	2	410106	利润归还投资		贷
权益	1	4102	一般风险准备		贷
权益	1	4103	本年利润		贷
权益	1	4104	利润分配		贷
权益	2	410401	其他转入		贷
权益	2	410402	提取法定盈余公积		贷
权益	2	410404	提取储备基金		贷

（续表）

类型	级次	科目编码	科 目 名 称	辅助账类型	余额方向
权益	2	410405	提取企业发展基金		贷
权益	2	410406	提取职工奖励及福利基金		贷
权益	2	410407	利润归还投资		贷
权益	2	410408	应付优先股股利		贷
权益	2	410409	提取任意盈余公积		贷
权益	2	410410	应付普通股股利		贷
权益	2	410411	转作资本(或股本)的普通股股利		贷
权益	2	410412	未分配利润		贷
权益	1	4201	库存股		借
成本	1	5001	生产成本		借
成本	2	500101	基本生产成本	项目核算	借
成本	3	50010101	材料成本	项目核算	借
成本	3	50010102	人工成本	项目核算	借
成本	3	50010103	制造费用	项目核算	借
成本	2	500102	辅助生产成本	项目核算	借
成本	3	50010201	材料成本	项目核算	借
成本	3	50010202	人工成本	项目核算	借
成本	3	50010203	制造费用	项目核算	借
成本	1	5101	制造费用		借
成本	2	510101	水电费		借
成本	2	510102	折旧费		借
成本	2	510103	修理费		借
成本	2	510104	排污费		借
成本	2	510105	工资		借
成本	1	5201	劳务成本		借
成本	1	5301	研发支出		借
成本	1	5401	工程施工		借
成本	1	5402	工程结算		贷

（续表）

类型	级次	科目编码	科 目 名 称	辅助账类型	余额方向
成本	1	5403	机械作业		借
损益	1	6001	主营业务收入	项目核算	贷
损益	1	6011	利息收入		贷
损益	1	6021	手续费及佣金收入		贷
损益	1	6031	保费收入		贷
损益	1	6041	租赁收入		贷
损益	1	6051	其他业务收入		贷
损益	1	6061	汇兑损益		贷
损益	1	6101	公允价值变动损益		贷
损益	1	6111	投资收益		贷
损益	1	6201	摊回保险责任准备金		贷
损益	1	6202	摊回赔付支出		贷
损益	1	6203	摊回分保费用		贷
损益	1	6301	营业外收入		贷
损益	1	6401	主营业务成本	项目核算	借
损益	1	6402	其他业务成本		借
损益	1	6403	营业税金及附加		借
损益	1	6411	利息支出		借
损益	1	6421	手续费及佣金支出		借
损益	1	6501	提取未到期责任准备金		借
损益	1	6502	提取保险责任准备金		借
损益	1	6511	赔付支出		借
损益	1	6521	保单红利支出		借
损益	1	6531	退保金		借
损益	1	6541	分出保费		借
损益	1	6542	分保费用		借
损益	1	6601	销售费用		借
损益	2	660101	广告费		借

（续表）

类型	级次	科目编码	科目名称	辅助账类型	余额方向
损益	2	660102	运输费		借
损益	2	660103	差旅费		借
损益	2	660104	工资		借
损益	1	6602	管理费用		借
损益	2	660201	招待费	部门核算	借
损益	2	660202	差旅费	部门核算	借
损益	2	660203	办公费	部门核算	借
损益	2	660204	工资		借
损益	2	660205	折旧费		借
损益	1	6603	财务费用		借
损益	1	6604	勘探费用		借
损益	1	6701	资产减值损失		借
损益	2	670101	坏账损失		借
损益	1	6711	营业外支出		借
损益	1	6801	所得税费用		借
损益	1	6901	以前年度损益调整		借

3.4.2.2　科目余额整理

科目调整之后,也要调整相关余额,如往来单位的余额。核对明细科目与总账科目之间的余额,保证数据的准确性。

1）科目余额表

因 7 月启用总账系统,不仅需要整理期初余额,还需要科目的年初余额、累计借方、累计贷方数据。整理的数据如表 3 - 3 所示。

表 3 - 3　新世纪轧钢厂科目初始数据　　　　　　　　　　单位：元

科目名称	方向	年初余额	累计借方	累计贷方	期初余额
库存现金(1001)	借	1 000.00	7 000.00	3 000.00	5 000.00
银行存款(1002)	借	43 112.96	534 340.20	221 000.00	356 453.16
工行(100201)	借	——	481 952.60	200 000.00	281 952.60

（续表）

科 目 名 称	方向	年初余额	累计借方	累计贷方	期初余额
建行(100202)	借	43 112.96	45 000.00	20 000.00	68 112.96
招行(100203)	借	—	7 387.60	1 000.00	6 387.60
应收票据(1121)	借	—	5 000.00	—	5 000.00
应收账款(1122)	借	125 245.00	63 080.02	10 000.00	178 325.02
其他应收款(1221)	借	—	1 700.00	—	1 700.00
应收内部职工款(122101)	借	—	1 700.00	—	1 700.00
预付账款(1123)	借	10 000.00	20 000.00	10 000.00	20 000.00
原材料(1403)	借	929 400.00	110 000.00	—	1 039 400.00
周转材料(1411)	借	—	10 000.00	—	10 000.00
包装物(141101)	借	—	10 000.00	—	10 000.00
库存商品(1405)	借	166 659.65	210 000.00	—	376 659.65
长期股权投资(1511)	借	—	5 000.00	—	5 000.00
股票投资(151101)	借	—	5 000.00	—	5 000.00
固定资产(1601)	借	448 982.39	101 000.00	—	549 982.39
在建工程(1604)	借	—	230 000.00	—	230 000.00
短期借款(2001)	贷	—	—	150 000.00	150 000.00
应付账款(2202)	贷	—	—	128 700.00	128 700.00
预收账款(2203)	贷	—	—	164 380.02	164 380.02
长期借款(2501)	贷	395 000.00	—	305 000.00	700 000.00
实收资本(4001)	贷	1 329 400.00	—	305 040.20	1 634 440.20

2）应收款项余额表

因应收账款和预收账款都设置客户辅助核算，所以要理清每个客户的款项。客户往来余额如表3-4所示。

表3-4　客户往来余额　　　　　　　　　单位：元

日　期	客　户	摘　要	方　向	本币余额
2010年6月30日	新康机械厂	销售齿轮钢	借	35 000.02
2010年6月30日	涞源公司	销售螺纹钢	借	28 080.00

（续表）

日　期	客　户	摘　要	方　向	本币余额
2010 年 6 月 26 日	肯亚集团	预收款	贷	14 000.00
2010 年 6 月 19 日	浦华公司	预收款	贷	150 380.02
2010 年 6 月 15 日	巴氏集团	期初票据	借	5 000.00
2010 年 4 月 30 日	高迪公司	销售弹条钢	借	115 245.00

3）应付款项余额表

因应付账款和预付账款都设置供应商辅助核算，所以要理清每个供应商的款项。应付供应商款项余额如表 3-5 所示。

表 3-5　供应商往来余额　　　　　　　　　　　　单位：元

日　期	供应商	摘　要	方　向	本币余额
2010 年 6 月 15 日	新元炼钢厂	购买 45♯锭、20 管锭	贷	128 700.00
2010 年 6 月 28 日	中华炼钢厂	预付款	借	20 000.00

4）存货科目余额表

因存货类科目都设置了存货项目核算，因此需要整理存货项目的数据，存货大类下分设原材料、辅助材料、产成品和其他四小类，辅助材料和其他类期初无余额。

（1）存货大类/原材料期初数量、金额如表 3-6 所示。

表 3-6　存货大类/原材料期初数量、金额

项目编码	项目名称	方　向	本币期初余额（元）	数量期初余额（吨）
001	45♯锭	借	41 800	10
003	T8 锭	借	77 250	15
010	40Cr 锭	借	39 000	10
011	45♯坯	借	102 500	25
012	20-40Cr 坯	借	80 000	20
013	25MV 坯	借	159 250	35
014	60Si2Mr 坯	借	154 000	40
015	20GrMrTi 坯	借	115 000	25
016	Q235 坯	借	72 000	20

（续表）

项目编码	项目名称	方　向	本币期初余额(元)	数量期初余额(吨)
018	轻轨钢坯	借	150 000	30
019	R3 坯	借	48 600	10
	合计	借	1 039 400	240

（2）存货大类/产成品期初数量、金额如表3-7所示。

表3-7　存货大类/产成品期初数量、金额

项目编码	项目名称	方　向	本币期初余额(元)	数量期初余额(吨)
023	齿轮钢	借	41 035.14	9
024	螺纹钢	借	58 630.20	10
025	角钢	借	41 943.28	8
026	槽钢	借	40 187.91	7
027	扣件钢	借	33 659.78	7
028	轻轨	借	56 698.30	10
029	链条钢	借	44 815.00	10
030	锚杆钢	借	35 791.02	6
031	弹条钢	借	23 899.02	6
	合计	借	376 659.70	73

5）余额之间的勾稽关系

表3-3至表3-7的数据，都是在期初余额录入时使用的，它们之间的勾稽关系是检验初始余额的依据。表3-3的一级科目余额表与其他表的数据关系如下：

应收账款期初余额 178 325＝表3-4客户借方余额合计 178 325
应收票据期初余额 5 000＝表3-4票据余额 5 000
预收账款期初余额 164 380＝表3-4客户贷方余额合计 164 380
原材料期初余额 1 039 400＝表3-6期初余额合计 1 039 400
库存商品期初余额 376 659.7＝表3-7期初余额合计 376 659.7
应付账款期初余额 128 700＝表3-5供应商贷方余额合计 128 700
预付账款期初余额 20 000＝表3-5供应商借方余额合计 20 000

3.4.3　账务处理系统的操作流程

总账系统的操作流程如图 3-6 所示。

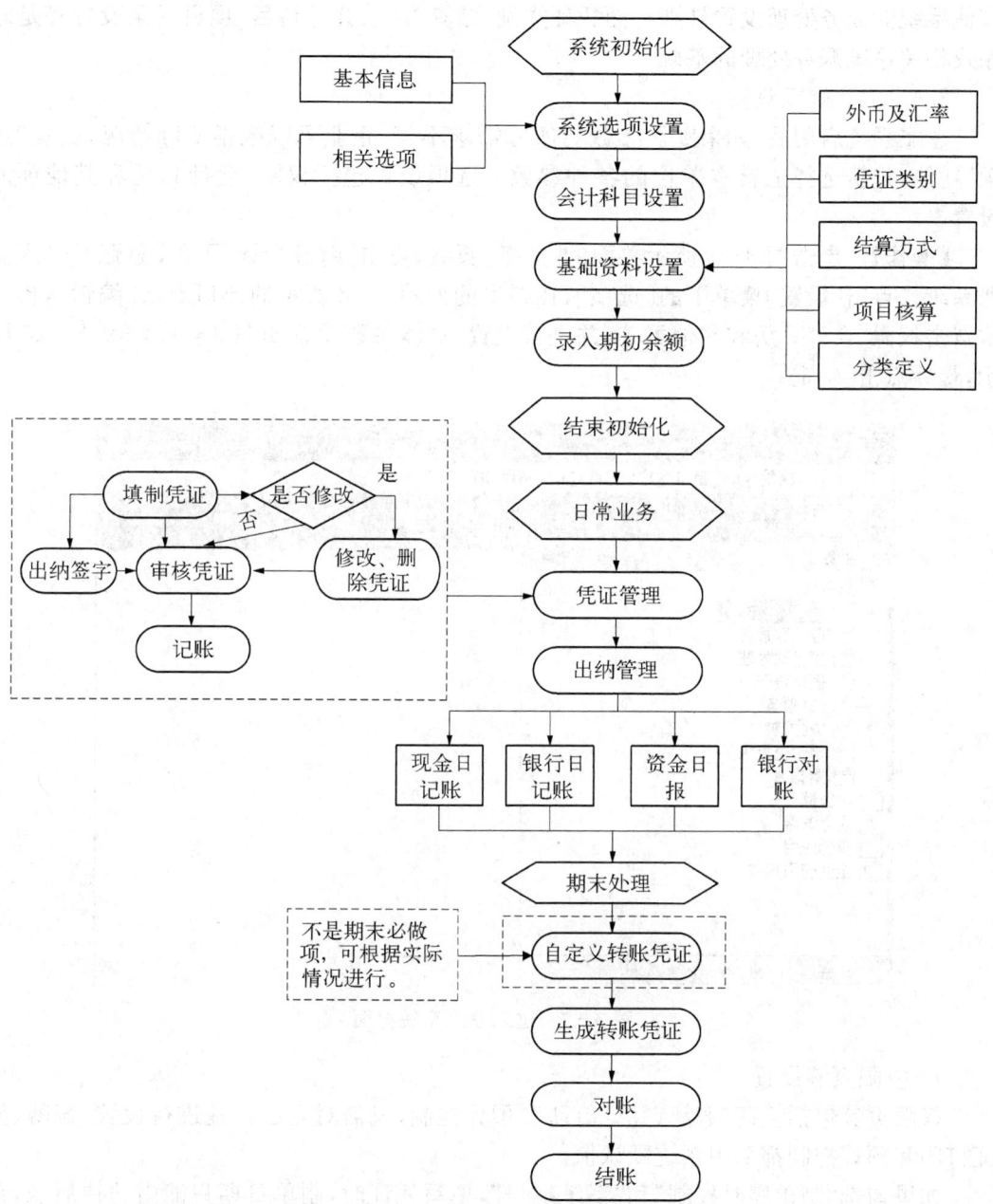

图 3-6　总账系统操作流程

3.4.4　总账系统的初始化

总账系统的初始化包括系统的初始设置和期初余额录入：其中选项设置是为总账及其他系统的业务处理设置规则。而凭证类别、结算方式、会计科目、项目目录设置等是总账及相关系统账务处理的基础。

3.4.4.1　选项设置

总账系统启用后，如果默认参数与实际需求不符，企业可以根据实际情况，设置"选项"功能，重新选择适合本单位的各种参数。选项设置包括权限、会计日历和其他项的设置。

【操作】　点击图3-7所示界面的[业务]页签，点击[财务会计]下的[总账]，进入总账系统。点击[设置]菜单下的[选项]，在弹出的如图3-8所示的窗口点击[编辑]，再依次点击权限、会计日历和其他页签，并进行设置，具体参数设置如图3-8、3-9、3-10所示，最后点击[确定]。

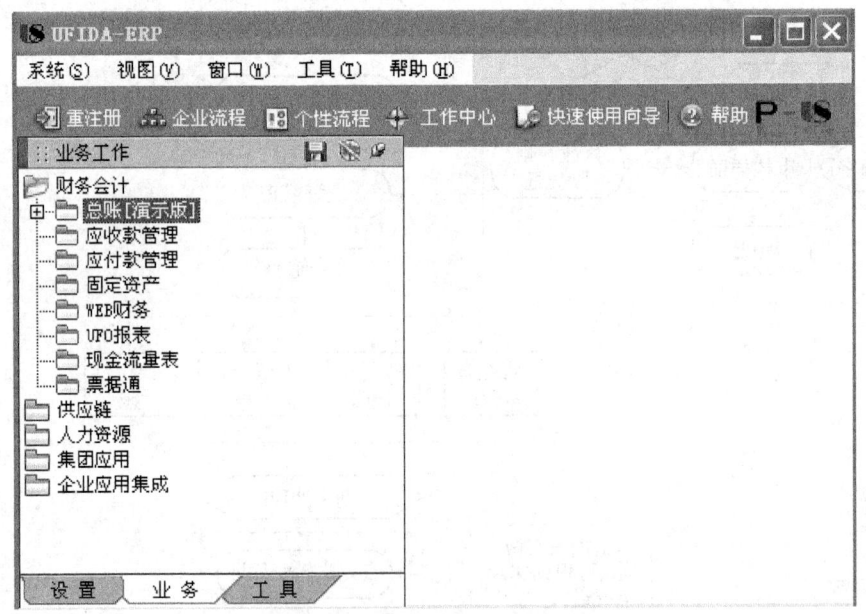

图3-7　进入总账系统界面

1）权限页签设置

权限页签包括凭证、账簿、凭证打印和预算控制，只需对凭证页签进行设置，账簿、凭证打印和预算控制都采用系统默认值。

如果勾选"制单序时控制"和"系统编号"，填写凭证时，制单日期只能由前往后填，系统自动按凭证类别按月自动编制凭证编号，可以保证凭证号的连续性。

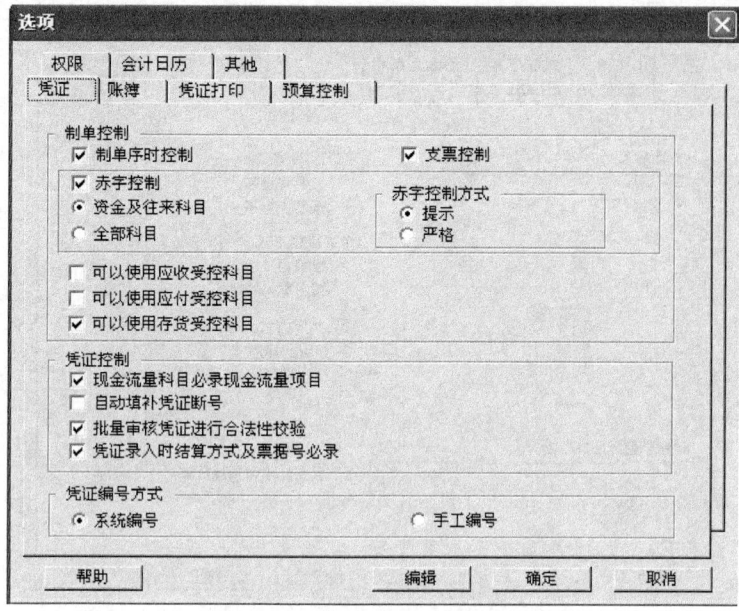

图 3 - 8　"权限"选项卡设置界面

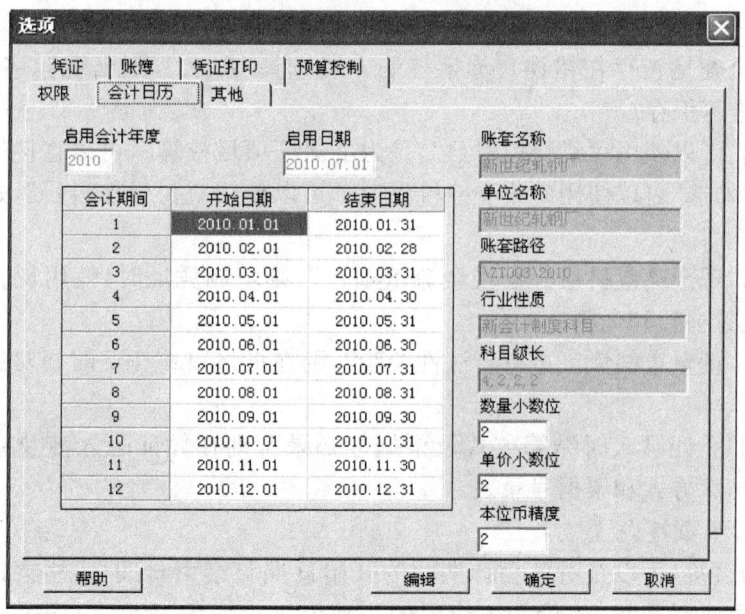

图 3 - 9　"会计日历"选项卡设置界面

如果勾选"支票控制",则在制单时,录入了未在支票登记簿中登记的支票号,系统自动弹出登记支票提示,并可进行登记。

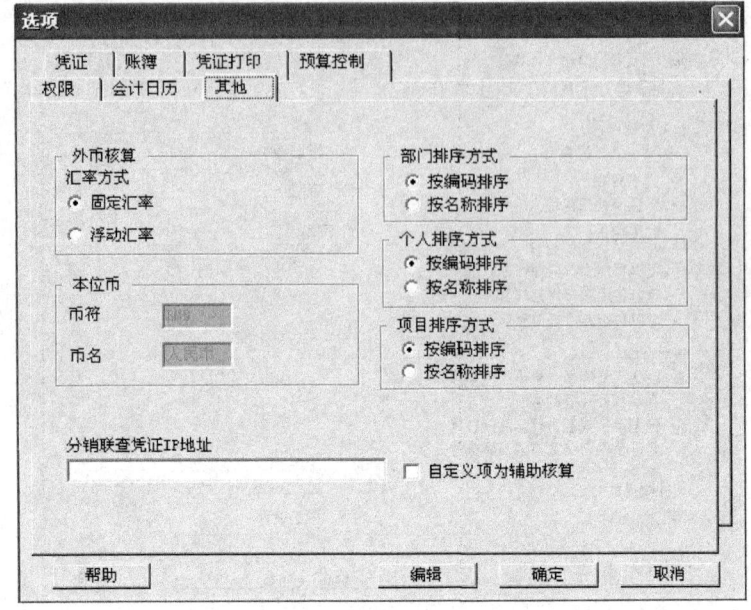

图 3-10 "其他"选项卡设置界面

如果勾选"赤字控制",则在录入涉及资金科目和往来科目时,余额为负数,系统会予以提示,从而检查是否存在错误。赤字控制方式选择"提示",则出现赤字时,会进行提示,仍然可以进行保存。

如果勾选"可以使用存货受控科目",是为了保证项目核算时可以直接使用存货目录定义项目。不勾选"可以使用应收受控科目"和"可以使用应付受控科目",是为了防止重复制单。

如果勾选"现金流量科目必录现金流量项目",则填制凭证时,使用现金流量科目必须输入现金流量项目和金额。

如果勾选"批量审核凭证进行合法性校验",则在批量审核凭证时要对凭证进行二次审核。

如果勾选"凭证录入时结算方式及票据号必录",则在凭证录入涉及银行存款科目时,必须将其结算方式和票据号录入。

2) 会计日历页签设置

会计日历页签,可以查看各会计期间的开始日期与结束日期、启用会计年度和启用日期,同时还可以对数量、单价和本位币的小数位进行设置,所有项均采用系统默认参数,具体设置参见图 3-9。

3) 其他页签设置

其他页签,用于设置部门、个人、项目的排序方式,采用默认参数,具体设置参见

图3-10。

3.4.4.2 凭证类别设置

为了验证凭证内容的正确性,应根据凭证所对应的经济内容进行分类,并设置限制条件。只有凭证内容符合凭证设置的条件,才能通过凭证保存。凭证类别及限制科目如表3-8所示。

表3-8 凭证类别及限制科目

类别字	类别名称	限制类型	限制科目
收	收款凭证	借方必有	1001,100201,100202,100203
付	付款凭证	贷方必有	1001,100201,100202,100203
转	转账凭证	凭证必无	1001,100201,100202,100203

【操作】 点击如图3-7所示界面的[设置]页签,点击[基础档案],点击[财务]菜单下的[凭证类别],在如图3-11所示的[凭证类别预置]窗口选择分类方式[收款凭证 付款凭证 转账凭证],点击[确定],进入如图3-12所示的[凭证类别]设置窗口,点击[编辑]下拉菜单的[修改],按照表3-8选择限制类型和限制科目。

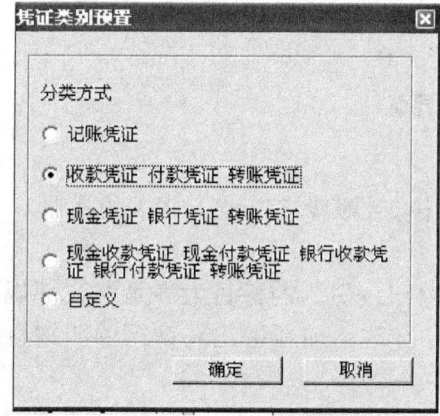

图3-11 凭证类别选择界面

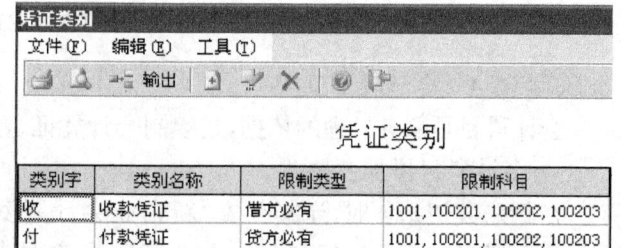

图3-12 凭证类别设置界面

3.4.4.3 结算方式设置

结算方式与财务结算方式一致。结算方式最多可分为2级,一旦引用,则不能修改和删除。

结算方式编码要符合编码规则,编码和名称都需唯一。结算方式设置如表3-9所示。

表 3-9　结算方式设置

结算方式编码	结算方式名称	是否票据管理
1	现　金	否
2	支　票	是
201	现金支票	是
202	转账支票	是

【操作】　点击如图 3-7 所示界面的[设置]页签,单击[基础档案]菜单下的[收付结算],点击[结算方式],在如图 3-13 所示的窗口点击工具栏的[增加],输入结算方式编码[202],结算方式名称[转账支票],勾选[是否票据管理],最后单击[保存]。

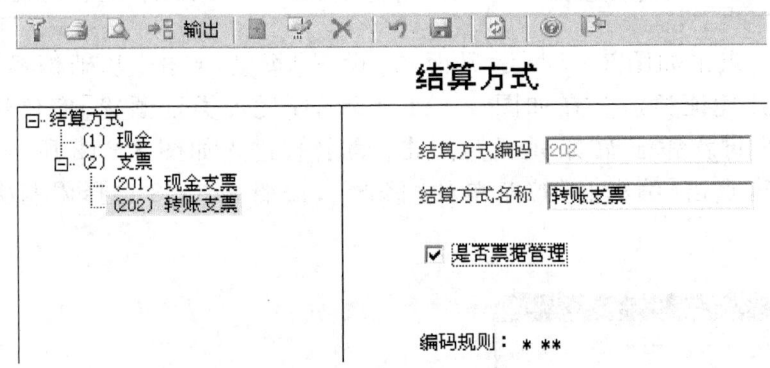

图 3-13　结算方式设置界面

3.4.4.4　会计科目设置

会计科目是账务处理的依据,是填制会计凭证、登记会计账簿、编制会计报表的基础。

1) 会计科目增加及修改

在新账套初始化时,选择预置"新企业会计制度"科目,引入的科目大多是财政部规定的一级科目和部分二级科目。在此基础上参照表 3-2,增加新世纪轧钢厂的明细科目,修改部分科目的辅助核算项目。

第一,新增会计科目。

需新增"资产减值损失"科目下的二级科目"坏账损失(670101)",将"其他应收款"科目设置两个二级科目,分别为"应收内部职工款(122101)"和"应收其他单位款(122102)"。

【操作】　在[设置]页签下,点击[基础档案],点击[财务]菜单下的[会计科目],显示已引入的会计科目列表,单击[编辑]下拉菜单中的[增加],弹出如图 3-14 所示的窗口,输入科目编码[670101]和科目名称[坏账损失],选择余额方向[支出]。最后点击[确定],保存新增科目。

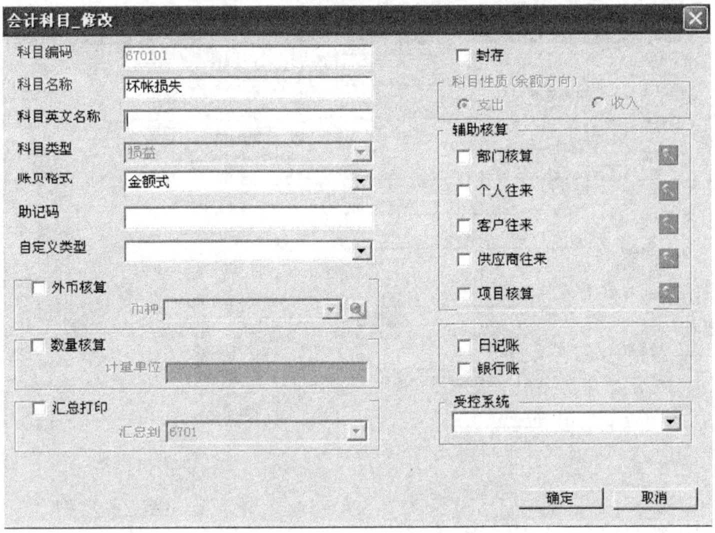

图 3 - 14　会计科目增加界面

第二,修改会计科目。

由于引入的某些科目与企业会计准则不符,且与企业实际情况不一致,需要对已有科目进行修改。将"营业费用"改成"销售费用",将"应付工资"改为"应付职工薪酬"。

【操作】　在会计科目页面,双击[营业费用]科目,弹出如图 3 - 15 所示的[会计科目—修改]窗口,单击[修改]激活窗口数据,如图 3 - 16 所示修改科目名称为[销售费用],修改完成后,点击[确定]。

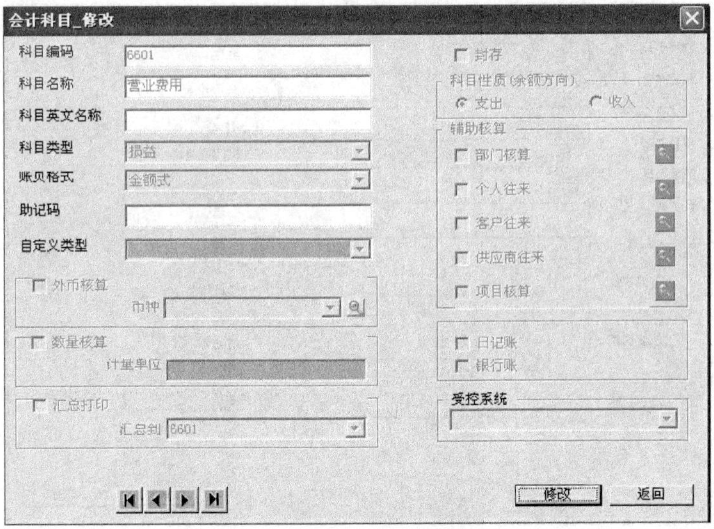

图 3 - 15　会计科目修改界面

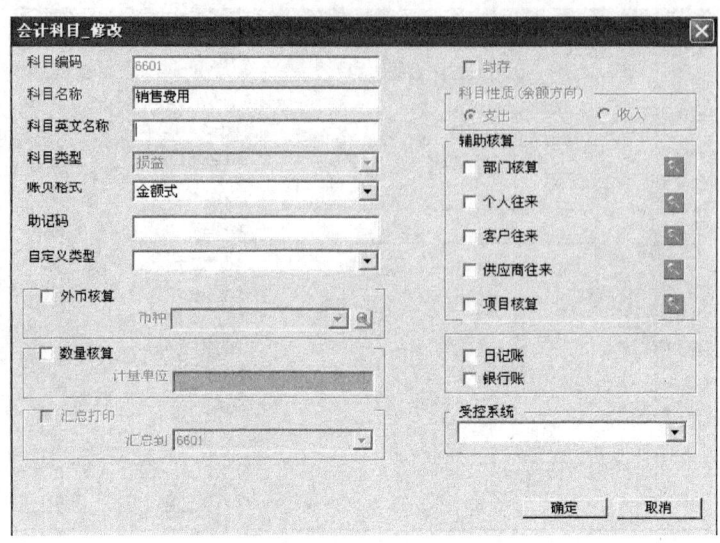

图 3-16　会计科目修改界面

2）辅助核算

根据表 3-2，对有辅助账类型的会计科目进行辅助核算设置。辅助核算包括部门核算、个人往来、客户往来、供应商往来和项目核算。

【操作】　在会计科目界面双击［应收账款］科目，在弹出的［会计科目—修改］窗口点击［修改］，勾选如图 3-17 所示对应的辅助核算方式［客户往来］。最后点击［确定］保存。

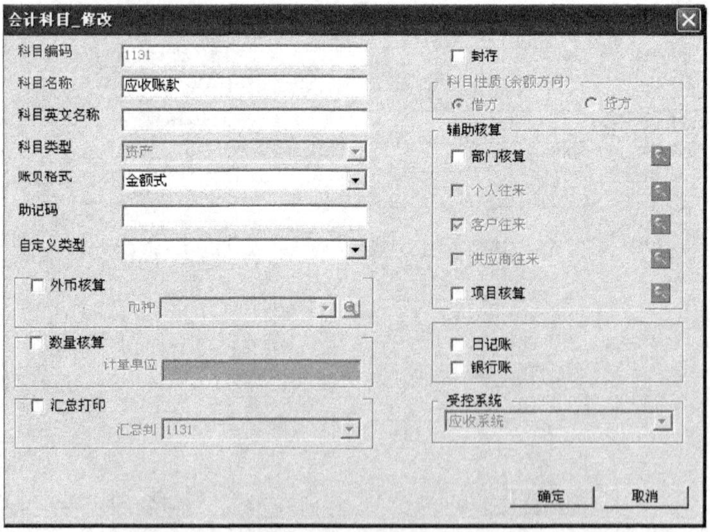

图 3-17　会计科目辅助核算（客户往来）设置界面

第一,客户往来核算。

设置客户往来核算的会计科目有"应收票据"、"应收账款"、"其他应收款——应收其他单位款"和"预收账款",这些科目的辅助核算方式都勾选"客户往来",勾选辅助核算方式"客户往来"之后,这些科目自动成为应收系统的受控科目,有关凭证只能在应收系统使用。

第二,供应商往来核算。

设置供应商往来的会计科目有"应付票据"、"应付账款"和"预付账款",这些科目的辅助核算方式都勾选"供应商往来"。勾选"供应商往来"辅助核算项之后,该科目自动受控于应付系统,成为总账系统不可操作的科目(如图 3-18 所示)。

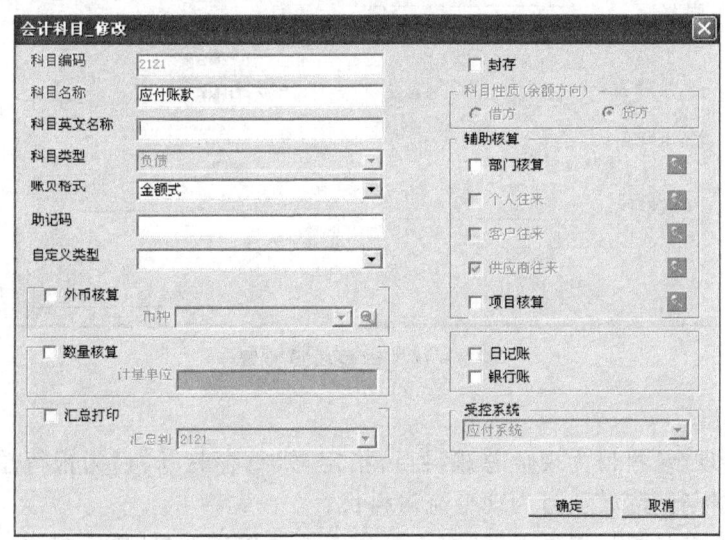

图 3-18　会计科目辅助核算(供应商往来)设置界面

第三,部门核算。

设置部门核算的科目有"管理费用——招待费"、"管理费用——差旅费"和"管理费用——办公费",这些科目的辅助核算方式都勾选"部门核算",但不受控于任何系统。

第四,个人往来核算。

设置个人往来辅助核算的科目有"其他应收款——应收内部职工款",辅助核算方式勾选"个人往来",但不受控于任何系统。

第五,项目核算。

设置项目核算的会计科目有"材料采购"、"原材料"、"材料成本差异"、"库存商品"、"在建工程"、"基本生产成本"、"主营业务收入"和"主营业务成本"。这些科目的辅助核算方式勾选"项目核算",其后还需在项目目录中增加相应的项目大类,有关内容将在下文详细介绍。

另外,还需对"材料采购"、"原材料"、"材料成本差异"、"库存商品"、"主营业务收入"和"主营业务成本"科目设置数量核算。

【操作】 在会计科目界面双击[主营业务收入]科目,进入[会计科目—修改]窗口后,点击[修改],如图3-19所示勾选[数量核算],输入计量单位[吨],点击[确定]保存。

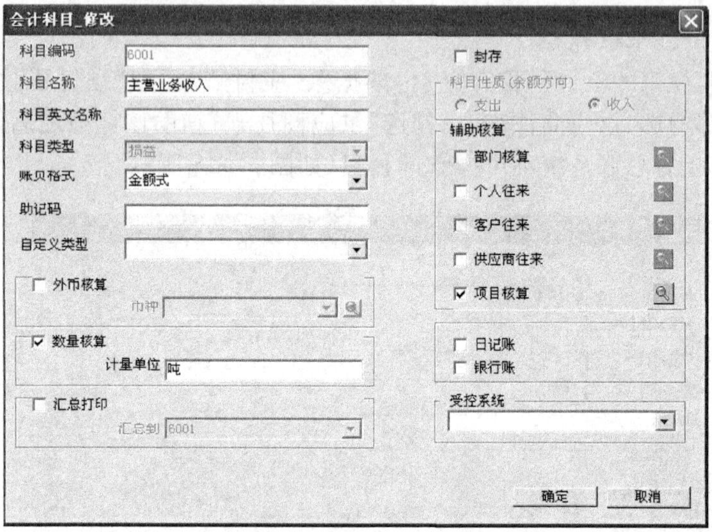

图3-19 数量核算设置

3) 指定科目

指定"库存现金"科目为现金总账科目,指定"银行存款"科目为银行总账科目,指定"库存现金"和"银行存款"科目为现金流量科目。

【操作】 在会计科目界面点击[编辑],在下拉菜单中选择[指定科目]。在弹出的如图3-20所示的[指定科目]窗口选择[现金总账科目],点击右移键,将[库存现金]选入已选科目,点击[确认]保存。

指定现金总账科目、银行存款总账科目后,可以在出纳管理中查询现金日记账和银行存款日记账。指定现金流量科目后,录入涉及"库存现金"和"银行存款"科目的凭证时,要填制现金流量项目及金额,且可以在账表中查询现金流量表。

3.4.4.5 项目目录

因为在会计科目设置时,部分科目的辅助核算方式为项目核算,所以要增加项目目录。根据设置了项目核算的会计科目,增加"项目管理"和"存货核算"两个大类。

1) 项目管理

项目管理大类虽然是系统预置的,但是其项目分类定义和项目目录还需手工增加。

项目分类设置"第一项目"和"第二项目",第一项目目录只有"综合办公楼",第二项目目录包括"第三轧机车间"和"新元材料库"。

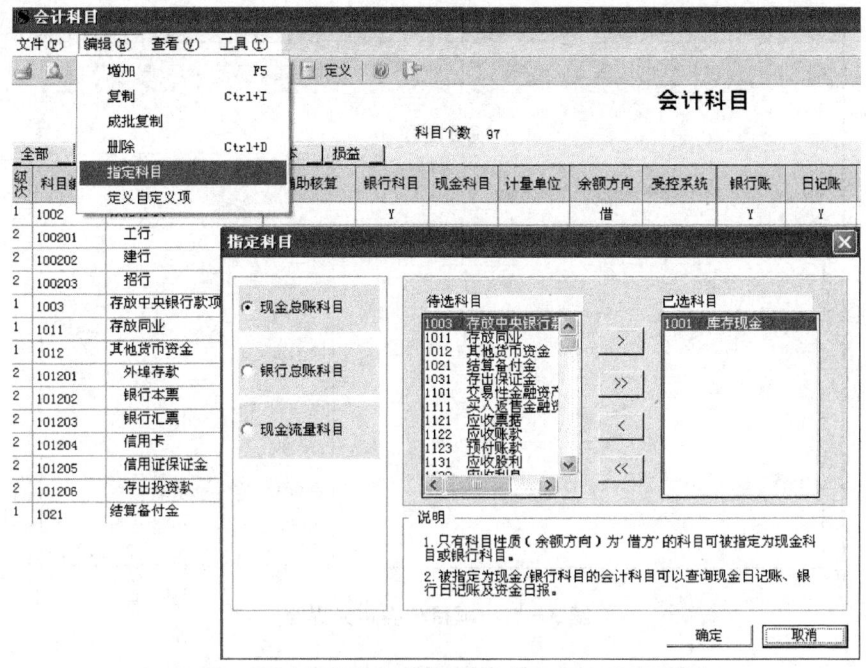

图 3 - 20　指定科目界面

【操作 1 - 项目分类定义】　在 [设置] 页签下，点击 [基础档案] 下的 [财务]，单击 [项目目录]，在 [项目档案] 窗口选择项目大类 [项目管理]，点击 [项目分类定义] 页签，在如图 3 - 21 所示的窗口输入分类编码 [1] 和分类名称 [第一项目]，点击 [确定]，再点击 [增加]，输入第二项目。

【操作 2 - 项目目录】　点击 [项目目录] 页签，点击 [维护]，跳到如图 3 - 22 所示的 [项目目录维护] 页面，点击工具栏的 [增加]，在新增行依次填写项目编号 [01]，项目名称 [综合办公楼]，所属分类码 [1] 等。重复操作增加其他项。

【操作 3 - 选择核算科目】　最后点击 [核算科目] 页签，在如图 3 - 23 所示的窗口选择 [在建工程]，点击右移按钮，将之移到已选科目，点击 [确定]。

2）存货核算

"材料采购"科目可按原材料和辅助材料核算，"原材料"和"材料成本差异"科目按原材料核算，"库存商品"、"生产成本"、"主营业务收入"和"主营业务成本"科目按产成品核算。

【操作】　在 [设置] 页签下，点击 [编码档案] 下的 [项目目录]，在弹出的 [项目档案] 窗口点击 [编辑] 下拉菜单中的 [增加]。在如图 3 - 24 所示的窗口选择 [使用存货目录定义项目]，点击 [完成]，跳出 [预置完毕] 提示框，点击 [确定]。点击 [项目分类定义] 页签，自动生成如图 3 - 25 所示的分类，点击 [项目目录] 页签，自动生成如图 3 - 26 所示的目

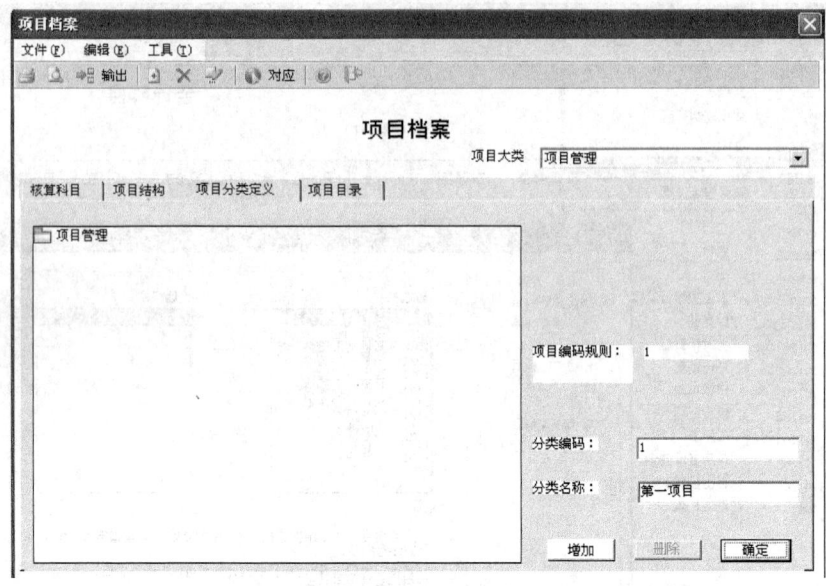

图 3-21 项目分类定义界面

图 3-22 项目目录维护

录。最后，点击[核算科目]页签，在如图 3-27 窗口将[材料采购]、[原材料]、[材料成本差异]、[库存商品]、[生产成本]、[主营业务收入]和[主营业务成本]科目通过右移按钮选入已选科目。

使用存货目录定义项目时，不需要再去定义项目大类和项目目录维护，数据直接取自存货分类和存货档案。

3.4.4.6 期初余额

1）期初余额录入

在基础资料定义完成后，即可进行科目余额的录入。录入科目余额的界面如图 3-28 所示。录入科目期初余额时，系统自动将定义的会计科目引入到余额表，此时不能对会计科目进行任何操作。若是年中建账，则需要录入期初余额和此会计年度 1 月至启用

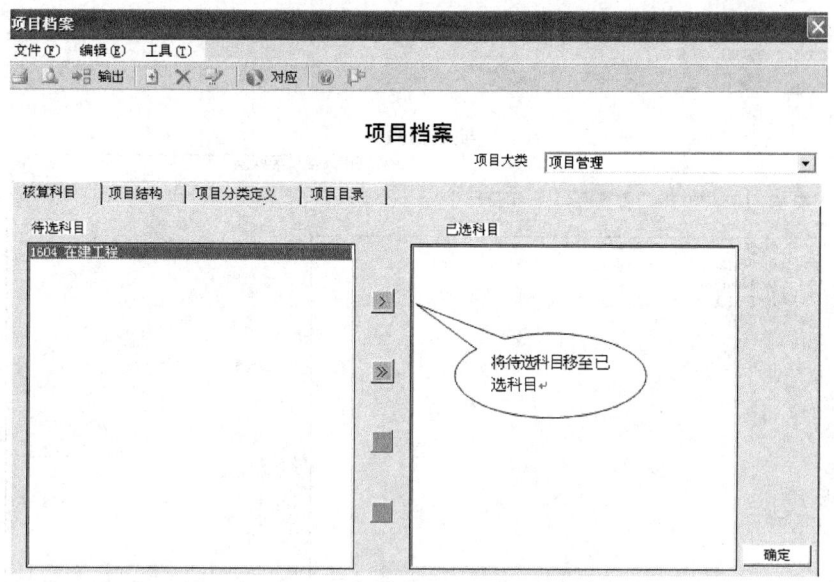

图 3 - 23　核算科目选择界面

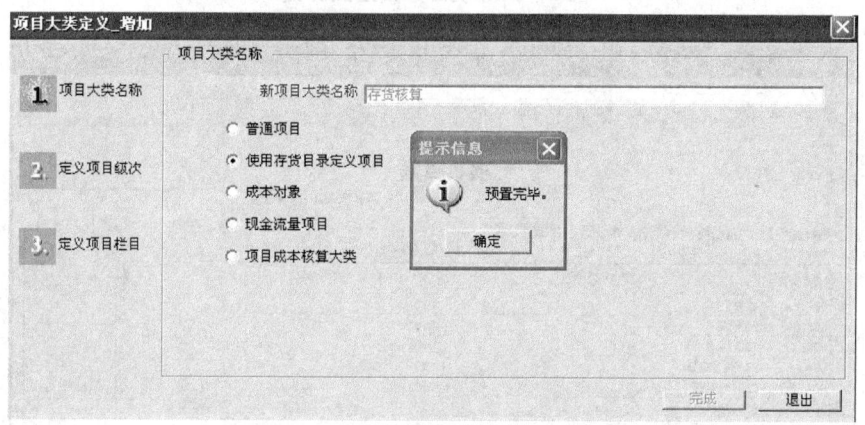

图 3 - 24　使用存货目录定义项目界面

月份上一月的累计借方和贷方。若是年初建账,则只需录入期初余额即可。

　　在如图 3 - 28 所示的界面中,有"年初余额"、"累计借方"、"累计贷方"和"期初余额"四列,填入数据栏显示三种颜色。白色框可以直接输入数据,表示末级科目。灰色框不能输入数据,表示年初余额或非末级科目,年初余额根据累计借贷方和期初余额自动计算而来,非末级科目根据末级科目计算而来。黄色框也不能输入数据,表示辅助科目,要录入辅助项目后系统自动计算数据填入。期初余额录入的数据参见表 3 - 3 至表 3 - 7。

　　受控于应收应付系统的辅助科目,要先在应收应付系统录入期初余额,然后在总账

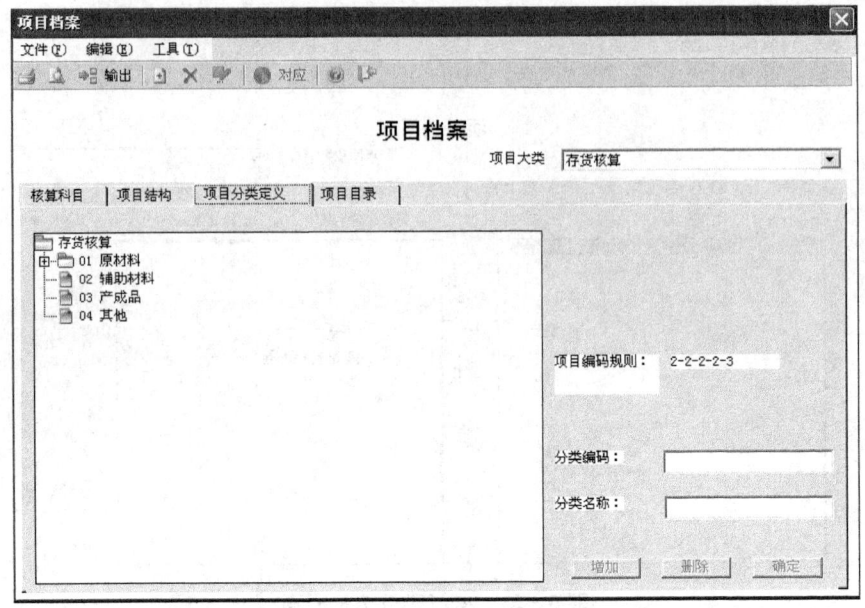

图 3-25 项目分类定义界面

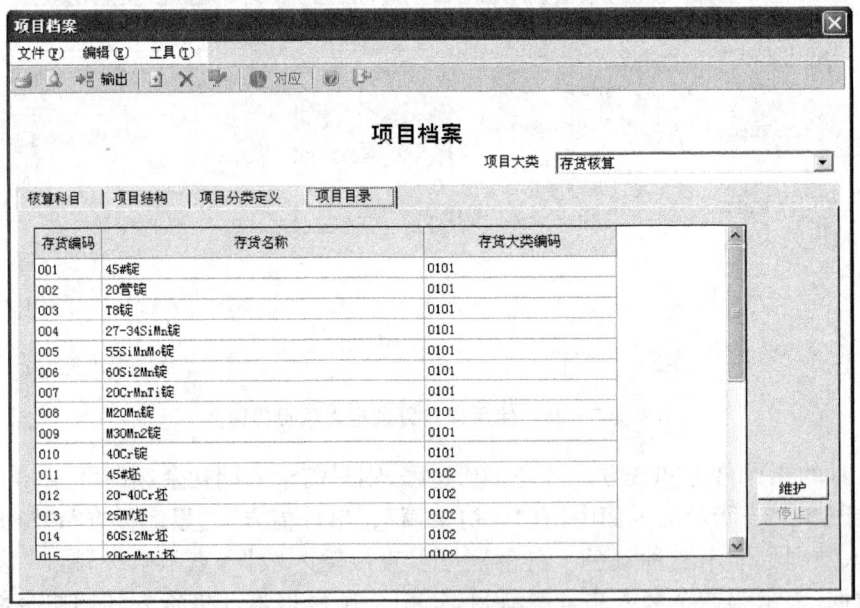

图 3-26 项目目录界面

系统录入余额时,直接引入数据即可。不受控于其他系统的辅助科目,直接在总账系统录入辅助项目。

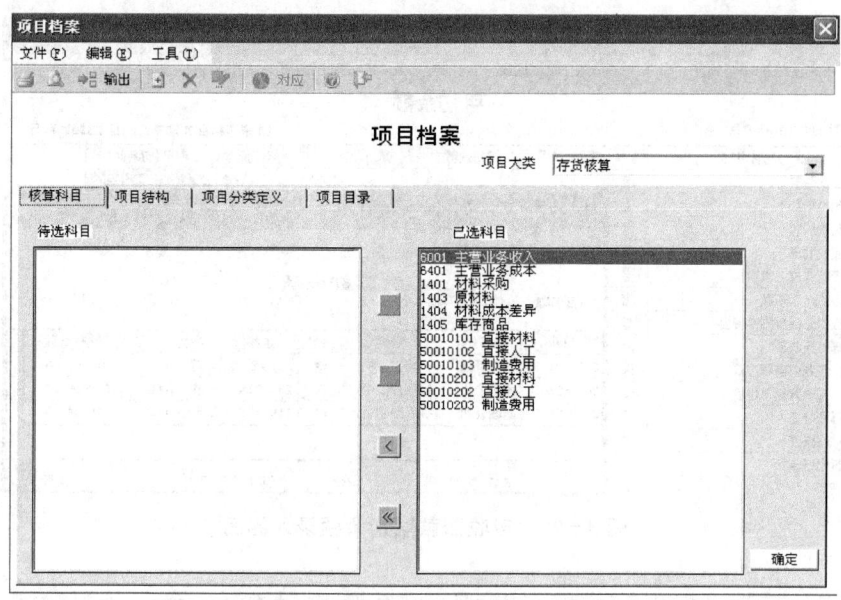

图 3 - 27　选择核算科目界面

【操作】　在[业务]页签下,点击[财务]菜单下的[设置],单击[期初余额],进入如图 3 - 28 所示的期初余额录入界面,双击[应收账款]对应的[期初余额]栏,在如图 3 - 29 所示的[客户往来期初]窗口点击[引入],系统自动将应收款系统的期初余额引入。双击[累计借方],输入[63080.02],双击[累计贷方],输入[10000]。所有科目余额录入结果如图 3 - 30 所示。

期初余额

期初：2010年08月　　　　　　　　　　□ 末级科目　□ 非末级科目　□ 辅助科目

科目名称	方向	币别/计量	年初余额	累计借方	累计贷方	期初余额
外埠存款	借					
银行本票	借					
银行汇票	借					
信用卡	借					
信用证保证金	借					
存出投资款	借					
短期投资	借					
股票	借					
债券	借					
基金	借					
其他	借					
短期投资跌价准备	贷					
应收票据	借					
应收股利	借					
应收利息	借					
应收账款	借					

图 3 - 28　期初余额录入界面

图 3 - 29　应收账款期初余额录入界面

科目名称	方向	币别/计量	年初余额	累计借方	累计贷方	期初余额
银行存款	借		43,112.96	534,340.20	221,000.00	356,453.16
工行	借			481,952.60	200,000.00	281,952.60
建行	借		43,112.96	45,000.00	20,000.00	68,112.96
招行	借			7,387.60	1,000.00	6,387.60
存放中央银行款项	借					
存放同业	借					
其他货币资金	借					
外埠存款	借					
银行本票	借					
银行汇票	借					
信用卡	借					
信用证保证金	借					
存出投资款	借					
结算备付金	借					
存出保证金	借					
交易性金融资产	借					
股票	借					
债券	借					
基金	借					
其他	借					
买入返售金融资产	借					
应收票据	借			5,000.00		5,000.00
应收账款	借		125,245.00	63,080.02	10,000.00	178,325.02
预付账款	借		10,000.00	20,000.00	10,000.00	20,000.00

图 3 - 30　期初余额录入结果

2) 对账与试算平衡

为保证期初余额的准确性,必须通过对账和试算平衡的检查,才能进行下一步工作。

（1）对账。对账检查上下级科目之间是否符合平衡关系,核对上下级科目是否平衡,与其他子系统是否一致。

【操作】　录入期初余额后,在如图 3-30 所示的[期初余额]界面,单击[对账],在如图 3-31 所示的[期初对账]窗口点击[开始]。核对完毕后,点击[退出]。

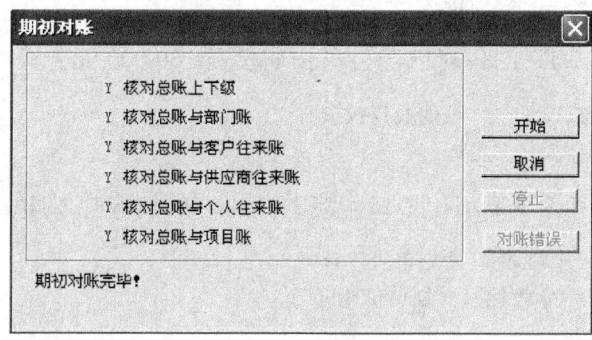

图 3-31　期初对账界面

（2）试算平衡。试算平衡是检查各一级科目之间是否符合平衡关系,即检查资产、负债、权益、成本和损益类余额是否借贷平衡。

【操作】　在如图 3-30 所示的期初余额界面单击[试算],在如图 3-32 所示的[期初试算平衡表]窗口显示试算结果,点击[确认]。

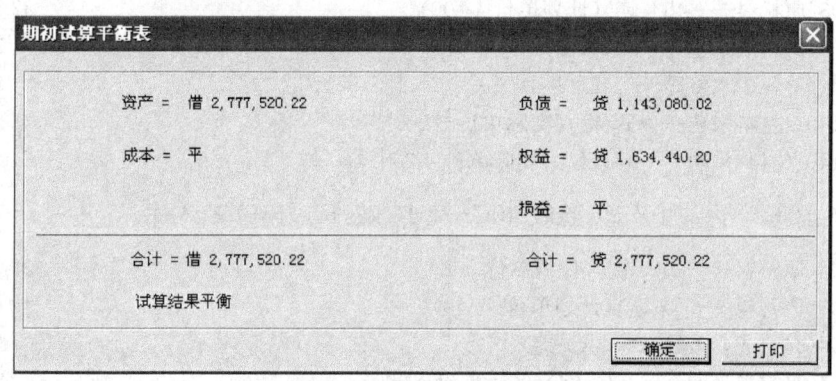

图 3-32　期初试算平衡界面

至此,总账系统初始化工作结束,可以在总账系统中进行日常业务处理了。

3.4.4.7　新世纪轧钢厂 7 月份日常经营业务

业务 1:2010 年 7 月 1 日,销售一部邓娟借支差旅费 700 元。

借:122101(其他应收款——应收内部职工款:邓娟)　　　　　　　　　700

　贷:100202(银行存款——建行)　　　　　　　　　　　　　　　　　　700

业务 2：2010 年 7 月 1 日，验收 10 吨轻轨钢坯入库，计划单价每吨 5 000 元，实际单价每吨 5 100 元。

借：1403（原材料——轻轨钢坯）　　　　　　　　　　　　　　　50 000
　　1404（材料成本差异——轻轨钢坯）　　　　　　　　　　　　1 000
　　贷：1401（材料采购——轻轨钢坯）　　　　　　　　　　　　　51 000

业务 3：2010 年 7 月 3 日，对巴氏公司长期投资 100 000 元。

借：151102（长期股权投资——其他股权投资）　　　　　　　　100 000
　　贷：100201（银行存款——工行）　　　　　　　　　　　　　100 000

业务 4：2010 年 7 月 3 日，验收 45♯锭 12 吨，20 管锭 8 吨入库。

借：1403（原材料——45♯锭）（计划单价 4 180）　　　　　　　50 160
　　1403（原材料——20 管锭）（计划单价 4 960）　　　　　　　39 680
　　1404（材料成本差异——45♯锭）　　　　　　　　　　　　　240
　　贷：1401（材料采购——45♯锭）（实际单价 4 200）　　　　　50 400
　　　　1401（材料采购——20 管锭）（实际单价 4 900）　　　　39 200
　　　　1404（材料成本差异——20 管锭）　　　　　　　　　　　480

业务 5：2010 年 7 月 6 日，验收 T8 锭 6 吨，45♯坯 8 吨入库。

借：1403（原材料——T8 锭）（计划单价 5 150）　　　　　　　　30 900
　　1403（原材料——45♯坯）（计划单价 4 100）　　　　　　　　32 800
　　1404（材料成本差异——T8 锭）　　　　　　　　　　　　　300
　　1404（材料成本差异——45♯坯）　　　　　　　　　　　　　800
　　贷：1401（材料采购——T8 锭）（实际单价 5 200）　　　　　31 200
　　　　1401（材料采购——45♯坯）（实际单价 4 200）　　　　33 600

业务 6：2010 年 7 月 7 日，验收 40Cr 锭 10 吨，R3 坯 10 吨入库。

借：1403（原材料——40Cr 锭）（计划单价 3 900）　　　　　　　39 000
　　1403（原材料——R3 坯）（计划单价 4 860）　　　　　　　　48 600
　　1404（材料成本差异——40Cr 锭）　　　　　　　　　　　　1 000
　　贷：1401（材料采购——40Cr 锭）（实际单价 4 000）　　　　40 000
　　　　1401（材料采购——R3 坯）（实际单价 4 800）　　　　　48 000
　　　　1404（材料成本差异——R3 坯）　　　　　　　　　　　600

业务 7：2010 年 7 月 10 日，支付上月长期借款利息 1 500 元。

借：6603（财务费用）　　　　　　　　　　　　　　　　　　　15 500
　　贷：100201（银行存款——工行）　　　　　　　　　　　　　15 500

业务 8：2010 年 7 月 10 日，支付上月短期借款利息 1 500 元。

借：6603（财务费用）　　　　　　　　　　　　　　　　　　　　　1 500

　　贷：100201（银行存款——工行）　　　　　　　　　　　　　　　　　1 500

业务 9：2010 年 7 月 10 日,验收 25MV 坯 5 吨,铁水脱硫剂 6 吨,增碳剂 7 吨入库。

借：1403（原材料——25MV 坯）（计划单价 4 550）　　　　　　　22 750

　　1403（原材料——铁水脱硫剂）（计划单价 6 350）　　　　　　38 100

　　1403（原材料——增碳剂）（计划单价 6 250）　　　　　　　　43 750

　　1404（材料成本差异——铁水脱硫剂）　　　　　　　　　　　　900

　　贷：1401（材料采购——25MV 坯）（实际单价 4 500）　　　　　22 500

　　　　1401（材料采购——铁水脱硫剂）（实际单价 6 500）　　　　39 000

　　　　1401（材料采购——增碳剂）（实际单价 6 200）　　　　　　43 400

　　　　1404（材料成本差异——25MV 坯）　　　　　　　　　　　　250

　　　　1404（材料成本差异——增碳剂）　　　　　　　　　　　　　350

业务 10：2010 年 7 月 15 日,销售部吴迪报销差旅费 396 元。

借：660202（管理费用——差旅费：销售部）　　　　　　　　　　　396

　　贷：100202（银行存款——建行）　　　　　　　　　　　　　　　396

业务 11：2010 年 7 月 17 日,企业管理部刘雄伟报销差旅费 1 578 元。

借：660202（管理费用——差旅费：企业管理部）　　　　　　　　1 578

　　贷：122101（其他应收款——应收内部职工款：刘雄伟）　　　　　1 578

业务 12：2010 年 7 月 18 日,收回报销刘雄伟报销差旅费余款 122 元。

借：1001（库存现金）　　　　　　　　　　　　　　　　　　　　　122

　　贷：122101（其他应收款——应收内部职工款：刘雄伟）　　　　　122

业务 13：2010 年 7 月 18 日,验收 20 - 40Cr 坯 6 吨,60Si2Mr8 吨入库。

借：1403（原材料——20 - 40Cr 坯）（计划单价 4 000）　　　　　24 000

　　1403（原材料——60Si2Mr）（计划单价 3 850）　　　　　　　30 800

　　1404（材料成本差异——20 - 40Cr 坯）　　　　　　　　　　　300

　　贷：1401（材料采购——20 - 40Cr 坯）（实际单价 4 050）　　　24 300

　　　　1401（材料采购——60Si2Mr）（实际单价 3 800）　　　　　30 400

　　　　1404（材料成本差异——60Si2Mr）　　　　　　　　　　　　400

业务 14：2010 年 7 月 18 日,补付采购部刘思宇差旅费差额 50 元。

借：660202（管理费用——差旅费：采购部）　　　　　　　　　　　50

　　贷：1001（库存现金）　　　　　　　　　　　　　　　　　　　　50

业务 15：2010 年 7 月 20 日,企业管理部报销招待费用及补足备用金 794 元。

借：660201（管理费用——招待费——企业管理部）   794
   贷：100201（银行存款——工行）   794

业务 16：2010 年 7 月 22 日，验收 20GrMrTi 坯 10 吨，Q235 坯 10 吨，60Si2Mr 锭 10 吨入库。

借：1403（原材料——20GrMrTi 坯）（计划单价 4 600）   46 000
    1403（原材料——Q235 坯）（计划单价 3 600）   36 000
    1403（原材料——60Si2Mr）（计划单价 3 850）   38 500
    1404（材料成本差异——60Si2Mr）   500
   贷：1401（材料采购——20GrMrTi 坯）（实际单价 4 500）   45 000
     1401（材料采购——Q235 坯）（实际单价 3 530）   35 300
     1401（材料采购——60Si2Mr）（实际单价 3 900）   39 000
     1404（材料成本差异——Q235 坯）   700
     1404（材料成本差异——20GrMrTi 坯）   1 000

业务 17：2010 年 7 月 23 日，支付综合办公楼的设计费 8 000 元。

借：1604（在建工程——综合办公楼）   8 000
   贷：100202（银行存款——建行）   8 000

业务 18：2010 年 7 月 23 日，向昌南炼钢厂采购包装物 4 000 元。

借：141101（包装物）   4 000
   贷：100201（银行存款——工行）   4 000

业务 19：2010 年 7 月 25 日，支付综合办公楼包工款 150 000 元。

借：1604（在建工程——综合办公楼）   150 000
   贷：100202（银行存款——建行）   150 000

业务 20：2010 年 7 月 25 日，支付购入短期债券款及手续费 50 250 元。

借：110102（交易性金融资产——债券）   50 250
   贷：100201（银行存款——工行）   50 250

业务 21：2010 年 7 月 25 日，支付专利登记费及公证费 3 000 元。

借：1701（无形资产）   3 000
   贷：100202（银行存款——建行）   3 000

业务 22：2010 年 7 月 25 日，购买技术 10 000 元。

借：1701（无形资产）   10 000
   贷：100201（银行存款——工行）   10 000

业务 23：2010 年 7 月 25 日，企业管理部报销费用及补足备用金。

借：660203（管理费用——办公费）　　　　　　　　　　　　　　　　　272
　　660202（管理费用——差旅费）　　　　　　　　　　　　　　　　　 86
　　贷：100201（银行存款——工行）　　　　　　　　　　　　　　　　 358

业务 24：2010 年 7 月 25 日，支付长期借款 500 000 元。

借：2501（长期借款）　　　　　　　　　　　　　　　　　　　　　 500 000
　　贷：100201（银行存款——工行）　　　　　　　　　　　　　　　 500 000

业务 25：2010 年 7 月 26 日，清查时发现库存现金溢余 500 元，原因待查。

借：1001（库存现金）　　　　　　　　　　　　　　　　　　　　　　　500
　　贷：6301（营业外收入）　　　　　　　　　　　　　　　　　　　　 500

业务 26：2010 年 7 月 26 日，借入长期借款 200 000 元。

借：100201（银行存款——工行）　　　　　　　　　　　　　　　　 200 000
　　贷：2501（长期借款 ）　　　　　　　　　　　　　　　　　　　 200 000

业务 27：2010 年 7 月 26 日，投资者投入 100 000 元。

借：100201（银行存款——工行）　　　　　　　　　　　　　　　　 100 000
　　贷：4001（实收资本 ）　　　　　　　　　　　　　　　　　　　 100 000

业务 28：2010 年 7 月 26 日，购买工程物资 10 000 元。

借：160501（工程物资——专用材料）　　　　　　　　　　　　　　 10 000
　　贷：100201（银行存款——工行）　　　　　　　　　　　　　　　 10 000

业务 29：2010 年 7 月 27 日，收到政府的补助 5 000 元。

借：100201（银行存款——工行）　　　　　　　　　　　　　　　　　5 000
　　贷：6301（营业外收入）　　　　　　　　　　　　　　　　　　　 5 000

业务 30：2010 年 7 月 22 日，接收捐赠的一项专利，市场价格确定为 50 000 元。

借：1701（无形资产）　　　　　　　　　　　　　　　　　　　　　 50 000
　　贷：6301（营业外收入）　　　　　　　　　　　　　　　　　　　50 000

业务 31：2010 年 7 月 23 日，第三轧机车间工程领用专用材料 5 000 元。

借：1604（在建工程——第三轧机车间）　　　　　　　　　　　　　　5 000
　　贷：160501（工程物资——专用材料）　　　　　　　　　　　　　 5 000

业务 32：2010 年 7 月 27 日，支付电费 18 200 元。

借：510101（制造费用——水电费）　　　　　　　　　　　　　　　 18 200
　　贷：100203（银行存款——招行）　　　　　　　　　　　　　　　18 200

业务 33：2010 年 7 月 30 日，发放工资 204 820 元。

借：2211（应付职工薪酬）　　　　　　　　　　　　　　　　　　　204 820
　　贷：100201（银行存款——工行）　　　　　　　　　　　　　　 204 820

注：34—40 号凭证是通过定义凭证模板,在期末由其他系统的业务生成,不需要直接输入。

业务 34：2010 年 7 月 30 日,结转工资。

借：50010102（生成成本——基本生成成本——直接人工——齿轮钢） 53 300
　　660104（销售费用——工资） 28 000
　　660204（管理费用——工资） 49 400
　　510505（制造费用——工资） 15 600
　贷：2211（应付职工薪酬） 146 300

业务 35：结转工资——职工福利费用。

借：50010102（生成成本——基本生成成本——直接人工——齿轮钢） 21 320
　　660104（销售费用——工资） 11 200
　　660204（管理费用——工资） 19 760
　　510505（制造费用——工资） 6 240
　贷：2211（应付职工薪酬） 58 520

业务 36：分配各产品直接人工（期末转账生成）。

借：50010102（生产成本——基本生产成本——直接人工——螺纹钢） 6 715.80
　　50010102（生产成本——基本生产成本——直接人工——角钢） 8 208.20
　　50010102（生产成本——基本生产成本——直接人工——槽钢） 12 685.40
　　50010102（生产成本——基本生产成本——直接人工——扣件钢） 5 223.40
　　50010102（生产成本——基本生产成本——直接人工——轻轨） 9 700.60
　　50010102（生产成本——基本生产成本——直接人工——链条钢） 9 700.60
　　50010102（生产成本——基本生产成本——直接人工——锚杆钢） 9 700.60
　　50010102（生产成本——基本生产成本——直接人工——弹条钢） 9 700.60
　贷：50010102（生产成本——基本生产成本——直接人工——齿轮钢） 71 635.20

业务 37：制造费用分摊（期末转账生成）。

借：50010103（生产成本——基本生产成本——制造费用——齿轮钢） 1 659.83
　　50010103（生产成本——基本生产成本——制造费用——螺纹钢） 3 734.60
　　50010103（生产成本——基本生产成本——制造费用——角钢） 4 564.53
　　50010103（生产成本——基本生产成本——制造费用——槽钢） 7 054.27
　　50010103（生产成本——基本生产成本——制造费用——扣件钢） 2 904.70
　　50010103（生产成本——基本生产成本——制造费用——轻轨） 5 394.44
　　50010103（生产成本——基本生产成本——制造费用——链条钢） 5 394.44
　　50010103（生产成本——基本生产成本——制造费用——锚杆钢） 5 394.44
　　50010103（生产成本——基本生产成本——制造费用——弹条钢） 5 394.44
　贷：510101（制造费用——水电费） 18 200.00
　　510102（制造费用——折旧费） 1 455.70
　　510105（制造费用——工资） 21 840.00

业务 38：结转本月完工产品入库成本（期末转账生成）。

借：1405（库存商品——齿轮钢）　　　　　　　　　　　　　　　　　45 594.60
　　贷：50010101（生产成本——基本生产成本——直接材料——齿轮钢）　40 949.97
　　　　50010102（生产成本——基本生产成本——直接人工——齿轮钢）　2 984.80
　　　　50010103（生产成本——基本生产成本——制造费用——齿轮钢）　1 659.83

借：1405（库存商品——螺纹钢）　　　　　　　　　　　　　　　　　117 260.40
　　贷：50010101（生产成本——基本生产成本——直接材料——螺纹钢）　106 809.99
　　　　50010102（生产成本——基本生产成本——直接人工——螺纹钢）　6 715.80
　　　　50010103（生产成本——基本生产成本——制造费用——螺纹钢）　3 734.61

借：1405（库存商品——角钢）　　　　　　　　　　　　　　　　　　131 072.75
　　贷：50010101（生产成本——基本生产成本——直接材料——角钢）　118 300.02
　　　　50010102（生产成本——基本生产成本——直接人工——角钢）　8 208.20
　　　　50010103（生产成本——基本生产成本——制造费用——角钢）　4 564.53

借：1405（库存商品——槽钢）　　　　　　　　　　　　　　　　　　200 939.55
　　贷：50010101（生产成本——基本生产成本——直接材料——槽钢）　181 199.88
　　　　50010102（生产成本——基本生产成本——直接人工——槽钢）　12 685.40
　　　　50010103（生产成本——基本生产成本——制造费用——槽钢）　7 054.27

借：1405（库存商品——扣件钢）　　　　　　　　　　　　　　　　　72 128.10
　　贷：50010101（生产成本——基本生产成本——直接材料——扣件钢）　64 000.00
　　　　50010102（生产成本——基本生产成本——直接人工——扣件钢）　5 223.40
　　　　50010103（生产成本——基本生产成本——制造费用——扣件钢）　2 904.70

借：1405（库存商品——轻轨）　　　　　　　　　　　　　　　　　　170 094.90
　　贷：50010101（生产成本——基本生产成本——直接材料——轻轨）　154 999.86
　　　　50010102（生产成本——基本生产成本——直接人工——轻轨）　9 700.60
　　　　50010103（生产成本——基本生产成本——制造费用——轻轨）　5 394.44

借：1405（库存商品——链条钢）　　　　　　　　　　　　　　　　　134 445.00
　　贷：50010101（生产成本——基本生产成本——直接材料——链条钢）　119 349.96
　　　　50010102（生产成本——基本生产成本——直接人工——链条钢）　9 700.60
　　　　50010103（生产成本——基本生产成本——制造费用——链条钢）　5 394.44

借：1405（库存商品——锚杆钢）　　　　　　　　　　　　　　　　　178 955.10
　　贷：50010101（生产成本——基本生产成本——直接材料——锚杆钢）　163 860.06
　　　　50010102（生产成本——基本生产成本——直接人工——锚杆钢）　9 700.60
　　　　50010103（生产成本——基本生产成本——制造费用——锚杆钢）　5 394.44

借：1405（库存商品——弹条钢）　　　　　　　　　　　　　　　　　119 495.10
　　贷：50010101（生产成本——基本生产成本——直接材料——弹条钢）　104 400.06
　　　　50010102（生产成本——基本生产成本——直接人工——弹条钢）　9 700.60
　　　　50010103（生产成本——基本生产成本——制造费用——弹条钢）　5 394.44

业务 39：结转销售成本（期末转账生成）。

借：6401（主营业务成本——齿轮钢） 78 321.55
　　6401（主营业务成本——螺纹钢） 119 662.00
　　6401（主营业务成本——角钢） 116 703.62
　　6401（主营业务成本——槽钢） 246 850.75
　　6401（主营业务成本——扣件钢） 82 123.77
　　6401（主营业务成本——轻轨） 203 597.11
　　6401（主营业务成本——链条钢） 178 545.68
　　6401（主营业务成本——锚杆钢） 206 335.80
　　6401（主营业务成本——弹条钢） 56 296.00
　贷：1405（库存商品——齿轮钢） 78 321.55
　　1405（库存商品——螺纹钢） 119 662.00
　　1405（库存商品——角钢） 116 703.62
　　1405（库存商品——槽钢） 246 850.75
　　1405（库存商品——扣件钢） 82 123.77
　　1405（库存商品——轻轨） 203 597.11
　　1405（库存商品——链条钢） 178 545.68
　　1405（库存商品——锚杆钢） 206 335.80
　　1405（库存商品——弹条钢） 56 296.00

业务 40：结转期间损益（期末转账生成）。

借：6001（主营业务收入——齿轮钢） 156 400.00
　　6001（主营业务收入——螺纹钢） 270 750.00
　　6001（主营业务收入——角钢） 283 500.00
　　6001（主营业务收入——槽钢） 381 300.00
　　6001（主营业务收入——扣件钢） 164 220.00
　　6001（主营业务收入——轻轨） 313 280.00
　　6001（主营业务收入——链条钢） 373 450.00
　　6001（主营业务收入——锚杆钢） 306 000.00
　　6001（主营业务收入——弹条钢） 315 200.00
　　6051（其他业务收入） 11 000.00
　　6301（营业外收入） 55 743.66
　贷：6401（主营业务成本——齿轮钢） 77 415.45
　　6401（主营业务成本——螺纹钢） 166 915.95
　　6401（主营业务成本——角钢） 157 101.90
　　6401（主营业务成本——槽钢） 235 106.71
　　6401（主营业务成本——扣件钢） 81 633.83
　　6401（主营业务成本——轻轨） 201 629.50

6401(主营业务成本——链条钢)	172 303.67
6401(主营业务成本——锚杆钢)	202 608.72
6401(主营业务成本——弹条钢)	136 357.12
660104(销售费用——工资)	39 200.00
660201(管理费用——招待费——企业管理部)	794.00
660202(管理费用——差旅费——采购部)	50.00
660202(管理费用——差旅费——企业管理部)	1 664.00
660202(管理费用——差旅费——销售一部)	396.00
660203(管理费用——办公费——企业管理部)	272.00
660204(管理费用——工资)	69 160.00
660205(管理费用——折旧费)	1 492.60
6603(财务费用)	17 000.00
6711(营业外支出)	9 010.26
670101(资产减值损失——坏账损失)	10 244.26
4103(本年利润)	1 050 487.69

3.5　总账系统日常业务处理

　　会计日常账务处理工作主要是根据业务发生过程中所形成的单据,将 3.4.4.7 给出的实务资料,完整、及时的填制记账凭证。系统对已输入的凭证进行处理后,将数据自动记入各种账簿。

3.5.1　凭证管理

　　凭证管理包括填制凭证、审核凭证、查询凭证和记账等。其中,填制凭证最为重要,因为必须保证凭证数据的正确,这是账务系统的基础。

3.5.1.1　凭证填制

　　一张空白凭证,包括凭证头和凭证体。凭证头包括凭证类别、凭证编号、凭证日期和附单数。凭证体包括摘要、科目、辅助信息、方向和金额。具体项目说明参见表 3-10。

表 3-10　凭证填写说明

数　据　项	说　　　　　明
凭证类别	选择填制凭证的类别,系统会自动检查其正确性
凭证编号	如果在选项设置中选择了系统编号,系统将按月按凭证类别分别进行顺序编号。如有被删除的凭证,出现凭证断号时,可通过凭证编号整理使其恢复编号的连续性

（续表）

数 据 项	说　　　　明
凭证日期	如果在选项设置中选择制单序时控制,凭证日期将随凭证号递增,而不能出现日期倒流,也不允许填制凭证的日期超过系统中会计日历的日期
附单数	指所填制的凭证所附的原始凭证的张数。允许空白,空白表示无原始单据
摘要	用于说明本笔分录所反映的业务内容,每行分录必填
科目	必须输入末级科目
辅助信息	包括支票登记中结算方式和支票号的具体说明、辅助核算的具体项目说明、数量核算的数量和价格说明等
方向	科目的发生额方向,有借有贷
金额	科目的发生额,不能为零,可以是红字,以负数形式输入,借贷金额相等

1) 涉及辅助核算业务的凭证填制

业务 1：2010 年 7 月 1 日,从工程物资中领用价值 5 000 元的专用材料用于在建工程中第二项目的第三轧机车间建设。会计分录如下(项目名称：第三轧机车间)：

借：1604(在建工程)　　　　　　　　　　　　　　　　　　　　　5 000

　　贷：160501(工程物资——专用材料)　　　　　　　　　　　　　5 000

【操作】　单击[凭证]菜单下的[填制凭证],在弹出的填制凭证窗口点击工具栏的[增加],选择凭证类别[转账凭证],系统自动编号[0001],选择制单日期[2010.07.01]。第一行分录摘要处填写[第三轧机车间工程领用专用材料],科目名称选择[在建工程],按[Enter]键,弹出如图 3-33 所示的[辅助项]窗口,在[项目名称]栏点击🔍,弹出[参照]窗口,选择[02-第三轧机车间],回到[辅助项]窗口,点击[确认],填写借方金额[5000]。按[Enter]键,自动复制第二条分类摘要,科目名称选择[工程物资-专用材料],填写贷方金额[5000]。最后单击[保存],即得如图 3-34 所示的转账凭证。

在建工程设置了项目核算,并且填制凭证时录入了辅助核算信息,则在凭证备注信息中,会显示项目信息。由图 3-34 可看到,此张凭证的项目内容显示为"第三轧机车间"。

2) 涉及现金流量和银行存款业务的凭证填制

业务 2：2010 年 7 月 1 日,以现金支票(支票号：2010070101)支付业务招待费 1 000元,支票领用人是销售二部的张星,附单据数 2。会计分录如下(部门：销售二部)：

借：660201(管理费用——招待费)　　　　　　　　　　　　　　1 000

　　贷：100202(银行存款——建行)　　　　　　　　　　　　　　　1 000

(结算方式：现金支票;票号：2010070101;现金流量项目：支付的与其他经营活动有

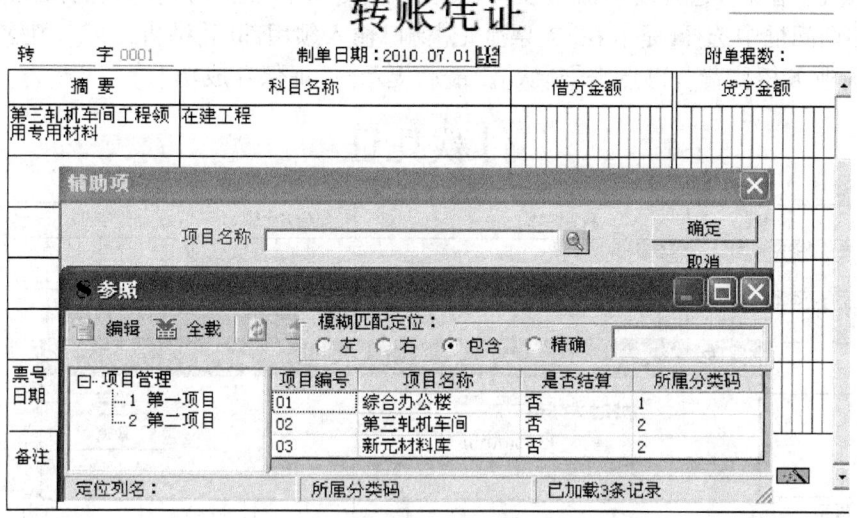

图 3 - 33　涉及在建工程科目的凭证填制

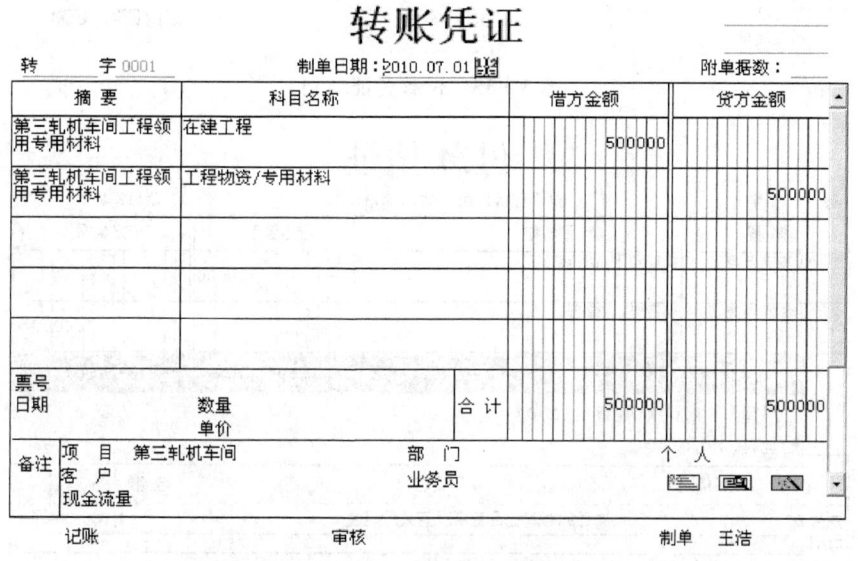

图 3 - 34　项目核算科目的凭证

关的现金）

【操作】　单击[凭证]菜单下的[填制凭证]，在弹出的空白凭证中，按涉及辅助核算业务的凭证填制方法填写第一条分录后，按[Enter]键，自动复制第二条分录摘要，选择贷方科目，按[Enter]键，在如图 3 - 35 所示的[辅助项]窗口选择结算方式，填写票号，点击[确认]，再输入贷方金额[1000]。点击[保存]，在弹出的如图 3 - 36 所示的[现金流量表]窗口点击[增加],选择现金流量项目,点击[确认]。再点击[保存],在弹出的如图 3-37 所示的询问框中选择[是],在[支票登记]窗口输入领用部门[销售二部],姓名[张星],用途[支付业务招待费],再点击[确认]。最后提示[凭证保存成功]。

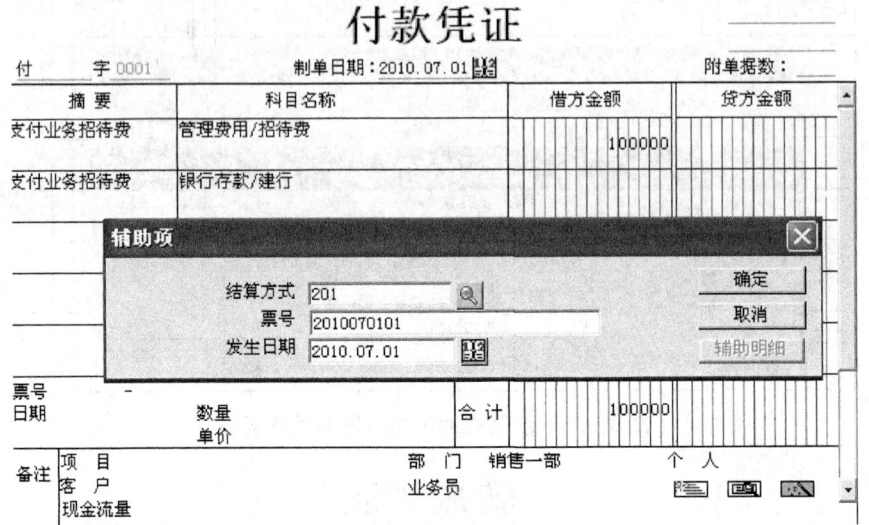

图 3-35　付款凭证填制

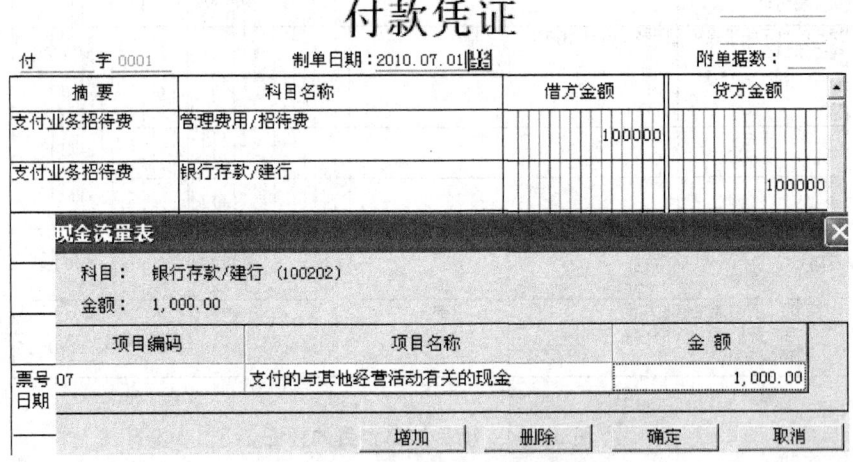

图 3-36　现金流量科目凭证填制

　　因为在会计科目设置时,勾选了银行存款的"银行账"复选框,所以涉及银行存款科目的收款凭证和付款凭证都要输入结算方式和票据号,否则将导致期末无法与银行账对账。
　　因为在总账系统初始设置中选择了[支票控制],并在结算方式设置中对支票勾选了[是否票据管理],所以会弹出[支票登记]提示框,进行支票登记工作。

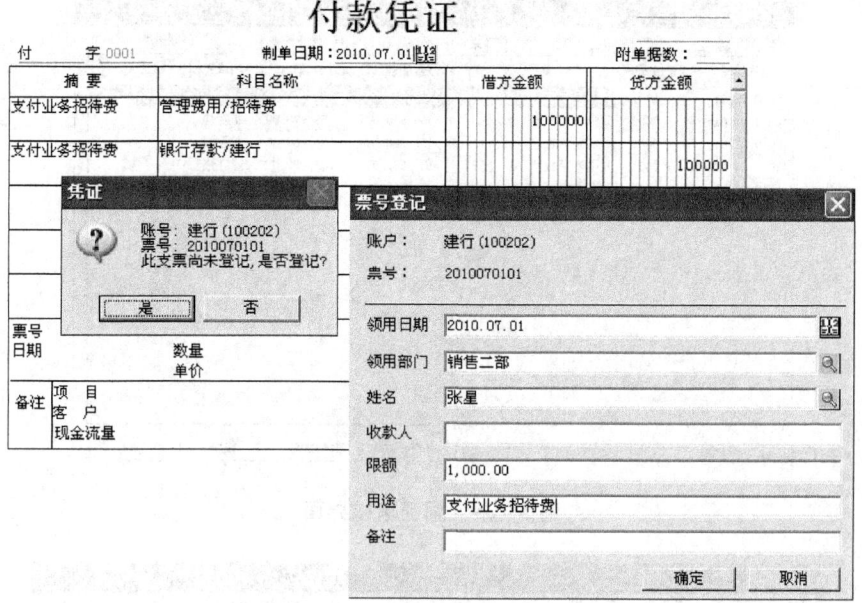

图 3 - 37　银行存款科目凭证填制

3.5.1.2　凭证审核

凭证的审核是指由具有审核权限的操作员对制单人填制的凭证,从业务内容的真实性、会计分录的合理性和数据的准确性等方面进行的检查。

选择 2010 年 7 月份的 1～5 号转账凭证进行批量审核。

【操作】　单击[凭证]菜单下的[审核凭证],弹出如图 3 - 38 所示的窗口选择[转账凭证],选择月份[2010.07],凭证号[1—5],点击[确认],得到如图 3 - 39 所示的过滤结果,点击[确定]。进入转账凭证审核界面,如图 3 - 40 所示点击[审核],在下拉菜单中选择[成批审核凭证],系统自动进行审核后,显示[成批审核结果表],单击[确定]保存。

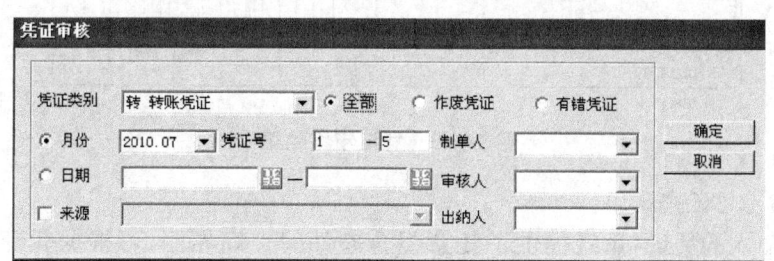

图 3 - 38　凭证审核过滤界面

作废的凭证不能被审核,也不能被标错。被标错的凭证不能被审核,只有取消标错后才能审核。

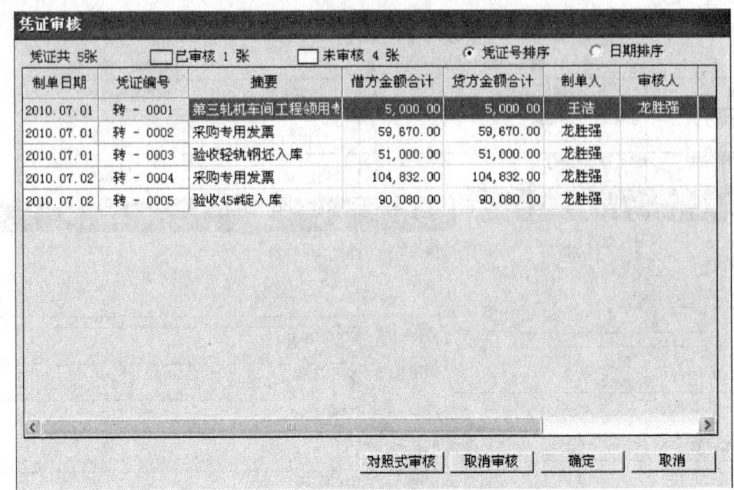

图 3 – 39　凭证审核界面

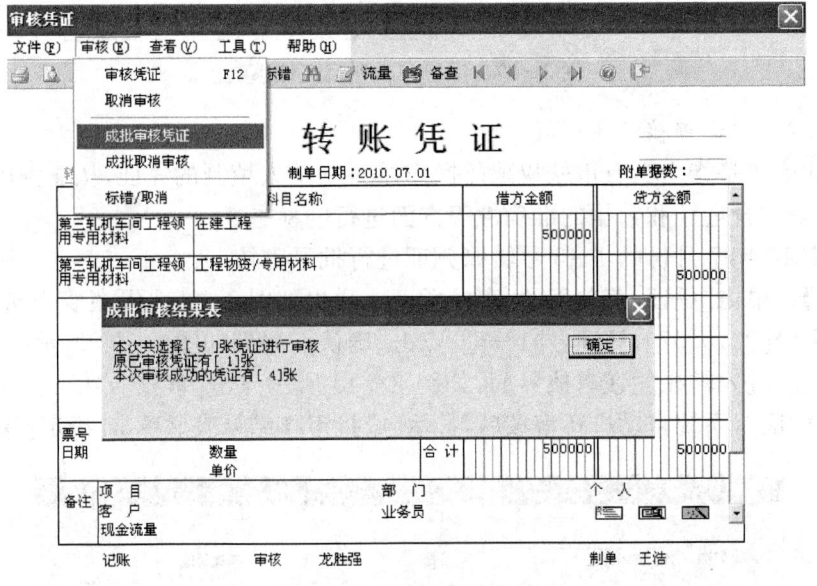

图 3 – 40　凭证审核结果

3.5.1.3　凭证查询

对于已输入的凭证,系统提供了任意组合条件的查询界面,可根据凭证的某些特征进行查询。例如要查询 2010 年 7 月份 1~5 号的付款凭证,可以在如图 3 – 41 所示的界面中填入相应条件。

【操作】　单击[凭证]菜单下[凭证查询],在如图 3 – 41 所示的[凭证查询]窗口中,凭证类别选择[付款凭证],月份选择[2010.07],选择凭证号[1—5],点击[确认]。进入如

图 3－42 所示的窗口,双击单条记录,弹出对应凭证。

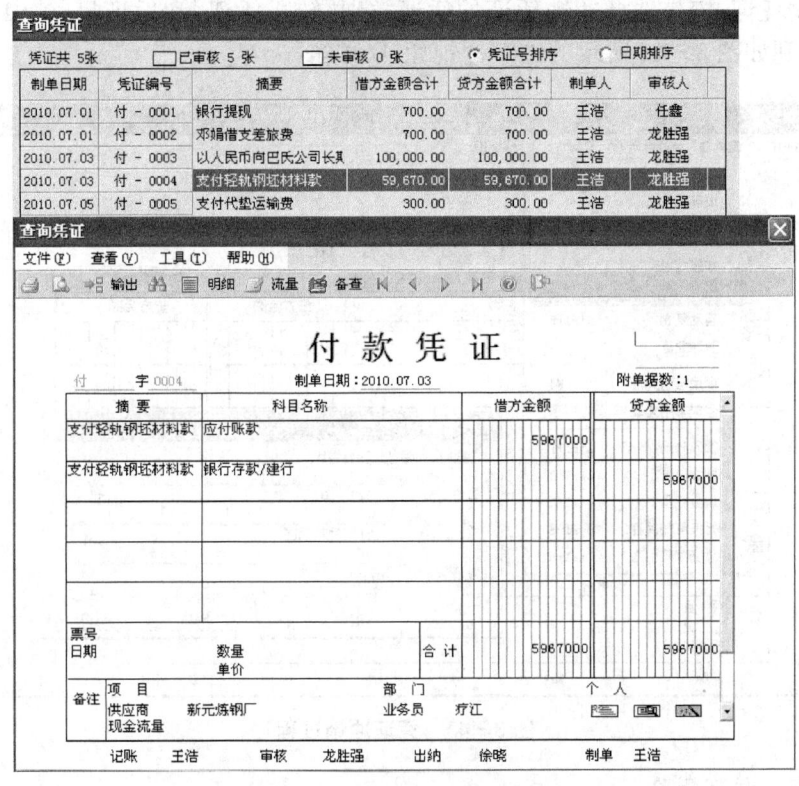

图 3－41　凭证查询条件设置界面

图 3－42　凭证查询结果界面

3.5.1.4　凭证修改

凭证输入发生错误在所难免,但对错误的凭证必须及时修改,否则将直接影响会计账簿登记和会计报表核算的准确性。

1) 未记账凭证修改

【操作】　单击[填制凭证],在弹出的凭证窗口点击[查询],设置查询条件。找到需要修改的凭证后,直接修改内容,再点击[保存]。

已经审核的凭证取消审核后,执行同样操作。

2)已记账凭证修正

已记账凭证的修正有两种方法:一种是"补充登记法",适用于会计科目正确但输入金额小于实际金额的情况,只需计算出少计的金额,另外补充一张凭证即可,方法与普通凭证填制一样;另一种是"红字冲销法",先填制一张与原来错误凭证内容一样的红字凭证,与原来的错误凭证相抵销,再填制一张符合实际业务的正确的凭证,而且红字冲销凭证也要进行审核、记账。这里只介绍"红字冲销法"的操作。

【操作】 单击[填制凭证],在凭证窗口选择[制单—冲销凭证],在弹出的如图3-43所示的[冲销凭证]窗口选择冲销凭证的凭证类别[转账凭证]和凭证号[0001],单击[确定],即可得到如图3-44所示的红字冲销凭证,单击[保存]。

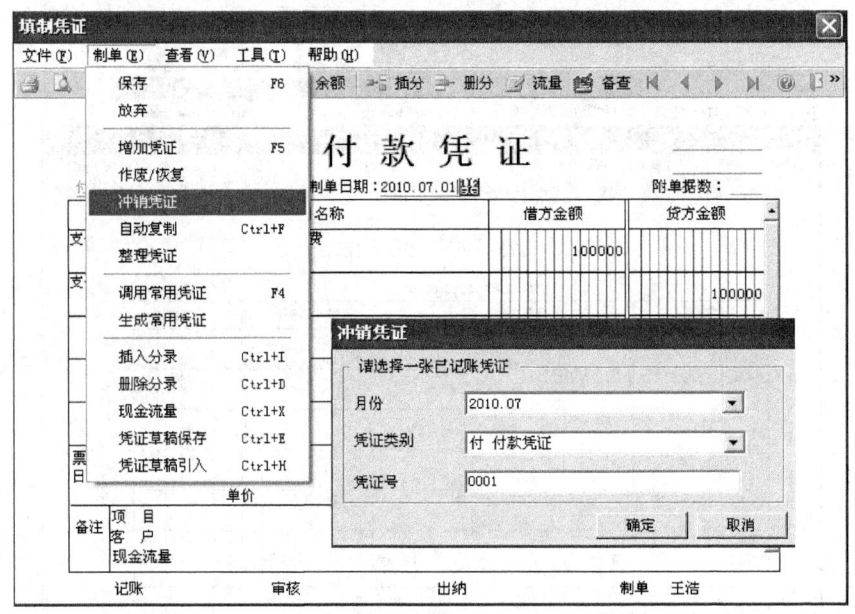

图3-43 凭证冲销过程

3.5.1.5 凭证删除

凭证删除要先作废凭证,再整理凭证。凭证删除只能在凭证未被审核前进行,已审核凭证先取消审核,再删除。已记账的凭证不能作废和删除。

【操作】 单击[填制凭证],点击[查询],找到要删除的凭证,如图3-45所示点击[制单—作废/恢复],凭证被标上[作废]。点击[制单—整理凭证],在弹出的窗口选择凭证期间,单击[确定]。进入如图3-46所示的[作废凭证表]窗口,双击[删除]栏,显示[Y]标志,点击[确定]。

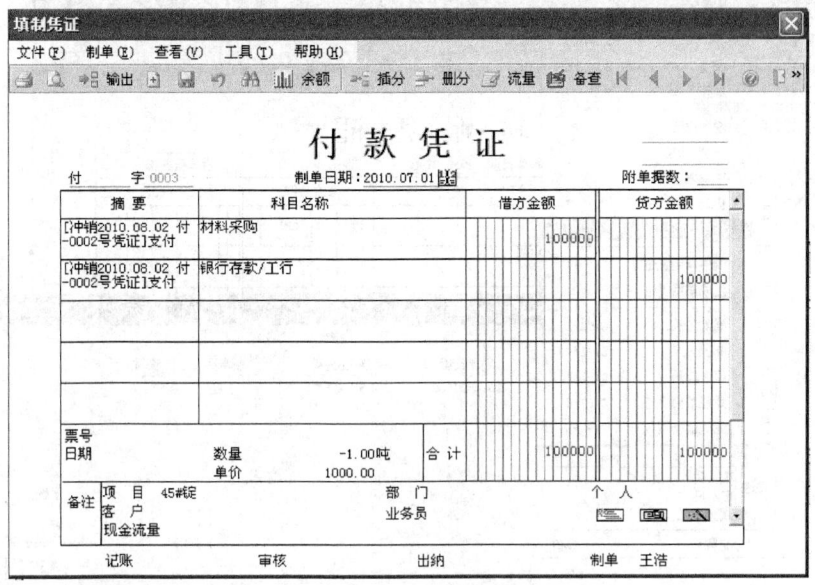

图 3 - 44　凭证冲销结果

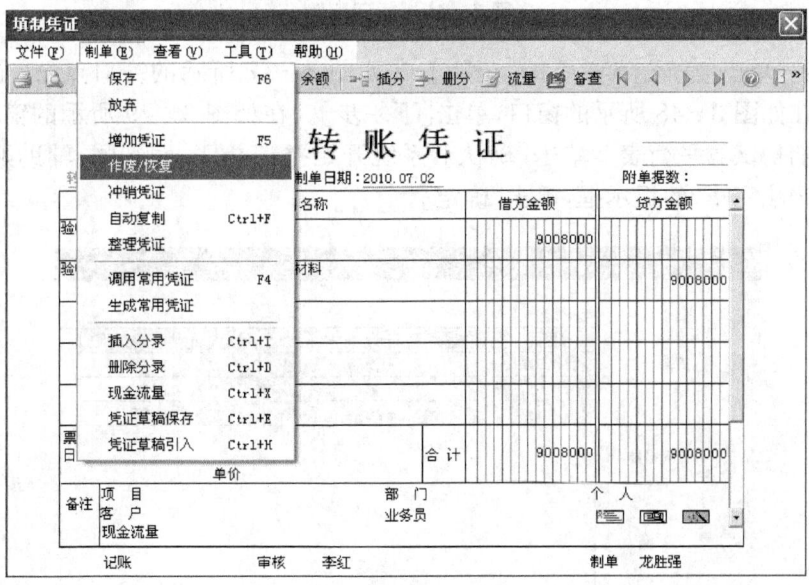

图 3 - 45　凭证作废

3.5.1.6　记账

凭证审核后,可对其进行记账处理。记账后的凭证不能进行修改、删除等处理,只能对其进行查询。

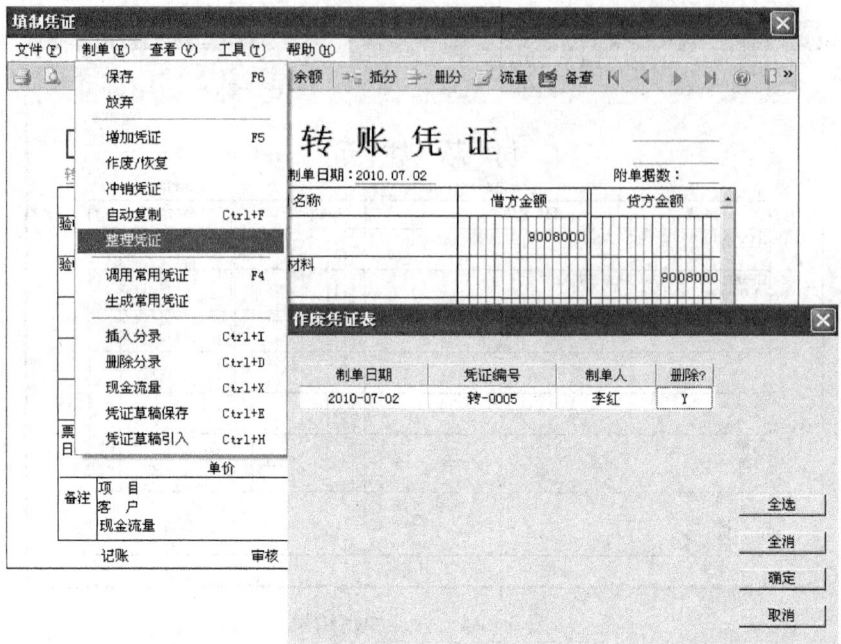

图3-46 凭证删除

【操作】 单击[凭证]菜单下的[记账],在如图3-47所示的窗口点击[全选],单击[下一步],在如图3-48所示的窗口,单击[下一步]。在如图3-49所示的窗口单击[记账],显示[期初试算平衡表],单击[确认],系统开始登记总账、明细账、辅助账,结束后,系统弹出[记账完毕]的提示框,单击[确定]。

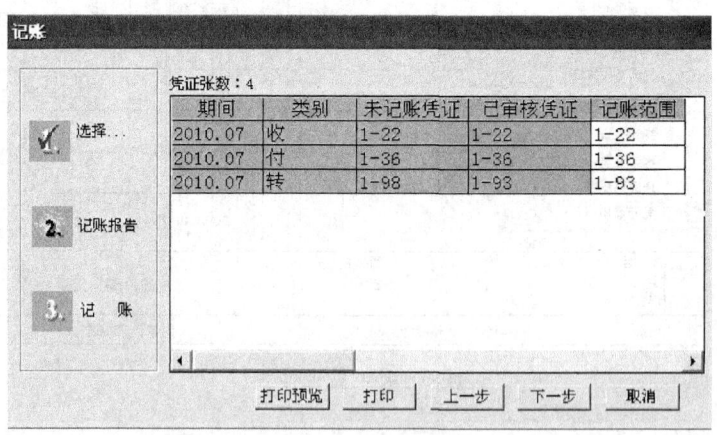

图3-47 记账范围选择界面

若上月未结账,本月不能进行记账处理。第一次记账时,若期初余额试算不平衡,也

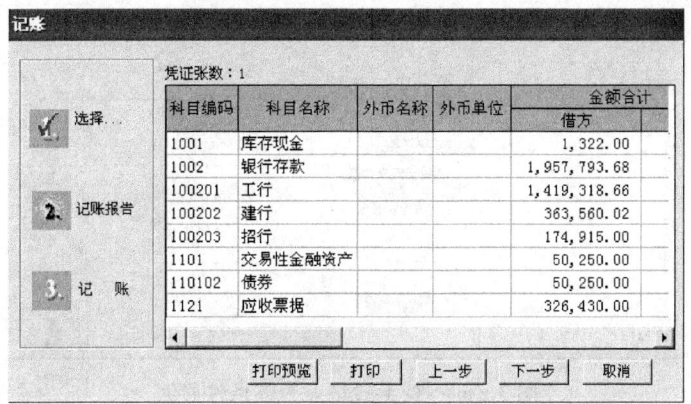

图 3-48　记账报告界面

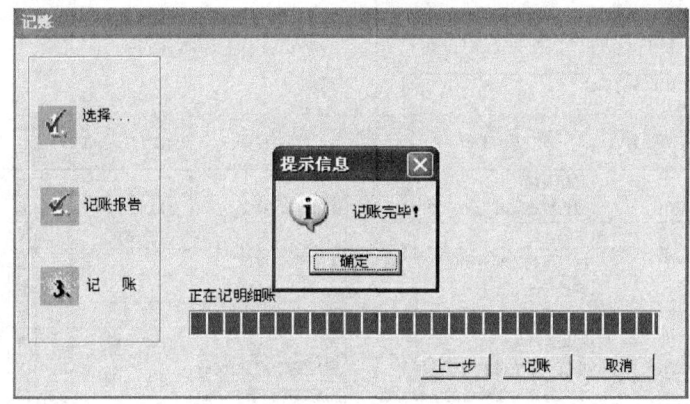

图 3-49　记账界面

不允许记账。未经审核的凭证不能进行记账处理,进行记账处理的凭证不能被修改或删除。

3.5.2　出纳管理

出纳人员的日常工作就是对现金、银行账进行管理和查询,以便随时了解公司目前现金、银行账信息。

3.5.2.1　日记账查询

在会计科目设置时,指定了"库存现金"科目和"银行存款"科目后,可查询指定日所发生的现金和银行存款业务。日记账包括现金日记账和银行存款日记账。

【操作】　点击[出纳]菜单下的[现金日记账],在如图 3-50 所示的[现金日记账查询条件]窗口选择科目[库存现金],勾选[包含未记账凭证],点击[确认],显示如图 3-51 所示的现金日记账。单击[总账],显示如图 3-52 所示的现金总账。

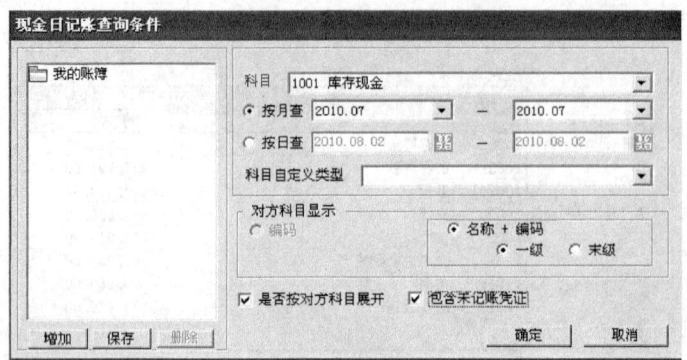

图 3-50　现金日记账查询条件界面

现金日记账

科目　1001 库存现金

2010年		凭证号数	摘要	对方科目	借方	贷方	方向	余额
月	日							
			月初余额				借	5,000.00
07	01	付-0001	银行提现_201_3002_2010.07.01	银行存款(1002)	700.00		借	5,700.00
07	01		本日合计		700.00		借	5,700.00
07	14	付-0014	补付采购部刘恩宇差旅费_采购部	管理费用(6602)		50.00	借	5,650.00
07	14		本日合计			50.00	借	5,650.00
07	18	收-0008	收回报销刘雄伟报销差旅费余款_	其他应收款(1221)	122.00		借	5,772.00
07	18		本日合计		122.00		借	5,772.00
07	20	付-0031	报废卡车支付的清理费用	固定资产清理(1606)		200.00	借	5,572.00
07	20	付-0032	支付报废动力设备的清理费用	固定资产清理(1606)		200.00	借	5,372.00
07	20	付-0033	支付出售轧机设备的清理费用	固定资产清理(1606)		250.00	借	5,122.00
07	20		本日合计			650.00	借	5,122.00
07	26	收-0009	库存现金盘盈	营业外收入(6301)	500.00		借	5,622.00
07	26		本日合计		500.00		借	5,622.00
07			本月合计		1,322.00	700.00	借	5,622.00
07			本年累计		8,322.00	3,700.00	借	5,622.00

图 3-51　现金日记账

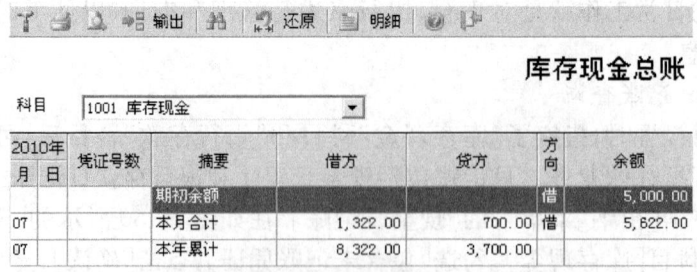

库存现金总账

科目　1001 库存现金

2010年		凭证号数	摘要	借方	贷方	方向	余额
月	日						
			期初余额			借	5,000.00
07			本月合计	1,322.00	700.00	借	5,622.00
07			本年累计	8,322.00	3,700.00		

图 3-52　现金总账

查询银行存款日记账时,点击[出纳]菜单下的[银行存款日记账],进行相同操作即可。

3.5.2.2　支票管理

领用支票时,出纳人员应先在支票登记簿中登记支票信息,则在填制凭证时,通过填制的支票号来判断是否已经登记支票。支票号相同,表示已经在支票登记簿中登记,不提示登记支票信息。支票号不同,表示还未登记,可以在填制凭证时直接录入支票信息(具体操作方法参见 3.5.1.1 的涉及现金流量和银行存款业务的凭证填制),系统自动将其登记到支票登记簿。

业务:2010 年 7 月 29 日,企业管理部刘雄伟预支差旅费,领用一张 3 000 元的现金支票,支票号为 2010072901。

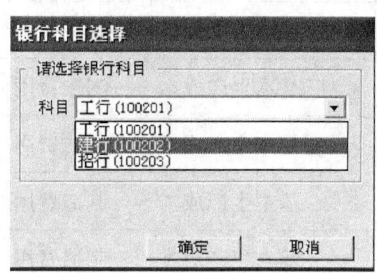

【操作】　单击[出纳]菜单下的[支票登记簿],在如图 3-53 所示的窗口选择科目[建行],单击[确定],系统显示如图 3-54 所示的已领用支票情况。单击工具栏的[增加],根据业务信息,如图 3-55 所示在新增行输入领用日期,选择领用部门和领用人,输入支票号和金额等,最后单击[保存]。

图 3 - 53　银行科目选择界面

支票登记簿

科目:建行 (100202)

领用部门	领用人	支票号	预计金额	用途
销售二部	张星	2010070101	1,000.00	支付业务招待费

图 3 - 54　支票登记界面

支票登记簿

科目:建行 (100202)

领用日期	领用部门	领用人	支票号	预计金额	用途
2010.07.01	销售二部	张星	2010070101	1,000.00	支付业务招待费
2010.07.29	企业管理部	刘雄伟	2010072901	3,000.00	预支差旅费

图 3 - 55　新增支票

3.6　总账系统期末处理

总账系统期末处理包括月末转账、对账和结账等工作。

3.6.1　定义自动转账凭证

3.6.1.1　自定义转账

以制造费用分摊为例,将制造费用分摊到各产成品。具体分摊参数参见表3-11。

表3-11　制造费用分摊说明

科　　目	项　目	方　向	金　额　公　式
基本生产成本——制造费用	齿轮钢	借	QM(5101,月)×0.04
基本生产成本——制造费用	螺纹钢	借	QM(5101,月)×0.09
基本生产成本——制造费用	角　钢	借	QM(5101,月)×0.11
基本生产成本——制造费用	槽　钢	借	QM(5101,月)×0.17
基本生产成本——制造费用	扣件钢	借	QM(5101,月)×0.07
基本生产成本——制造费用	轻　轨	借	QM(5101,月)×0.13
基本生产成本——制造费用	链条钢	借	QM(5101,月)×0.13
基本生产成本——制造费用	锚杆钢	借	QM(5101,月)×0.13
基本生产成本——制造费用	弹条钢	借	QM(5101,月)×0.13
制造费用——水电费		贷	QM(510101,月)
制造费用——折旧费		贷	QM(510102,月)
制造费用——修理费		贷	QM(510103,月)
制造费用——排污费		贷	QM(510104,月)
制造费用——工资		贷	QM(510105,月)

【操作】　点击[期末]菜单下的[转账定义],单击[自定义转账],在如图3-56所示的窗口点击工具栏的[增加],在[转账目录]窗口输入转账序号[002],转账说明[结转制造费用],选择凭证类别[转账凭证],单击[确定]。进入如图3-57所示的窗口,录入分录,分录具体内容如表3-11所示,最后点击[保存]。

3.6.1.2　对应结转

以结转完工产品入库成本为例。"库存商品"和"生产成本——基本生产成本——直接材料"科目设置了相同的辅助核算,因而可以采用对应结转的方式。具体设置参数参见表3-12。

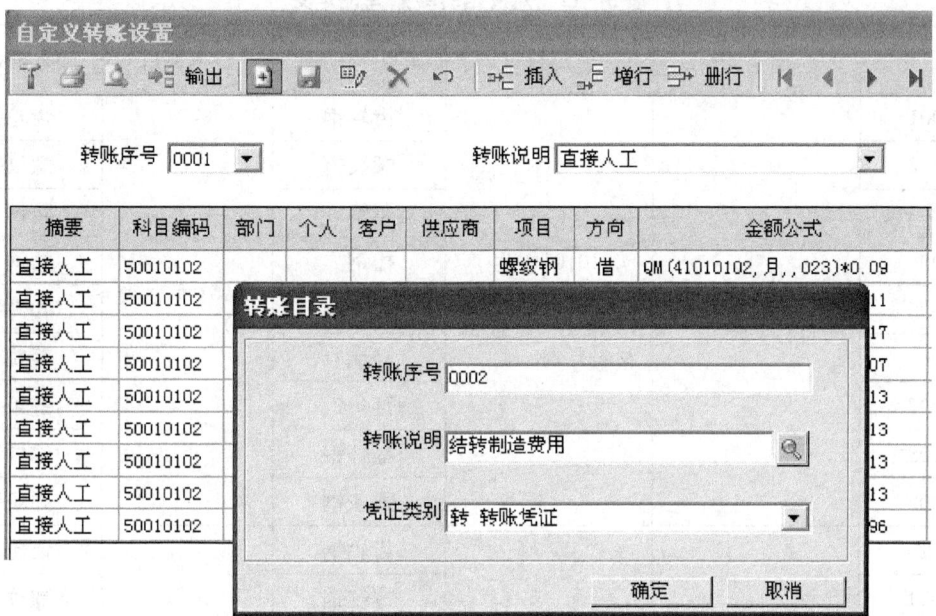

图 3 - 56　转账目录设置界面

图 3 - 57　转账凭证设置界面

表 3-12 对应结转转账凭证定义

编　号	摘　要	转出科目	转出辅助项	转入科目	转入辅助项
0001	结转完工产品入库材料成本	50010101（生产成本——基本生产成本——直接材料）	齿轮钢	1405（库存商品）	齿轮钢
0002			螺纹钢		螺纹钢
0003			角钢		角钢
0004			槽钢		槽钢
0005			扣件钢		扣件钢
0006			轻轨		轻轨
0007			链条钢		链条钢
0008			锚杆钢		锚杆钢
0009			弹条钢		弹条钢
0010	结转完工产品入库人工成本	50010102（生产成本——基本生产成本——直接人工）	齿轮钢	1405（库存商品）	齿轮钢
0011			螺纹钢		螺纹钢
0012			角钢		角钢
0013			槽钢		槽钢
0014			扣件钢		扣件钢
0015			轻轨		轻轨
0016			链条钢		链条钢
0017			锚杆钢		锚杆钢
0018			弹条钢		弹条钢
0019	结转完工产品入库制造费用成本	50010103（生产成本——基本生产成本——制造费用）	齿轮钢	1405（库存商品）	齿轮钢
0020			螺纹钢		螺纹钢
0021			角钢		角钢
0022			槽钢		槽钢
0023			扣件钢		扣件钢
0024			轻轨		轻轨
0025			链条钢		链条钢
0026			锚杆钢		锚杆钢
0027			弹条钢		弹条钢

【操作】　点击[转账定义]下的[对应结转],在如图 3 - 58 所示的窗口点击工具栏的[增加]。输入编号[0001],选择凭证类别[转账凭证],在摘要栏输入[结转完工产品入库材料成本],选择转出科目编码[1405],自动带出转出科目名称,选择转出辅助项[齿轮钢],选择转入科目编码[50010101],自动带出转入科目名称,选择转入辅助项[齿轮钢],最后点击[保存]。

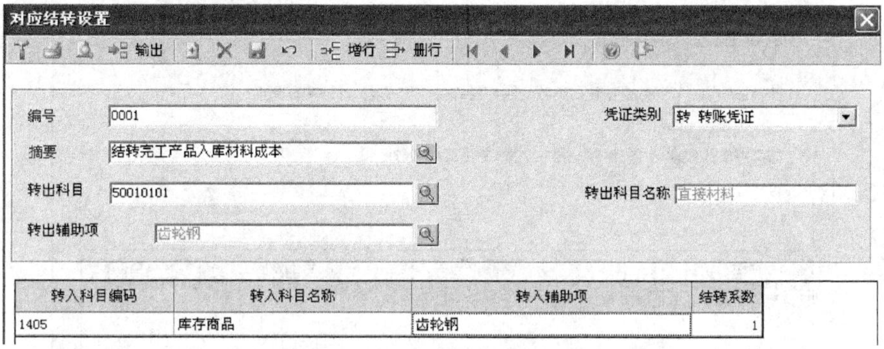

图 3 - 58　对应结转设置界面

根据表 3 - 12,总共需设置 27 张对应结转的转账凭证模版。

3.6.1.3　销售成本结转

在会计科目设置时,"库存商品"、"主营业务收入"和"主营业务成本"科目都设置了数量核算,因而可以完成销售成本结转。

【操作】　点击[期末]菜单下的[转账定义],再点击[销售成本结转],在如图 3 - 59 所示的窗口凭证类别选择[转账凭证],库存商品科目选择[库存商品],商品销售收入科目选择[主营业务收入],商品销售成本科目选择[主营业务成本],最后点击[确定]。

3.6.1.4　期间损益

期间损益结转是在一个会计期间终了时,将损益类科目的余额结转到"本年利润"科目中。

【操作】　单击[转账定义]下的[期间损益],在如图 3 - 60 所示的窗口选择凭证类别[转账凭证],选择本年利润科目[本年利润],最后单击[确定]。

3.6.2　生成转账凭证

完成自动转账凭证定义后,月末只需执行转账生成功能即可自动生成转账凭证。转账凭证生成后,也需进行审核、记账处理。

【操作】　单击[期末]菜单下的[转账生成],在如图 3 - 61 所示的窗口选择转账形式[自定义转账],双击编号 0002 记录的[是否结转]栏,出现标志[Y],单击[确定]。自动生成如图 3 - 62 所示的凭证后,单击[保存]。

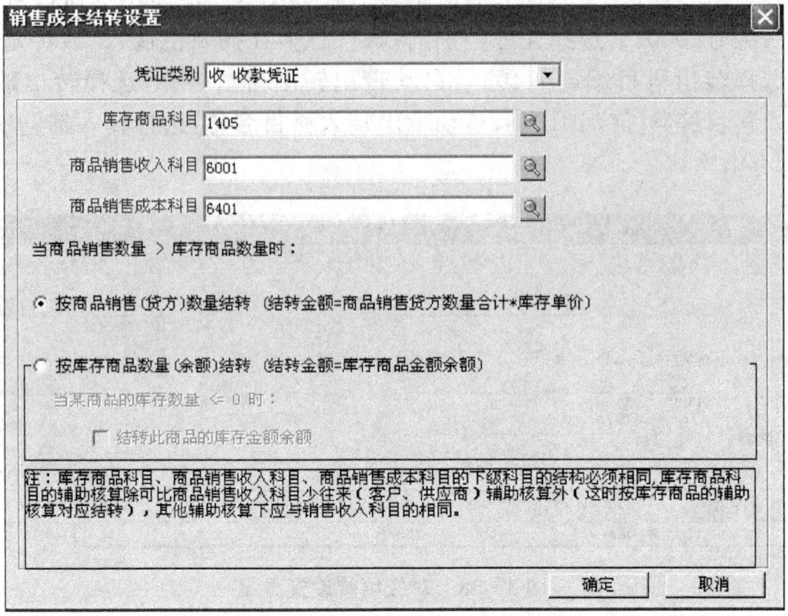

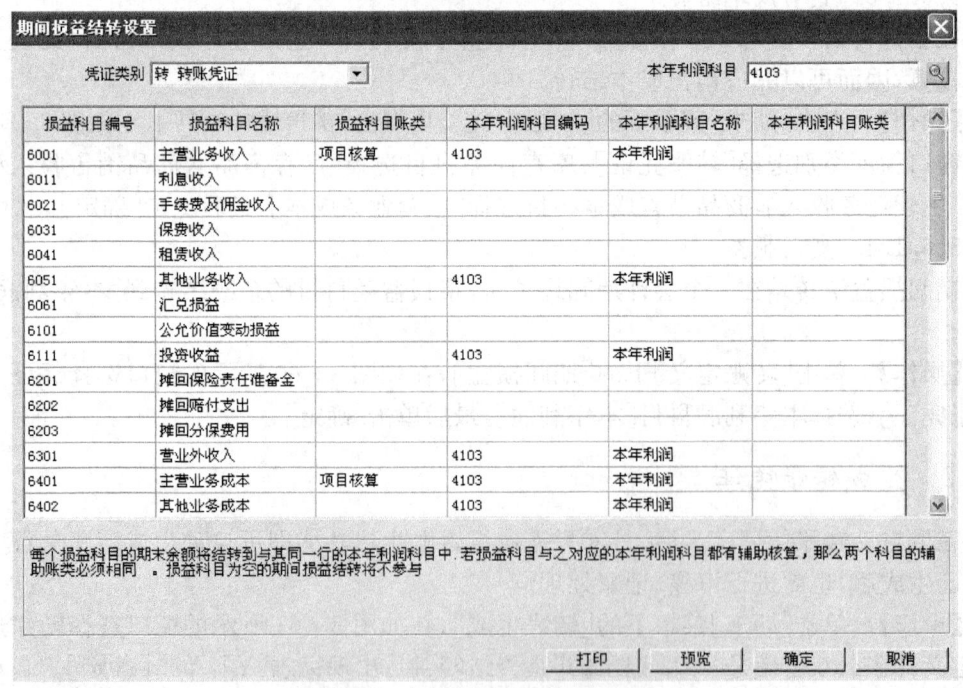

图 3-59　销售成本结转设置界面

图 3-60　期间损益结转设置界面

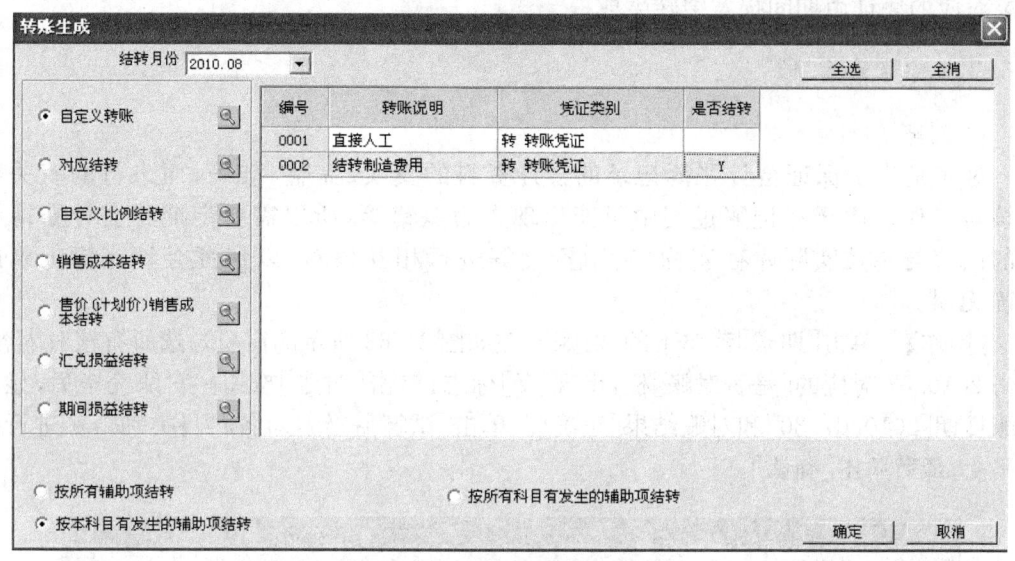

图 3 - 61　转账生成选择界面

转 账 凭 证

转　　　字 0115 — 0001/0003　制单日期：2010.07.31　　　　　　　　附单据数：0

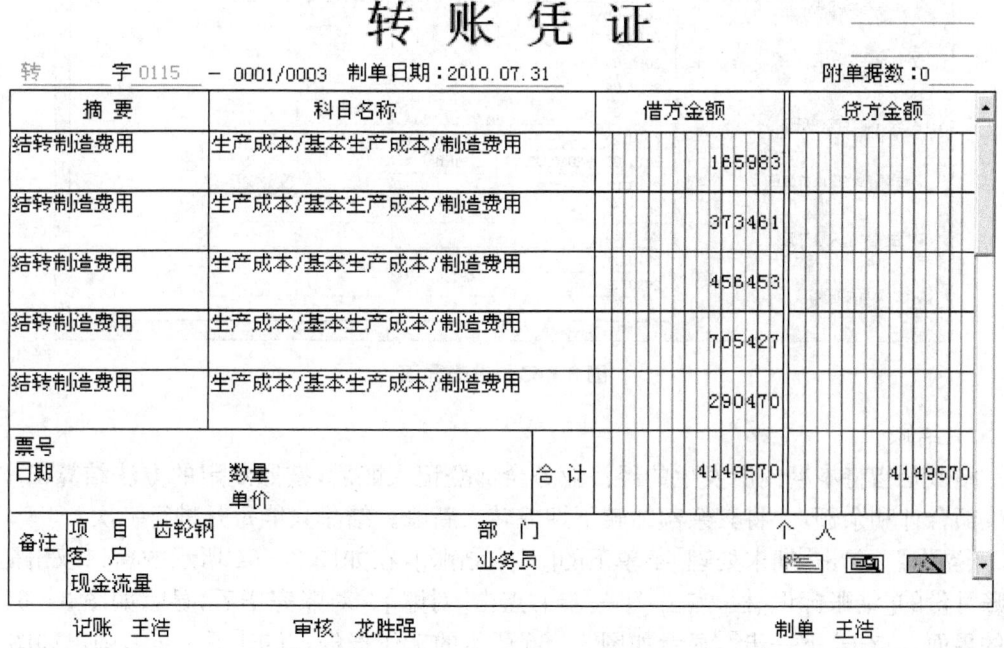

摘　要	科目名称	借方金额	贷方金额
结转制造费用	生产成本/基本生产成本/制造费用	165983	
结转制造费用	生产成本/基本生产成本/制造费用	373461	
结转制造费用	生产成本/基本生产成本/制造费用	456453	
结转制造费用	生产成本/基本生产成本/制造费用	705427	
结转制造费用	生产成本/基本生产成本/制造费用	290470	
票号 日期　数量 单价	合计	4149570	4149570
备注　项目　齿轮钢 客户 现金流量	部门　　　　个人 业务员		

记账　王洁　　　　审核　龙胜强　　　　　　　　　　　　制单　王洁

图 3 - 62　制造费用分摊凭证

（注 3.4.4.7 中的 37、38 号会计分录对应的凭证由自定义转账生成,35 号会计分录对应的凭证由对应结转生成,36 号会计分录对应的凭证由销售成本结转生成,39 号会计分录对应的凭证由期间损益结转生成。）

3.6.3 对账和结账

1）对账

对账是为了保证会计账簿记录的会计资料的真实、完整、准确，而进行的有关账目核对工作。由于在记账过程中可能出现人为差错等，所以需要定期将会计账簿记录的内容与单位实际库存实物、货币资金等进行相互核对，以保证会计账簿记录的准确无误。

【操作】 单击[期末]菜单下的[对账]，在如图3-63所示的窗口勾选所有核对内容，双击2010.07对应的[是否对账]栏，出现[Y]标志，单击[对账]按钮。对账完毕后，显示对账日期[2010.07.30]和对账结果[正确]。单击[试算]按钮，对各科目类别余额进行试算平衡，最后单击[确认]。

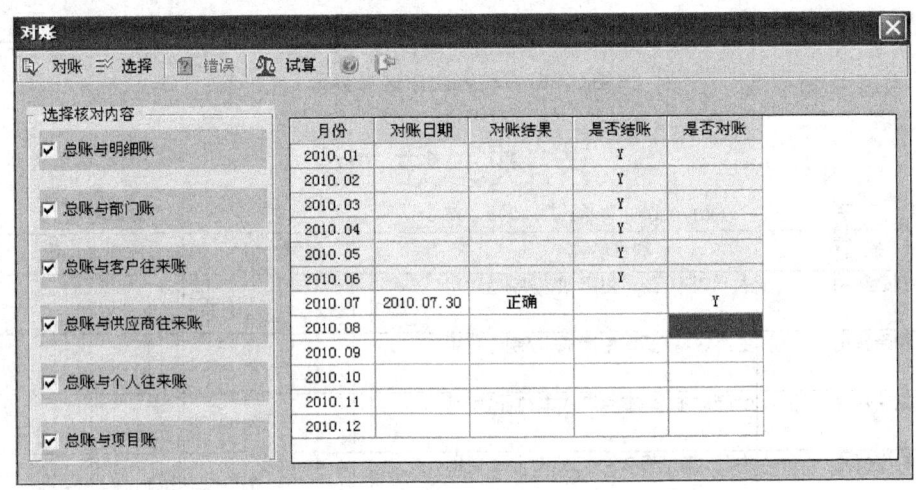

图3-63 对账界面

2）结账

结账是指将本期内所发生的经济业务全部登记入账后，按照规定的方法结算出本期发生额合计和余额，并将其余额结转下期或转入新账。结账只能每月进行一次。

【操作】 单击[期末处理]菜单下的[月末结账]，在如图3-64所示的窗口双击需要结账月份的[结账标识]栏，点击[下一步]，点击[对账]。对账完毕后，显示如图3-65所示的界面。点击[下一步]，显示如图3-66所示的工作报告，点击[下一步]，弹出如图3-67所示的界面，单击[结账]，即可完成结账工作。

反结账只能由账套主管执行。在[开始结账]时，选择要取消结账的月份，按Ctrl+Shift+F6键即可进行反结账。

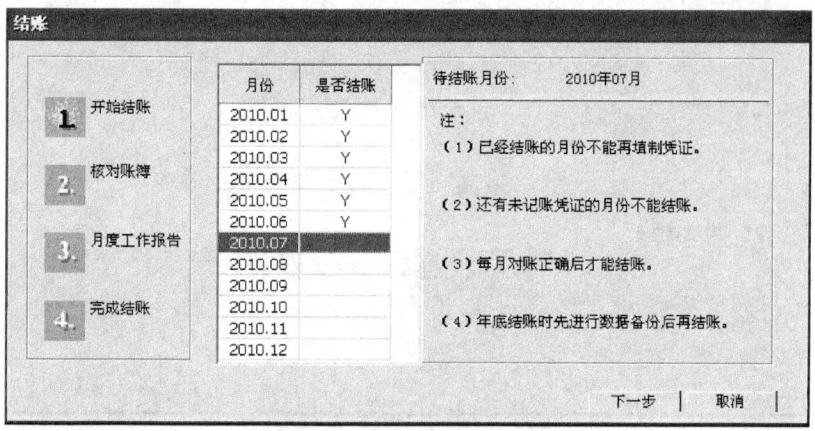

图 3 - 64　选择结账月份界面

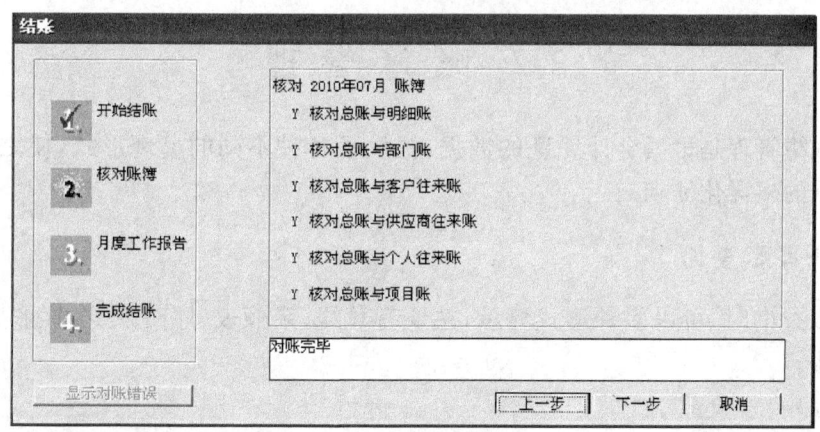

图 3 - 65　核对账簿界面

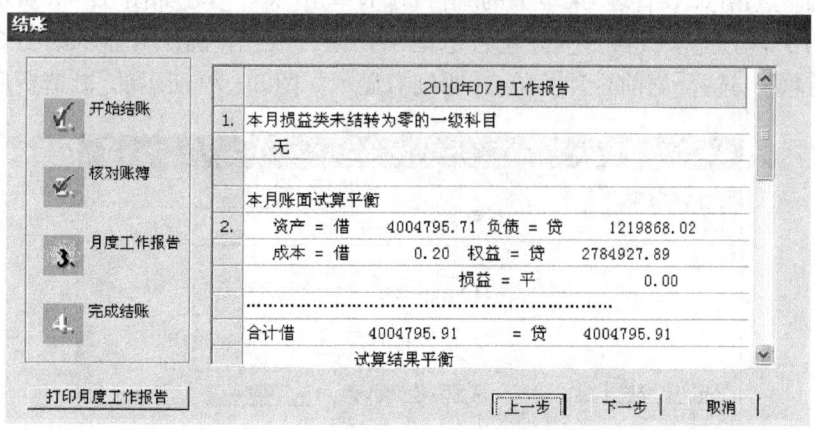

图 3 - 66　月度工作报告界面

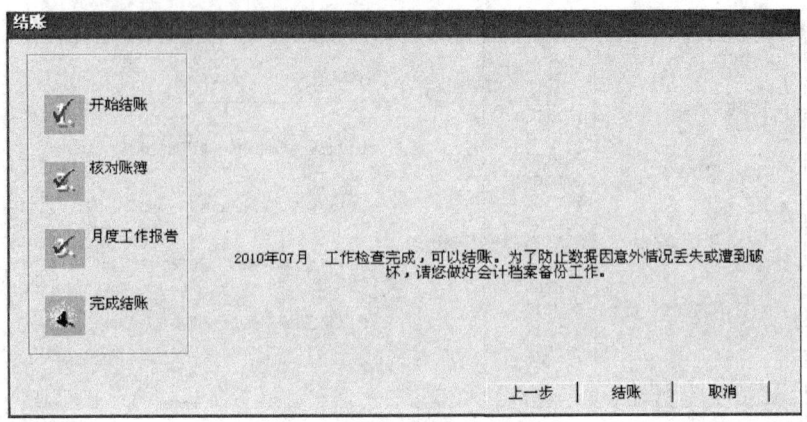

图 3-67　完成结账界面

3.7　账 簿 管 理

会计账簿管理是根据会计凭证的数据,提供了各种不同的呈现形式,使之更加符合对会计数据的多样化需求。

3.7.1　科目账查询

科目账查询时,可以多种形式显示,主要有总账、余额表、序时账、多栏账、综合多栏账和日记账。

3.7.1.1　总账查询

总账查询可以查询各个科目及其明细科目的期初余额、各月发生额合计和月末余额。

【操作】　点击[账表管理]菜单下的[科目账],单击[总账],在如图 3-68 所示的窗口选择 [制造费用],勾选[末级科目]和[包含未记账凭证]。点击[确认],显示如图 3-69 所示的制造费用总账,选择[当前合计],单击[明细],显示如图 3-70 所示的[制造费用明细账]。

图 3-68　总账查询条件设置界面

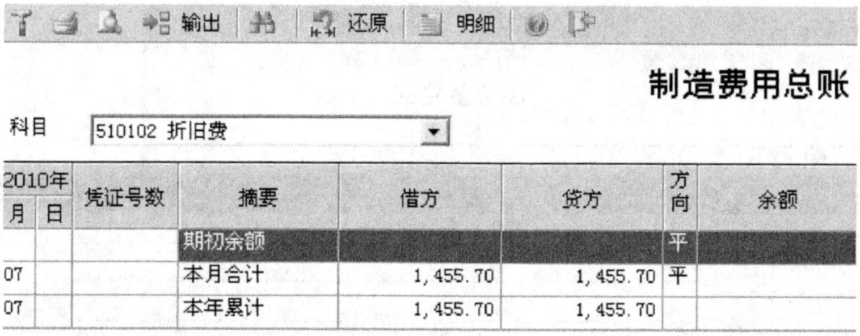

2010年 月	日	凭证号数	摘要	借方	贷方	方向	余额
			期初余额			平	
07			本月合计	1,455.70	1,455.70	平	
07			本年累计	1,455.70	1,455.70		

图 3－69　制造费用总账

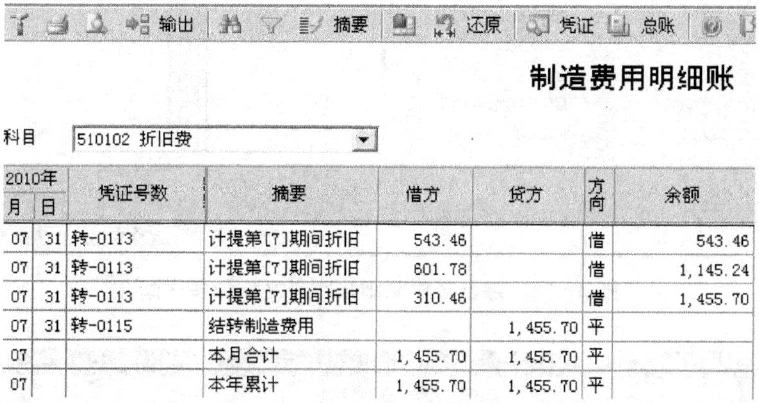

2010年 月	日	凭证号数	摘要	借方	贷方	方向	余额
07	31	转-0113	计提第[7]期间折旧	543.46		借	543.46
07	31	转-0113	计提第[7]期间折旧	601.78		借	1,145.24
07	31	转-0113	计提第[7]期间折旧	310.46		借	1,455.70
07	31	转-0115	结转制造费用		1,455.70	平	
07			本月合计	1,455.70	1,455.70	平	
07			本年累计	1,455.70	1,455.70	平	

图 3－70　制造费用明细账

总账是将科目的借贷方及余额数据汇总后得出，而明细账是列示了每笔业务的借贷方及余额，明细账的合计数即为总账数。

3.7.1.2　综合多栏账

综合多栏账可以科目为分析栏目查询明细账，也可以辅助项及自定义项为分析栏目查询明细账，并可完成多组借贷栏目在同一账表中的查询。要进行综合多栏账查询，首先要进行定义。

可以定义并查询综合多栏账的科目有“管理费用”、“主营业务收入”、“在建工程”等。

【操作】　点击[科目账]菜单下的[综合多栏账]，在如图 3－71 所示的窗口点击工具栏的[增加]，在[综合多栏明细账定义]窗口输入多栏账名称[管理费用]，选择辅助核算[部门核算]，点击栏目组框下的[增加]，弹出如图 3－72 所示的窗口，输入栏目组名[管理费用各部门账]，选择核算科目[管理费用]，点击[增加栏目]，在[栏目定义]框下的新增行填写方向、科目编码、辅助项、栏目名称、分析方式和输出内容。最后，点击[确定]。回到图 3－71 所示界面后，点击[查询]，可以得到如图 3－73 所示的账表。

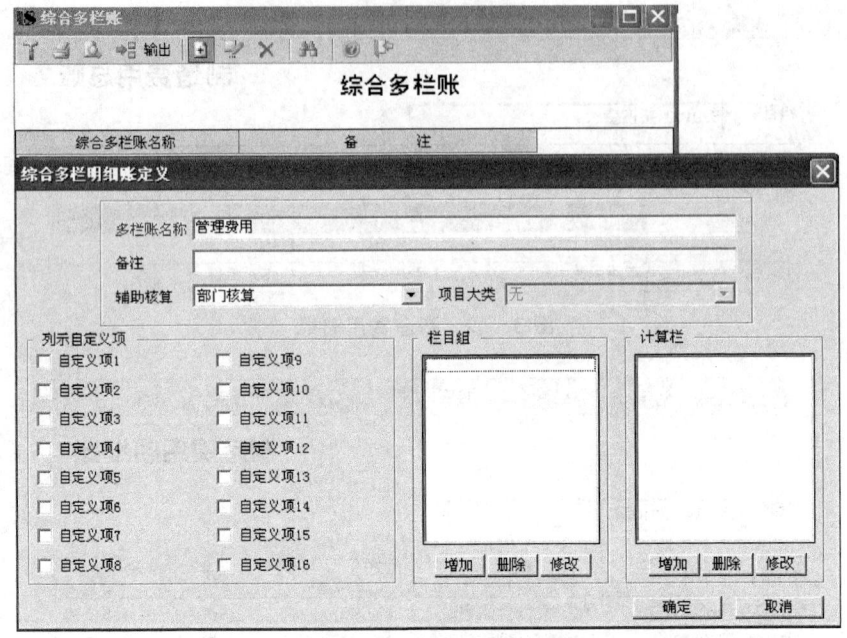

图 3-71　综合多栏明细账定义之增加多栏账

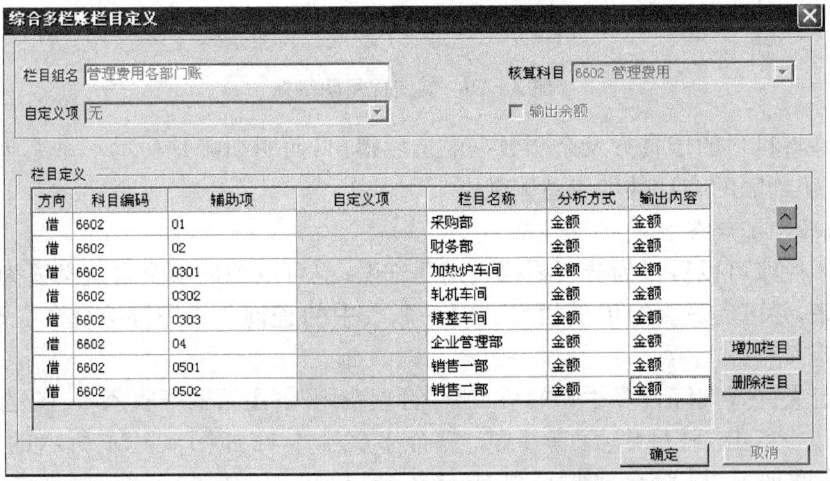

图 3-72　综合多栏明细账定义之栏目定义

　　可用同样的操作建立"主营业务收入"和"在建工程"科目综合多栏明细账,这种多栏式明细账,可以按项目清楚列示,不必从单个明细科目查出数据进行对比,优越性非常明显。操作过程在此省略,"主营业务收入"综合多栏明细账查询结果如图 3-74 所示。"在建工程"科目综合多栏明细账查询结果如图 3-75 所示。

管理费用

辅助类型：部门核算

2010年		凭证号数	摘要	管理费用各部门账								
				借方								
月	日			合计	采购部	财务部	加热炉车间	轧机车间	精整车间	企业管理部	销售一部	销售二部
07	14	付-0014	补付采购部刘思宇差旅费	50.00	50.00							
07	15	付-0012	销售部吴迪报销差旅费	396.00							396.00	
07	17	转-0019	企业管理部刘雄伟报销差旅费	1,578.00						1,578.00		
07	20	付-0015	企业管理部报销招待费用及补足备	794.00						794.00		
07	25	付-0023	企业管理部报销费用及补足备用金	272.00						272.00		
07	25	付-0023	企业管理部报销费用及补足备用金	86.00						86.00		
07			本月合计	3,176.00	50.00					2,730.00	396.00	
07			累　计	3,176.00	50.00					2,730.00	396.00	

图3-73　管理费用的综合多栏明细账

主营业务收入

辅助类型：项目核算　项目大类：存货核算

月份：2010.07-2010.07

2010年		凭证号数	摘要	主营业务收入产品账									
				贷方									
月	日			合计	齿轮钢	螺纹钢	角钢	槽钢	扣件钢	轻轨	链条钢	锚杆钢	弹条钢
07	05	转-0024	_	49,250.00									49,250.00
07	06	转-0026	_	116,400.00							116,400.00		
07	07	转-0011	_	66,500.00		66,500.00							
07	07	转-0011	_	72,000.00								72,000.00	
07	07	转-0028	_	77,280.00					77,280.00				
07	08	转-0030	_	66,150.00			66,150.00						
07	09	转-0032	_	82,800.00	82,800.00								
07	10	转-0013	_	73,600.00	73,600.00								
07	10	转-0013	_	79,200.00						79,200.00			
07	10	转-0025	_	144,000.00								144,000.00	
07	10	转-0034	_	90,000.00								90,000.00	
07	11	转-0015	_	86,940.00					86,940.00				
07	11	转-0015	_	141,750.00			141,750.00						
07	11	转-0027	_	123,200.00						123,200.00			
07	12	转-0016	_	145,500.00							145,500.00		
07	12	转-0016	_	98,500.00									98,500.00
07	12	转-0029	_	102,300.00				102,300.00					
07	15	转-0017	_	279,000.00				279,000.00					
07	15	转-0031	_	123,500.00		123,500.00							
07	17	转-0033	_	167,450.00									167,450.00
07	18	转-0036	_	111,550.00							111,550.00		
07	20	转-0038	_	110,880.00						110,880.00			
07	21	转-0035	__李杰	80,750.00		80,750.00							
07	23	转-0037	__邓娟	75,600.00			75,600.00						
07			本月合计	2,564,100.00	156,400.00	270,750.00	283,500.00	381,300.00	164,220.00	313,280.00	373,450.00	306,000.00	315,200.00
07			累　计	2,564,100.00	156,400.00	270,750.00	283,500.00	381,300.00	164,220.00	313,280.00	373,450.00	306,000.00	315,200.00

图3-74　主营业务收入的综合多栏明细账

3.7.1.3　日记账

日记账主要是查询除现金日记账和银行存款日记账外的其他日记账，在会计科目设置时，也需将之指定日记账。现金和银行存款日记账仍在出纳管理中查询。

3.7.2　项目辅助账

项目辅助账查询主要是针对设置了项目核算的会计科目数据的查询，可以查询“项目管理”大类和“存货核算”大类下的各科目。

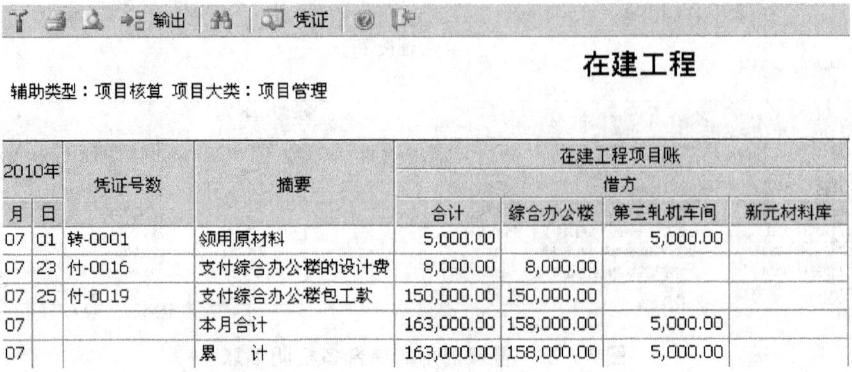

在建工程

辅助类型：项目核算 项目大类：项目管理

2010年		凭证号数	摘要	在建工程项目账			
				借方			
月	日			合计	综合办公楼	第三轧机车间	新元材料库
07	01	转-0001	领用原材料	5,000.00		5,000.00	
07	23	付-0016	支付综合办公楼的设计费	8,000.00	8,000.00		
07	25	付-0019	支付综合办公楼包工款	150,000.00	150,000.00		
07			本月合计	163,000.00	158,000.00	5,000.00	
07			累　计	163,000.00	158,000.00	5,000.00	

图 3－75　在建工程的综合多栏明细账

【操作】　点击[项目辅助账]菜单下的[项目总账]。单击[项目科目总账]，在如图3-76所示的窗口选择项目大类[存货核算]，勾选[包含未记账凭证]，点击[确定]。在弹出的如图3-77所示的[项目总账]界面，选择[科目]菜单下的科目，显示不同科目的总账。点击[明细]，跳转至如图3-78所示的项目明细账。

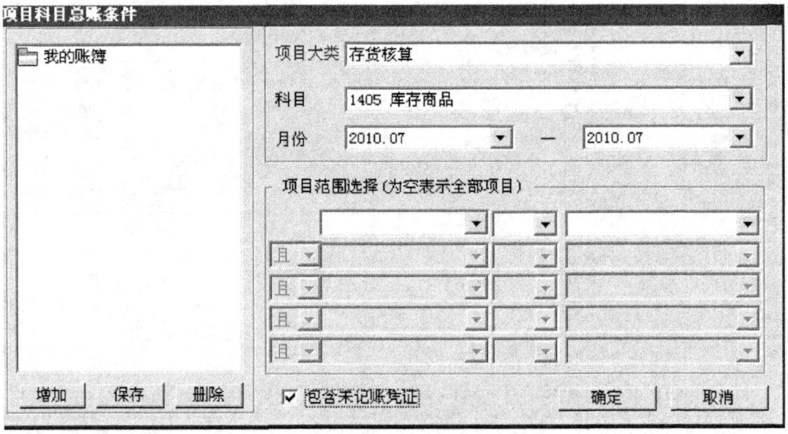

图 3－76　项目辅助账查询条件设置界面

因为材料采购等科目设置了项目核算，按存货核算，且填写凭证时，录入了项目名称、数量及金额等，系统自动汇总数据生成项目总账。项目明细账则是列示了每笔业务的信息。

3.7.3　现金流量表

现金流量表查询是针对设置了指定现金流量科目的会计科目的数据查询。

【操作】　点击[账表]菜单下的[现金流量统计表]，在如图3-79所示的窗口勾选[包含未记账凭证]，选择[按月查询]，点击[确认]。跳转至如图3-80所示的[现金流量统计

项目总账

科目　1405 库存商品

编码	存货名称	方向	期初余额	本期借方发生	本期贷方发生	方向	期末余额
023	齿轮钢	借	41,035.14	45,594.60	77,415.45	借	9,214.29
024	螺纹钢	借	58,630.20	117,260.40	166,915.95	借	8,974.65
025	角钢	借	41,943.28	131,072.75	157,101.90	借	15,914.13
026	槽钢	借	40,187.91	200,939.55	235,106.71	借	6,020.75
027	扣件钢	借	33,659.78	72,128.10	81,633.83	借	24,154.05
028	轻轨	借	56,698.30	170,094.90	201,629.50	借	25,163.70
029	链条钢	借	44,815.00	134,445.00	172,303.67	借	6,956.33
030	锚杆钢	借	35,791.02	178,955.10	202,608.72	借	12,137.40
031	弹条钢	借	23,899.02	119,495.10	136,357.12	借	7,037.00
	合计	借	376,659.65	1,169,985.50	1,431,072.85	借	115,572.30

图 3 - 77　存货项目总账

项目明细账

科目　1405 库存商品

2010年 月	日	凭证号数	项目编码	项目名称	摘要	借方	贷方	方向	余额
			023	齿轮钢	期初余额			借	41,035.14
07	09	转-0074	023	齿轮钢	结转7-9向单南销售的产品成本		40,984.65	借	50.49
07	10	转-0062	023	齿轮钢	结转7-10向彭园销售的产品成本		36,430.80	贷	36,380.31
07	31	转-0082	023	齿轮钢	齿轮钢入库	45,594.60		借	9,214.29
07					本月合计	45,594.60	77,415.45	借	9,214.29
07					本年累计	45,594.60	77,415.45	借	9,214.29
			024	螺纹钢	期初余额			借	58,630.20
07	07	转-0061	024	螺纹钢	结转7-7向巴氏销售的产品成本		40,996.90	借	17,633.30
07	15	转-0073	024	螺纹钢	结转7-15向浦华销售的产品成本		76,137.10	贷	58,503.80
07	21	转-0076	024	螺纹钢	结转7-21向高迪销售的产品成本		49,781.95	贷	108,285.75
07	31	转-0083	024	螺纹钢	螺纹钢入库	117,260.40		借	8,974.65
07					本月合计	117,260.40	166,915.95	借	8,974.65
07					本年累计	117,260.40	166,915.95	借	8,974.65
			025	角钢	期初余额			借	41,943.28
07	08	转-0072	025	角钢	结转7-8向浦华销售的产品成本		36,657.11	借	5,286.17
07	12	转-0063	025	角钢	结转7-12向浦华销售的产品成本		78,550.95	贷	73,264.78
07	23	转-0079	025	角钢	结转7-23向巴氏销售的产品成本		41,893.84	贷	115,158.62
07	31	转-0084	025	角钢	角钢入库	131,072.75		借	15,914.13
07					本月合计	131,072.75	157,101.90	借	15,914.13
07					本年累计	131,072.75	157,101.90	借	15,914.13
			026	槽钢	期初余额			借	40,187.91
07	12	转-0071	026	槽钢	结转7-12向彭园销售的产品成本		63,077.41	贷	22,889.50
07	15	转-0065	026	槽钢	结转7-15向新康销售的产品成本		172,029.30	贷	194,918.80
07	31	转-0085	026	槽钢	槽钢入库	200,939.55		借	6,020.75
07					本月合计	200,939.55	235,106.71	借	6,020.75
07					本年累计	200,939.55	235,106.71	借	6,020.75

图 3 - 78　存货项目明细账

表],单击[购买商品、接受劳务支付的现金]栏,单击[明细],跳转至如图3-81所示的[现金流量明细表]。

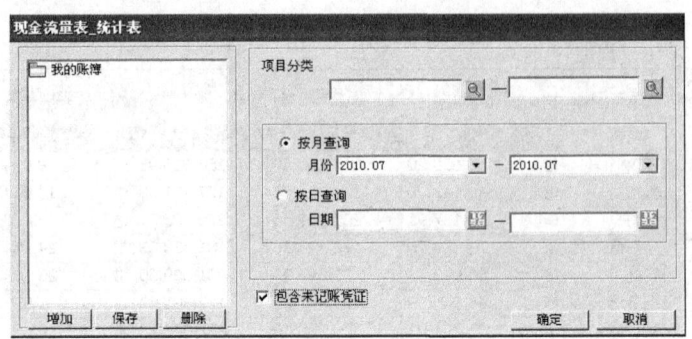

图3-79 现金流量表查询条件设置界面

现金流量统计表

项目分类: -

项目	方向	金额
销售商品、提供劳务收到的现金	流入	1,701,360.98
收到的其他与经营活动的现金	流入	5,122.00
现金流入小计	净流入	1,706,482.98
购买商品、接受劳务支付的现金	流出	624,892.00
支付给职工以及为职工支付的现金	流出	1,940.00
支付的与其他经营活动有关的现金	流出	19,558.00
现金流出小计	净流出	645,690.00
经营活动小计	净流入	1,060,792.98
处置固定资产、无形资产和其他长期资产所收回的现金净额	流入	23,500.00
现金流入小计	净流入	23,500.00
购建固定资产、无形资产和其他长期资产所支付的现金	流出	298,500.00
投资所支付的现金	流出	150,250.00
支付的其他与投资活动有关的现金	流出	1,350.00
现金流出小计	净流出	447,400.00
投资活动小计	净流出	423,900.00
吸收投资所收到的现金	流入	100,000.00
借款所收到的现金	流入	200,000.00
现金流入小计	净流入	300,000.00
借还债务所支付的现金	流出	500,000.00
支付的其他与筹资活动有关的现金	流出	17,000.00
现金流出小计	净流出	517,000.00
筹资活动小计	净流出	217,000.00
现金及现金等价物净增加额	流入	500.00
现金及现金等价物小计	净流入	500.00
现金及现金等价物小计	净流入	500.00

图3-80 现金流量统计表

2010年		凭证号	项目编码	项目名称	方向	金额
月	日					
7	3	付-0004	04	购买商品、接受劳务支付的现金	货	59,870.00
7	5	付-0005	04	购买商品、接受劳务支付的现金	货	300.00
7	8	付-0006	04	购买商品、接受劳务支付的现金	货	104,832.00
7	8	付-0007	04	购买商品、接受劳务支付的现金	货	75,816.00
7	10	付-0008	04	购买商品、接受劳务支付的现金	货	102,960.00
7	13	付-0011	04	购买商品、接受劳务支付的现金	货	122,733.00
7	14	付-0013	04	购买商品、接受劳务支付的现金	货	10,000.00
7	15	付-0027	04	购买商品、接受劳务支付的现金	货	5,000.00
7	23	付-0017	04	购买商品、接受劳务支付的现金	货	4,000.00
7	25	付-0018	04	购买商品、接受劳务支付的现金	货	139,581.00
		项目小计:	04	购买商品、接受劳务支付的现金		624,892.00

图 3 - 81　现金流量明细表

因为在会计科目设置时,指定了现金流量科目,且输入凭证时,填写了现金流量项目和金额,系统自动将数据汇总生成现金流量统计表。

本章重点精炼

账务处理是财务会计的核心,会计核算的基础数据都集中在总账系统,其他专业核算系统的最终处理的结果,都必须生成特定的凭证进入总账系统。各个核算系统之间数据的联结,都是依靠会计科目的核算关系来实现的。会计科目在会计电算化系统中,像人体的神经网络,作用于任何一项业务处理。因此,在总账系统的科目设置中,不仅考虑本系统,而且还要注重与其他系统的集成问题,同时还要考虑具体企业的不同需求,设计科学合理的会计科目体系和与之相关的辅助核算资料。从新世纪轧钢厂的实务处理过程,可以看到会计科目在辅助核算及月末结转过程中发挥的作用。

从各类账簿的查询,可充分体现计算机处理与手工处理的内在差异。在账务处理系统中,各类账簿都是查询的结果,是凭证中会计科目与基础资料的关联使用,保证了账簿灵活多样的呈现方式。

习　　题

一、选择题

1. 系统中,真正删除一张凭证的方法是(　　　)。

　　A. 将此凭证进行作废操作

　　B. 将此凭证进行删除操作

　　C. 将此凭证进行作废操作,然后进行整理操作

   D. 将此凭证进行删除操作,然后进行整理操作

2. 下列关于会计科目的描述中,不正确的是(　　)。

   A. 已使用的会计科目在会计年中不能删除

   B. 如果会计科目已经使用,可以增设下级科目

   C. 只有末级科目才允许有余额

   D. 上级科目的余额是由下级科目的余额自动计算得出的

3. 下列(　　)不是总账系统中凭证类别的限制类型。

   A. 借方必无　　　　　　　　　　B. 凭证必无

   C. 借方必有　　　　　　　　　　D. 凭证必有

4. 制单序时控制是指制单时,凭证编号必须按(　　)顺序。

   A. 时间　　　　　　　　　　　　B. 年份

   C. 月份　　　　　　　　　　　　D. 日期

5. 设置凭证类别时需进行相应条件限制,限制类型为"无限制"表示制单时(　　)。

   A. 凭证中借方至少有一个限制科目发生

   B. 凭证中贷方至少有一个限制科目发生

   C. 凭证中借方或贷方都不允许有一个限制科目发生

   D. 凭证中可以是任意合法的科目

6. 对于已记账的凭证,下面的回答正确的是(　　)。

   A. 可以修改　　　　　　　　　　B. 取消记账后,可以修改

   C. 不能修改　　　　　　　　　　D. 只能部分修改

7. 在总账系统中,凭证类型的设置可以选择(　　)方式进行设置。

   A. 收、付、转三类　　　　　　　B. 只设一种类型

   C. 不设置凭证类型　　　　　　　D. 现收、现付、银收、银付、转账五类

8. 属于总账系统中初始化的内容有(　　)。

   A. 科目设置　　　　　　　　　　B. 凭证审核

   C. 余额输入　　　　　　　　　　D. 凭证类别设置

9. 记账操作,每月可以进行(　　)次。

   A. 1　　　　　　　　　　　　　B. 多

   C. 2　　　　　　　　　　　　　D. 3

10. 出纳管理是总账系统为出纳人员提供的一套管理工具,它主要包括(　　)。

   A. 填制凭证

   B. 现金和银行存款日记账管理

   C. 银行对账管理

   D. 支票登记簿的管理

11. 下列关于凭证摘要的说法中,正确的是(　　)。

    A. 可以调用常用摘要也可以即时输入

    B. 凭证中不同行的摘要可以相同也可以不同

    C. 同一张凭证中,系统能将摘要自动复制到下一分录行

    D. 凭证的每一行都要有摘要,不能为空

12. 下列关于出纳签字的说法中,不正确的是(　　)。

    A. 取消签字只能由出纳自己进行

    B. 只有涉及指定为"库存现金"科目或"银行存款"科目的凭证才需出纳签字

    C. 出纳签字只能逐张进行,不能成批进行

    D. 凡涉及"库存现金"科目或"银行存款"科目的凭证必须出纳签字

13. 冲销凭证可以采用"制单"中的"冲销凭证"命令制作红字冲销凭证,但冲销凭证只适用于(　　)。

    A. 已记账的凭证　　　　　　　　B. 未记账凭证

    C. 作废凭证　　　　　　　　　　D. 未审核凭证

14. 下列关于辅助账类设置的说法中,正确的是(　　)。

    A. 管理费用设成部门核算

    B. 生产成本设成项目核算

    C. 应收账款设成客户往来核算

    D. 应付账款设成供应商往来核算

15. 下列关于记账的说法中,正确的是(　　)。

    A. 未审核凭证不能记账

    B. 上月未结不能记账

    C. 一个月只能记账一次

    D. 第一次记账,期初余额试算不平不能记账

二、判断题

1. 一个科目不能同时设置为项目辅助核算和部门辅助核算。　　　　　　(　　)

2. 在录入记账凭证时,会计科目只能输入最末级会计科目。　　　　　　(　　)

3. 对需要记账的含有"库存现金"、"银行存款"科目的凭证,是必须要审核的,且一定要出纳签字。　　　　　　　　　　　　　　　　　　　　　　　　　　(　　)

4. 在设置供应商分类的前提下,必须先设置供应商分类才能建立供应商档案。　(　　)

5. 只有在建立会计科目时将科目设置为项目辅助核算账类,该科目才能在项目档案中被指定核算科目。　　　　　　　　　　　　　　　　　　　　　　　　(　　)

6. 记账凭证编号可以由会计软件自动产生,也可以手工输入。　　　　　(　　)

7. 一个项目大类可以指定多个科目,一个科目只能指定一个项目大类。　(　　)

8. 外部系统传递来的凭证不能在总账系统中修改,只能在生成该凭证的系统中进行修改。
( )

9. 如果总账系统与其他子系统联合使用,其他子系统未全部结账,则总账系统不能结账。
( )

三、简答题

1. 账务处理的两条主线是什么?

2. 通过怎样的设置可以实现在总账系统中使用应收应付受控科目? 若应收应付受控科目可以同时在总账系统中使用,可能会出现怎样的后果?

3. 填制凭证时,有时会出现不能保存的提示,有可能是哪些原因造成的?

4. 使用支票登记簿要进行哪些设置?

第4章 应收款管理系统

4.1 应收款业务概述

应收款是指企业在销售产品、提供劳务及由于罚款、临时提供内部员工借款及对外支付押金等而形成的债权。应收款项的回收是企业现金流入量的重要组成部分,应该引起企业的高度重视。应收款管理主要包括应收账款的管理、其他应收款的管理及应收票据的管理三个部分。

4.1.1 应收账款的管理

应收账款是指企业因销售商品、提供劳务等经营活动收取的款项。销售商品、提供劳务等如果采用递延方式收取合同款项或协议价款,则该款项实质上具有融资性质,应在"长期应付款"科目核算。企业要持续发展就必须实现稳定增长的利润,而利润的实现必须依赖销售过程提供商品或劳务来取得增量的货币资金。由于时间上的差异和商业竞争中企业扩大销售额的需要,销售过程又可以分为两个子过程:一是,通过销售实现商品或劳务转移的过程;二是,赊销货款的回收过程,即应收账款的计算、催收、回款、应收账款分析和客户信用等级评定等环节。应收账款是在商业信用条件下由于赊销业务而产生的买方向卖方所作的口头付款承诺,由于这种口头承诺的不确定性,使得应收账款的确认尤为重要。应收账款的核算主要包括应收账款入账时间的确认、入账金额的确认、应收账款回收的确认、坏账准备的提取及坏账的确认等内容。

4.1.1.1 应收账款入账时间的确认

应收账款的确认时间与销售收入的确认标准密切相关。在销售成立确认销售收入时,便可以确认应收账款。按照我国2006年《企业会计准则》的规定,销售商品收入同时满足以下条件时可以确认:

(1)企业已将商品所有权上的主要风险与报酬转移给购货方。

(2)企业既没有保留通常与所有权相联系的继续管理权,也没有对已售商品实施有效控制。

（3）收入的金额可以可靠地计量。

（4）相关的经济利益很可能流入企业。

（5）相关的已发生或将发生的成本能够可靠地计量。

一般情况下，企业售出的商品符合合同或协议规定的要求，并已将发票账单交付买方，买方也承诺付款，即表明销售商品的价款能够收回。此时，若同时满足其他条件，即可以确认与销售价款相关的应收账款。

4.1.1.2　应收账款入账金额的确认

企业一般按照实际发生的交易价格确认应收账款的入账金额，它包括发票金额和代购货单位垫付的运杂费两部分，但是在商业信用中由于存在商业折扣、现金折扣、销售折让、销售退回等情况，从而影响应收账款金额的确认。

（1）商业折扣。商业折扣是指企业为了促进商品销售而在商品标价上给予的价格折扣。《企业会计准则》规定，销售商品涉及商业折扣的，应当按照扣除商业折扣之后的金额确定销售收入金额。例如，某商品的报价是 1 000 元，按 10% 的商业折扣出售，则应该按 900 元同时确认应收账款与销售收入。因此，商业折扣对应收账款入账价值的影响，只是要求应收账款按实际销售收入确认，不必作其他特殊的账务处理。

（2）现金折扣。现金折扣是指债权人为了鼓励债务人在规定的期限内付款而向债务人提供的债务扣除。销售商品凡属牵涉现金折扣的，应当按照扣除现金折扣前的金额确认销售收入及应收账款，现金折扣在实际发生时计入当期损益。现金折扣一般用"术语"表示，如"2/10,n/30"，即付款期为 30 天，如果在 10 天内付款可享受 2% 的现金折扣。

（3）销售折让。销售折让是指企业因售出商品的质量不合格等原因而在售价上给予的减让。已经确认销售收入的售出商品发生销售折让的，应当在发生时冲减当期销售收入及应收账款。

（4）销售退回。销售退回是指企业售出的商品由于质量、品种不符合要求等原因而发生的退货，企业已经确认销售收入的售出商品发生销售退回时，应当在发生时冲减当期销售收入。

4.1.1.3　应收账款的回收

企业应收账款的回收，可以分几种情况进行处理：第一种是收到客户归还欠款，由出纳人员填写收款单确认收回款项；第二种是预收款项冲销应收款项，出纳人员根据销售单填写收款单，记录企业所收到的客户款项；第三种是应收款项冲销应付款项，企业与某一单位有长期稳定的往来，在以前的交易中欠了对方单位的款项尚未偿还，即可以以应收款项冲销应付款项。

4.1.1.4　坏账准备的计提及核算

坏账是企业无法收回的应收账款，由于发生坏账而造成的损失称为坏账损失。企业向客户提供商业信用虽然能增加销货量,但是也存在大量的应收账款发生坏账的可能性,因此,应该有适当的会计程序来记录坏账。企业坏账损失的处理有直接转销法和备抵法两种,直接转销法在日常核算时对应收账款可能发生的坏账不予考虑,直到某一特定应收账款确实无法收回时才注销该笔应收账款,同时将相应的坏账损失计入当期损益,这种处理方法比较简便,但它不符合收入与费用的配比原则和确认损益的权责发生制原则。备抵法是按照一定的方法估计坏账损失,一方面把这些估计的损失列作费用;另一方面形成一笔坏账准备,在资产负债表上列示,实际发生坏账时,再冲销已形成的坏账准备及应收账款。估计坏账的方法有应收账款余额百分比法、账龄分析法等。

4.1.2　其他应收款的管理

其他应收款是指企业除应收账款、应收票据、预付账款等以外的其他各种应收、暂付款项,包括各种赔款、罚款、存出保证金、应向职工收取的各种垫付款、应收暂付的非营业款项等非营业收入项目。在会计核算时,其他应收款一般按照对应单位或个人进行明细核算,在支出款项时填写其他应收单确认应收款项的形成,回收款项时填写收款单确认款项收回。

暂付款项主要包括以下七类:① 应收的各种赔款、罚款;② 应收出租包装物租金;③ 应向职工收取的各种垫付款项;④ 备用金(不单独设置"备用金"科目的企业,向内部各职能科室、车间等拨付用于备零星开支的现金);⑤ 存出保证金,如租入包装物支付的押金;⑥ 预付账款转入;⑦ 其他各种应收、暂付款项。

将这些项目单独归类为其他应收款,以便在编制会计报表时,把这些项目与因购销等营业活动而发生的应收项目区别开来。

4.1.3　应收票据的管理

应收票据是企业因销售商品、提供劳务等而收到的商业汇票,包括银行承兑汇票及商业承兑汇票。企业因销售商品,收到别的单位开出、承兑的商业汇票,以汇票为凭证确认企业应收票据的增加,企业在急需资金时可以持商业汇票到银行申请贴现,同时也可以将持有的商业汇票背书转让以取得所需要的物资,商业汇票到期时应积极收回,并以收款单为依据确认票据已经回收。

企业应当设置"应收票据备查簿"逐笔登记商业汇票的种类、号数和出票日、票面金额、交易合同号和付款人、承兑人、背书人的相关资料及到期日、背书转让日、贴现日等资料。商业汇票到期结清票款后或退票后,在"应收票据备查簿"中应该予以注销。

4.2 应收账款系统分析

4.2.1 应收账款子系统的处理流程

4.2.1.1 应收账款业务手工处理流程

在手工条件下,根据销售发票、收款单(预收款)、应收票据、其他应收单,编制记账凭证,根据记账凭证逐笔登记"应收账款明细账",月末结出各客户的欠款情况,期末余额表示尚未收回的应收账款数额。应收账款往往按客户开设明细账,会计人员平时根据应收账款发生的发票和收回货款的收款凭证进行登记,并以此为依据进行信用分析及坏账损失的估计。应收账款的业务流程可用图4-1表示。

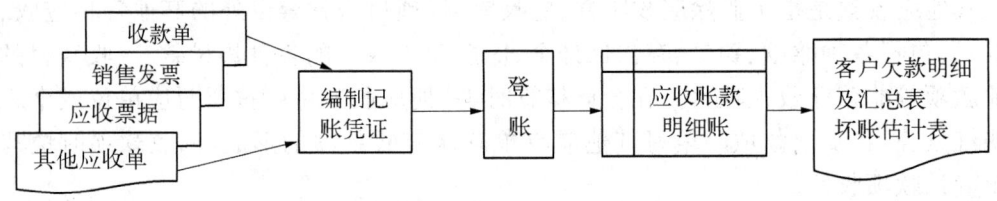

图4-1 手工处理流程图

4.2.1.2 计算机处理应收账款业务流程

计算机与手工处理的最大不同点是将不同的单据,分别存储在不同的数据表中,根据特定单据类型,编制记账凭证,记账凭证自动传到总账凭证库,应收账款明细账是系统根据相同客户从收款单和销售发票的对应关系中检索出来的。根据应收账款余额表计提坏账准备,同时制作记账凭证,传入总账凭证库,处理流程如图4-2所示。

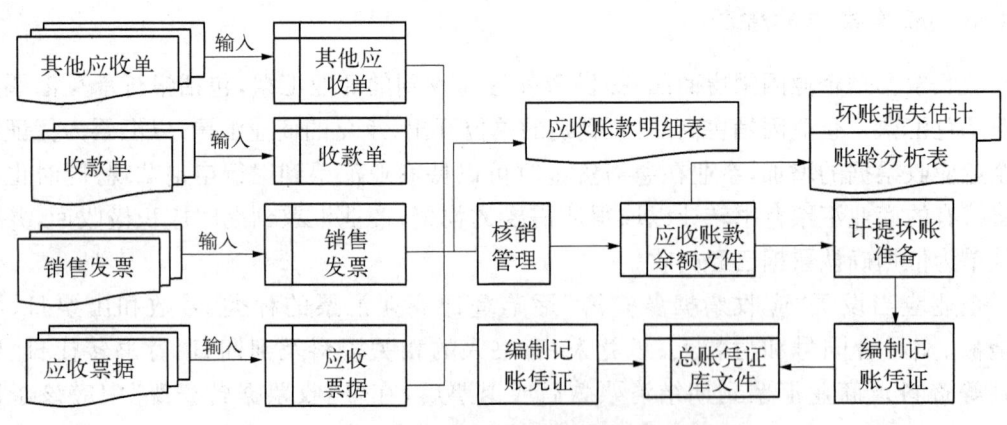

图4-2 应收账款管理子系统数据处理流程

如果应收款系统与销售系统同时使用,则这些单据归销售系统录入,从销售系统传递到应收系统,进行核销及编制记账凭证。如果不使用销售系统,则这些单据归应收款系统输入。

4.2.2　应收账款子系统与其他子系统的关系

在会计信息系统中,应收账款子系统与其他子系统之间的关系如图 4-3 所示。销售管理系统开出销售发票,在应收账款系统核算销售发票的款项;应收账款系统生成销售收入凭证,收款后输入收款单核销应收账款,生成收款凭证,这些凭证直接传递到总账凭证库;应收账款系统与应付账款系统转账对冲,解决了客户同时又是供应商时销售发票与采购发票的核销问题,以定期清理债权债务;应收账款系统为企业管理者提供客户的欠款偿

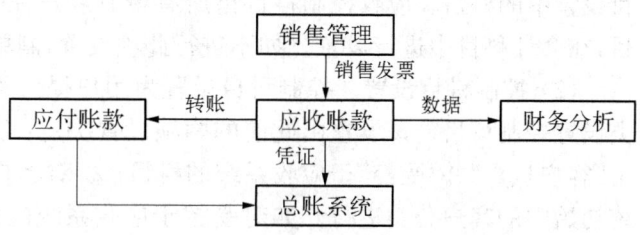

图 4-3　应收账款子系统与其他子系统之间的关系

还情况、账龄分析表等数据作为制定信用政策、计算应收账款周转率和周转期的依据。

4.3　应收账款子系统的主要功能

4.3.1　功能结构模块

根据上述对应收账款子系统的分析,本子系统的功能模块设计如图 4-4 所示,并对各功能模块的作用作一简要说明。

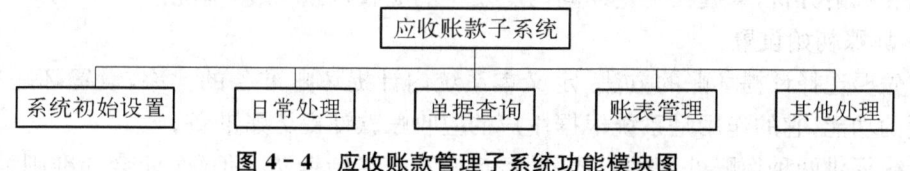

图 4-4　应收账款管理子系统功能模块图

4.3.2　功能模块的作用

4.3.2.1　系统初始设置

初始设置的作用是建立应收管理的基础数据,确定使用哪些单据处理应收业务,确定需要进行账龄管理的账龄区间,确定各个业务类型的凭证科目。只有正确地进行相关设置,用户才可以选择使用自己定义的单据类型,进行单据的录入、处理、统计分析;根据自己设置的凭证科目生成记账凭证,使应收账款管理符合用户的需要。

1) 凭证科目设置

该设置功能包括基本科目设置、控制科目设置、产品科目设置、结算方式科目设置，每种设置对应不同的单据类型。其目的是依据用户定义的科目，依据不同的业务类型，在生成凭证时自动带出设置的对应科目。

(1) 基本科目设置。用以定义应收系统凭证制单所需要的基本科目，如应收科目、预收科目、销售收入科目、税金科目等。如果输入单据时未指定科目，且控制科目设置与产品科目设置中没有明细科目的设置，则系统制单（编制凭证）时，依据制单规则取基本科目设置中的科目。应收控制科目指所有带有客户往来辅助核算并受控于应收系统的科目，在会计科目中进行设置。如不进行此项设置，制单时需要手工录入。

(2) 控制科目设置。控制科目设置为用户提供了对客户的个性化管理，可对客户分类设置控制科目。该设置由此前的两项设置决定：① 控制科目由"总账"会计科目设置了"客户核算"并"受控"于应收系统的科目；② 对客户分类的依据是客户档案，依据在系统初始中的客户分类进行。如对受控于应收系统的科目，都设置了客户辅助核算，该项可不设置，制单时取基本科目。

(3) 产品科目设置。产品科目设置提供了销售收入科目分产品进行核算。如销售收入科目设置了存货辅助核算，该项目无须设置。

(4) 结算方式科目设置。该设置是指进行结算方式、币种、科目的设置。对于现结的发票、收付款单，系统依据单据上的结算方式查找对应的结算科目，系统制单时自动带出。

2) 账龄区间设置

账龄区间设置就是定义功能，提供了应收账款的个性化管理，可根据企业对应收账款或收款时间管理的需要，定义账款时间间隔，其作用是便于进行应收账款或收款的账龄查询和账龄分析，掌握在一定期间内所发生的应收账款、收款情况。

3) 坏账初始设置

首先要选择计提坏账的方法、定义本系统内计提坏账准备的比率，设置坏账准备期初余额的功能，它的作用是系统根据用户的应收账款计提坏账准备。

系统提供两种坏账处理的方式，即备抵法和直接转销法。但《企业会计准则》不允许采用直接转销法。选择备抵法，还应该选择具体的方法，系统提供了三种备抵的方法，即应收账款余额百分比法、销售收入百分比法、账龄分析法。这三种方法需要在初始设置中录入坏账准备期初和计提比例或输入账龄区间等，并在坏账处理中进行后续处理。

4) 付款条件设置

付款条件设置即现金折扣，企业为了鼓励客户早日偿还货款而承诺在一定期限内给予的规定折扣优待。这种折扣条件通常可表示为"5/10,2/20,n/30"，即客户在 10 天内偿还货款，可得到 5% 的折扣，只付原价的 95% 的货款；在 20 天内偿还贷款，可得到 2%

的折扣,只付原价的 98% 的货款;在 30 天内偿还货款,则须按照原价全额支付货款;在 30 天以后偿还贷款,则不仅要按全额支付货款,还可能要支付延期付款利息或违约金。

付款条件可在采购订单、销售订单、采购结算、销售结算、客户目录、供应商目录中引用。

4.3.2.2　日常处理

日常处理主要完成企业日常的应收账款、收款业务录入、应收账款、收款业务核销、应收账款并账、汇兑损益以及坏账的处理,及时记录应收账款、收款业务的发生。为查询和分析往来业务提供完整、正确的资料,加强对往来款项的监督管理。

1) 单据处理功能

应收单及收款单的录入、修改、删除和审核管理工作。如果同时使用应收款管理系统和销售管理系统,则发票和代垫费用产生的应收单据由销售系统录入,在本系统可以对这些单据进行审核、弃审、查询、核销、制单等。此时,在本系统需要录入的单据仅限于应收单。如果没有使用销售系统,则各类发票和应收单均应在本系统录入。

第一,应收单及销售发票的录入。

单据录入是本系统处理的起点。该功能提供销售业务中的各类发票,以及销售业务之外应收单的录入。

销售发票是企业给客户开具的增值税专用发票、普通发票及所附清单等原始销售票据。

第二,收款单的录入。

收款单据录入是将已收到的客户款项或退回的客户款项的原始单据,录入到应收款管理系统。收款单据包括收款单与付款单(即红字收款单)。

收款单用来记录企业收到的款项,每收到一笔款项时,应知道该款项是客户结算所欠货款,提前支付的货款,还是支付其他费用。在收款单中用款项类型来区分。因此,在录入收款单时,必须指定其款项类型。如果同一张收款单包含不同的款项,则需要在表体记录中分行输入。

第三,单据的审核。

经过审核之后的单据才可以被系统确认有效,在单据填制保存后即可对该单据进行审核,也可以使用应收款管理系统的“应收单审核”或“收款单审核”功能专门进行批量审核处理。

2) 单据核销功能

单据核销功能的作用是收回客商款项后核销该客商应收款,建立收款与应收款的核销记录,监督应收款及时核销,加强往来款项的管理。

单据核销主要有以下规则:① 收款单的数额等于原有单据的核销数额,收款单与原有单据完全核销。② 在核销时使用预收款;如果客户先预付了部分货款,在提货之后付清了剩余的款项,并且要求这两笔款项同时结算,则在核销时需要使用预收款,在收到第一笔款项时,先录入一张收款单,款项类型为预收款,形成预收款;在收到第二笔款项后,再录入一张收款单,款项类型为应收款。在核销时,可以根据选项中设置的预收款核销方式来输入需要使用的预收款金额,这时就可以同时对两次(或多次)收款进行一次结算。③ 收款单的数额大于应核销数额;将收款单的数额核销以前的单据,剩余部分形成预收款。④ 收款单的数额小于原有单据的数额,单据仅得到部分核销。

3)应收转账功能

转账业务是处理应收账款系统时常遇到的业务,转账有四种类型,用于处理客户与供应商之间、客户与客户之间进行的应收冲应收、预收冲应收、应收冲应付、红票对冲等业务。

第一,应收冲应收。

应收冲应收就是应收款转销,将一个客户的应收款转到另一个客户中。通过该项功能将应收账款在客商之间进行转入、转出,实现应收业务的调整,但不会改变企业应收账款金额。

第二,预收冲应收。

通过预收冲应收处理客户的预收款和该客户应收欠款的转账核销业务。当该客户的预收款大于等于应收款时,则该客户最终自动冲销的金额以应收款总额为准。当该客户的预收款小于应收款时,则该客户最终自动冲销的金额以预收款总额为准。

第三,应收冲应付。

应收冲应付用于解决企业与客户和供应商之间的债权债务问题,用客户的应收账款冲抵供应商的应付款项。通过该功能将应收款业务在客户和供应商之间进行转账,实现应收业务的调整,解决应收债权与应付债务的冲抵。

第四,红票对冲。

采用红票对冲功能,可实现在指定客户的红字应收单与其蓝字应收单、收款单与付款单之间进行冲抵。

4)汇兑损益功能

该功能解决有外币业务核算时的汇兑损益处理工作。

5)坏账处理功能

坏账处理功能提供了计提应收坏账准备处理、坏账发生后的处理、坏账收回后的处理等功能。

6)制单处理功能

制单即生成凭证,针对不同的单据类型提供编制记账凭证的功能,并将编制的记账凭证传递到总账系统,实现账务处理的一体化。在应收款管理系统中,对每一类原始单据都提供了实时制单的功能;除此之外,系统提供了一个统一制单的平台,可以在此快速、成批生成凭证,并可依据规则进行合并制单等处理。

第一,应收发票制单。

对销售发票制单时,若只进行了基本科目设置,则取基本科目设置中设置的应收科目和销售科目。因应收科目设置了按客户进行辅助核算,因此发票中的客户对应应收款的客户。其借方为应收账款/发票中的客户,贷方为主营业务收入/发票中的存货及应交税费/应交增值税/销项税。

第二,应收单制单。

应收单实质上是一张凭证,用于记录销售业务之外所发生的各种其他应收业务。应收单表头中的信息等同于凭证中的一条分录信息,表头科目为核算客户所欠款项的一个科目,且该科目必须是应收系统的受控科目。表头科目的方向即为所选择的单据的方向。表体中的一条记录同样等同于凭证中的一条分录。当输入了表体内容后,表头金额与表体中的金额合计应相等,表头科目为借方,表体科目为贷方。对应收单制单时,借方取应收单表头科目,贷方取应收单表体科目。

第三,收款单制单。

借方科目为表头结算科目。贷方科目由款项类型决定,为应收款,在一张收款单中,若款项类型为应收款,则贷方科目为"应收账款";若选择的款项类型为预收款,则贷方科目为"预收账款";若选择的款项类型为其他费用,则贷方科目应根据业务手工录入。

第四,核销制单。

核销制单受系统初始选项的控制,若选项中选择核销不制单,则即使入账科目不一致也不制单。核销制单需要应收单及收款单已经制单,才可以进行核销制单。在核销双方的入账科目不相同的情况下才需要进行核销制单。

第五,票据处理制单。

收到承兑汇票制单,借方取基本科目设置中的"应收票据"科目,贷方取基本科目设置中的销售收入科目及税金科目;若没有设置,则需要手工输入科目。

第六,转账制单。

应收冲应收(不同客户结转):

借:应收账款(转入客户)
　　贷:应收账款(转出客户)

预收冲应收(同客户结转):

借:预收账款(客户)
　　贷:应收账款(客户)

应收冲应付制单(客户与供应商之间的结转):

借：应付账款（供应商）

预付账款（供应商）

贷：应收账款（客户）

或者：

借：应付账款（供应商）

贷：应收账款（客户）

预收账款（客户）

第七，坏账处理制单。

坏账计提制单：借方取坏账准备设置中的对方科目，贷方取坏账准备设置中的"坏账准备"科目。

坏账发生制单：借方取"坏账准备"科目，贷方科目根据发生坏账的客户记"应收账款"科目。

坏账收回制单：借记"应收账款——坏账收回的客户"科目，贷记"坏账准备"科目。同时作收款制单：借记结算科目，贷记"应收账款——坏账收回的客户"科目。

7）票据管理功能

该功能对银行承兑汇票和商业承兑汇票进行管理。先将收到的票据输入，根据输入信息制作收款凭证。还可对票据的计息、贴现、转出、结算、背书等业务进行处理和制单。

8）付款单导出功能

该功能完成付款单与网上银行的相互导入、导出处理。

4.3.2.3 单据查询功能

系统提供对应收单、结算单、凭证等的查询，包括对各类单据、详细核销信息、报警信息、凭证等内容的查询。在查询列表中，系统提供自定义显示栏目、排序等功能。可以通过单据列表操作来制作符合自身要求的单据列表方式。在单据查询时，若启用客户、部门数据权限控制，则在查询单据时只能查询有权限的单据。

4.3.2.4 账表管理

账表管理的主要功能包括：账表的自定义、业务账表查询、统计分析等。

1）账表自定义功能

系统提供的自定义报表就是根据企业管理要求，为用户提供的内部管理分析报表工具，可以设置报表标题、表头、表体、定义报表数据来源，灵活定义过滤条件和显示、打印方式的自定义查询报表工具。通过数据源的定义可将系统提供的不同表进行组合或计算机加工，这是为高级用户提供的个性化定制报表的功能。

2）业务账表查询

通过账表查询，可及时了解一定期间内期初应收款结存汇总情况、应收款发生、收款发生的汇总情况、累计情况及期末应收款结存汇总情况；可以了解各个客户期初应收款结存明细情况、应收款发生、收款发生的明细情况、累计情况及期末应收款结存明细情况，能及时发现问题，加强对往来款项的监督管理；还可提供对业务总账表、业务余额表、业务明细账、对账单的查询。

3）统计分析

通过统计分析，可以按初始定义的账龄区间，进行一定期间内应收款账龄分析、收款账龄分析、往来账龄分析，了解各个客户应收款周转天数、周转率，了解各个账龄区间内应收款、收款及往来情况，能及时发现问题，加强对往来款项动态的监督管理。

4.3.2.5　其他处理

其他处理提供远程应用、取消操作、期末处理等功能。

1）远程应用

提供集团内部总公司和异地收款之间的数据传递功能，为使总公司能及时了解各地的收款状况，全面掌握整个企业集团的应收账款收款情况，从而在一定程度上控制异地销售点的经营管理，系统提供了总公司和异地销售之间的数据导出、导入功能及其服务功能，收件和发件管理，为企业提供了完整的远程数据通讯方案。

2）取消操作

如果对原始单据进行审核、对收款单进行核销等操作后，发现操作有误，就可利用该功能将其恢复到操作前的状态，从而可以进行修改。

3）期末处理

期末处理指用户进行的期末结账工作。如果当月业务已全部处理完毕，就需要执行月末结账功能，只有月末结账后，才可以开始下月工作。

4.4　应收款系统的应用

应收款系统的应用，主要是通过销售发票、其他应收单、收款单等单据的录入，对企业的往来账款进行综合管理，及时、准确地提供客户往来账款资料，通过各种分析报表，合理地进行资金的调配，提高资金的利用效率。该系统既可独立运行，又可与销售系统、总账系统、应付系统等其他系统结合运用，提供完整的业务处理和财务管理信息。

4.4.1　应收款系统的操作流程

应收款系统的操作流程如图 4-5 所示。

4.4.2　应收款系统初始化

应收款系统的初始化包括系统设置、初始设置及初设余额录入。系统设置中"选项设置"或称为"账套参数的选项设置"，是为应收款系统的业务处理设置规则。初始设置

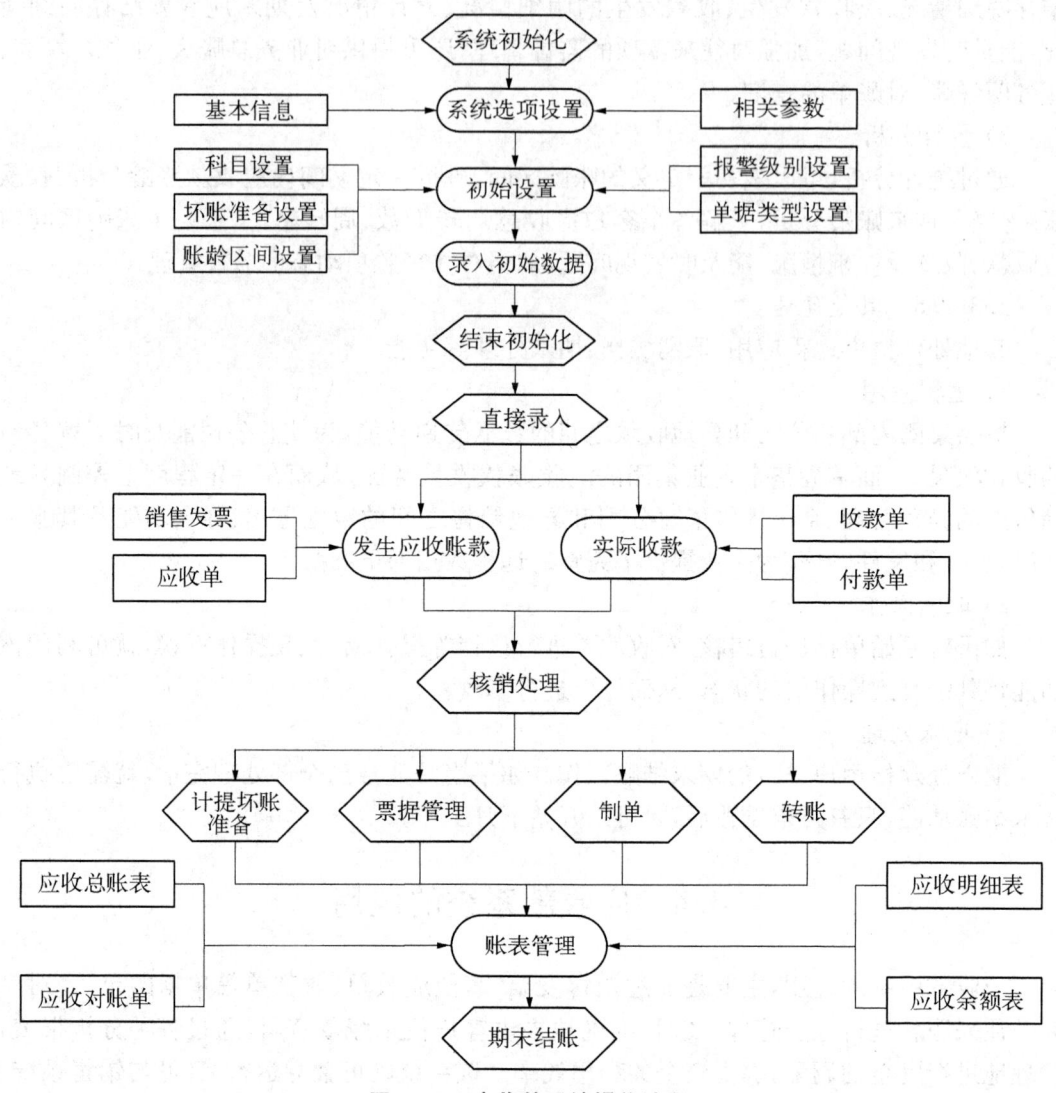

图 4-5 应收款系统操作流程

是应收款系统处理的基础,期初余额录入是手工账与电算化处理的衔接等。

4.4.2.1 系统选项设置

系统选项设置包括常规设置、凭证设置和权限与预警设置。

【操作】 点击图 4-6 所示界面的[业务工作]页签,点击[财务会计]下的[应收款管理],进入应收系统。单击[设置]菜单下的[选项],在弹出的如图 4-7 所示的窗口点击[编辑],依次点击[常规]、[凭证]和[权限与预警]页签进行设置,具体参数设置见图 4-7~图4-9。设置完成后,点击[确定]。

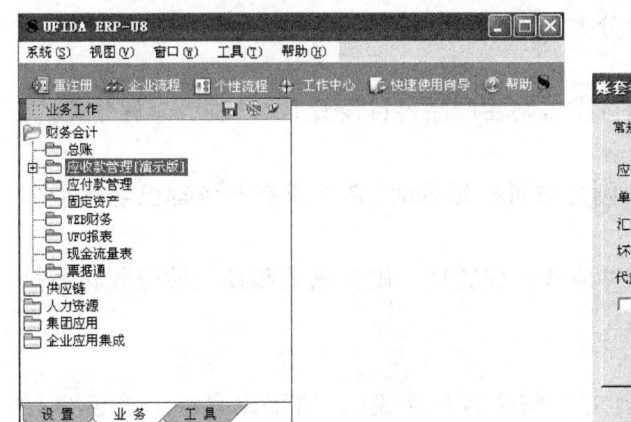

图 4-6　进入应收款管理系统界面

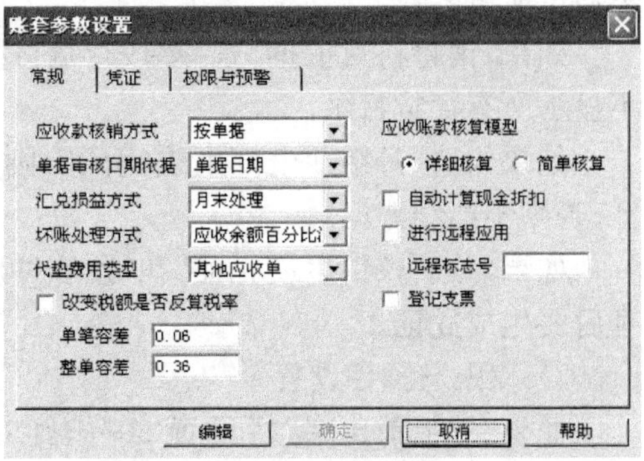

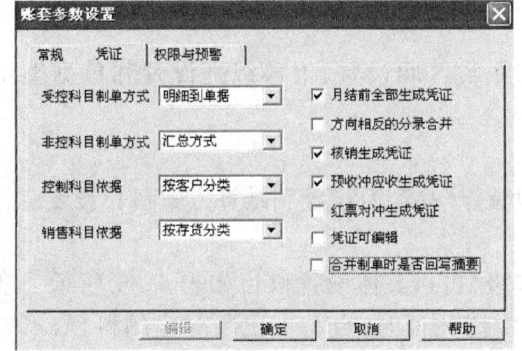

图 4-7　常规设置

图 4-8　凭证设置

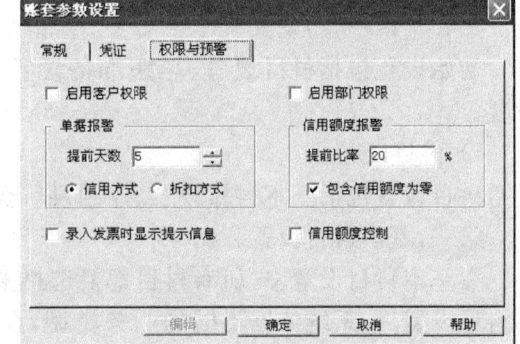

图 4-9　权限与预警设置

1) 常规设置

如果"应收款核销方式"选择"按单据",则进行核销时,系统将满足条件的未结算单据全部列出,供核销选择。

如果"单据审核日期依据"选择"单据日期",则单据审核后,自动将单据的审核日期记为单据日期。

如果"坏账处理方式"选择备抵法下的"应收余额百分比法",则初始设置时,要进行坏账准备设置。

如果"应收账款核算模型"选择"详细核算",则可以在应收款系统进行核算、控制、查询、分析,将凭证传递至总账系统,将结算方式为票据管理的付款单登记到总账系统的支票登记簿中,还可以与应付系统进行对冲。

2) 凭证设置

如果"受控科目制单方式"选择"明细到单据",则在总账系统中查询时,依每笔业务进行查询。

如果"控制科目依据"选择"按客户分类",则在控制科目设置时,只显示客户分类,而不显示所有客户。

如果"销售科目依据"选择"按存货分类",则在产品科目设置时,只显示存货分类,而不显示所有存货目录。

如果勾选"月结前全部生成凭证",则月末进行结账时,必须所有业务都已经生成凭证,否则不能结账。

如果勾选"核销生成凭证"和"预收冲应收生成凭证",则在核销和预收冲应收转账处理后要生成凭证。

3) 权限与预警设置

如果在"提前比率"栏设置 20%,则对于每个客户来说,其信用比率小于等于 20%时,系统自动弹出信用报警单(信用比率=信用余额/信用额度)。

其他项均采用默认值。

4.4.2.2 初始设置

初始设置包括科目设置、坏账准备设置、账龄区间设置、报警级别设置和单据类型设置。

1) 科目设置

科目设置包括基本科目设置、控制科目设置、产品科目设置和结算方式科目设置。

第一,基本科目设置。

在基本科目设置中,所有科目都要选择末级科目,具体设置科目如表 4-1 所示。基本科目设置后,系统依据不同的业务类型,在生成凭证时,自动带出所对应的科目,不需手工添加。

表 4-1　基本科目设置

设　置　项	科　　目
应收科目	应收账款
预收科目	预收账款
销售收入科目	主营业务收入
应交增值税科目	应交税费——应交增值税——销项税额
银行承兑科目	应收票据
商业承兑科目	应收票据
现金折扣科目	财务费用

【操作】　点击[设置]菜单下的[初始设置],在[设置科目]下单击[基本科目设置],进入如图 4-10 所示的窗口,根据表 4-1 选择科目。

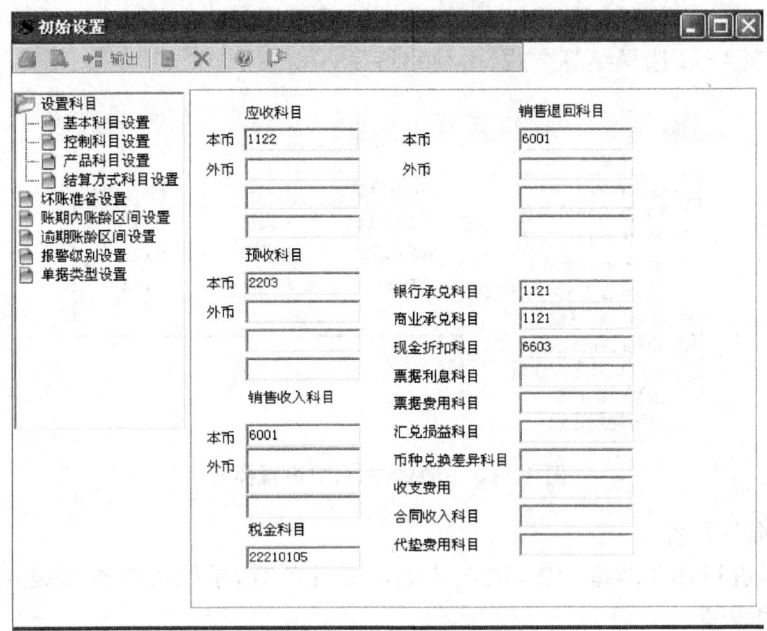

图 4-10 基本科目设置界面

只有设置了银行承兑科目和商业承兑科目才可以使用票据管理中的票据登记簿,并在期初余额中录入期初应收票据余额。

第二,控制科目设置。

因为在新世纪轧钢厂账套中,应收账款和预收账款设置了客户往来辅助核算,因而在此不再进行设置。

第三,产品科目设置。

因为主营业务收入设置了辅助核算,应收和增值税科目都是相同的,因而在此不再进行设置。

第四,结算方式科目设置。

根据设置的结算方式科目,录入原始单据时,选择一种结算方式,则生成凭证时,会自动将其对应的科目带出。具体结算方式科目设置如表 4-2 所示。

表 4-2 结算方式科目设置

结 算 方 式	币 种	科 目
现金支票	人民币	100201(银行存款——工行)
转账支票	人民币	100202(银行存款——建行)
现金	人民币	1001(库存现金)

【操作】 单击[设置科目]下的[结算方式科目设置],在如图4-11所示的窗口点击[增加],按照表4-2选择结算方式、币种和科目。

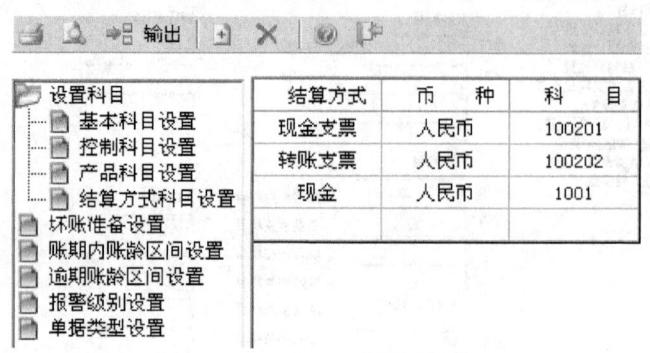

结算方式	币　种	科　目
现金支票	人民币	100201
转账支票	人民币	100202
现金	人民币	1001

图4-11　结算方式科目设置界面

2) 坏账准备设置

如果已经进行坏账准备设置,则在计提坏账准备时,系统可以根据设置的参数自动计算应计提的数额。

【操作】 点击[初始设置]菜单下的[坏账准备设置],在如图4-12所示的窗口输入提取比率(％)[1],坏账准备期初余额[630.80],选择坏账准备科目[坏账准备],对方科目[资产减值损失—坏账损失],最后点击[确定]。

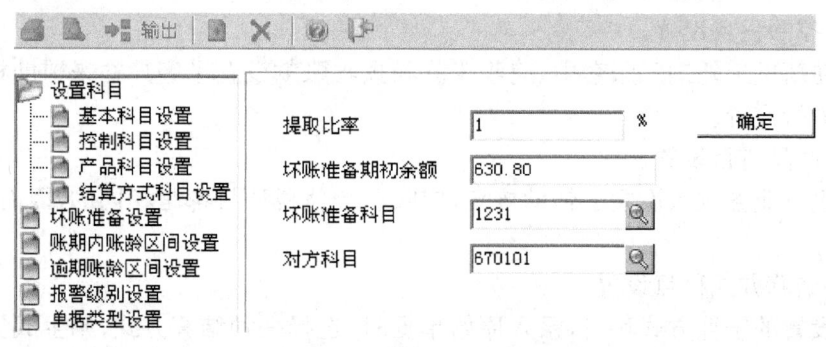

图4-12　坏账准备设置界面

如果已做过任意一种坏账处理(如坏账计提、坏账发生、坏账收回等),则不能修改坏账准备设置数据,只能下一年度修改。

3) 账龄区间设置

账龄区间设置是指用户定义应收账款或收款时间间隔的设置。

【操作】 点击[初始设置]下的[账期内账龄区间设置],在如图4-13所示的窗口双击第一行的总天数栏,输入[30],点击工具栏的[增加],第二行总天数栏输入[60]。

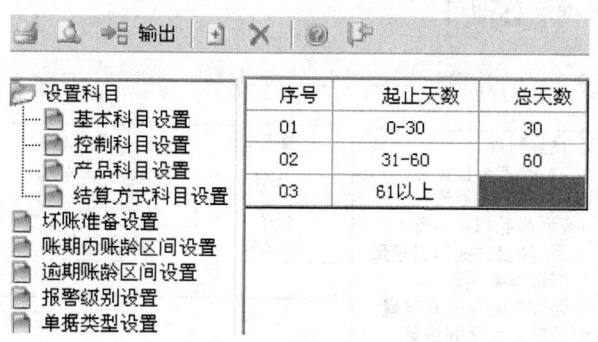

图 4 - 13　账龄区间设置界面

序号由系统自动生成,只要输入总天数,系统自动生成起止天数。最后一个区间不需要输入总天数,系统自动生成。

4) 报警级别设置

设置报警级别,可以根据欠款余额与信用额度的比率将客户分为不同级别。

【操作】　单击[初始设置]下的[报警级别设置],在如图 4 - 14 所示的窗口录入第一行的总比率(％)[10]和级别名称[A],点击工具栏的[增加],录入第二行的总比率[20]和级别名称[B],同样操作增加第三行,第四行只输入级别名称[D]。

序号	起止比率	总比率(%)	级别名称
01	0-10%	10	A
02	10%-20%	20	B
03	20%-30%	30	C
04	30%以上		D

图 4 - 14　报警级别设置界面

序号由系统自动生成,只要输入总比率,系统自动生成起止比率,最后一栏的总比率不需输入。

5) 单据类型设置

单据类型设置是将往来业务与单据类型建立对应关系,以便进行分类汇总、查询、分析。系统默认"发票"和"应收单"两大类,且发票包括增值税专用发票和普通发票,在此采用系统默认项。

如果需要增加票据类型,只能增加应收单,在图 4 - 15 所示的界面单击工具栏的[增加]，在新增行输入单据名称即可。

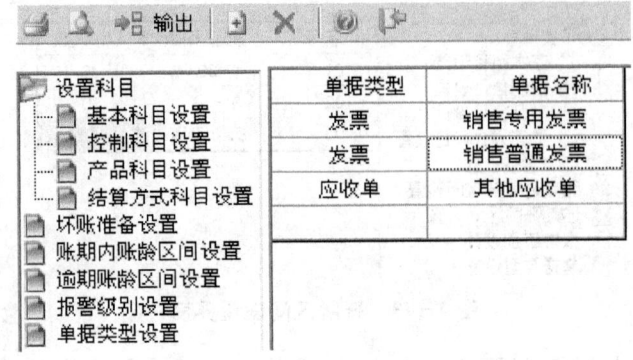

图 4 - 15　单据类型设置界面

4.4.2.3　录入初始数据

在正式使用应收款系统前，必须录入所有未处理完的应收业务数据。期初余额录入时，是通过销售发票、应收单、收款单和应收票据等单据的形式录入，期初余额总数是根据所有期初单据计算得来的。根据第 3 章表 3 - 4 将所有客户往来余额录入。

1）期初销售发票录入

期初销售发票是指还未核销的应收账款，已核销部分不需录入。表 3 - 4 中的第一笔、第二笔和第六笔余额均需录入期初销售发票。

一张空白的期初销售发票包括表头和表体两部分，其具体项目说明如表 4 - 3 所示。

表 4 - 3　销售发票参数说明

数 据 项	说　　　　　明
开票日期	指业务发生日期，而非录入日期
客户名称	根据客户档案进行选择，系统自动带出客户地址、电话、客户银行、银行账号和税号
科目	应收系统受控科目，包括应收票据、应收账款、预收账款和应收其他单位款
销售部门	根据部门档案选择
业务员	根据职员档案选择
备注	录入备注后，生成凭证时，将之记入"摘要"栏
货物编号	根据存货档案选择，系统自动带出货物名称、规格型号、主计量单位和税率
数量	输入销售数量
含税单价	输入含税单价，自动计算无税单价和税额

【操作】　单击[设置]菜单下的[期初余额],弹出[期初余额—查询]窗口,点击[确认],进入期初余额明细表。单击工具栏的[增加],在如图 4-16 所示的窗口选择单据名称[销售发票],单据类型[销售专用发票]和方向[正向]。系统弹出空白的销售专用发票,选择开票日期[2010-06-30],选择客户名称[新康机械厂],销售部门[销售一部],业务员[邓娟],填写备注[销售齿轮钢]。点击表体部分的第一行,选择货物编号[023],填写数量[5],含税单价[7 000]。最后单击[保存],即生成如图 4-17 所示的期初销售专用发票。

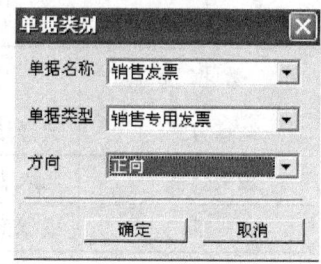

图 4-16　单据类别选择界面

销售专用发票

	货物编号	货物名称	规格型号	主计量单位	税率(%)	数量	无税单价	含税单价	税额
1	023	齿轮钢		吨	17.00	5.00	5982.91	7000.00	5085.47
2									
3									
4									
合计						5.00			5085.47

图 4-17　期初销售专用发票

2)期初预收款录入

期初预收款是指在账套启用前收取的客户款项,录入预收款时,使用收款单。表 3-4 中的第三笔和第四笔余额均需录入期初收款单。

一张收款单分为表头和表体两部分,其具体项目说明如表 4-4 所示。

表 4-4　收款单参数说明

数 据 项	说　　　　明
日期	指业务发生日期,而非录入日期
客户	根据客户档案进行选择,系统自动带出客户银行、银行账号

（续表）

数 据 项	说 明
结算方式	选择结算方式,自动带出结算科目
表头金额	输入表头金额,自动带出表体金额
表头部门	根据部门档案选择,自动带出表体部门
表头业务员	根据职员档案选择,自动带出表体业务员
摘要	输入摘要,则生成凭证时,自动记入"摘要"栏
款项类型	包括应收款、预收款和其他费用,自动带出科目

【操作】 进入期初余额明细表后,单击工具栏的[增加],在如图4-16所示的窗口选择单据名称[预收款]、单据类型[收款单]。系统弹出空白的收款单,填写日期[2010-06-30],选择客户[浦华公司],结算方式[转账支票],输入金额[150 380.02],选择部门[财务部],业务员[龙胜强],填写摘要[预收款]。点击表体部分的第一行,选择款项类型[预收款]。最后单击[保存],生成如图4-18所示的收款单。

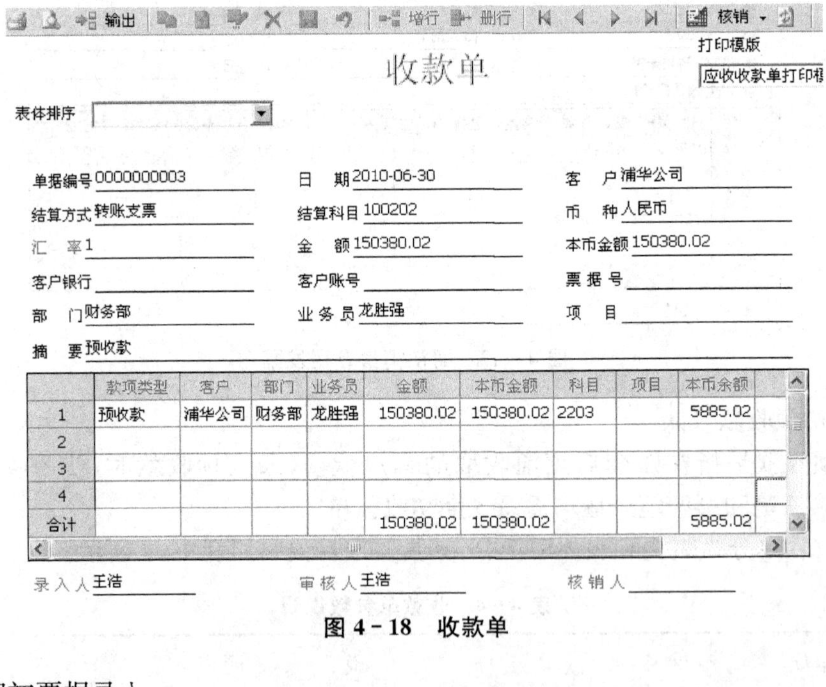

图 4-18 收款单

3）期初票据录入

期初应收票据是指还未结算的票据,包括银行承兑汇票和商业承兑汇票。表3-4的第五笔余额需录入一张期初应收票据。期初应收票据的具体项目说明参见表4-5。

表 4 - 5 应收票据参数说明

数 据 项	说 明
票据编号	手工输入
承兑银行/承兑单位	选择银行承兑汇票时,填写承兑银行名称;选择商业承兑汇票时,填写承兑单位名称
背书单位	票据是经过背书转让的,填写背书单位名称
票据面值	票据的票面价值
票据余额	还未结算票据余额
科目	选择"应收票据"
签发日期	开票单位实际签发票据的日期
收到日期	实际收到票据的日期
到期日	应大于或等于签发日期

【操作】 进入期初余额明细表后,单击工具栏的[增加],弹出如图 4 - 16 所示的窗口,选择单据名称[应收票据]、单据类型[银行承兑汇票]。系统弹出空白的期初票据(如图 4 - 19 所示),填写相应栏目后,点击[保存]。

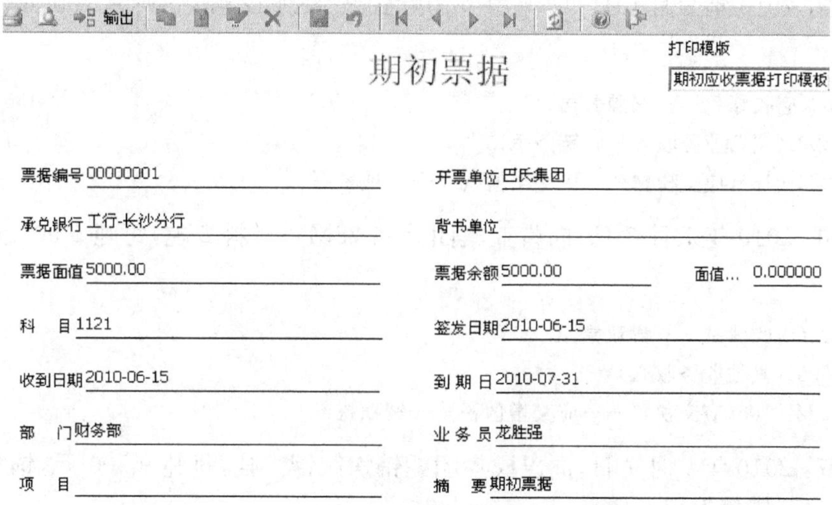

图 4 - 19 期初票据

至此,应收款系统的初始化工作结束,可以进行日常经营业务的处理了。

4.4.2.4 新世纪轧钢厂 7 月份客户往来业务

注意:在此只需输入原始单据,对应的记账凭证不需手工输入,根据输入的原始单据,对应的记账凭证由系统自动生成,详细介绍参见本章4.5.7。

业务1：2010年7月1日,收到新康机械厂上月的货款35 000.02元(收款单)。

借：100202(银行存款——建行)　　　　　　　　　　　　　　　35 000.02

　贷：1122(应收账款——新康机械厂)　　　　　　　　　　　　　35 000.02

业务2：2010年7月1日,收到涞源公司上月的货款28 080元(收款单)。

借：100202(银行存款——建行)　　　　　　　　　　　　　　　28 080

　贷：1122(应收账款——涞源公司)　　　　　　　　　　　　　　28 080

业务3：2010年7月1日,代垫新康机械厂运杂费5 000元(其他应收单)。

借：122102(其他应收款——应收其他单位款)　　　　　　　　　5 000

　贷：100201(银行存款——工行)　　　　　　　　　　　　　　　5 000

业务4：2010年7月5日,向新康机械厂赊销弹条钢5吨,每吨9 850元(销售专用发票)。

借：1122(应收账款——新康机械厂)　　　　　　　　　　　　　57 622.50

　贷：6001(主营业务收入——弹条钢)　　　　　　　　　　　　　49 250.00

　　22210105(应交税费——应交增值税——销项税额)　　　　　8 372.50

业务5：2010年7月6日,向涞源公司赊销链条钢12吨,每吨9 700元(销售专用发票)。

借：1122(应收账款——涞源公司)　　　　　　　　　　　　　　136 188

　贷：6001(主营业务收入——链条钢)　　　　　　　　　　　　　116 400

　　22210105(应交税费——应交增值税——销项税额)　　　　　19 788

业务6：2010年7月7日,向肯亚集团赊销25MV材料2吨,每吨5 500元(销售专用发票)。

借：1122(应收账款——肯亚集团)　　　　　　　　　　　　　　12 870

　贷：6051(其他业务收入)　　　　　　　　　　　　　　　　　　11 000

　　22210105(应交税费——应交增值税——销项税额)　　　　　1 870

业务7：2010年7月7日,向巴氏集团赊销螺纹钢7吨,每吨9 500元,锚杆钢8吨,每吨9 000元(销售专用发票)。

借：1122(应收账款——巴氏集团)　　　　　　　　　　　　　　162 045

　贷：6001(主营业务收入——螺纹钢)　　　　　　　　　　　　　66 500

　　6001(主营业务收入——锚杆钢)　　　　　　　　　　　　　　72 000

　　22210105(应交税费——应交增值税——销项税额)　　　　　23 545

业务 8：2010 年 7 月 7 日,向彭园公司赊销扣件钢 8 吨,每吨 9 600 元(销售专用发票)。

借：1122(应收账款——彭园公司)　　　　　　　　　　　　　　90 417.60
　贷：6001(主营业务收入——扣件钢)　　　　　　　　　　　　　77 280.00
　　　22210105(应交税费——应交增值税——销项税额)　　　　　13 137.60

业务 9：2010 年 7 月 7 日,收到 7 月 5 日新康机械厂的货款 57 622.50 元(收款单)。

借：100201(银行存款——工行)　　　　　　　　　　　　　　　57 622.50
　贷：1122(应收账款——新康机械厂)　　　　　　　　　　　　　57 622.50

业务 10：2010 年 7 月 8 日,收到肯亚集团材料款 12 870 元(收款单)。

借：100203(银行存款——招行)　　　　　　　　　　　　　　　12 870
　贷：1122(应收账款——肯亚集团)　　　　　　　　　　　　　　12 870

业务 11：2010 年 7 月 8 日,向浦华公司赊销角钢 7 吨,每吨 9 450 元(销售专用发票)。

借：1122(应收账款——浦华公司)　　　　　　　　　　　　　　77 395.50
　贷：6001(主营业务收入——角钢)　　　　　　　　　　　　　　66 150.00
　　　22210105(应交税费——应交增值税——销项税额)　　　　　11 245.50

业务 12：2010 年 7 月 8 日,收到 7 月 6 日涞源公司货款 136 188 元(收款单)。

借：100201(银行存款——工行)　　　　　　　　　　　　　　　136 188
　贷：1122(应收账款——涞源公司)　　　　　　　　　　　　　　136 188

业务 13：2010 年 7 月 9 日,向单南公司赊销齿轮钢 9 吨,每吨 9 200 元(销售专用发票)。

借：1122(应收账款——单南公司)　　　　　　　　　　　　　　96 876
　贷：6001(主营业务收入——齿轮钢)　　　　　　　　　　　　　82 800
　　　22210105(应交税费——应交增值税——销项税额)　　　　　14 076

业务 14：2010 年 7 月 9 日,收到 7 月 7 日彭园公司货款 90 417.60 元(收款单)。

借：100201(银行存款——工行)　　　　　　　　　　　　　　　90 417.60
　贷：1122(应收账款——彭园公司)　　　　　　　　　　　　　　90 417.60

业务 15：2010 年 7 月 10 日收到巴氏集团货款 162 045 元(收款单)。

借：100203(银行存款——招行)　　　　　　　　　　　　　　　162 045
　贷：1122(应收账款——巴氏集团)　　　　　　　　　　　　　　162 045

业务 16：2010 年 7 月 10 日向彭园公司赊销齿轮钢 8 吨,每吨 9 200 元,轻轨产品 9

吨,每吨 8 800 元(销售专用发票)。

借:1122(应收账款——彭园公司)　　　　　　　　　　　178 776

　贷:6001(主营业务收入——齿轮钢)　　　　　　　　　　　　73 600

　　6001(主营业务收入——轻轨)　　　　　　　　　　　　　79 200

　　22210105(应交税费——应交增值税——销项税额)　　　　25 976

业务 17:2010 年 7 月 10 日,向新康机械厂赊销锚杆钢 16 吨,每吨 9 000 元(销售专用发票)。

借:1122(应收账款——新康机械厂)　　　　　　　　　　168 480

　贷:6001(主营业务收入——锚杆钢)　　　　　　　　　　　144 000

　　22210105(应交税费——应交增值税——销项税额)　　　　24 480

业务 18:2010 年 7 月 10 日,向高迪公司赊销锚杆钢 10 吨,每吨 9 000 元(销售专用发票)。

借:1122(应收账款——高迪公司)　　　　　　　　　　　105 300

　贷:6001(主营业务收入——锚杆钢)　　　　　　　　　　　90 000

　　22210105(应交税费——应交增值税——销项税额)　　　　15 300

业务 19:2010 年 7 月 10 日,收到 7 月 8 日浦华公司货款 77 395.50 元(收款单)。

借:100202(银行存款)　　　　　　　　　　　　　　　77 395.50

　贷:1122(应收账款——浦华公司)　　　　　　　　　　　77 395.50

业务 20:2010 年 7 月 11 日,向涞源公司赊销轻轨 14 吨,每吨 8 800 元(销售专用发票)。

借:1122(应收账款——涞源公司)　　　　　　　　　　　144 144

　贷:6001(主营业务收入——链条钢)　　　　　　　　　　　123 200

　　22210105(应交税费——应交增值税——销项税额)　　　　20 944

业务 21:2010 年 7 月 11 日,收到彭园公司货款 178 776 元(收款单)。

借:100201(银行存款——工行)　　　　　　　　　　　178 776

　贷:1122(应收账款——彭园公司)　　　　　　　　　　　178 776

业务 22:2010 年 7 月 11 日,收到单南公司货款 96 876 元(收款单)。

借:100202(银行存款)　　　　　　　　　　　　　　　96 876

　贷:1122(应收账款——单南公司)　　　　　　　　　　　96 876

业务 23:2010 年 7 月 12 日,向浦华公司赊销角钢 15 吨,每吨 9 450 元,扣件钢 9 吨,每吨 9 660 元(销售专用发票)。

借：1122(应收账款——浦华公司) 267 567.30

　　贷：6001(主营业务收入——角钢) 141 750.00

　　　　6001(主营业务收入——扣件钢) 86 940.00

　　　　22210105(应交税费——应交增值税——销项税额) 38 877.30

　　业务 24：2010 年 7 月 12 日,向高迪公司赊销链条钢 15 吨,每吨 9 700 元,弹条钢 10 吨,每吨 9 850 元(销售专用发票)。

借：1122(应收账款——高迪公司) 285 480

　　贷：6001(主营业务收入——链条钢) 145 500

　　　　6001(主营业务收入——弹条钢) 98 500

　　　　22210105(应交税费——应交增值税——销项税额) 41 480

　　业务 25：2010 年 7 月 12 日,向彭园公司赊销槽钢 11 吨,每吨 9 300 元(销售专用发票)。

借：1122(应收账款——彭园公司) 119 691

　　贷：6001(主营业务收入——槽钢) 102 300

　　　　22210105(应交税费——应交增值税——销项税额) 17 391

　　业务 26：2010 年 7 月 12 日,收到 7 月 10 日新康机械厂的货款 168 480 元(收款单)。

借：100201(银行存款——工行) 168 480

　　贷：1122(应收账款——新康机械厂) 168 480

　　业务 27：2010 年 7 月 12 日,收到 7 月 11 日涞源公司货款 144 144 元(收款单)。

借：100201(银行存款——工行) 144 144

　　贷：1122(应收账款——涞源公司) 144 144

　　业务 28：2010 年 7 月 12 日,收到 7 月 10 日高迪公司货款 105 300 元(收款单)。

借：100203(银行存款——招行) 105 300

　　贷：1122(应收账款——高迪公司) 105 300

　　业务 29：2010 年 7 月 13 日,收到浦华公司货款 267 567.30 元(收款单)。

借：100202(银行存款——建行) 267 567.30

　　贷：1122(应收账款——浦华公司) 267 567.30

　　业务 30：2010 年 7 月 15 日,向浦华公司赊销螺纹钢 13 吨,每吨 9 500 元(销售专用发票)。

借：1122(应收账款——浦华公司) 144 495

　　贷：6001(主营业务收入——螺纹钢) 123 500

　　　　22210105(应交税费——应交增值税——销项税额) 20 995

业务 31：2010 年 7 月 15 日,向新康机械厂赊销槽钢 30 吨,每吨 9 300 元(销售专用发票)。

借：1121(应收票据——新康机械厂)   326 430
 贷：6001(主营业务收入——槽钢)   279 000
  22210105(应交税费——应交增值税——销项税额)   47 430

业务 32：2010 年 7 月 17 日,向单南公司赊销弹条钢 17 吨,每吨 9 850 元(销售专用发票)。

借：1122(应收账款——单南公司)   195 916.50
 贷：6001(主营业务收入——弹条钢)   167 450.00
  22210105(应交税费——应交增值税——销项税额)   28 466.50

业务 33：2010 年 7 月 17 日,替单南公司代垫运输费 1 000 元(其他应收单)。

借：122102(其他应收款——应收其他单位款)   1 000
 贷：100202(银行存款——建行)   1 000

业务 34：2010 年 7 月 18 日,向巴氏集团赊销链条钢 11.5 吨,每吨 9 700 元(销售专用发票)。

借：1122(应收账款——巴氏集团)   130 513.50
 贷：6001(主营业务收入——链条钢)   111 550.00
  22210105(应交税费——应交增值税——销项税额)   18 963.50

业务 35：2010 年 7 月 18 日,收到高迪公司货款 285 480 元(收款单)。

借：100202(银行存款——建行)   285 480
 贷：1122(应收账款——高迪公司)   285 480

业务 36：2010 年 7 月 19 日,预收单南公司齿轮钢货款 15 000 元(收款单)。

借：100202(银行存款——建行)   15 000
 贷：2203(预收账款——单南公司)   15 000

业务 37：2010 年 7 月 20 日,向肯亚公司赊销轻轨 12.6 吨,每吨 8 800 元(销售专用发票)。

借：1122(应收账款——肯亚集团)   129 729.60
 贷：6001(主营业务收入——轻轨)   110 880.00
  22210105(应交税费——应交增值税——销项税额)   18 849.60

业务 38：2010 年 7 月 21 日,向高迪公司赊销螺纹钢 8.5 吨,每吨 9 500 元(销售专用发票)。

```
借：1122（应收账款——高迪公司）                                94 477.50
    贷：6001（主营业务收入——螺纹钢）                           80 750.00
        22210105（应交税费——应交增值税——销项税额）            13 727.50
```

业务 39：2010 年 7 月 23 日，向巴氏集团赊销角钢 8 吨，每吨 9 450 元（销售专用发票）。

```
借：1122（应收账款——巴氏集团）                                88 452
    贷：6001（主营业务收入——角钢）                             75 600
        22210105（应交税费——应交增值税——销项税额）            12 852
```

业务 40：2010 年 7 月 30 日，计提本月的坏账准备（计提坏账准备）。

```
借：670101（资产减值损失——坏账损失）                          10 244.26
    贷：1231（坏账准备）                                        10 244.26
```

业务 41：2010 年 7 月 30 日，高迪公司 4 月 30 日的货款发生坏账损失 15 000 元（坏账发生）。

```
借：1231（坏账准备）                                           15 000
    贷：1122（应收账款——高迪公司）                             15 000
```

业务 42：2010 年 7 月 30 日，浦华公司预收款 144 495 元冲销应收款（转账）。

```
借：2203（预收账款——浦华公司）                                144 495
    贷：1122（应收账款——浦华公司）                             144 495
```

业务 43：2010 年 7 月 30 日，肯亚集团预收款 12 870 元冲销应收款（转账）。

```
借：2203（预收账款——肯亚集团）                                12 870
    贷：1122（应收账款——肯亚集团）                             12 870
```

业务 44：2010 年 7 月 30 日，高迪公司应收款 105 300 元转入巴氏集团应收款（并账）。

```
借：1122（应收账款——巴氏集团）                                105 300
    贷：1122（应收账款——高迪公司）                             105 300
```

业务 45：2010 年 7 月 30 日，巴氏集团应收款 128 700 元冲减新元炼钢厂应付款（转账）。

```
借：2202（应付账款——新元炼钢厂）                              128 700
    贷：1122（应收账款——巴氏集团）                             128 700
```

4.5　应收款日常业务处理

日常业务处理主要是指经常性的应收业务处理工作，主要包括应收单据处理、收款单据处理款核销处理、票据处理、转账处理、坏账处理和制单处理等。

4.5.1 应收单据处理

应收单据处理工作包括应收单据录入和应收单据审核。

4.5.1.1 应收单据录入

应收单据包括销售发票和其他应收单,都是应收款日常核算的原始单据。4.4.2.4中标明是"其他应收单"的业务需要填制其他应收单,标明是"销售专用发票"的业务需要填制销售专用发票。

销售发票的填写与期初销售发票相同,具体参数说明如表4-3所示。其他应收单填写说明如表4-6所示。

表4-6 其他应收单参数说明

数 据 项	说 明
日期	业务发生日期
客户	根据客户档案选择
科目	受控于应收系统的科目,包括应收账款、预收账款、应收票据和应收其他单位款
表头金额	输入表头金额,自动带出表头金额
摘要	输入摘要内容,则生成凭证时,自动记入摘要栏
部门	根据部门档案选择
业务员	根据职员档案选择
方向	选择贷方
对应科目	根据业务选择

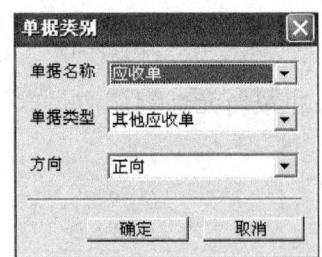

图4-20 应收单类别选择

【操作】 点击[应收款管理]下的[应收单处理],单击[应收单据录入],在弹出的如图4-20所示的窗口选择单据名称[应收单]、单据类型[其他应收单]和方向[正向],点击[确定]。系统打开一张空白应收单,选择客户[单南公司],科目[应收其他单位款],填写金额[1 000],选择部门[财务部],业务员[龙胜强],输入摘要[代垫单南公司运输款],点击表体部分第一行,选择方向[贷],选择科目[银行存款——建行],单击[保存],得到如图4-21所示的应收单。

4.5.1.2 应收单据审核

只有经过审核的应收单据才可以被系统确认有效,填制的应收单据都需进行审核。

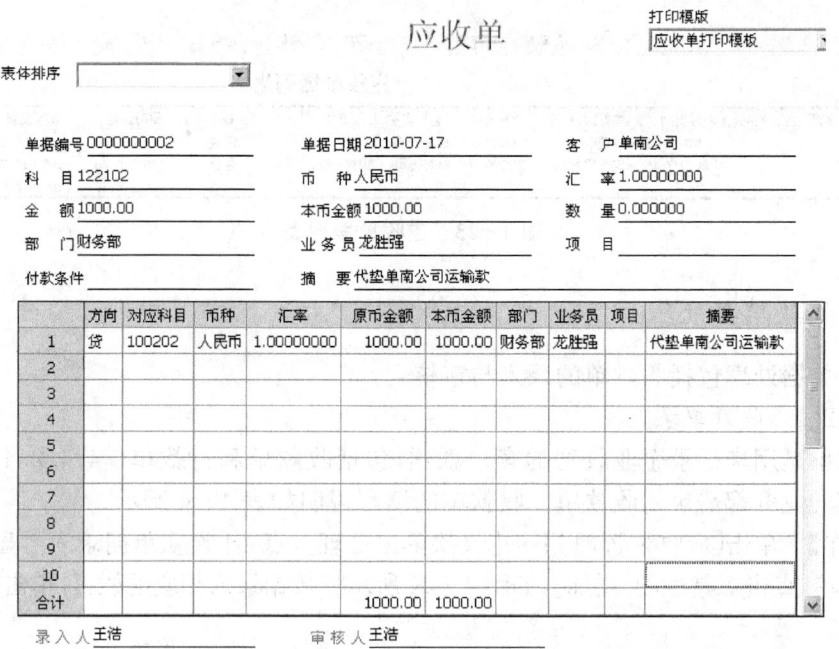

图 4 - 21　应收单

应收单填制保存后可以立即审核,也可以在应收单据审核中进行处理。以审核单南公司的应收单为例。

【操作】　点击[应收款管理]下的[应收单处理],单击[应收单据审核],在如图 4 - 22所示的窗口选择单据名称[应收单],客户[005—单南公司],点击[确认]。在如图 4 - 23所示的应收单据列表双击记录的选择栏,出现标志[Y],单击[审核]。

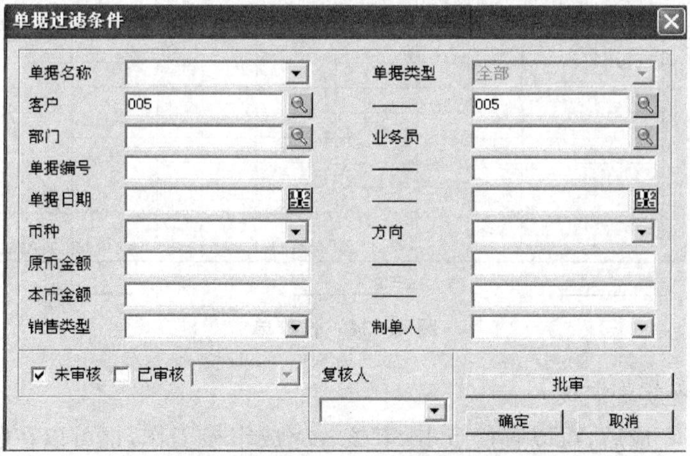

图 4 - 22　应收单审核查询界面

输出 审核 弃审 定位 单据 栏目

应收单据列表

选择	审核人	单据日期	单据类型	单据号	客户名称	部门	业务员	制单人	原币金额	本币金额
Y		2010-7-17	其他应收单	0000000002	单南公司			雷晨	1,000.00	1,000.00
Y		2010-7-18	采购专用发票	0000000007	单南公司	销售一部	邓娟	雷晨	195,916.50	195,916.50
合计									196,916.50	196,916.50

图 4－23　应收单据列表

4.5.2　收款单据处理

收款单据处理包括收款单的录入与审核。

4.5.2.1　收款单录入

收款单是用来记录企业收到的客户款项，包括收款单和付款单。4.4.2.4 中标明是"收款单"的业务都需录入收款单。收款单的填写说明如表 4－4 所示。

【操作】 单击[应收款管理]下的[收款单据处理]，点击[收款单据录入]，显示一张空白的收款单，点击工具栏的[增加]，如图 4－24 所示将数据录入相应的栏目，单击[保存]。

收款单

打印模版 应收收款单打印模板

表体排序

单据编号 0000000017　　日　期 2010-07-09　　客　户 彭园公司

结算方式 转账支票　　结算科目 100201　　币　种 人民币

汇　率 1.00000000　　金　额 90417.16　　本币金额 90417.16

客户银行 工行　　客户账号 622000181891971657б　　票据号 1234567016

部　门 财务部　　业务员 龙胜强　　项　目

摘　要 收到7-7彭园公司产品款

	款项类型	客户	部门	业务员	金额	本币金额	科目	项目	本币余额	余额
1	应收款	彭园公司	财务部	龙胜强	90417.16	90417.16	1122		90417.16	90417.16
2										
3										
4										
5										
6										
7										
8										
9										
合计					90417.16	90417.16			90417.16	90417.16

录入人 王浩　　审核人 王浩　　核销人

图 4－24　收款单

4.5.2.2　收款单审核

收款单录入完成后，可以直接点击[审核]，完成审核工作，也可以在收款单审核中完成。以审核涞源公司的收款单为例。

【操作】 单击［应收款管理］下的［收款单据处理］,点击［收款单据审核］,在如图 4-25 所示窗口选择客户［002—涞源公司］,点击［确认］。弹出如图 4-26 所示的结算单列表,双击［选择］栏,出现标志［Y］,单击［审核］。

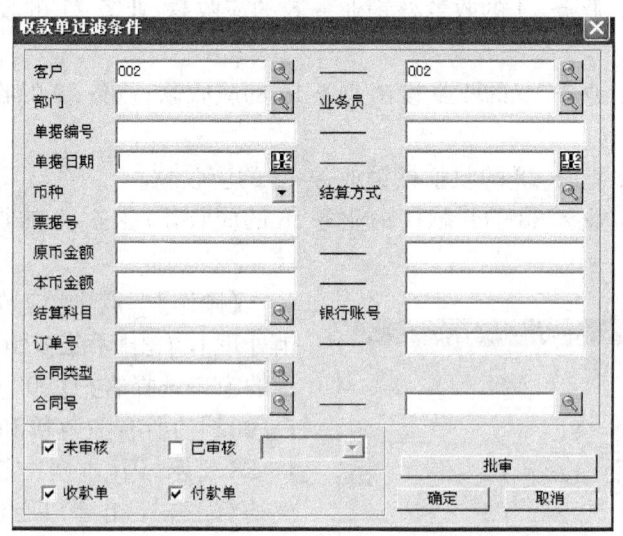

图 4-25　收款单审核查询界面

收付款单列表

选择	审核人	单据日期	单据类型	客户名称	部门	业务员	结算方式	原币金额	本币金额
Y		2010-7-8	收款单	涞源公司	财务部	龙胜强	现金支票	136,188.00	136,188.00
Y		2010-7-15	收款单	涞源公司	财务部	龙胜强	现金支票	28,080.00	28,080.00
合计								164,268.00	164,268.00

图 4-26　收付款单列表

4.5.3　核销处理

应收款核销是指收回客户款项后,核销客户应收款,可以采用"手工核销"和"自动核销"两种方式。审核后的应收单据和收款单据才能进行核销。

4.5.3.1　手工核销

手工核销一次只能对一个客户进行核销处理。4.4.2.4 中的业务,需要进行核销的分别有:

(1)新康机械厂:业务 1 的收款核销上月所欠货款;业务 9 的收款单核销业务 4 的应收款;业务 26 的收款核销业务 17 的应收款。

(2)涞源公司:业务 2 的收款核销上月所欠货款;业务 12 的收款核销业务 5 的应收

款;业务 27 的收款核销业务 20 的应收款。

（3）肯亚集团：业务 10 的收款核销业务 6 的应收款。

（4）巴氏集团：业务 15 的收款核销业务 7 的应收款。

（5）彭园公司：业务 14 的收款核销业务 8 的应收款;业务 21 的收款核销业务 16 的应收款。

（6）浦华公司：业务 19 的收款核销业务 11 的应收款;业务 29 的收款核销业务 23 的应收款。

（7）单南公司：业务 22 的收款核销业务 13 的应收款。

（8）高迪公司：业务 28 的收款核销业务 18 的应收款;业务 35 的收款核销业务 24 的应收款。

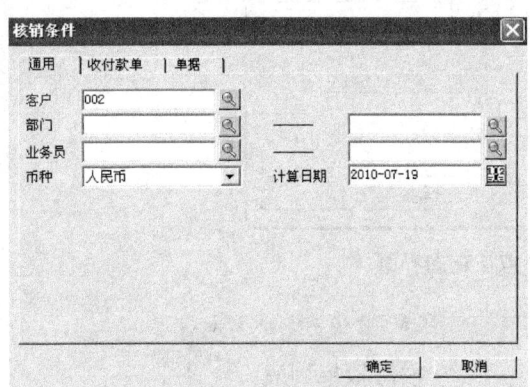

图 4-27 核销条件界面

【操作】 点击[应收款管理]下的[核销处理]，单击[手工核销]，在如图 4-27 所示的窗口选择客户[002]，点击[确定]。客户[002]的所有应收单和收款单列出，如图 4-28 所示，因[本次结算金额]合计与[本次结算]合计相等，只点击[保存]即可核销。注意：图 4-28 的上部分列示的是收款，下部分列示的是应收款。如果[本次结算金额]合计与[本次结算]合计不等，则可以双击记录对应的[本次结算金额]和[本次结算]栏，修改金额，进行部分核销。

单据日期	单据编号	客户	款项类型	结算方式	原币金额	原币余额	本次结算金额	订单号
2010-7-1	0000000005	涞源公司	应收款	转账支票	28,080.00	28,080.00	28,080.00	
2010-7-6	0000000015	涞源公司	应收款	转账支票	136,188.00	136,188.00	136,188.00	
2010-7-13	0000000016	涞源公司	应收款	转账支票	144,144.00	144,144.00	144,144.00	
合计					308,412.00	308,412.00	308,412.00	

单据日期	单据类型	单据编号	到期日	客户	原币金额	原币余额	本次折扣	本次结算
2010-6-30	销售专用发票	0000000004	2010-6-30	涞源公司	28,080.00	28,080.00	0.00	28,080.00
2010-7-6	销售专用发票	0000000013	2010-7-6	涞源公司	136,188.00	136,188.00	0.00	136,188.00
2010-7-11	销售专用发票	0000000014	2010-7-11	涞源公司	144,144.00	144,144.00	0.00	144,144.00
合计					308,412.00	308,412.00	0.00	308,412.00

图 4-28 单据核销界面

4.5.3.2 自动核销

自动核销可以对多个客户进行核销处理。核销完成后，提交自动核销报告，显示已核销的情况和未核销的原因。

【操作】　点击［应收款管理］下的［核销处理］，单击［自动核销］，在弹出的核销条件窗口输入过滤信息，单击［确定］。系统显示核销进度条，可以知道核销进程。最后显示如图 4 - 29 所示的本次核销结果。

单位编码	单位名称	核销金额
001	新康机械厂	261,102.52
002	涞源公司	308,412.00
003	彭园公司	388,884.16
004	浦华公司	417,947.32
005	单南公司	15,000.00
006	高迪公司	285,480.00
007	巴氏集团	162,045.00
008	肯亚集团	12,870.00

图 4 - 29　自动核销报告

4.5.4　票据处理

在票据管理界面中，既可查询票据登记情况，也可以进行票据增加操作。

4.5.4.1　票据查询

应收票据查询可以通过设置不同的查询条件进行查询。如要查询在 2010 年 7 月 16 日之前收到的巴氏集团的银行承兑汇票，其操作界面如图 4 - 30 所示。

【操作】　点击［应收款管理］下的［票据管理］，在如图 4 - 30 所示的窗口选择票据种类［银行承兑汇票］，输入承兑单位［巴氏集团］，输入收到日期［2010 - 07 - 16］，点击［确定］，显示如图 4 - 31 所示的符合条件的票据。

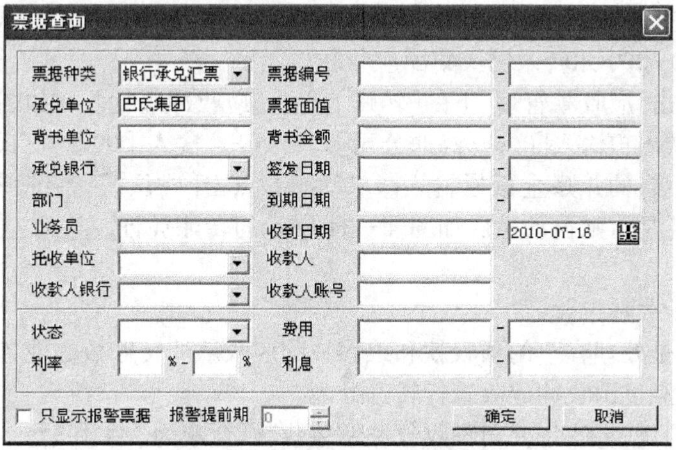

图 4 - 30　票据查询条件界面

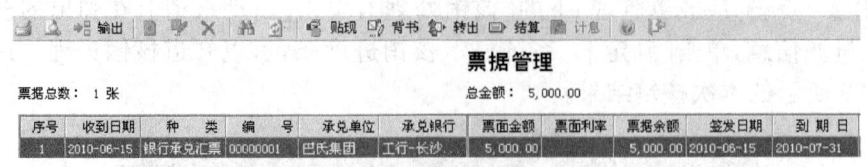

图 4 - 31　票据管理界面

4.5.4.2　票据增加

根据 4.4.2.4 业务 31,需新增一张商业承兑汇票,其签发日期为 2010 年 7 月 15 日,到期日为 2010 年 8 月 15 日。

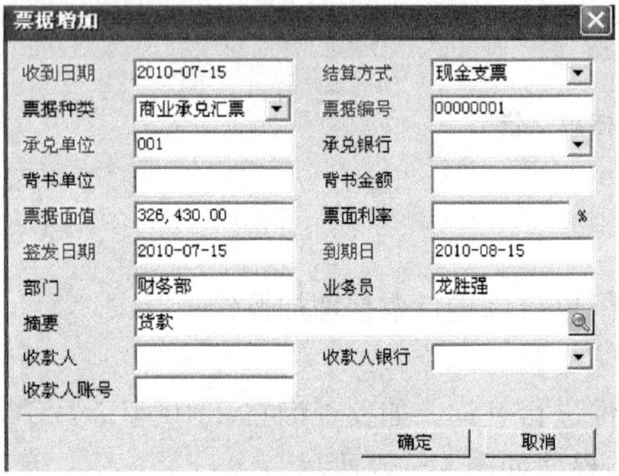

图 4 - 32　增加票据界面

【操作】　在如图 4 - 31 所示的界面单击工具栏的[增加],在如图 4 - 32 所示的窗口输入收到日期[2010 - 07 - 15],结算方式[现金支票],选择票据种类[商业承兑汇票],输入票据编号[00000001],承兑单位[新康机械厂],票据面值[326 430],签发日期[2010 - 07 - 15],到期日[2010 - 08 - 15],选择部门[财务部],业务员[龙胜强],填写摘要[货款],最后点击[确定]保存。

4.5.5　转账处理

转账类型包括应收冲应收、预收冲应收、应收冲应付和红票对冲。

4.5.5.1　应收冲应收

应收冲应收是将一家客户的应收款转入到另一家客户。根据 4.4.2.4 业务 44,将高迪公司应收款 105 300 元转入巴氏集团应收款。

【操作】　点击[应收款管理]下的[转账],点击[应收冲应收],在如图 4 - 33 所示的窗口勾选[货款],转出户输入[006—高迪公司],"转入户"输入 [007—巴氏集团],单击[过滤]。在第一行记录的并账金额栏输入[105 300],点击[确认]。系统弹出[是否立即制单]提示框,选择[是],则自动生成如图 4 - 34 所示的转账凭证。注意:并账金额应大于 0,小于等于余额。

4.5.5.2　预收冲应收

预收冲应收是处理客户的预收款和该客户的应收款的转账核销业务,4.4.2.4 中,业务 42 和 43 都要经过预收冲应收进行转账处理。

以业务 42 为例,将浦华公司预收款冲销应收款,金额为 144 495 元。

【操作】　单击[转账]下的[预收冲应收],在如图 4 - 35 所示的窗口点击预收款页签

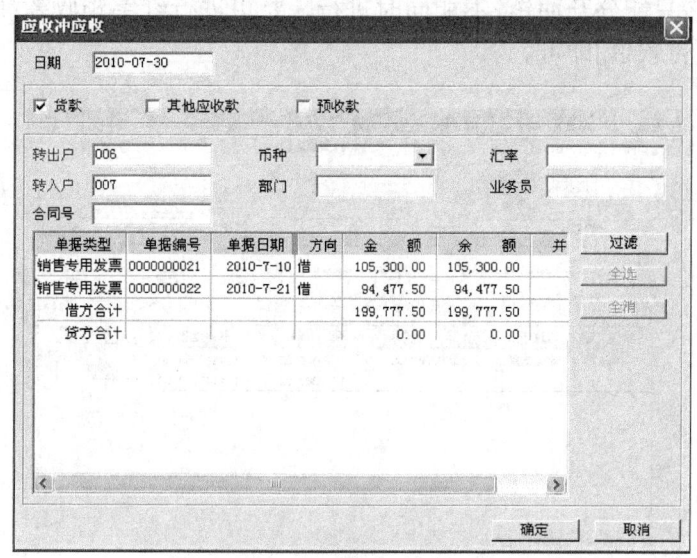

图 4 - 33　应收冲应收条件设置界面

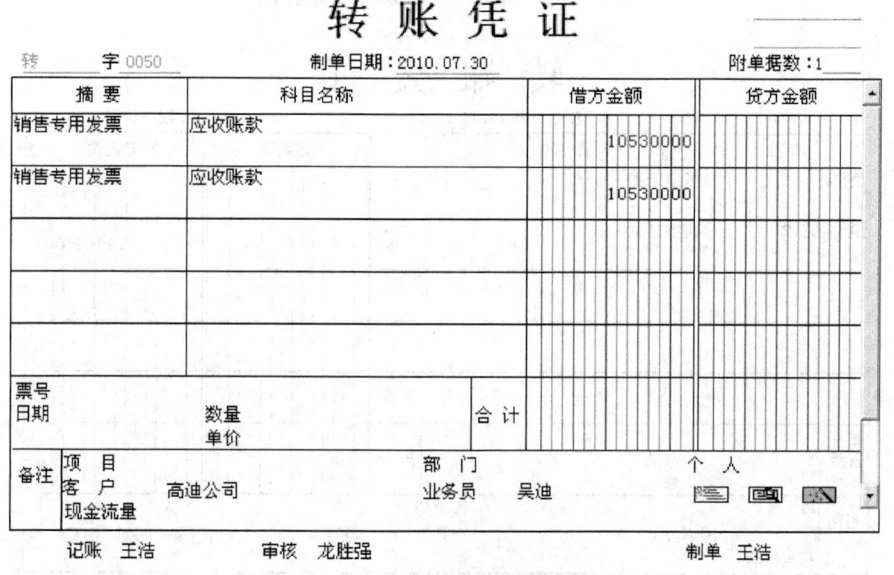

图 4 - 34　应收冲应收转账凭证

选择客户[004—浦华公司],单击[过滤],在转账金额栏输入[144 495]。点击应收款页签,进行同样操作,点击[确认]。系统弹出[是否立即制单]提示框,选择[是],则自动生成如图 4 - 36 所示的转账凭证。注意:应收款页签和预收款页签的转账金额应大于 0,小于等于余额,且转账金额合计也应相等。蓝字预收款冲销蓝字应收款,红字预收款冲销红字应收款,两者只能分开冲销,不能同时进行。要想进行红字预收款冲销红字应收款时,选择类型为[付款单]即可。

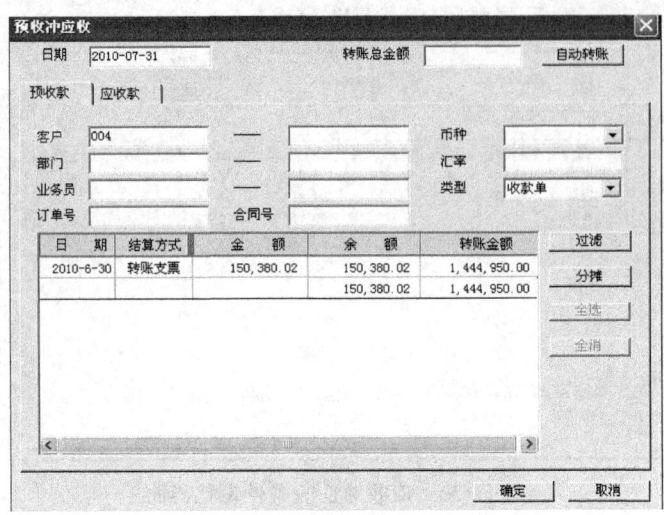

图 4-35　预收冲应收条件设置界面

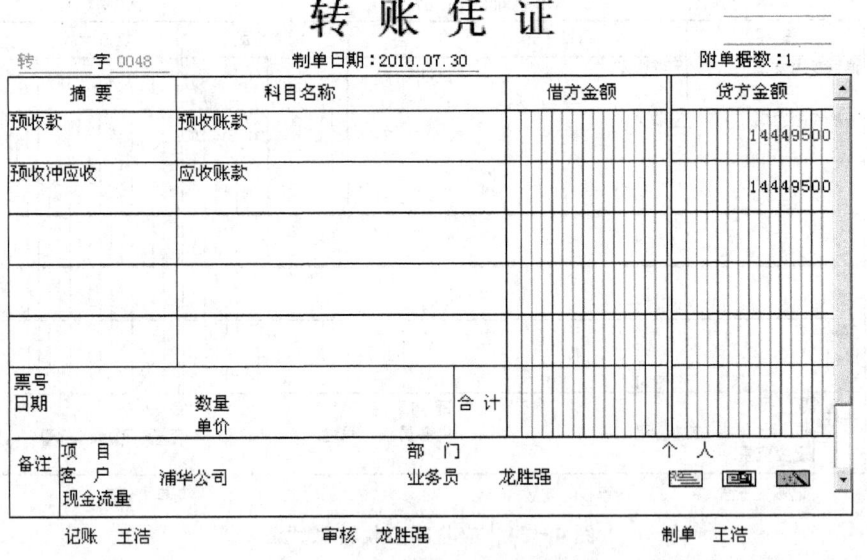

图 4-36　预收冲应收转账凭证

4.5.5.3　应收冲应付

应收冲应付是将指定客户的应收款冲抵指定供应商的应付款。根据 4.4.2.4 业务 45,将巴氏集团应收款冲销新元炼钢厂的应付款,金额为 128 700 元。

【操作】　点击[转账]下的[应收冲应付],在如图 4 - 37 所示的窗口选择[应收冲应付]。在应收页签选择客户[007—巴氏集团],单击[过滤],在第二行转账金额栏输入[128 700]。点击应付页签选择客户[001—新元炼钢厂],单击[过滤],在转账金额栏输入[128 700],点击[确认]。系统弹出[是否立即制单]提示框,选择[是],则自动生成如图 4 - 38 所示的转账凭证。

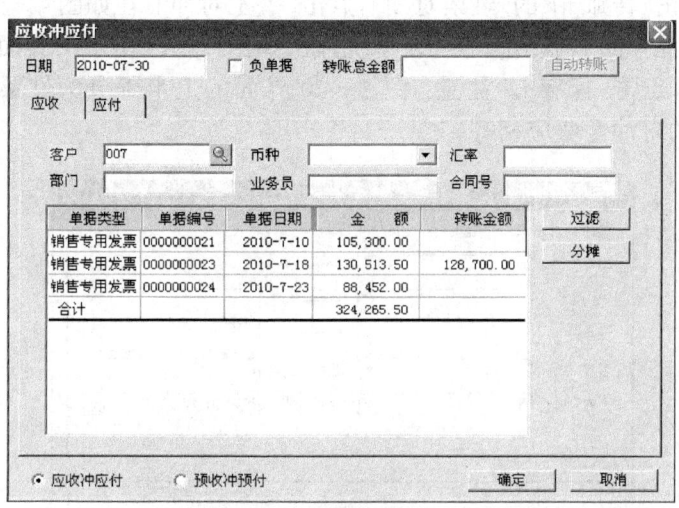

图 4 - 37　应收冲应付条件设置界面

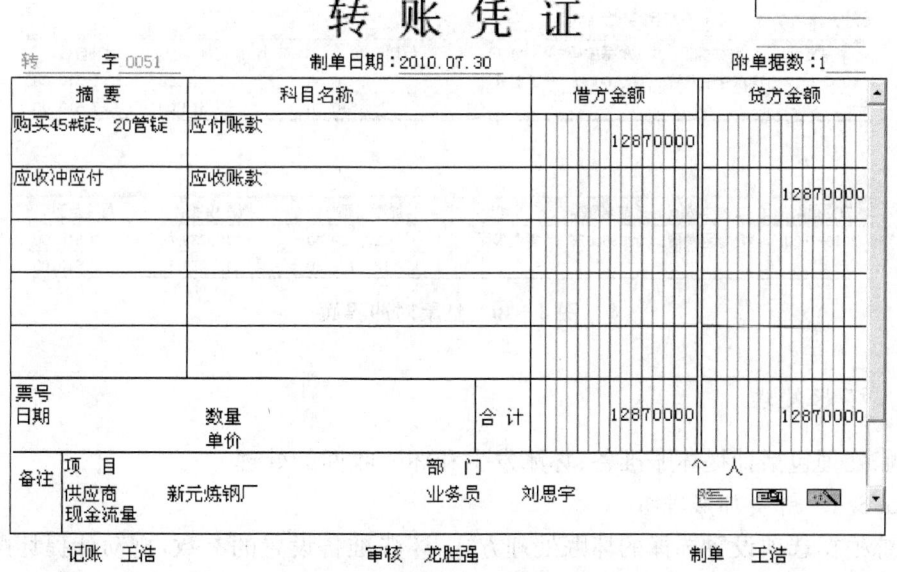

图 4 - 38　应收冲应付转账凭证

4.5.5.4 红票对冲

红票对冲可以实现某客户的红字应收单与其蓝字应收单、收款单与付款单冲抵的操作。因为在新世纪轧钢厂账套中未涉及红票对冲业务,为了说明其操作,所以假设 2010 年 7 月 22 日,对肯亚集团开出一张红字销售专用发票,金额为 3 510 元,然后将其进行红票对冲。

【操作】 点击[转账]下的[红票对冲],点击[手工对冲],在如图 4 - 39 所示的窗口选择客户[008—肯亚集团],点击[确定]。系统弹出如图 4 - 40 所示的界面,双击对冲金额栏,输入[3 510],点击[保存]。注意:图 4 - 40 界面的上半部分为红票,下半部分为蓝票,红票和蓝票的对冲金额应相等。

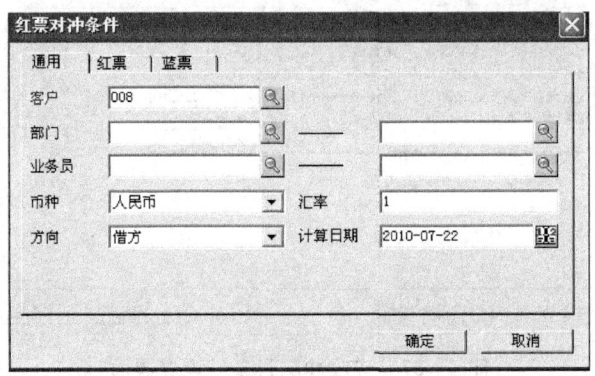

图 4 - 39　红票对冲条件设置界面

单据日期	单据类型	单据编号	客户	原币金额	原币余额	对冲金额
2010-7-22	销售专用发票	0000000028	肯亚集团	3,510.00	3,510.00	3,510.00
合计				3,510.00	3,510.00	3,510.00

单据日期	单据类型	单据编号	客户	原币金额	原币余额	对冲金额
2010-7-20	销售专用发票	0000000025	肯亚集团	129,729.60	116,859.60	3,510.00
合计				129,729.60	116,859.60	3,510.00

图 4 - 40　红票对冲界面

4.5.6　坏账处理

坏账处理包括计提坏账准备、坏账发生和坏账收回的处理。

4.5.6.1　计提坏账准备

系统根据选项设置选择的坏账处理方式,坏账准备设置的参数,自动计提坏账准备,并产生相应的凭证。坏账准备可以 1 年一次,也可以随时计提。

【操作】 点击[坏账处理]下的[计提坏账准备]，弹出如图 4 - 41 所示的界面。单击工具栏的[OK]，系统弹出[是否立即制单]提示框，选择[是]，自动生成如图 4 - 42 所示的转账凭证。

应收账款总额	计提比率	坏账准备	坏账准备余额	本次计提
1,087,506.02	1.000%	10,875.06	630.80	10,244.26

图 4 - 41 计提坏账准备界面

转 账 凭 证

转 字 0054		制单日期：2010.07.30		附单据数：1

摘 要	科目名称	借方金额	贷方金额
计提坏账	资产减值损失/坏账损失	1024426	
计提坏账	坏账准备		1024426
票号 日期	数量 单价	合计　1024426	1024426
备注	项 目　　　　　　部 门　　　　　　个 人		
	客 户　　　　　　业务员		
	现金流量		

记账 王洁　　　　　　审核 龙胜强　　　　　　制单 王洁

图 4 - 42 计提坏账准备转账凭证

4.5.6.2 坏账发生

坏账发生是指用户确定某些应收账款为坏账。根据 4.4.2.4 业务 41，确认高迪公司发生的坏账。

【操作】 点击 [坏账处理]下的[坏账发生]，在如图 4 - 43 所示的窗口选择客户[006—高迪公司]，点击[确定]。在如图 4 - 44 所示的窗口，双击第二条记录的本次发生坏账金额栏输入[15 000]，点击工具栏的[确定]，系统弹出[是否立即制单]提示框，选择[是]，自动生成如图 4 - 45 所示的转账凭证。

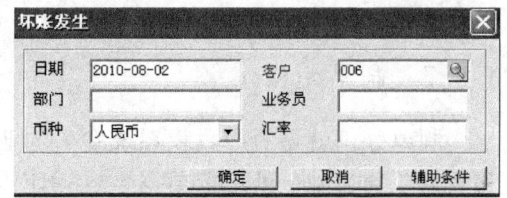

图 4 - 43 坏账发生过滤界面

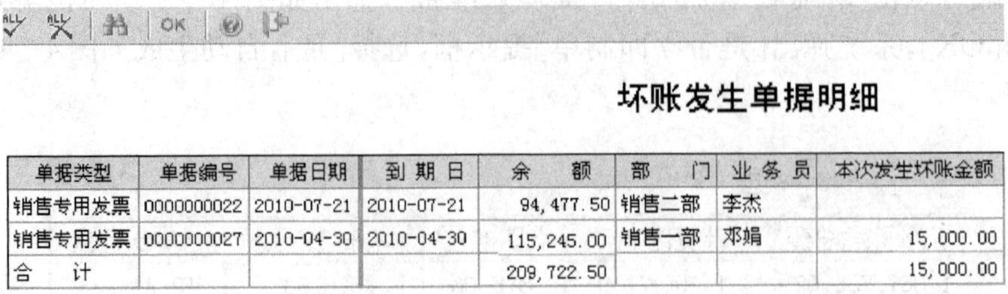

坏账发生单据明细

单据类型	单据编号	单据日期	到期日	余　额	部　门	业务员	本次发生坏账金额
销售专用发票	0000000022	2010-07-21	2010-07-21	94,477.50	销售二部	李杰	
销售专用发票	0000000027	2010-04-30	2010-04-30	115,245.00	销售一部	邓娟	15,000.00
合　计				209,722.50			15,000.00

图 4 - 44　坏账发生单据明细

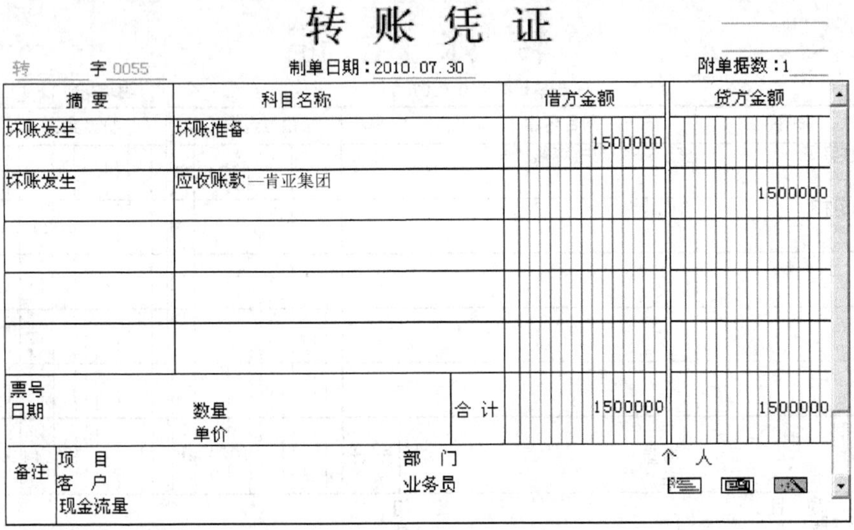

图 4 - 45　坏账发生转账凭证

4.5.6.3　坏账收回

坏账收回是指应收款已被确定为坏账后又被收回的业务处理。进行坏账收回处理的单据只能是期初坏账或已进行坏账损失处理的销售发票、其他应收单。

在做坏账收回处理前,收回坏账时,首先录入一张收款单,金额即为收回坏账的金额,不审核该收款单,则此收款单就是坏账收回中的结算单。

【操作】　点击［坏账处理］下的［坏账收回］,在弹出的窗口选择"客户"和"结算单",单击［确定］。

4.5.7　制单处理

制单处理就是对应收款系统发生的业务生成记账凭证的处理,即将已审核的应收单和收款单通过制单处理把单据生成凭证传入总账系统,并在总账系统中进行审核。在每笔业务审核后可以立即制单,在转账处理和坏账处理时,都采用"立即制单"方式。在此仅讲统一制单。

4.5.7.1　销售发票制单

4.4.2.4 中,标明是"销售专用发票"的业务都要通过发票制单生成凭证。

【操作】　点击[应收款管理]下的[制单处理],在如图 4 - 46 所示的窗口勾选[发票制单],选择客户[004—浦华公司],点击[确认]。在如图 4 - 47 所示的界面选择凭证类别[转账凭证],在选择标志栏中依次输入[1]、[2]、[3],单击工具栏的[制单],生成如图 4 - 48 所示的凭证,检查凭证无误后单击[保存]。

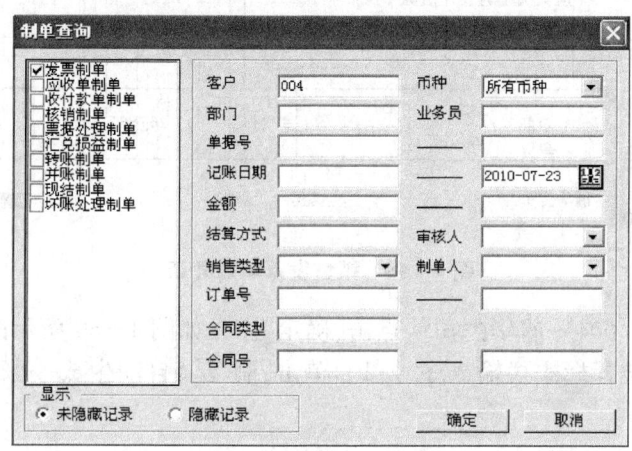

图 4 - 46　制单查询界面

销售发票制单

| 凭证类别 | | 转账凭证 | | | 制单日期 | | 2010-07-23 | |

选择标志	凭证类别	单据类型	单据号	日 期	客户名称	业务员	金 额
1	转账凭证	销售专用发票	0000000008	2010-7-11	普华公司	李杰	267,567.30
2	转账凭证	销售专用发票	0000000017	2010-7-8	普华公司	张星	77,395.50
3	转账凭证	销售专用发票	0000000018	2010-7-15	普华公司	张星	144,495.00

图 4 - 47　销售发票制单界面

自动生成凭证时,是根据应收款系统的基本设置规则生成。主营业务收入设置项目核算,图 4 - 48 凭证中之所以出现两个主营业务收入,是因为销售发票中销售的是两种产品,因而这两个主营业务收入的项目是不同产品的。按照图 4 - 47 的制单方式,将自动生成三张转账凭证。

4.5.7.2　收付款单制单

4.4.2.4 中,标明是"收款单"的业务都要通过收付款单制单生成凭证。

【操作】　点击[应收款管理]下的[制单处理],在如图 4 - 49 所示的窗口勾选[收付款

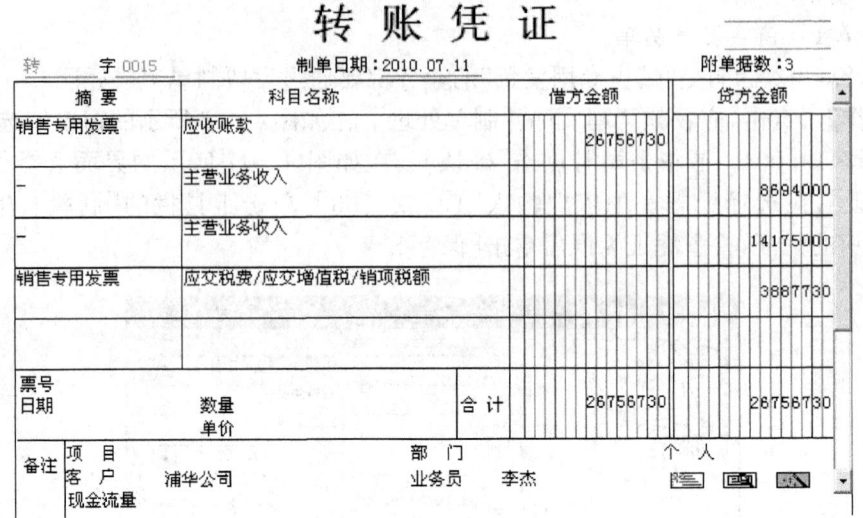

转 账 凭 证 _____

转　　字 0015　　　　　　制单日期：2010.07.11　　　　　　　　附单据数：3

摘　要	科目名称	借方金额	贷方金额
销售专用发票	应收账款	26756730	
—	主营业务收入		8694000
—	主营业务收入		14175000
销售专用发票	应交税费/应交增值税/销项税额		3887730
票号 日期	数量 单价	合　计　26756730	26756730
备注	项　目 客　户　浦华公司 现金流量	部　门 业务员 李杰	个　人

图 4-48　销售发票转账凭证

单制单]，选择客户[004—浦华公司]，点击[确定]。在如图4-50所示的界面选择凭证类型[收款凭证]，在选择标志栏输入序号[1]，单击[制单]，自动生成一张收款凭证，检查无误后单击[保存]。

制单查询

☑发票制单
☐应收单制单
☑收付款单制单
☐核销制单
☐票据处理制单
☐汇兑损益制单
☐转账制单
☐并账制单
☐现结制单
☐坏账处理制单

客户　[004]　　　　币种　[所有币种　▼]
部门　[　　]　　　业务员　[　　]
单据号　[　　]——[　　]
记账日期　[　　]——[2010-07-23]
金额　[　　]——[　　]
结算方式　[　　]　审核人　[　　▼]
销售类型　[　　▼]　制单人　[　　▼]
订单号　[　　]
合同类型　[　　]
合同号　[　　]

显示
● 未隐藏记录　○ 隐藏记录　　　[确定]　[取消]

图 4-49　制单查询界面

　　所有制单处理，都要通过图4-49窗口左边选择制单的票据。在4.4.2.4中，标明"其他应收单"的业务，勾选制单处理中的"应收单制单"生成凭证；标明"计提坏账准备"和"坏账发生"的业务，勾选"坏账处理制单"生成凭证；标明"转账"的业务，勾选"转账制单"生成凭证；标明"并账"的业务，勾选"并账制单"生成凭证。

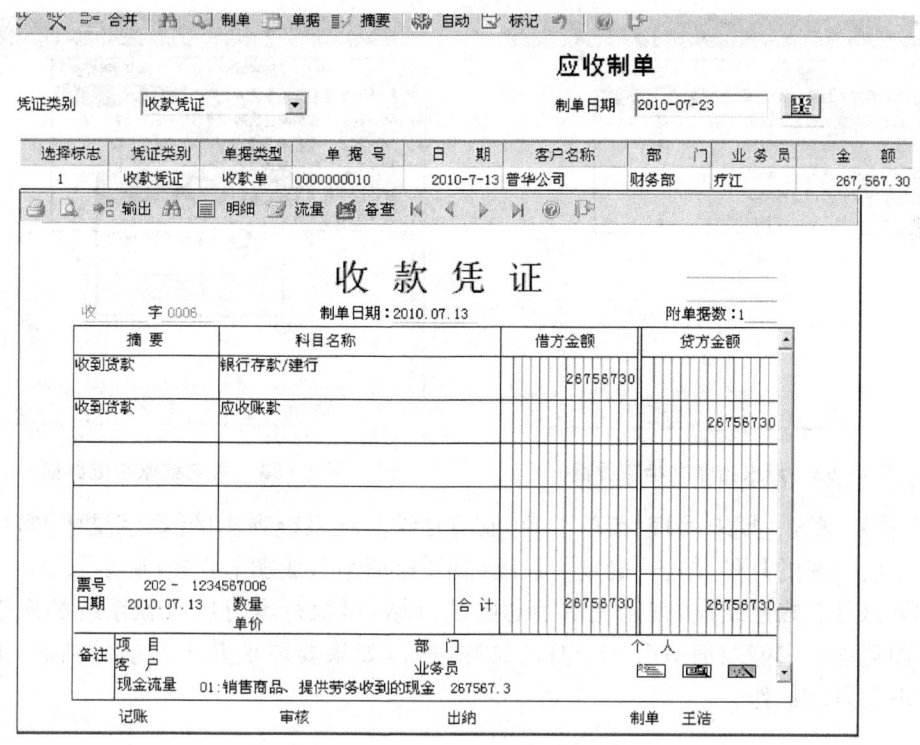

图 4 - 50　收款单制单界面

4.6　应收款期末处理

当本期所有操作完成之后，如对所有单据进行了审核、核销处理，相关单据已生成了凭证，同时与总账系统的数据资料已核对完毕，即可进行期末结账工作。期末结账处理完毕，系统进入下一个会计期间，该月不能再进行任何业务处理。

【操作】　点击 [期末处理] 下的 [月末结账]，在如图 4 - 51 所示的窗口双击七月对应的结账标志栏，显示标志 [Y]，单击 [下一步]，弹出如图 4 - 52 所示的界面，点击 [确认]，弹出如图 5 - 53 所示结账成功的提示框。

如发现已结账期间有问题，可通过取消结账功能恢复结账前的工作。

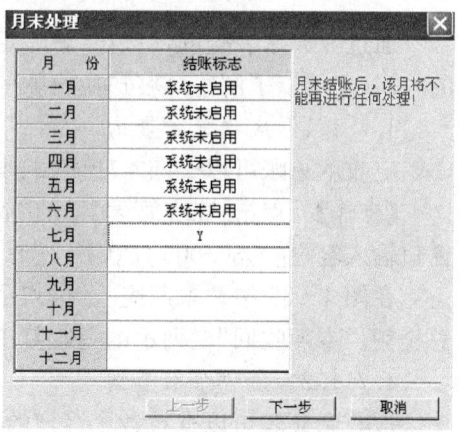

图 4 - 51　月末结账之选择月份界面

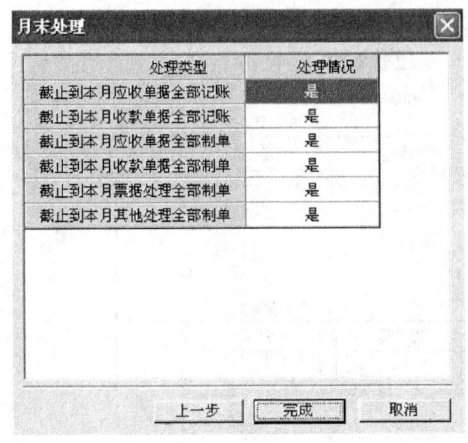 

图 4 - 52　月末结账之检查界面　　　　图 4 - 53　月末结账完成界面

【操作】　单击[期末处理]菜单下的[取消月结],在系统弹出的[取消结账]窗口选择最后一个已结账的月份,单击[确定],系统提示[取消结账成功],点击[确定]。

如果该月总账已结账,则需先取消总账的月结,再执行本月应收款系统的取消月结功能。而且每次只能取消最后一个月的结账,所以如果要取消几个月前的结账,则需多次执行取消月结操作。

4.7　账 表 管 理

应收款系统的账表包括业务账表、统计分析和科目账查询。

4.7.1　业务账表查询

通过业务账表查询,可以了解一定期间内应收款期初数、发生额和期末数,以及款项的收回,还可以了解每个客户应收款的明细情况。

4.7.1.1　应收总账查询

应收款总账可以查询本期应收、本期收回和余额的汇总数。

【操作】　点击[账表管理]下的[业务账表],点击[业务总账]。在如图 4 - 54 所示的窗口输入客户[003—005],单击[过滤],得到如图 4 - 55 所示的应收总账表。

在图 4 - 55 中,"本期应收"栏列示的是销售发票、应收单、其他应收单和并账单的汇总金额;"本期收回"栏列示的是收款单、预收单、退款单和坏账发生单的汇总金额。

4.7.1.2　应收余额查询

应收余额表可以查看各个客户的期初、本期应收、本期收回和余额的汇总数。

【操作】　单击[账表管理]下的[业务账表],单击[业务余额表],在应收余额表查询

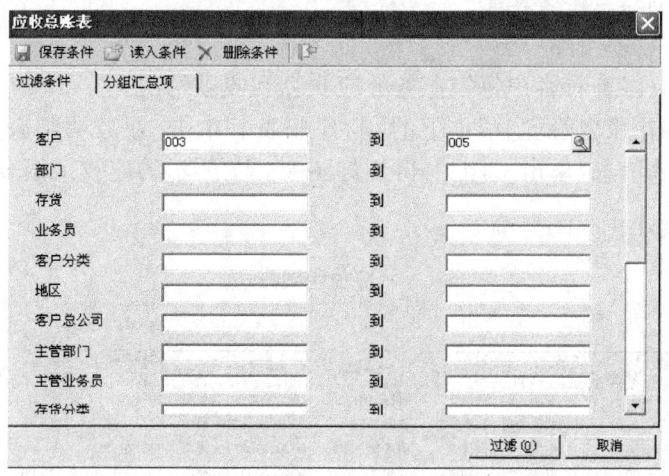

图 4 - 54　应收总账表查询条件设置界面

应收总账表

期间	本期应收 本币	本期收回 本币	余额 本币	月回收率%	年回收率%
期初余额			-150,380.02		
7	1,172,134.90	671,451.46	350,303.42	57.28	57.28
合　计	1,172,134.90	671,451.46	350,303.42		

图 4 - 55　应收总账表

窗口输入过滤信息,单击[过滤],得到如图 4 - 56 所示的应收余额表。

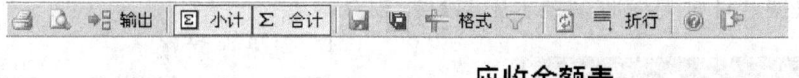

应收余额表

客户 编码	名称	期初 本币	本期应收 本币	本期收回 本币	余额 本币	周转率 本币	周转天数 本币
003	彭园公司		388,884.60	388,884.16	0.44	1,767,657.27	
004	浦华公司	-150,380.02	489,457.80	267,567.30	71,510.48	-12.41	-2.42
005	单南公司		293,792.50	15,000.00	278,792.50	2.11	14.22
合　计		-150,380.02	1,172,134.90	671,451.46	350,303.42		

图 4 - 56　应收余额表

与应收总账表相比,应收余额表将每个客户的数据都汇总列示了,但是"客户"栏每栏数据的汇总数仍与总账表相等。

4.7.1.3 应收款明细查询

应收明细账可以查看客户每笔业务的应收款和收款情况。

【操作】 单击[账表管理]菜单下的[业务账表],单击[业务明细表],在应收明细表查询窗口输入过滤信息,单击[过滤],得到如图4-57所示的应收余额表。

| 输出 | 小计 | Σ 合计 | | 格式 | 折行 | | | 金额式 |

应收明细账

币种:　全部
期间:　7　－　7

年		凭证号	客户		摘要	单据类型	单据号	币种	本期应收	本期收回	余额
月	日		编码	名称					本币	本币	本币
07	07	转-0028	003	彭园公司	销售专…	销售专用发票	0000000015	人民币	90,417.60		90,417.60
07	09	收-0018	003	彭园公司	收到7-7…	收款单	0000000017	人民币		90,417.16	0.44
07	10	转-0013	003	彭园公司	销售专…	销售专用发票	0000000007	人民币	178,776.00		178,776.44
07	11	收-0005	003	彭园公司	收到货款	收款单	0000000009	人民币		178,776.00	0.44
07	12	转-0029	003	彭园公司	销售专…	销售专用发票	0000000016	人民币	119,691.00		119,691.44
07	14	收-0019	003	彭园公司	收到7-1…	收款单	0000000018	人民币		119,691.00	0.44
			(003)小计						388,884.60	388,884.16	0.44
			004	浦华公司	期初余额						-150,380.02
07	08	转-0030	004	浦华公司	销售专…	销售专用发票	0000000017	人民币	77,395.50		-72,984.52
07	11	转-0015	004	浦华公司	销售专…	销售专用发票	0000000008	人民币	267,567.30		194,582.78
07	13	收-0006	004	浦华公司	收到货款	收款单	0000000010	人民币		267,567.30	-72,984.52
07	15	转-0031	004	浦华公司	销售专…	销售专用发票	0000000018	人民币	144,495.00		71,510.48
			(004)小计						489,457.80	267,567.30	71,510.48
07	09	转-0032	005	单南公司	销售专…	销售专用发票	0000000019	人民币	96,876.00		96,876.00
07	17	转-0033	005	单南公司	销售专…	销售专用发票	0000000020	人民币	195,916.50		292,792.50
07	17	付-0028	005	单南公司	代垫单…	其他应收单	0000000002	人民币	1,000.00		293,792.50
07	19	收-0013	005	单南公司	收到单…	收款单	0000000012	人民币		15,000.00	278,792.50
			(005)小计						293,792.50	15,000.00	278,792.50
…	…								1,172,1…	671,451.46	350,303.42

图4-57　应收明细账

与应收余额表相比,应收明细账将每个客户发生的应收款业务都详细列示,但是每个客户的数据合计都与应收余额表中的数据相等。

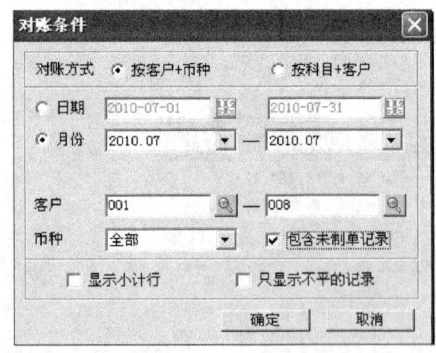

图4-58　对账条件设置界面

4.7.1.4 与总账对账

应收款系统与总账系统对账,主要是检查两个系统中的往来账是否相等,如果不相等,可以查看原因。

【操作】 点击[账表管理]菜单下的[业务账表],点击[与总账对账],在如图4-58所示的窗口选择对账方式[按客户＋币种],月份[2010.07]和客户[001]—[008],勾选[包含未制单记录],显示如图4-59所示的与总账对账结果。

图4-58中,分别列示了应收系统和总账系统

与总账对账结果

客户		应收系统				总账系统				差额(应收-总账)			
编号	名称	期初本币	借方本币	贷方本币	期末本币	期初本币	借方本币	贷方本币	期末本币	期初本币	借方本币	贷方本币	期末本币
001	新康机械厂	35,000.02	883,962.50	587,532.52	331,430.00	35,000.02	883,962.50	587,532.52	331,430.00				
002	深渡公司	28,080.00	280,332.00	308,412.00		28,080.00	280,332.00	308,412.00					
003	影圈公司		388,884.60	388,884.16	0.44		388,884.60	388,884.16	0.44				
004	浦华公司	-150,380.02	489,457.80	267,567.30	71,510.48	-150,380.02	489,457.80	267,567.30	71,510.48				
005	阜商公司		293,792.50	15,000.00	278,792.50		293,792.50	15,000.00	278,792.50				
006	高迪公司	115,245.00	379,957.50	300,480.00	194,722.50	115,245.00	379,957.50	300,480.00	194,722.50				
007	巴氏集团	5,000.00	486,310.50	290,745.00	200,565.50	5,000.00	486,310.50	290,745.00	200,565.50				
008	昔里集团	-14,000.00	142,599.60	12,870.00	115,729.60	-14,000.00	142,599.60	12,870.00	115,729.60				
	合计	18,945.00	3,345,297.00	2,171,490.98	1,192,751.02	18,945.00	3,345,297.00	2,171,490.98	1,192,751.02				

图 4 - 59　应收与总账对账结果

各个客户的期初数、借贷方数和期末数,在“差额(应收—总账)”栏中,分别显示期初、借贷方和期末对账是否平衡。若差额均为零,则对账平衡,若差额不为零,则对账不平,此时,双击此行记录,系统显示对应此行记录的对账不平明细记录表。至此,新世纪轧钢厂7月份的客户往来业务全部处理完毕,并完成与总账的对账,差额为零说明账务处理准确无误。

4.7.2　科目账查询

科目账表查询可以查看科目余额表和科目明细账。

【操作】 单击[账表管理]菜单下的[科目账查询],点击[科目余额表]。在如图 4 -60 所示的窗口设置查询条件,点击[确定],显示如图 4 - 61 所示的[科目余额表],再点击工具栏的[明细],显示如图 4 - 62 所示的[科目明细账]。

如图 4 - 61 所示的科目余额表显示的科目均是应收系统受控的科目,而且每个科目都根据客户进行了数据汇总,而如图 4 - 62

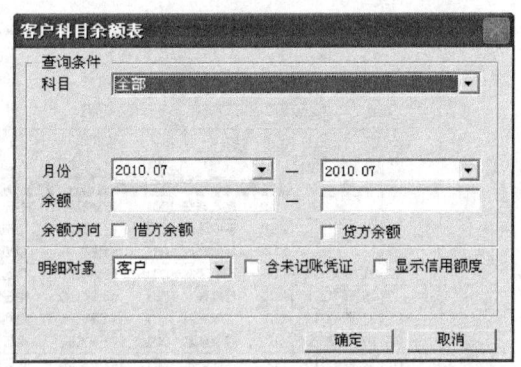

图 4 - 60　客户往来科目余额表查询界面

所示的科目明细账是将每个科目下客户的每笔业务数据列示出来。

4.7.3　客户往来辅助账

所有应收款管理系统的账表不仅能在应收款系统查看,而且都能在总账系统中进行查询。在总账账表菜单下,客户往来辅助账提供应收款的查询。

总账账表中的客户科目余额表与应收款系统的科目余额表相同,不再赘述,只介绍客户余额表和客户明细账。

科目余额表

科目 全部

科目编码	名称	客户编号	名称	方向	期初余额 本币	借方 本币	贷方 本币	方向	期末余额 本币
1121	应收票据	001	新康机械厂	平		326,430.00		借	326,430.00
1121	应收票据	007	巴氏集团	借	5,000.00			借	5,000.00
1122	应收账款	001	新康机械厂	借	35,000.02	552,532.50	587,532.52	平	
1122	应收账款	002	涞源公司	借	28,080.00	280,332.00	308,412.00	平	
1122	应收账款	003	彭园公司	平		388,884.60	388,884.16	借	0.44
1122	应收账款	004	浦华公司	平		489,457.80	412,062.30	借	77,395.50
1122	应收账款	005	单南公司	平		292,792.50		借	292,792.50
1122	应收账款	006	高迪公司	借	115,245.00	379,957.50	300,480.00	借	194,722.50
1122	应收账款	007	巴氏集团	平		486,310.50	290,745.00	借	195,565.50
1122	应收账款	008	肯亚集团	平		142,599.60	25,740.00	借	116,859.60
122102	应收其他单位款	001	新康机械厂	平		5,000.00		借	5,000.00
122102	应收其他单位款	005	单南公司	平		1,000.00		借	1,000.00
2203	预收账款	004	浦华公司	贷	150,380.02		-144,495.00	贷	5,885.02
2203	预收账款	005	单南公司	平			15,000.00	贷	15,000.00
2203	预收账款	008	肯亚集团	贷	14,000.00		-12,870.00	贷	1,130.00
合计:				借	18,945.00	3,345,297.00	2,171,490.98	借	1,192,751.02

图 4-61 科目余额表

科目明细账

科目 全部

月	日	凭证号	科目编号	名称	客户编号	名称	摘要	借方 本币	贷方 本币	方向	余额 本币
07	31	转-0112	1121	应收票据	001	新康机械厂	应收货款_1_0000001_2010.07.	326,430.00		借	326,430.00
			1121	应收票据	001	新康机械厂	小计	326,430.00		借	326,430.00
			1121	应收票据	007	巴氏集团	期初余额			借	5,000.00
			1122	应收账款	001	新康机械厂	期初余额			借	35,000.02
07	01	收-0001	1122	应收账款	001	新康机械厂	收款上月的产品款_龙胜强		35,000.02	平	
07	05	转-0024	1122	应收账款	001	新康机械厂	销售专用发票_邓娟	57,622.50		借	57,622.50
07	07	收-0014	1122	应收账款	001	新康机械厂	收到7-5新康机械厂的产品款_龙		57,622.50	平	
07	10	转-0025	1122	应收账款	001	新康机械厂	销售专用发票_邓娟	168,480.00		借	168,480.00
07	12	收-0015	1122	应收账款	001	新康机械厂	收款单_龙胜强		168,480.00	平	
07	15	转-0017	1122	应收账款	001	新康机械厂	销售专用发票_吴迪	326,430.00		借	326,430.00
07	31	转-0099	1122	应收账款	001	新康机械厂	收到上月的产品款_202_2010.06		35,000.02	借	291,429.98
07	31	转-0099	1122	应收账款	001	新康机械厂	收到上月的产品款_202_2010.07		-35,000.02	借	326,430.00
07	31	转-0100	1122	应收账款	001	新康机械厂	收到7-5新康机械厂的产品款_202		57,622.50	借	268,807.50
07	31	转-0100	1122	应收账款	001	新康机械厂	收到7-5新康机械厂的产品款_202		-57,622.50	借	326,430.00
07	31	转-0101	1122	应收账款	001	新康机械厂	核销_202_2010.07.10_邓娟		168,480.00	借	157,950.00
07	31	转-0101	1122	应收账款	001	新康机械厂	核销_202_2010.07.12_龙胜强		-168,480.00	借	326,430.00
07	31	转-0112	1122	应收账款	001	新康机械厂	应收货款		326,430.00	平	
			1122	应收账款	001	新康机械厂	小计	552,532.50	587,532.52	借	
			1122	应收账款	002	涞源公司	期初余额			借	28,080.00
07	01	收-0002	1122	应收账款	002	涞源公司	收款上月的产品款_龙胜强		28,080.00	平	
07	06	转-0026	1122	应收账款	002	涞源公司	销售专用发票_吴迪	136,188.00		借	136,188.00
07	08	收-0016	1122	应收账款	002	涞源公司	收款单_龙胜强		136,188.00	平	
07	11	转-0027	1122	应收账款	002	涞源公司	销售专用发票_吴迪	144,144.00		借	144,144.00

图 4-62 科目明细账

4.7.3.1　客户往来余额表

客户余额表反映的是某个客户应收票据、应收账款、应收其他单位款和预收账款等所有受控于应收系统科目的发生额和余额,并统计该客户各应收科目的汇总数。

【操作】　进入总账系统,点击[账表]菜单下的[客户往来辅助账],单击[客户余额表],在如图 4 – 63 所示的窗口选择客户[新康机械厂],月份[2010.07],勾选[包含未记账凭证],单击[确定],显示如图 4 – 64 所示的客户余额表。

图 4 – 63　客户余额表查询界面

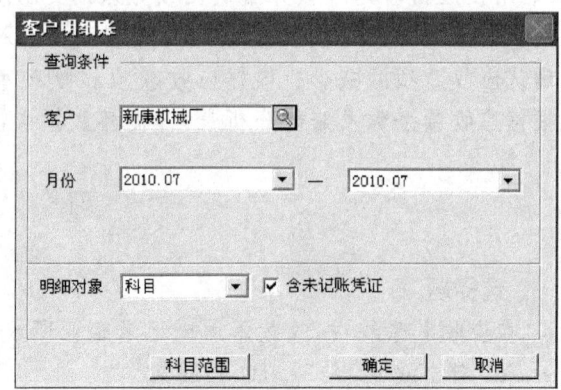

客户余额表

客户　| 001　新康机械厂

| 客户 | | 科目 | | 方向 | 期初余额 | 借方 | 贷方 | 方向 | 期末余额 |
编码	名称	编号	名称		本币	本币	本币		本币
001	新康机械厂	1121	应收票据	平		326,430.00		借	326,430.00
001	新康机械厂	1122	应收账款	借	35,000.02	552,532.50	587,532.52	平	
001	新康机械厂	122102	应收其他单位款	平		5,000.00		借	5,000.00
合计：				借	35,000.02	883,962.50	587,532.52	借	331,430.00

图 4 – 64　客户余额表

4.7.3.2　客户往来明细账

客户明细账反映的是某个客户所有受控于应收款系统的科目的明细账情况。客户明细账是客户余额表的详细记录。

【操作】　进入总账系统,点击[账表]菜单下的[客户往来辅助账],单击[客户明细账],在如图 4 – 65 所示的窗口选择客户[新康机械厂],月份[2010.07],勾选[包含未记账凭证],单击[确定],显示如图 4 – 66 所示的客户明细账。

以上查询的账表数据,在总账系统同样可以查到,因为这些凭证都是应收系统生成传递到总账系统的,所以两个系统的数据是源于一个凭证库。

图 4 – 65　客户明细账查询界面

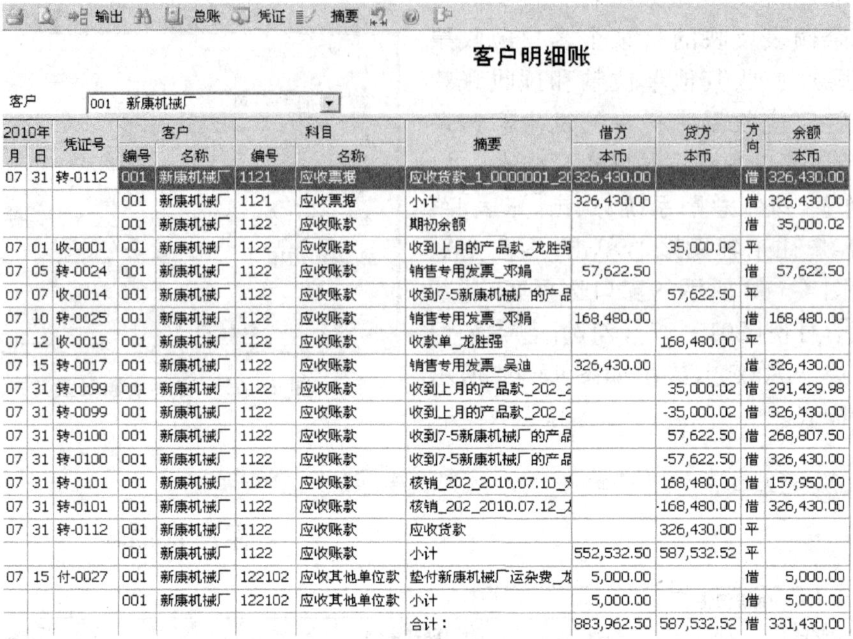

图 4-66 客户明细账

本章重点精炼

应收账款子系统是连接销售系统和总账系统的纽带,它接收销售形成的应收款业务(启用供应链时),审核并编制应收账款的记账凭证,将凭证传递到总账系统,实现收入的确认。当收回应收款项时,办理收款事项,输入收款单,编制收款凭证传递给总账系统,确认应收款项的减少。根据应收款项和收款事项进行核销处理,及时更新应收款余额。根据应收款余额及账龄分析表,计提坏账损失,同时负责坏账收回和确认的处理。

习　　题

一、选择题

1. 在应收款系统中,收款单用来记录企业所收到的客户款项,款项性质包括(　　)等。

　　A. 应收款　　　　　　B. 应付款　　　　　　C. 预收款　　　　　　D. 预付款

2. 在应收款系统中,用来记录发生销售退货时,企业开具的退付给客户款项的单据是(　　)。

　　A. 应收单　　　　　　B. 付款单　　　　　　C. 收款单　　　　　　D. 应付单

3. 应收系统日常业务处理包括(　　)。

    A. 应收单据处理　　　　　　　　　B. 收款单据处理

    C. 核销处理　　　　　　　　　　　D. 票据管理

4. 应收系统的转账处理包括(　　)。

    A. 应收冲应收　　　　　　　　　　B. 应收冲应付

    C. 预收冲应收　　　　　　　　　　D. 预付冲应付

5. 在应收款管理系统的预收冲应收转账处理功能中,以下说法中,正确的是(　　)。

    A. 红字预收款不能与红字应收单进行冲销

    B. 每一笔应收款的转账金额不能大于其余额

    C. 每一笔应收款的转账金额应大于其余额

    D. 应收款的转账金额合计应该等于应付款的转账金额合计

6. 进行预收冲应收转账处理时,要想进行红字预收款冲销红字应收款时,选择的类型为(　　)。

    A. 付款单　　　　　　　　　　　　B. 收款单

    C. 其他应收单　　　　　　　　　　D. 销售发票

7. 在应收款系统中,做过之后就不能修改坏账准备数据,只允许查询的操作是(　　)。

    A. 录入期初余额　　　　　　　　　B. 坏账计提

    C. 坏账收回　　　　　　　　　　　D. 坏账发生

8. 要对已经生成凭证的销售发票进行修改,正确的操作是(　　)。

    A. 在总账系统中删除该凭证,然后在应收系统对销售发票弃审,最后修改销售发票

    B. 在应收系统中删除该凭证,然后对销售发票弃审,最后修改销售发票

    C. 直接在应收单据录入中进行修改

    D. 对销售发票弃审后,修改销售发票

二、判断题

1. 手工核销和自动核销都能一次对多个客户进行核销。　　　　　　　　　　　(　　)

2. 往来账的核销是通过找到收款单与单据之间的对应关系,标明核销金额来处理的。

    (　　)

3. 在应收款系统中,如果发票同时存在红蓝记录,则核销时应先进行单据的内部对冲。

    (　　)

4. 对应收单据和收款单据进行核销时,在核销时可以使用预付款。　　　　　　(　　)

5. 当收款单的数额大于单据数额时,收款单的数额部分核销以前的单据,其余部分退回。

    (　　)

6. 应收款系统与销售系统集成使用时,销售发票可以在销售系统录入,也可以在应收款系统录入。　　　　　　　　　　　　　　　　　　　　　　　　　　　　　(　　)

7. 应收系统中已记账的凭证可以直接删除。　　　　　　　　　　　（　　）

三、简答题

1. 应收款系统和销售系统同时启用时,两者如何关联?
2. 应收款系统提供了哪两种核算模型? 两者有何区别?
3. 应收款系统如何与总账系统关联?
4. 应收转账有哪几种方式?
5. 生成凭证有哪几种方式?

第 5 章　应付款管理系统

5.1　应付款管理业务概述

应付款是指企业因购买材料、商品或接受劳务等而应付给供应单位的款项以及发生其他应付暂收款项。应付款包括应付账款、应付票据、其他应付款。

5.1.1　应付账款的管理

应付账款是指企业因购买材料、商品或接受劳务供应等而应付给供应单位的款项。这笔款项在未支付前构成企业的一项负债,是买卖双方在购销活动中由于取得物资与支付货款在时间上不一致而产生的。值得注意的是,企业应付各种赔款、应付存入保证金等,应在"其他应付款"科目中核算。

5.1.1.1　应付账款的入账时间

应付账款一般应在与所购买物资所有权相关的主要风险和报酬已经转移,或者所购买的劳务已经接受时确认,在实际工作中,应区别情况处理:在货物和发票账单同时到达的情况下,一般在货物验收入库后,再根据发票账单登记入账,确认应付账款。在货物验收入库,发票账单未到的情况下,应付账款可暂不入账,月份内等待,待收到发票账单后根据情况处理;至月份终了,仍未收到发票账单的,为了反映企业的负债情况,需要将货物和相关的应付账款暂估入账,待下月初再用红字冲回。

5.1.1.2　应付账款的计量

应付账款一般在较短的期限内偿付,所以按应付金额入账,即应付账款一般应按发票账单金额入账,而不按到期应付金额的现值入账。如果购入的货物在形成应付账款时带有现金折扣的,应付账款的入账金额为发票上的金额,即不扣除现金折扣。获得现金折扣时,作为一项理财收益,冲减财务费用。

5.1.1.3　应付账款核算的科目设置

在会计核算上应设置"应付账款"科目,用来核算企业因购买材料、商品和接受劳务供应等而应付给供应单位的款项。本科目属于负债类科目。其贷方登记企业购买材料、商品等而发生的应付款项,借方登记企业已付的各项应付款项,期末贷方余额反映企业尚未支付的应付账款。本科目应按供应单位设置明细账,进行明细核算。

5.1.1.4 应付账款的核算

1)发生应付账款的核算

购买材料、商品等已验收入库,但货款尚未支付的,应根据有关凭证以往记载的实际价款或暂估价值,借记"原材料"、"库存商品"等科目,按增值税专用发票注明的增值税税额,借记"应交税费——应交增值税——进项税额"等科目,贷记"应付账款"科目。

2)偿付应付账款的核算

企业用银行存款偿付应付账款时,借记"应付账款"科目,贷记"银行存款"科目。若企业开出商业汇票抵付应付账款时,借记"应付账款"科目,贷记"应付票据"科目。

5.1.2 应付票据的管理

5.1.2.1 应付票据的定义

应付票据是指由出票人签发,由承兑人承诺在一定时期内支付一定款项给收款人或持票人的票据。它通常是因为企业因购买材料、商品和接受劳务供应等而开出、承兑的商业汇票,包括商业承兑汇票和银行承兑汇票。它是由出票人采用商业汇票结算方式委托承兑人在指定的未来某日期无条件支付固定的金额给收款人或者持票人的票据。应付票据是企业延期付款购物的一种方式,商业汇票尚未到期前构成企业的负债。在我国,商业汇票的付款期限最长为6个月,因而属于短期应付票据。

5.1.2.2 应付票据核算的科目设置

在会计核算上应设置"应付票据"科目,用来核算企业因购买材料、商品和接受劳务供应等而开出、承兑的商业汇票。本科目属于负债类科目,其贷方登记企业开出、承兑的商业汇票的面值和带息票据期末应计利息,借方登记已付款的商业汇票的面值和已计提的利息,期末贷方余额反映企业持有尚未到期的应付票据的面值和已计提的利息。

企业应当设置"应付票据备查簿",详细登记每一应付票据的种类、号数、签发日期、票面金额、合同交易号、收款人姓名或单位名称,以及付款日期和面额等资料。应付票据到期结清时,应当在备查簿内逐笔注销。

5.1.2.3 应付票据的核算

1)签发、承兑商业汇票

企业开出、承兑商业汇票时,借记"材料采购"、"库存商品"、"应付账款"、"应交税费——应交增值税——进项税额"等科目,贷记"应付票据"科目。

2)支付银行手续费

支付银行承兑汇票的手续费时,借记"财务费用"科目,贷记"银行存款"等科目。

3)期末计息

带息票据应于期末计算应付利息,计入财务费用,借记"财务费用"科目,贷记"应付票据"科目。

4）到期偿还本息

票据到期偿还本息,按"应付票据"科目的贷方余额,借记"应付票据"科目,按应计利息,借记"财务费用"科目,按实际支付的金额,贷记"银行存款"等科目。

5）到期无力偿付

到期无力偿付的商业承兑汇票票款,按应付票据的账面余额,借记"应付票据"科目,贷记"应付账款"科目;到期不能偿付的带息票据,转入"应付账款"科目核算后,期末时不再计提利息。

到期无力偿付的银行承兑汇票票款,按应付票据的账面余额,借记"应付票据"科目,贷记"短期借款"科目。

5.1.3　其他应付款的管理

1）其他应付款的核算内容

其他应付款是指企业除应付票据、应付账款、预收账款、应付职工薪酬、应交税费、应付股利等经营活动以外的其他各项应付、暂收的款项。其他应付款具体包括:① 应付经营租入固定资产和包装物的租金;② 职工未按期领取的工资;③ 存入保证金(如收入包装物押金等);④ 其他应付、暂收款项。

2）其他应付款的账户设置

为了反映其他应付款的发生和支付情况,企业应设置"其他应付款"科目,核算其他应付款的增减变动及其结存情况,并按其他应付款的项目和对方单位(或个人)设置明细账进行核算。本账户属于负债类,其贷方登记发生的各种应付、暂收款项,借方登记偿还或转销的各种应付、暂收款项,该账户期末贷方余额反映企业应付未付的其他应付款项。

3）其他应付款的核算

企业发生其他各种应付、暂收款项时,借记"管理费用"等账户,贷记"其他应付款"账户;支付或退回其他各种应付、暂收款项时,借记"其他应付款"账户,贷记"银行存款"等账户。

5.2　应付账款系统分析

5.2.1　在手工条件下,应付款的业务流程可用图 5-1 表示

手工环境下,当财会部门收到供应商寄来的发票、代垫运费凭证和其他单据时,将其与存货验收入库报告单、采购订单进行核对,计算存货成本;编制记账凭证并登记账簿,更新应付账款明细账。应付款到期时,财会部门签发支票付款。

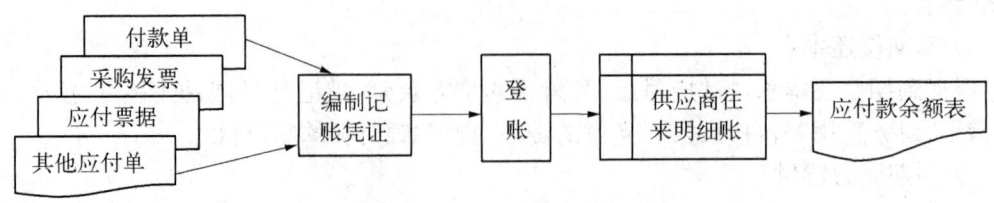

图5-1 手工处理流程图

5.2.2 应付款管理的数据流程

计算机环境下的数据流程如图5-2所示。

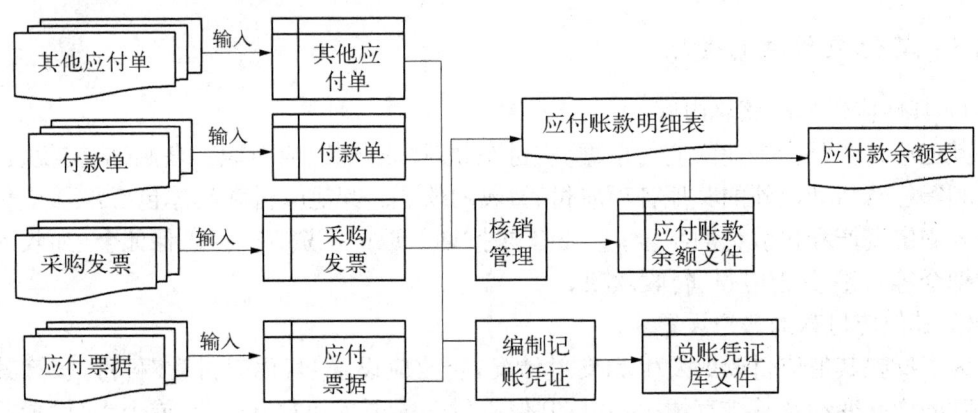

图5-2 应付账款管理子系统数据处理流程

具体说明如下：

(1) 收到供应商的赊购发票后，由应付账款部门复查采购订单文件进行发票确认，并将供应商发票与验收单和采购订单进行比较，若结果相符则输入发票。

(2) 支付货款后，付款人员将付款单录入存储在付款单文件中。

(3) 系统根据每种单据的特定业务和与之对应的会计科目，生成记账凭证，经审核后通过记账功能，将凭证直接存入总账系统的凭证库文件。

(4) 根据单据中的对应关系，进行核销处理，产生应付账款余额表。

5.2.3 应付账款管理与其他子系统的关系

应付账款管理与其他子系统的关系如图5-3所示。

由图5-3可知，应付账款系统接受采购管理系统传递的赊购发票，在此生成凭证，传递到总账系统，进行付款结算处理后，将付款单生成记账凭证传递给总账系统，使总账系统能够及时获取应付款情况。应收款系统和应付款系统之间可以进行转账处理。应付

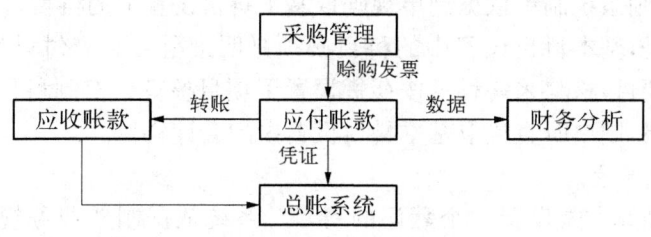

图 5–3　应付账款管理与其他子系统的关系

款管理系统可向财务分析系统提供各种分析数据。

5.3　应付账款系统的主要功能

应付管理系统主要提供了设置、日常处理、单据查询、账表管理、其他处理等功能(如图 5–4 所示)。

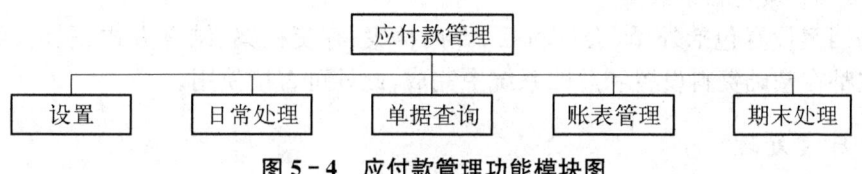

图 5–4　应付款管理功能模块图

5.3.1　设　置

设置功能提供系统参数的定义,参数设置是整个系统运行的基础,应结合企业管理要求进行设置;提供单据类型设置、账龄区间的设置,为各种应付款业务的日常处理及统计分析做准备;还提供期初余额的录入,保证数据的完整性与连续性。

初始设置的作用是建立应付管理的基础数据,确定使用哪些单据处理应收业务,确定需要进行账龄管理的账龄区间、确定各个业务类型的凭证科目。只有正确地进行了这些相关设置,用户才可以选择使用自己定义的单据类型,进行单据的录入、处理、统计分析,根据自己设置的凭证科目生成记账凭证,使应付业务管理符合用户的需要。

5.3.1.1　凭证科目的设置

该设置功能包括基本科目设置、控制科目设置、产品科目设置、结算方式科目设置,每种设置对应不同的单据类型。其目的是依据用户定义的科目,依据不同的业务类型,在生成凭证时自动带出设置的对应科目。

(1) 基本科目设置

用户可以在此定义应付系统凭证制单所需要的基本科目,如应付科目、预付科目、采购科目、税金科目等。若未在单据中指定科目,且控制科目设置与产品科目设置中没有明细科目的设置,则系统制单依据制单规则取基本科目设置中的科目。

应该注意的是,基本科目设置中的科目必须是明细科目。应付科目、预付科目按供应商设置了核算项目,材料采购科目按存货设置了项目核算。控制科目设置和产品科目设置在此均可省略,制单时直接取基本科目设置中的会计科目。

(2)结算方式设置

可以为每种结算方式设置一个默认的科目。系统依据制单业务规则将设置的科目自动带出。科目必须是明细科目,结算科目不能是指定为应收系统或者应付系统的受控科目。

5.3.1.2 账龄区间设置

为了对应付账款进行账龄分析,应首先在此设置账龄区间。账龄区间设置就是定义功能,提供了应付账款的个性化管理,可根据企业对应付款的重要程度及付款条件进行设置,定义账款时间间隔,其作用是便于进行应付账款分析,尽可能享受优惠折扣政策,掌握在一定期间内所发生的应付款、付款情况。

5.3.1.3 编码档案设置

编码档案设置包括外币、会计科目、部门档案、存货档案、结算方式、职员、供应商档案。这些都在基础资料设置和总账系统中完成,此处可直接使用。

5.3.2 日常处理

日常处理是应付款管理系统的重要组成部分,是经常性的应付业务处理工作,主要完成企业日常的应付/付款业务录入、应付/付款业务核销、应付并账、汇兑损益等的处理,及时记录应付、付款业务的发生,为查询和分析往来业务提供完整、正确的资料,以加强对往来款项的监督管理。

5.3.2.1 单据处理功能

单据处理功能是指应付单及付款单的录入、修改、删除和审核管理工作。如果同时使用应付款管理系统和采购管理系统,则发票和代垫费用产生的应付单据由采购系统录入,在本系统可以对这些单据进行审核、弃审、查询、核销、制单等功能。此时,在本系统需要录入的单据仅限于应付单。如果没有使用采购系统,则各类发票和应付单均应在本系统录入。

(1)应付单——采购发票。采购发票是付款的依据,需要输入的基本数据有原始发票号、供应商代码、税率、付款条件(计算现金折扣的依据)等。采购发票决定了存货的价格、金额和进项税额等,这些数据是会计核算的依据。如果同时使用应付账款系统和采购管理系统,则采购发票由采购管理系统录入,在应付账款系统可以对发票进行查询、核销、编制记账凭证;如果没有使用采购管理系统,则各类发票均应在应付账款系统录入。

(2)付款单。付款单是确认付款的凭证,主要用于处理延期付款或分期付款的业务。支付货款时输入付款单冲销应付账款。

（3）单据的审核

为了确保各种单据输入数据的准确性,所有单据输入后必须进行审核,经过审核之后的单据才可以被系统确认有效,在单据填制保存后即可对该单据进行审核,也可以单独使用"应付单审核"或"付款单审核"功能进行批量审核处理。

5.3.2.2　单据核销及核销规则

单据核销的作用是解决已付客商款项核销该客商应付款的处理,建立付款与应付款的核销记录,监督应付款及时核销,加强往来款项的管理。

单据核销有以下规则:

（1）付款单的数额等于原有单据的核销数额时,付款单与原有单据完全核销。

（2）使用预付款核销时,如果企业先预付了部分货款,在收到货物之后付清了剩余的款项,并且要求这两笔款项同时结算,则在核销时需要使用预付款,在支付第一笔款项时,先录入一张付款单,款项类型为预付款,形成预付款;在支付第二笔款项后,再录入一张付款单,款项类型为应付款。在核销时,可以根据选项中设置的预付款核销方式来输入需要使用的预付款金额,此时便可同时对两次（或多次）付款进行一次结算。

（3）付款单的数额大于应核销数额,将付款单的数额核销以前的单据,剩余部分形成预付款。

（4）付款单的数额小于原有单据的数额时,单据仅得到部分核销。

5.3.2.3　应付转账功能

转账业务是处理应付账款系统内时常遇到的业务,转账有四种类型,用于解决供应商与供应商之间、供应商与客户之间进行的应付冲应付,预付冲应付,应付冲应收和红票对冲等业务处理。

1）应付冲应付

应付冲应付就是应付款转销,将一供应商的应付款转到另一供应商中。通过该项功能将应付账款在供应商之间进行转入、转出,实现应付业务的调整,但不会改变企业应付账款金额。

2）预付冲应付

通过预付冲应付处理,企业预付给供应商的货款与应付给同一供应商的款项进行转账核销业务。当支付的预付款大于等于应付款时,则最终自动冲销的金额以应付款总额为准。当支付的预付款小于应付款时,则最终自动冲销的金额以预付款总额为准。

3）应付冲应收

应付冲应收用于解决企业与供应商和客户之间的债权债务问题,用应付供应商的款项冲抵应收客户的账款,实现应付业务的调整,解决应收债权与应付债务的冲抵。

4）红票对冲

红票对冲可实现在指定供应商的红字应收单与其蓝字应收单、收款单与付款单中间进行冲抵。

5.3.2.4 汇兑损益功能

该功能解决有外币业务核算时的汇兑损益处理工作。

5.3.2.5 制单处理功能

制单即生成凭证,针对不同的单据类型提供编制记账凭证的功能,并将编制的记账凭证传递到总账系统,实现账务处理的一体化。在应付款管理系统中,对每一类原始单据都提供了实时制单的功能。除此之外,系统提供了一个统一制单的平台,可以在此快速、成批生成凭证,并可依据规则进行合并制单等处理。

1)应付发票制单

取基本科目设置中设置的应付科目和采购科目及进项税科目,因应付科目按供应商设置了辅助核算,采购发票上的供应商就是应付款的明细科目。

2)应付单制单

应付单实质上是一张凭证,用于记录采购业务之外所发生的各种其他应付业务。应付单表头中的信息等同于凭证中的一条分录信息,表头科目为核算所欠供应商款项的一个科目,且该科目必须是应付系统的受控科目。表头科目的方向即为所选择的单据的方向。表体中的一条记录同样等同于凭证中的一条分录。当输入了表体内容后,表头金额与表体中的金额合计应相等,表头科目为借方、表体科目为贷方。对应付单制单时,借方取应付单表头科目,贷方取应付单表体科目。

3)付款单制单

付款单制单时,借方科目由付款单表体款项类型决定。款项类型为"应付款",则借方科目为应付科目;款项类型为"预付款",则借方科目为预付科目;款项类型为其他费用,则借方科目应根据具体情况手工录入。贷方科目为结算科目,取表头金额。

4)核销制单

核销制单受系统初始选项的控制,若选项中不勾选"核销是否生成凭证",则即使入账科目不一致也不制单。核销制单需要应付单及付款单已经制单,才可以进行核销制单。当核销双方的入账科目不相同的情况下才需要进行核销制单。

5)票据制单

收到承兑汇票制单,借方则取基本科目设置中的应收票据科目,贷方取基本科目设置中销售收入科目及税金科目,若没有设置,则需要手工输入科目。

6)转账制单

应付冲应付(不同供应商之间的结转):

借:应付账款(转出户对应的供应商)
  贷:应付账款(转入户对应的供应商)

预付冲应付(同供应商结转):

借：应付账款(供应商)

　贷：预付账款(供应商)

应付冲应收制单(供应商与客户之间的结转)：

借：应付账款(供应商)

　　预付账款(供应商)

　贷：应收账款(客户)

或者：

借：应付账款(供应商)

　贷：应收账款(客户)

　　预收账款（客户）

5.3.2.6　票据管理功能

提供对银行承兑汇票和商业承兑汇票进行管理。首先将开出的票据在票据管理中输入,然后根据输入信息制作付款凭证,还可对票据的计息、贴现、转出、结算、背书等业务进行处理和制单。

5.3.2.7　付款单导出

完成付款单与网上银行的相互导入导出处理。

5.3.3　单据查询功能

系统提供对应付单、结算单、凭证等的查询,进行各类单据、详细核销信息、报警信息、凭证等内容的查询。在查询列表中,系统提供自定义显示栏目、排序等功能,用户可以通过单据列表操作来制作符合自身要求的单据列表。用户在单据查询时,若启用客户、部门数据权限控制时,则在查询单据时只能查询有权限的单据。

5.3.4　账表管理

账表管理的主要功能包括账表自定义、业务账表查询和统计分析等功能。

1) 账表自定义

系统提供的账表自定义就是根据企业管理要求,为用户提供的内部管理分析报表工具,可以设置报表标题、表头、表体,定义报表数据来源,灵活定义过滤条件和显示、打印方式的自定义查询报表工具。通过数据源的定义可将系统提供的不同表进行组合或计算机加工,这是为高级用户提供的个性化定制报表的功能。这些功能也可在 UFO 报表系统完成,具体应用见第 8 章。

2) 业务账表查询

通过账表查询,可及时了解一定期间内期初应付款结存汇总情况,应付款发生,支付货款的汇总情况、累计情况及期末应付款结存汇总情况;还可以了解各个供应商期初应付款结存明细情况,应付款发生,货款支付的明细情况、累计情况及期末应付款结存明细情况;能及时发现问题,加强对往来款项的监督管理;可提供业务总账表、业务余额表、业务明细账、对账单的查询。

3)统计分析

通过统计分析,可以按初始定义的账龄区间,进行一定期间内应付款账龄分析、付款账龄分析、往来账龄分析,了解各个供应商应付款周转天数、周转率,了解各个账龄区间内应付款、付款及往来情况,能及时发现问题,加强对往来款项动态的监督管理。

5.3.5 其他处理

其他处理功能包括远程应用、取消操作和月末结账等。

1)远程应用

远程应用提供集团内部总公司和异地付款之间的数据传递功能,使总公司能及时了解各地的欠款状况,全面掌握整个企业集团的应付账款的付款情况,从而在一定程度上控制异地采购点的经营管理,提供总公司和异地采购点之间的数据导出、导入功能及其服务功能(收件和发件管理),为企业提供完整的远程数据通讯方案。

2)取消操作

如果对原始单据进行了审核、对付款单进行了核销等操作后,发现操作有误,就可利用该功能将其恢复到操作前的状态,从而可以进行修改。

3)月末处理

月末处理指用户进行的月末结账工作。如果当月业务已全部处理完毕,就需要执行月末结账功能,只有月末结账后,才可以开始下月工作。

5.4 应付款系统的应用

应付款管理系统通过发票、其他应付单、付款单等单据的录入,对企业的往来账款进行综合管理,及时、准确地提供供应商的往来账款余额资料,提供各种分析报表,如账龄分析表、欠款分析等,通过各种分析报表,帮助企业合理地进行资金的调配,提高资金的利用效率。同时系统还提供了各种预警、控制功能,如信用报警单,帮助企业及时支付到期账款,以保持良好的信誉。

5.4.1 应付款系统的操作流程

应付款系统的操作流程如图5-5所示。

5.4.2 应付款系统初始化

应付款系统的初始化工作包括选项设置、初始设置和期初余额录入等。

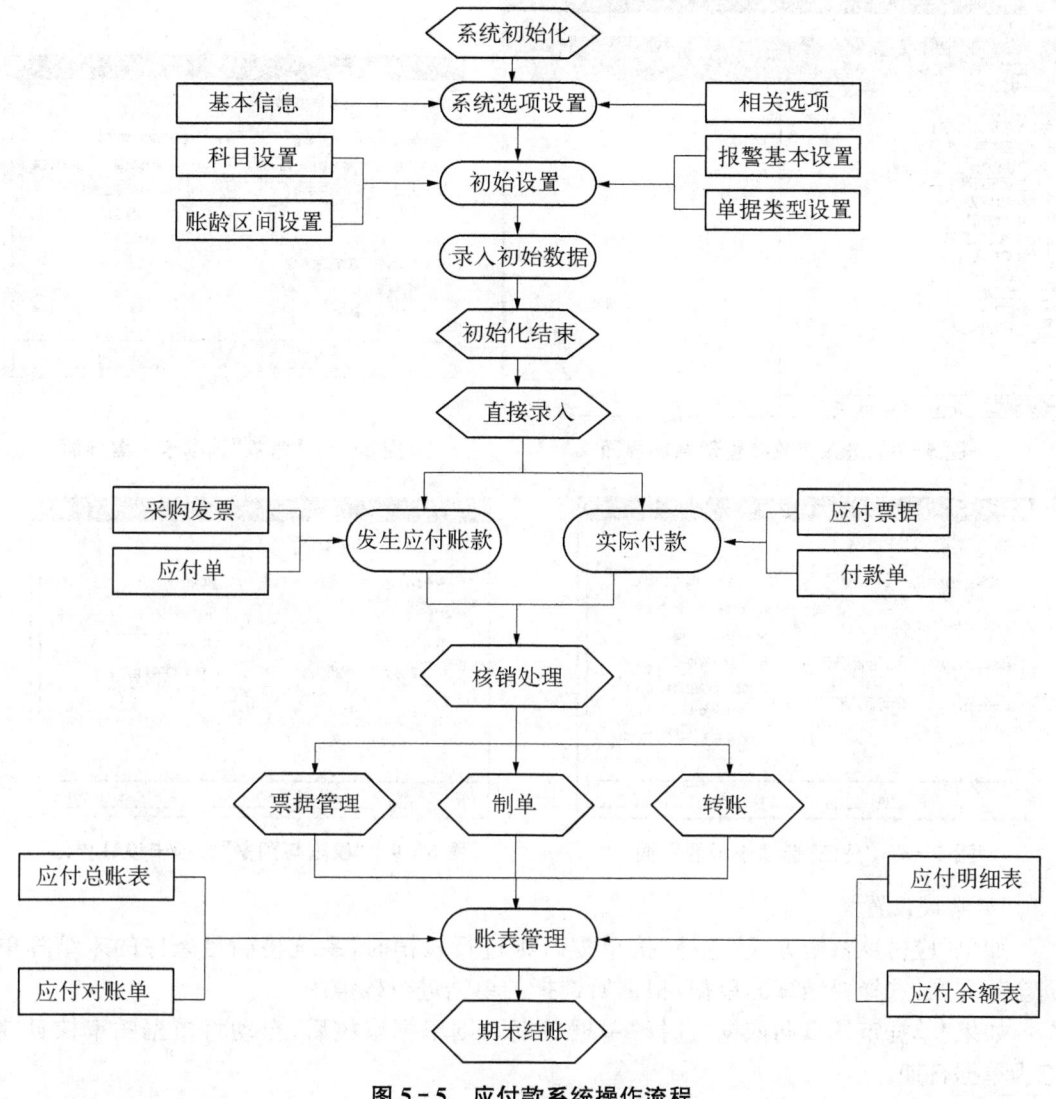

图 5 - 5　应付款系统操作流程

5.4.2.1　选项设置

选项设置是对应付款系统日常业务处理制定基本的规则。选项设置包括常规设置、凭证设置和权限与预警设置。

【操作】　如图 5 - 6 所示界面的[业务]页签下,点击[财务会计]下的[应付款管理],进入应付系统。单击[设置]菜单下的[选项],在如图 5 - 7 所示的窗口点击[编辑],依次点击[常规]、[凭证]和[权限与预警]页签进行设置,具体参数设置参见图 5 - 7、5 - 8、5 - 9,最后点击[确定]保存。

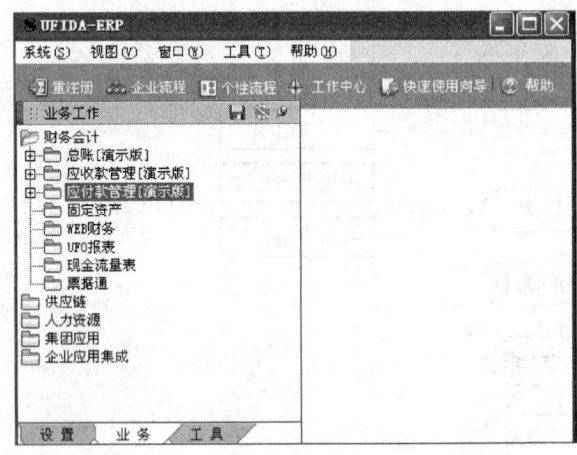

图 5-6　进入应收款管理系统界面

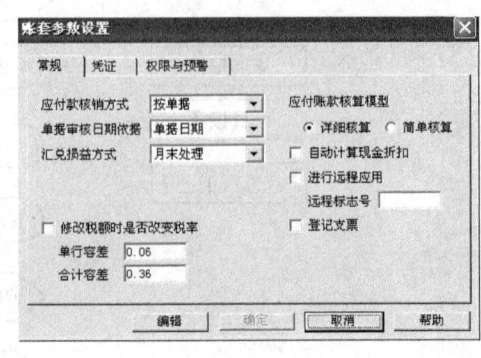

图 5-7　"常规"选项卡设置界面

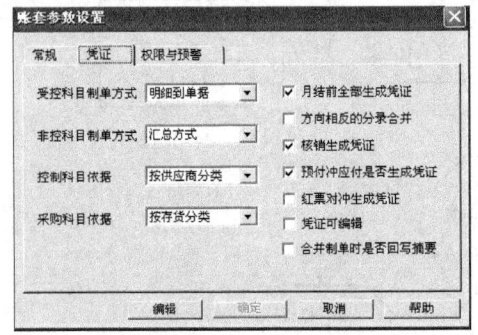

图 5-8　"凭证"选项卡设置界面

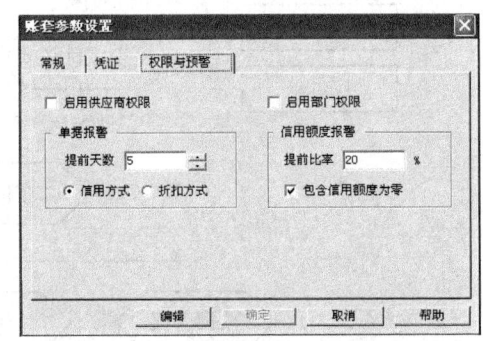

图 5-9　"权限与预警"选项卡设置界面

1）常规设置

如果"应付款核销方式"选择"按单据"，则进行核销时，系统将满足条件的未结算单据全部列出，选择要结算的单据，根据所选择的单据进行核销。

如果"单据审核日期依据"选择"单据日期"，则单据审核后，自动将单据的审核日期记为单据日期。

如果"应付款核算模型"选择"详细核算"，则可以在应付款系统进行核算、控制、查询、分析，将生成的凭证传递至总账系统，结算方式为票据管理的付款单可登记到总账系统的支票登记簿中，还可以与应收系统进行对冲。

2）凭证设置

如果"受控科目制单方式"选择"明细到单据"，则在总账系统中查询时，依每笔业务进行查询。

如果"控制科目依据"选择"按供应商分类"，则在控制科目设置时，只显示供应商分类，而不显示所有供应商。

如果"采购科目依据"选择"按存货分类",则在产品科目设置时,只显示存货分类,不显示所有存货。

如果勾选"月结前全部生成凭证",则月末进行结账时,必须所有业务都已经生成凭证;否则,不能结账。

如果勾选"核销生成凭证"和"预付冲应付是否生成凭证",则在核销和预付冲应付转账后要生成凭证。

3)权限与预警设置

如果在"提前比率"栏设置 20%,则当对某个供应商的信用比率小于等于 20%时,系统自动弹出信用报警单。

其他项均采用系统默认值。

5.4.2.2　初始设置

初始设置包括科目设置、账龄区间设置、报警级别设置和单据类型设置。

1)科目设置

科目设置包括基本科目设置、控制科目设置、产品科目设置和结算方式科目设置。

(1)基本科目设置。在基本科目设置中,所有科目都要选择末级科目,具体设置科目参见表 5-1。

表 5-1　基本科目设置

设 置 项	科　　目
应付科目	应付账款
预付科目	预付账款
采购科目	材料采购
采购税金科目	应交税费——应交增值税——进项税额
银行承兑科目	应付票据
商业承兑科目	应付票据
现金折扣科目	财务费用

【操作】　点击[设置]菜单下的[初始设置],在[设置科目]下单击[基本科目设置],进入如图 5-10 所示的窗口,根据表 5-1 选择科目。

(2)其他。科目设置中的控制科目设置和产品科目设置都不进行设置,生成凭证时直接使用基本科目。结算方式科目设置与应收款系统相同,具体设置参数和操作方法参见第 4 章 4.4.2.2。

2)账龄区间设置

账龄区间设置是指用户定义应付账款或付款时间间隔的设置,具体参数设置见图 5-11。

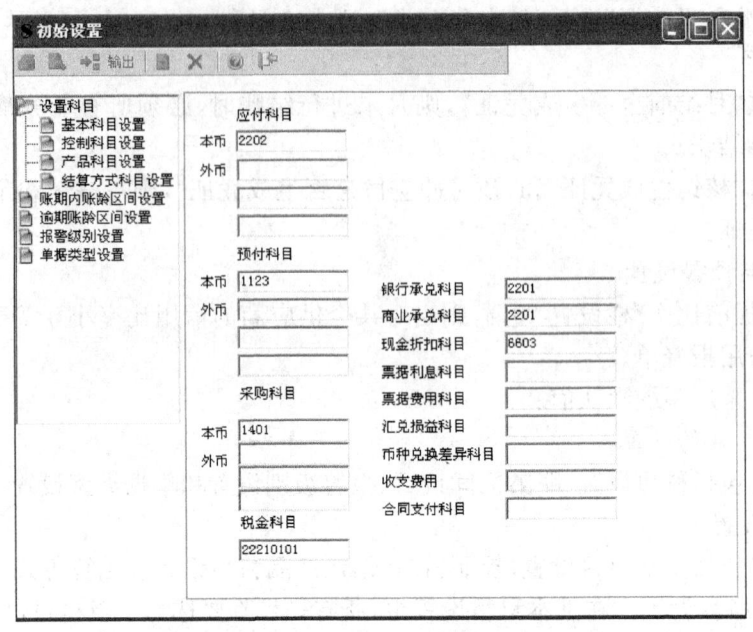

图 5-10 基本科目设置界面

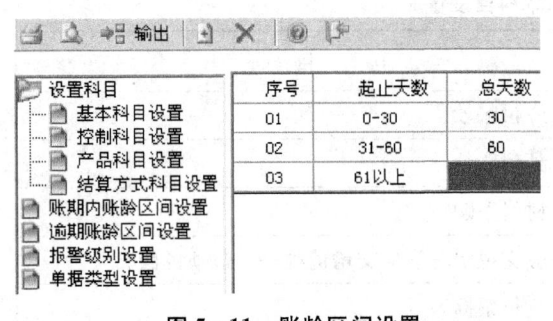

图 5-11 账龄区间设置

【操作】 点击[设置]下的[初始设置],点击[账期内账龄区间设置],在如图5-11所示的窗口双击第一行的"总天数"栏,输入[30],点击工具栏的[增加],第二行"总天数"栏输入[60]。

3)报警级别设置

设置报警级别,可以根据欠款余额与信用额度的比率及时支付应付账款,具体参数设置如图5-12所示。

序号	起止比率	总比率(%)	级别名称
01	0-10%	10	A
02	10%-20%	20	B
03	20%-30%	30	C
04	30%以上		D

图 5-12 报警级别设置

【操作】 单击[初始设置]下的[报警级别设置],在如图5-12所示的窗口录入第一行的总比率(%)[10]和级别名称[A],点击工具栏的增加按钮,录入第二行的总比率(%)[20]和级别名称[B],同样操作增加第三行。第四行只输入级别名称[D]。

4)单据类型设置

系统默认的单据类型包括发票和应付单。发票包括采购专用发票、普通发票和废旧物资收购凭证,应付单是其他应付单,均不能修改和删除。在此采用系统默认项。

如果需要增加单据类型,只能增加应付单,在图5-13所示的界面点击工具栏的[增加],在新增行输入单据名称即可。

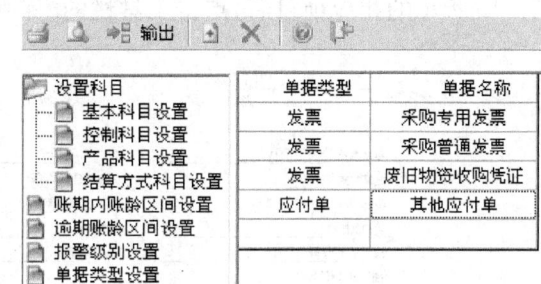

图5-13 单据类型设置界面

5.4.2.3 期初余额录入

在正式使用应付款管理系统前,必须录入所有未处理完的应付业务数据。期初余额录入时,是通过采购发票、应付单、付款单和应付票据等单据的形式录入,期初余额总数是根据所有期初单据计算得来的。根据第3章表3-5录入所有供应商往来余额。

1)期初采购发票录入

期初采购发票是指还未核销的应付账款。表3-5中的第一笔余额需录入期初采购发票。

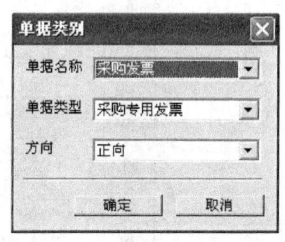

图5-14 单据类别选择界面

【操作】 单击[设置]下的[期初余额],弹出[期初余额—查询]窗口,点击[确定],进入期初余额明细表。单击工具栏的[增加],在如图5-14所示的窗口选择单据名称[采购发票],单据类型[采购专用发票]和方向[正向],点击[确定]。系统弹出空白的采购专用发票,如图5-15所示填写相应的项目后,点击工具栏的[保存]。

采购专用发票

打印模版
期初专用发票打

表体排序

	存货编码	存货名称	主计量	税率	数量	原币单价	原币金额	原币税额	原币价税合计	累计付款	累计付款(本币)	科目
1	001	45#锭	吨	17.000000	7.00	10000.00	70000.00	11900.00	81900.00	81900.00	81900.00	2202
2	002	20管锭	吨	17.000000	5.00	8000.00	40000.00	6800.00	46800.00	46800.00	46800.00	2202
3												
4 合计					12.00	10000.00	18700.00	128700.00	28700.00	128700.00		

发票号 0000000001　开票日期 2010-06-30　订单号
供应商 新元炼钢厂　　　　　　　　　　付款条件
科 目 2202　　　　币 种 人民币　　汇 率 1
部 门 采购部　　　业 务 员 刘思宇　项 目
备 注 购买45#锭、20管锭　　　　　　税 率 17.00

审核人 王洁　　　　制单人 王洁

图5-15 采购专用发票

2) 期初预付款录入

期初预付款是指企业在账套启用前已经支付的款项,录入预付款时,使用付款单。表3-5中的第二笔余额需录入付款单。

【操作】 单击[设置]下的[期初余额],弹出[期初余额—查询]窗口,点击[确定],进入期初余额明细表。单击工具栏的[增加],在如图5-14所示的窗口选择单据名称[预付款],单据类型[付款单],方向[正向],点击[确定]。系统弹出空白的付款单,填写如图5-16所示的相应项目后,点击工具栏的[保存]。

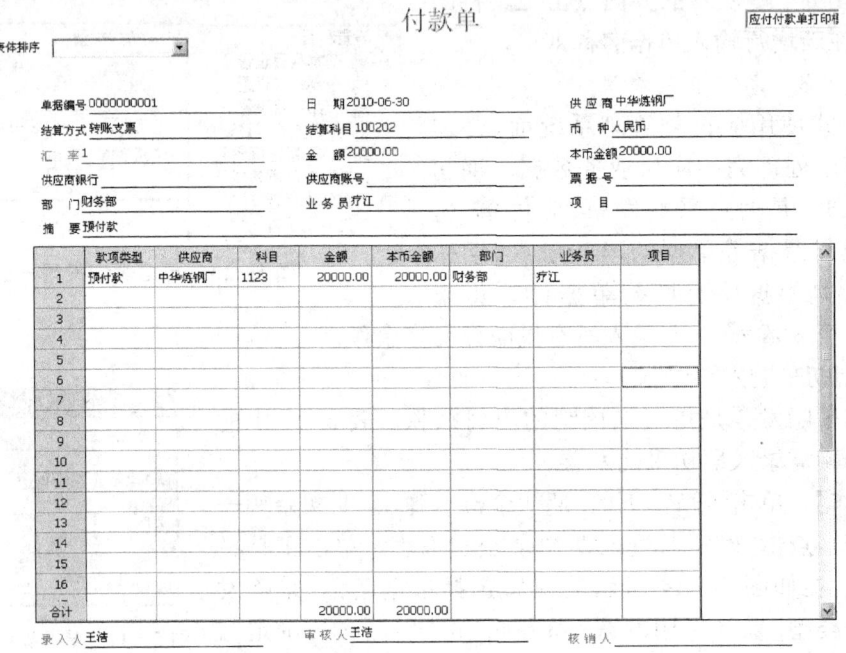

图5-16 付款单输入

至此,应付款系统的初始化工作结束,可以进行日常经营业务的处理了。

5.4.3 新世纪轧钢厂7月份日常经营业务

业务1:2010年7月1日,向新元炼钢厂采购轻轨10吨,每吨5 100元,款未支付(采购专用发票)。

借:1401(材料采购——轻轨)   51 000

  22210101(应交税费——应交增值税——进项税额)   8 670

  贷:2202(应付账款)   59 670

业务2:2010年7月2日,向中华炼钢厂采购45♯锭12吨,每吨4 200元,20管锭8

吨,每吨 4 900 元,款未支付(采购专用发票)。

借:1401(材料采购——45♯锭)	50 400
1401(材料采购——20 管锭)	39 200
22210101(应交税费——应交增值税——进项税额)	15 232
贷:2202(应付账款——中华炼钢厂)	104 832

业务 3:2010 年 7 月 3 日,支付新元炼钢厂轻轨钢坯材料款 59 670 元(付款单)。

借:2202(应付账款——新元炼钢厂)	59 670
贷:100201(银行存款——工行)	59 670

业务 4:2010 年 7 月 5 日,向大阳炼钢厂采购 T8 锭 6 吨,每吨 5 200 元;45♯坯 8 吨,每吨 4 200 元,款未支付(采购专用发票)。

借:1401(材料采购——T8 锭)	31 200
1202(材料采购——45♯坯)	33 600
22210101(应交税费——应交增值税——进项税额)	11 016
贷:2202(应付账款——大阳炼钢厂)	75 816

业务 5:2010 年 7 月 5 日,支付大阳炼钢厂的代垫运输费 300 元(付款单)。

借:2241(其他应付款)	300
贷:100201(银行存款——工行)	300

业务 6:2010 年 7 月 7 日,向连庆炼钢厂采购 40Cr 锭 10 吨,每吨 4 000 元,R3 坯 10 吨,每吨 4 800 元,款未支付(采购专用发票)。

借:1401(材料采购——40Cr 锭)	40 000
1401(材料采购——R3 坯)	48 000
22210101(应交税费——应交增值税——进项税额)	14 960
贷:2202(应付账款——连庆炼钢厂)	102 960

业务 7:2010 年 7 月 8 日,支付中华炼钢厂材料款 104 832 元(付款单)。

借:2202(应付账款——中华炼钢厂)	104 832
贷:100201(银行存款——工行)	104 832

业务 8:2010 年 7 月 9 日,支付大阳炼钢厂材料款 75 816 元(付款单)。

借:2202(应付账款——大阳炼钢厂)	75 816
贷:100201(银行存款——工行)	75 816

业务 9:2010 年 7 月 10 日,支付连庆炼钢厂货款共 102 960 元(付款单)。

借:2202(应付账款——连庆炼钢厂)	102 960
贷:100202(银行存款——建行)	102 960

业务 10：2010 年 7 月 12 日，向巨象炼钢厂采购 25MV 坯 5 吨，每吨 4 500 元，铁水脱硫剂 6 吨，每吨 6 500 元，增碳剂 7 吨，每吨 6 200 元，款未支付（采购专用发票）。

借：1401（材料采购——25MV 坯）	22 500
1401（材料采购——铁水脱硫剂）	39 000
1401（材料采购——增碳剂）	43 400
22210101（应交税费——应交增值税——进项税额）	17 833
贷：2202（应付账款——巨象炼钢厂）	122 733

业务 11：2010 年 7 月 13 日，支付巨象炼钢厂材料款 122 733 元（付款单）。

借：2202（应付账款——巨象炼钢厂）	122 733
贷：100202（银行存款——建行）	122 733

业务 12：2010 年 7 月 14 日，预付中隆炼钢厂材料款 10 000 元（付款单）。

借：1123（预付账款——中隆炼钢厂）	10 000
贷：100203（银行存款——招行）	10 000

业务 13：2010 年 7 月 15 日，向启德炼钢厂采购 20 - 40Cr 坯 6 吨，每吨 4 050 元，60Si2Mr 坯 8 吨，每吨 3 800 元，并开出票据（采购专用发票）。

借：1401（材料采购——20 - 40Cr 坯）	24 300
1401（材料采购——60SiMr 坯）	30 400
22210101（应交税费——应交增值税——进项税额）	9 299
贷：2201（应付票据——启德炼钢厂）	63 999

业务 14：2010 年 7 月 22 日，向中隆炼钢厂采购 20GrMrTi 坯 10 吨，每吨 4 500 元，Q235 坯 10 吨，每吨 3 530 元，60Si2Mr 锭 10 吨，每吨 3 900 元，款未支付（采购专用发票）。

借：1401（材料采购——20GrMrTi 坯）	45 000
1401（材料采购——Q235 坯）	35 300
1401（材料采购——60Si2Mr 锭）	39 000
22210101（应交税费——应交增值税——进项税额）	20 281
贷：2202（应付账款——中隆炼钢厂）	139 581

业务 15：2010 年 7 月 25 日，支付中隆炼钢厂材料款 139 581 元（付款单）。

借：2202（应付账款——中隆炼钢厂）	139 581
贷：100203（银行存款——招行）	139 581

业务 16：2010 年 7 月 29 日，向中华炼钢厂采购 45♯锭 3 吨，12 600 元款未支付（采购专用发票）。

借：1401（材料采购——45♯锭）　　　　　　　　　　　　12 600
　　22210101（应交税费——应交增值税——进项税额）　　2 142
　贷：2202（应付账款——中华炼钢厂）　　　　　　　　　14 742

业务 17：2010 年 7 月 30 日,将中华炼钢厂的预付账款冲销应付账款 14 742 元（转账）。

借：2202（应付账款——中华炼钢厂）　　　　　　　　　　14 742
　贷：1123（预付账款——中华炼钢厂）　　　　　　　　　14 742

业务 18：2010 年 7 月 30 日,将启德炼钢厂的应付账款 63 999 元转到中隆炼钢厂（并账）。

借：2202（应付账款——启德炼钢厂）　　　　　　　　　　63 999
　贷：2202（应付账款——中隆炼钢厂）　　　　　　　　　63 999

应该注意的是,所有业务的凭证不需手工输入,都是在应付款系统的"制单处理"中生成,详细介绍参见本章 5.5.6。该企业采用计划成本进行材料的日常核算,为简化会计业务,假设计划成本等于实际成本,故没有材料成本差异结转。

5.5　应付款日常业务处理

日常业务处理是指经常性的应付业务处理工作,如应付单据处理、付款单据处理、核销处理、票据管理、转账处理和制单处理等。

5.5.1　应付单据处理

应付单据处理包括应付单据录入和应付单据审核。

5.5.1.1　应付单据录入

应付单据包括采购发票和应付单,都是应付款日常核算的原始单据。5.4.2.4 中,标明"采购专用发票"的业务都需录入采购发票。

【操作】　单击[应付款管理]下的[应付单据处理],点击[应付单据录入],在如图 5-17 所示窗口选择单据名称[采购发票],单据类型[采购专用发票]和方向[正向],点击[确定]。系统打开一张空白的采购发票,填写如图 5-18 所示的相应栏目后单击工具栏的[保存]。

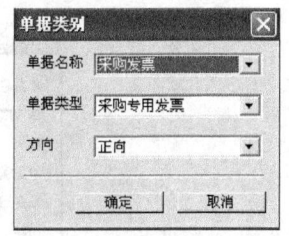

图 5-17　应付单类别选择

5.5.1.2　应付单据审核

只有经过审核的应付单据才能被系统确认为有效。应付单据填制保存后可以

图 5－18　采购专用发票

立即审核，也可以在应付单据审核中进行处理。例如，对启德炼钢厂的采购发票进行审核。

【操作】　单击[应付款管理]下的[应付单据处理]，点击[应付单据审核]，在如图5－19所示的窗口选择单据名称[采购发票]，供应商[005—启德炼钢厂]，单击[确定]。在如图5－20所示的界面双击该记录的选择栏，出现标志[Y]，单击[审核]。

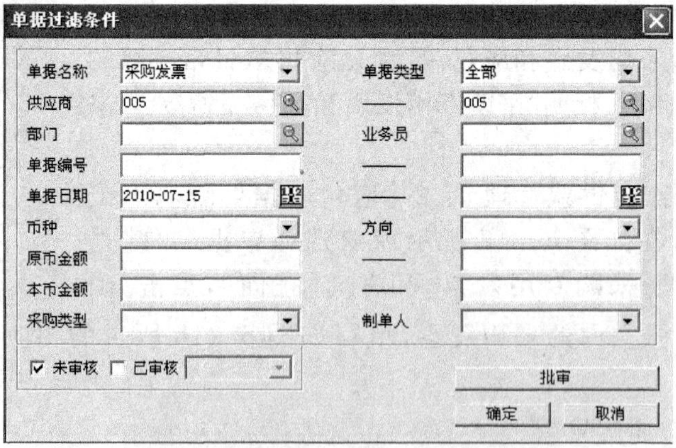

图 5－19　应付单据审核查询界面

输出 | 审核 | 弃审 | 定位 | 单据 | 栏目

应付单据列表

选择	审核人	单据日期	单据类型	单据号	供应商名称	部门	业务员	制单人	原币金额	本币金额
Y		2010-7-16	采购专用发票	0000000001	启德炼钢厂	采购部	任笑	雷晨	74,878.83	74,878.83
合计									74,878.83	74,878.83

图 5－20　应付单据列表

5.5.2　付款单据处理

付款单据处理包括付款单据录入和付款单据审核。

5.5.2.1　付款单据录入

付款单是用来记录企业支付给供应商款项的。5.4.2.4 中，标明“付款单”的业务都需录入付款单。

【操作】　点击[应付款管理]下的[付款单据处理]，点击[付款单据录入]，系统弹出空白付款单，点击工具栏的[增加]，如图 5－21 所示将数据录入相应的栏目后，单击工具栏的[保存]。

付款单　　应付付款单打印

表体排序

单据编号 0000000003　　日　期 2010-07-05　　供 应 商 大阳炼钢厂

结算方式 现金　　结算科目 100201　　币　种 人民币

汇　率 1.00000000　　金　额 300.00　　本币金额 300.00

供应商银行 工行　　供应商账号 62220019012016580:　　票 据 号

部　门 财务部　　业 务 员 龙胜强　　项　目

摘　要 支付代垫运输费

	款项类型	供应商	科目	金额	本币金额	部门	业务员	项目
1	应付款	大阳炼钢厂	2202	300.00	300.00	财务部	龙胜强	
2								
3								
4								
5								
6								
7								
8								
9								
合计				300.00	300.00			

录 入 人 王浩　　审 核 人 王浩　　核 销 人

图 5－21　付款单

5.5.2.2　付款单据审核

付款单据录入完成后,可以直接点击[审核],完成审核工作,也可以在付款单据审核中完成。例如,对中隆炼钢厂的付款单进行审核。

【操作】　点击[应付款管理]下的[付款单据处理],点击[付款单据审核],在如图5－22所示窗口选择供应商[007—中隆炼钢厂],点击[确定]。在如图5－23所示界面双击该记录的选择栏,出现标志[Y],点击[审核]。

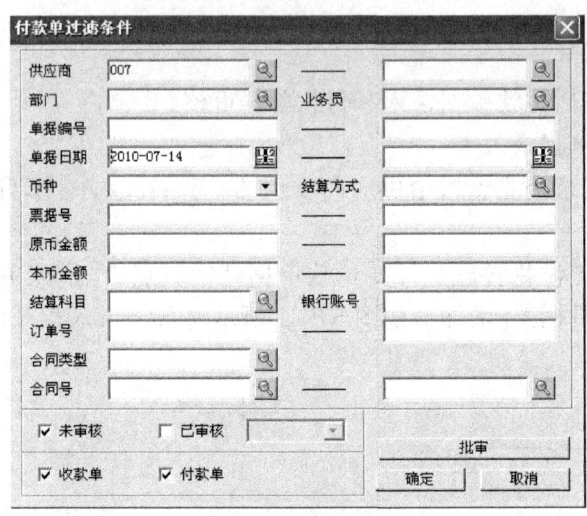

图 5 - 22　付款单审核查询界面

收付款单列表

记录总数: 0

选择	审核人	单据日期	单据类型	单据编号	供应商	部门	业务员	结算方式	原币金额	本币金额
Y		2010-7-14	付款单	0000000003	中隆炼钢厂	财务部	龙胜强	转账支票	10,000.00	10,000.00
合计									10,000.00	10,000.00

图 5 - 23　收付款单列表

5.5.3　核销处理

应付款核销是指支付供应商款项,核销企业应付款。审核后的应付单据和付款单据才能进行核销。5.4.2.4 中的业务,需要进行核销的有:

(1)新元炼钢厂:业务 3 的付款核销业务 1 的应付款。

(2)中华炼钢厂:业务 7 的付款单核销业务 2 的应付款。

(3)大阳炼钢厂:业务 8 的付款核销业务 4 的应付款。

(4)连庆炼钢厂:业务 9 的付款核销业务 6 的应付款。

(5)巨象炼钢厂:业务 11 的付款核销业务 10 的应付款。

（6）启德炼钢厂：业务 12 付款部分核销业务 13 的应付款。

（7）中隆炼钢厂：业务 15 的付款核销业务 14 的应付款。

【操作】　点击［应付款管理］下的［核销处理］，单击［手工核销］，在如图 5-24 所示窗口选择供应商［007—中隆炼钢厂］，单击［确定］。列示所有 007 供应商符合条件的记录，如图 5-25 所示双击上部分第一条记录对应的"本次结算"栏，输入［0］，则此次只核销 139 581 元，点击［保存］。注意：图 5-25 上部分列示的是付款，下部分列示的是应付款。两者"本次结算"合计必须相等，如果不相等，可以双击对应记录的"本次结算"栏，修改核销金额，进行部分核销。

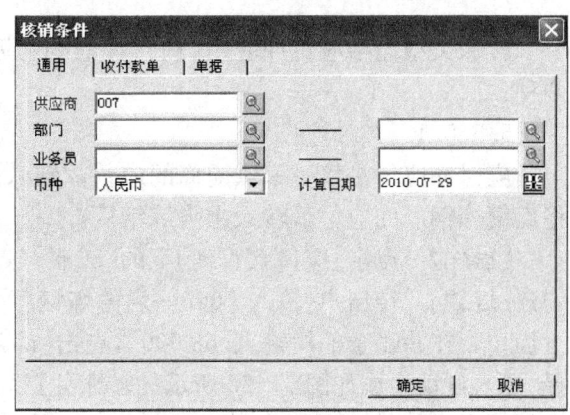

图 5-24　核销条件界面

单据日期	单据编号	供应商	款项类型	结算方式	汇率	原币金额	原币余额	本次结算
2010-7-14	0000000013	中隆炼钢厂	预付款	转账支票	1	10,000.00	10,000.00	
2010-7-25	0000000009	中隆炼钢厂	应付款	转账支票	1	139,581.00	139,581.00	139,581.00
合计						149,581.00	149,581.00	139,581.00

单据日期	单据类型	单据编号	到期日	供应商	币种	原币金额	原币余额	可享受折扣	本次结算
2010-7-22	采购专用发票	0000000008	2010-7-22	中隆炼钢厂	人民币	139,581.00	139,581.00	0.00	139,581.00
合计						139,581.00	139,581.00	1.00	139,582.00

图 5-25　单据核销界面

5.5.4　票据管理

因为已经将"应付票据"设置为按供应商往来进行辅助核算的科目，应付票据受控于应付系统，所以可以进行票据管理。在票据管理中，既可查询票据登记情况，也可以进行票据增加操作。5.4.3 中的业务 13 需增加应付票据。

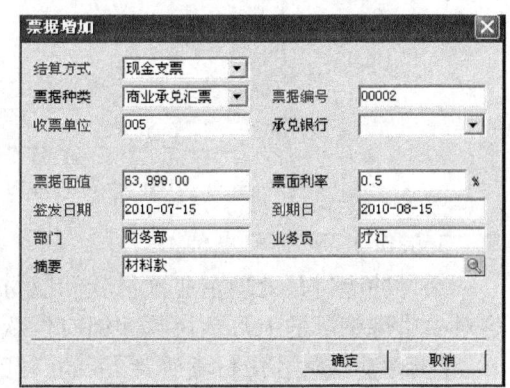

图 5-26　票据增加界面

【操作】　点击［应付款管理］下的［票据管理］，在票据查询界面设置查询条件后，点击［确定］，进入票据登记簿界面，显示已进行登记的票据信息。点击工具栏的［增加］，在如图 5-26 所示窗口输入相应信息后，点击［确定]保存。

5.5.5 转账处理

转账类型包括应付冲应付、预付冲应付、应付冲应收和红票对冲。以下主要介绍前两种。

5.5.5.1 应付冲应付

应付冲应付是将一家供应商的应付款转入到另一家供应商。根据 5.4.2.4 业务 18,将启德炼钢厂的应付款转入中隆炼钢厂。

【操作】 点击[应付款管理]下的[转账],点击[应付冲应付],在如图 5-27 所示窗口勾选[货款],[转出户]输入 [005—启德炼钢厂],[转入户]输入[007—中隆炼钢厂],单击[过滤]。在并账金额栏输入[63 999],点击[确认]。系统弹出[是否立即制单]提示框,选择[是],自动生成如图 5-28 所示的转账凭证,检查凭证无误后点击[保存]。注意:并账金额应大于 0,小于等于余额。

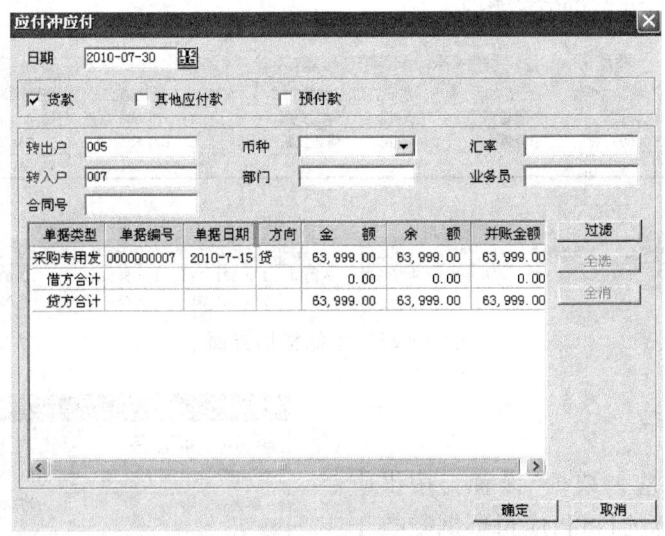

图 5-27 应付冲应付条件设置界面

5.5.5.2 预付冲应付

预付冲应付是处理企业预付款和应付款的转账核销业务。根据 5.4.2.4 的业务 17,将对中华炼钢厂的上月预付款冲销应付款。

【操作】 点击[应付款管理]下的[转账],点击[预付冲应付],在如图 5-29 所示的预付款页签选择供应商[002—中华炼钢厂],单击[过滤],在转账金额栏输入[14 742]。点击应付款页签,同样操作。最后点击[确认]。系统弹出[是否立即制单]提示框,选择[是],则自动生成如图 5-30 所示的转账凭证。

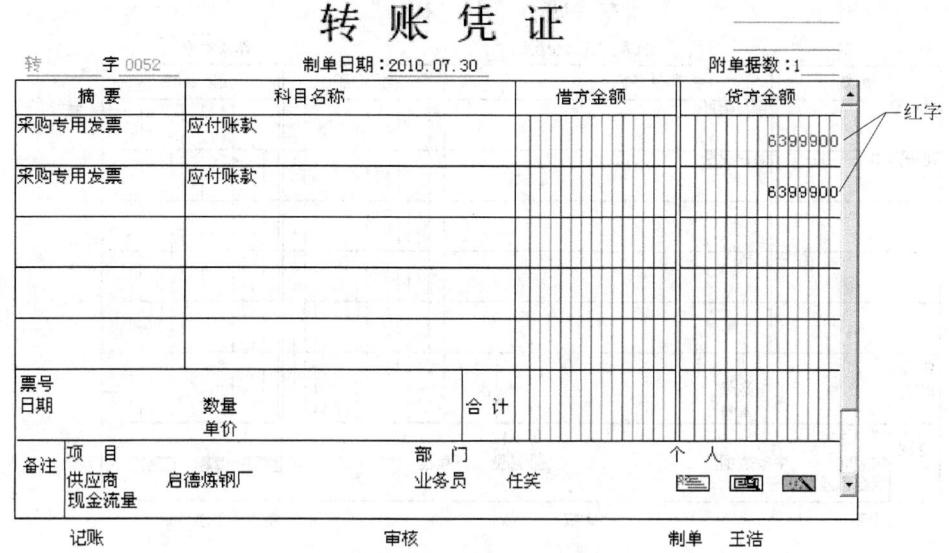

图 5 - 28 应付冲应付转账凭证

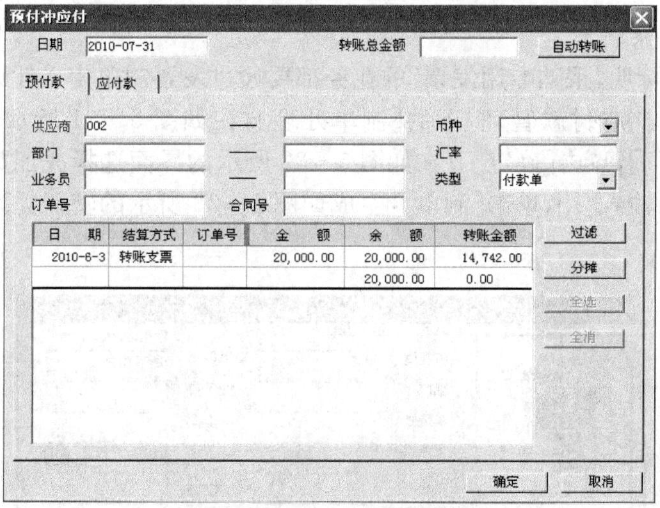

图 5 - 29 预付冲应付条件设置界面

5.5.6 制单处理

制单处理就是对应付款系统发生的业务生成记账凭证的处理,即将已审核的应付单和付款单通过制单处理把单据生成凭证传入总账系统,并在总账系统中进行审核。在每笔业务审核后可以立即制单,在转账处理时,采用的即为"立即制单"方式。在此仅讲统

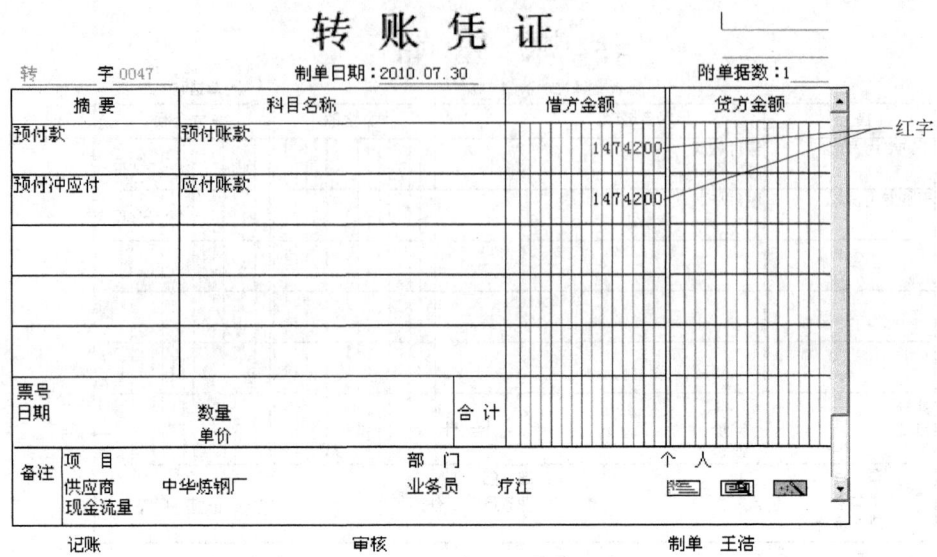

图 5 - 30　预付冲应付转账凭证

一制单。

5.5.6.1　发票制单

5.4.2.4 中,标明"采购专用发票"的业务都要通过发票制单生成凭证。

【操作】　单击[应付款管理]下的[制单处理],在如图 5 - 31 所示窗口选择供应商[006—连庆炼钢厂],点击[确定]。在如图 5 - 32 所示的界面选择凭证类别[转账凭证],双击选择标志栏,输入[1],单击[制单],生成如图 5 - 33 所示的转账凭证,检查无误后单击[保存]。

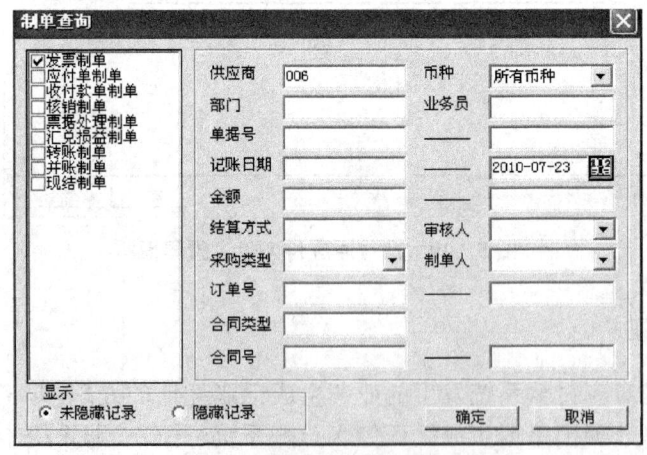

图 5 - 31　制单查询界面

图 5 - 32　采购发票制单界面

转 账 凭 证

转　　字　0008　　　　　制单日期：2010.07.07　　　　　　　　　　附单据数：3

摘 要	科目名称	借方金额	贷方金额
采购专用发票	材料采购	4000000	
采购专用发票	材料采购	4800000	
采购专用发票	应交税费/应交增值税/进项税额	1496000	
采购专用发票	应付账款		10296000

| 票号 日期 | 数量　10.00吨 单价　4000.00 | 合 计 | 10296000 | 10296000 |

备注　项　目　40Cr锭　　　　　部　门　　　　　　　　个　人
　　　客　户　　　　　　　　　业务员
　　　现金流量

记账　　　　　　　审核　　　　　　　制单　王浩

图 5 - 33　采购发票转账凭证

5.5.6.2　收付款单制单

在 5.4.2.4 中,标明"付款单"的业务都要通过收付款单制单生成凭证。

【操作】　单击[应付款管理]下的[制单处理],在如图 5 - 34 所示窗口勾选[收付款单制单],选择供应商[002—中华炼钢厂],点击[确定]。在如图 5 - 35 所示的界面选择凭证类别[付款凭证],双击选择标志栏,输入[1],单击[制单],自动生成一张付款凭证,检查无误后,单击[保存]。

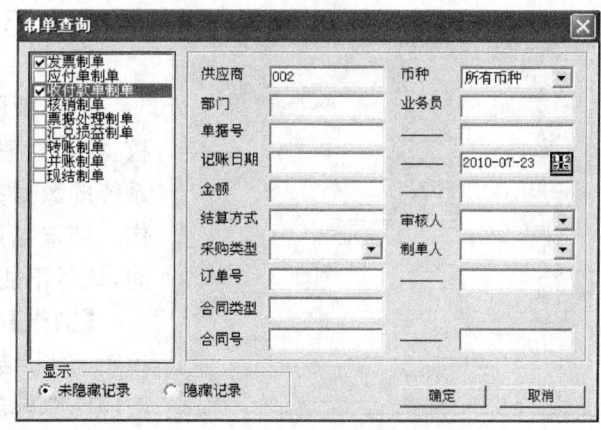

图 5 - 34　制单查询界面

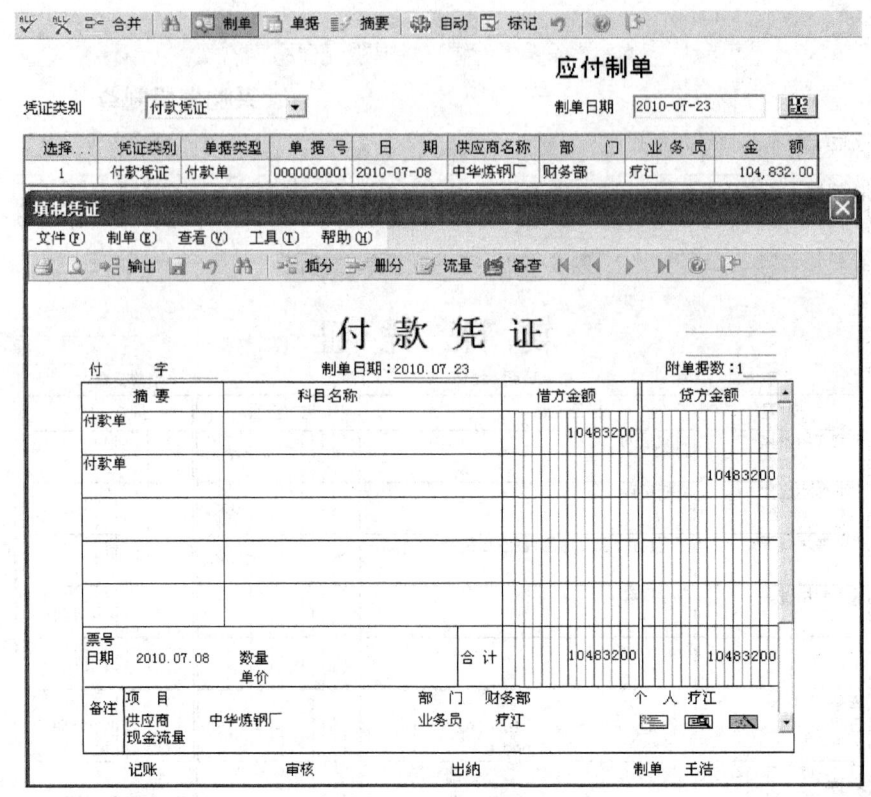

图 5 - 35 付款单制单界面

另外,在5.4.2.4中,标明"并账"的业务勾选"并账制单"生成凭证;标明"转账"的业务勾选"转账制单"生成凭证。

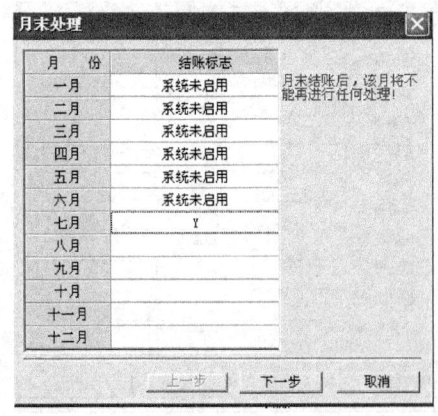

图 5 - 36 月末结账之选择月份界面

5.6 应付款期末处理

当本期所有操作完成后,如所有单据进行了审核、核销处理,相关单据已生成了凭证,同时与总账系统的数据资料已核对完毕,即可进行期末结账工作。期末结账处理完毕,系统进入下一个会计期间,该月不能再进行任何业务处理。

【操作】 点击[应付款管理]下的[期末处理],单击[月末结账],在如图5-36所示窗口双击七月对应结账标志栏,显示标志[Y],单击[下一步],弹出如图5-37所示的界面,点击[确认],弹出如图

5－38所示结账成功的提示框。

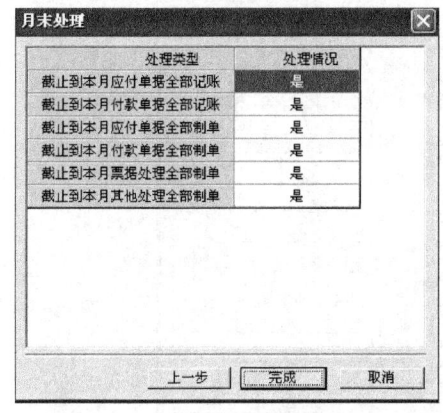

图 5－37　月末结账之检查界面　　　**图 5－38　月末结账完成界面**

如发现已结账期间有问题,可通过取消结账功能恢复结账前的工作。

　　【操作】　单击[期末处理]菜单下的[取消月结],在弹出的取消结账窗口选择最后一个已结账的月份,单击[确认],系统提示[取消结账成功],点击[确定]。

　　如果该月总账已结账,则需先取消总账的月结,再执行本月应付款系统的取消月结功能。而且每次只能取消最后一个月的结账,所以如果要取消几个月前的结账,则需多次执行取消月结操作。

5.7　账　表　管　理

应付款系统的账表管理包括业务账表查询、科目账查询和供应商往来辅助账查询。

5.7.1　业务账表查询

通过业务账表查询,可以了解一定期间内应付款期初数、发生额和期末数,以及款项的支付,还可以了解对各个供应商的应付款明细情况。

5.7.1.1　应付总账查询

应付总账可以查询本期应付、本期付款和余额的汇总数。

　　【操作】　点击[账表管理]下的[业务账表],单击[业务总账],在如图 5－39 所示窗口选择供应商[003—005],单击[过滤],系统显示如图 5－40 所示的应付总账表。

在图 5－40 中,本期应付栏列示的是采购发票、应付单、其他应付单和并账单的汇总金额;本期付款栏列示的是付款单、预付单和收款单的汇总金额。

5.7.1.2　业务余额表

应付余额表可以查看各个供应商的期初、本期应收、本期收回和余额的汇总数。

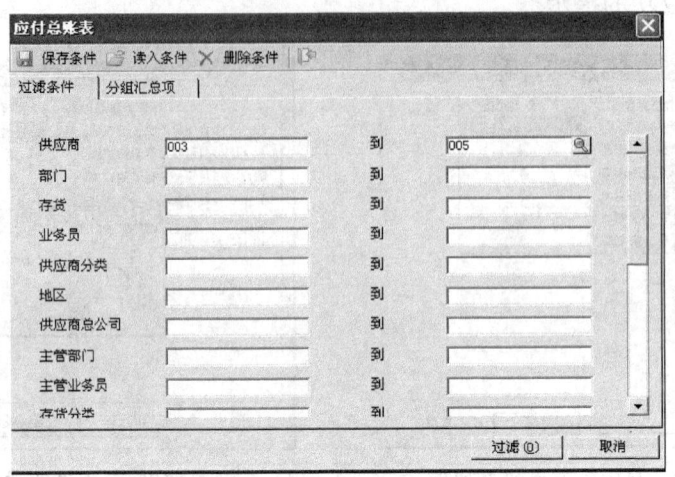

图 5 - 39　应付总账表查询条件设置界面

应付总账表

期间	本期应付 本币	本期付款 本币	余额 本币	月回收率%	年回收率%
期初余额			-300.00		
合　计			-300.00		

图 5 - 40　应付总账表

【操作】　点击[账表管理]下的[业务账表],单击[业务余额表],在查询过滤界面选择供应商[003—005],单击[过滤],系统显示如图 5 - 41 所示的应付余额表。

应付余额表

供应商 编码	供应商 名称	期初 本币	本期应付 本币	本期付款 本币	余额 本币	周转率 本币	周转天数 本币
003	大阳炼钢厂		75,816.00	76,116.00	-300.00	-505.44	-0.06
004	巨象炼钢厂		122,733.00	122,733.00			
合　计			198,549.00	198,849.00	-300.00		

图 5 - 41　应付余额表

与应付总账表相比,应付余额表是将每个供应商的汇总数据列示,但是供应商每列数据的合计数仍与总账表相等。

5.7.1.3　业务明细账

应付明细账可以查看企业与供应商每笔业务的应付款和付款情况。

【操作】　点击[账表管理]下的[业务账表],单击[业务明细账],在查询过滤界面选择供应商[003—005],单击[过滤],系统显示如图 5 - 42 所示的应付明细账。

应付明细账

币种：　全部
期间：　7 - 7

年		凭证号	供应商		摘要	单据类型	单据号	本期应付	本期付款	余额
月	日		编码	名称				本币	本币	本币
07	05	付-0005	003	大阳炼钢厂	支付代垫运输费	付款单	0000000003		300.00	-300.00
07	08	付-0007	003	大阳炼钢厂	支付材料款	付款单	0000000005		75,816.00	-76,116.00
07	15	转-0006	003	大阳炼钢厂	采购专用发票	采购专用发票	0000000004	75,816.00		-300.00
			(003)小计:					75,816.00	76,116.00	-300.00
07	09	转-0012	004	巨象炼钢厂	采购专用发票	采购专用发票	0000000006	122,733.00		122,733.00
07	13	付-0011	004	巨象炼钢厂	支付货款	付款单	0000000007		122,733.00	
			(004)小计:					122,733.00	122,733.00	
07	15	转-0018	005	启德炼钢厂	采购专用发票	采购专用发票	0000000007	63,999.00		63,999.00
07	30	转-0052	005	启德炼钢厂	采购专用发票	并账	BZAP0000...	-63,999.00		
			(005)小计:							
...								198,549.00	198,849.00	-300.00

图 5 - 42　应付明细账

应付明细账是将供应商的每笔业务数据列示,每个供应商的应付、付款情况和余额与应付余额表对应,最终合计数与业务总账相等。

5.7.1.4　与总账对账

应付款系统与总账系统对账,主要是检查两个系统中的往来账是否相等,如果不相等,可以查看原因。

【操作】　点击[账表管理]下的[业务账表],单击[与总账对账],在如图 5 - 43 所示窗口选择对账方式[按科目＋供应商],月份[2010.07]和供应商[001—008],勾选[包含未制单记录],显示如图 5 - 44 所示的与总账对账结果。

图 5 - 44 中,分别列示了应付系统和总账系

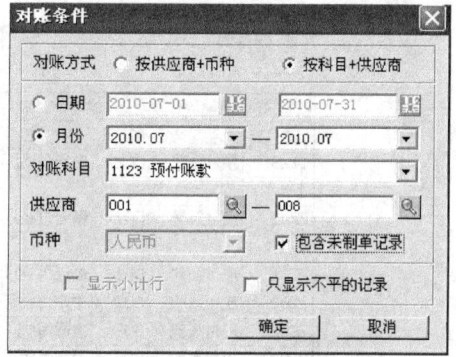

图 5 - 43　对账条件设置界面

统各个供应商的期初数、借贷方数和期末数,在差额(应付—总账)栏中,分别显示期初、记贷方和期末对账是否平衡。若差额均为零,则对账平衡,若差额不为零,则对账不平,此时,双击此行记录,系统显示对应此行记录的对账不平明细记录表。至此,新世纪轧钢厂 7 月份的供应商往来业务全部处理完毕,并完成与总账的对账,差额为零说明账务处理准确无误。

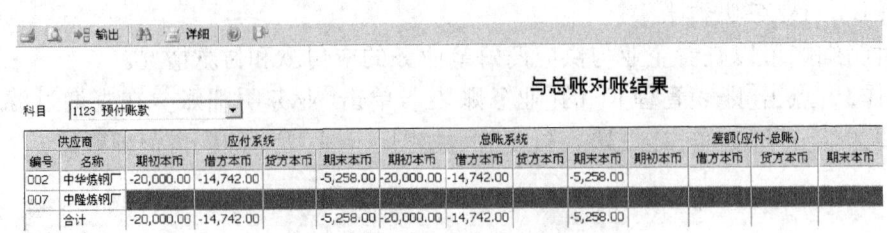

图 5-44 应付与总账对账结果

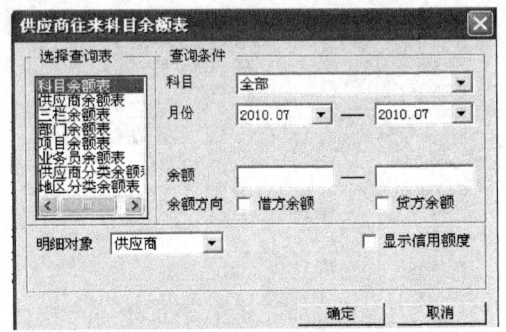

图 5-45 供应商往来科目余额表查询界面

5.7.2 科目账查询

科目账表查询可以查看科目余额表和科目明细账。

【操作】 点击[账表管理]下的[科目账查询],单击[科目余额表],在如图 5-45 所示窗口输入过滤信息,单击[确定],系统显示如图 5-46 所示的科目余额表,点击工具栏的[明细],显示如图 5-47 所示的科目明细账。

科目余额表

科目 全部

科目		供应商		方向	期初余额	借 方	贷 方	方向	期末余额
编 号	名 称	编 号	名 称		本币	本币	本币		本币
1123	预付账款	002	中华炼钢厂	借	20,000.00	-14,742.00		借	5,258.00
小计				借	20,000.00	-14,742.00		借	5,258.00
2201	应付票据	001	新元炼钢厂	平			59,670.00	贷	59,670.00
小计				平			59,670.00	贷	59,670.00
2202	应付账款	001	新元炼钢厂	贷	128,700.00	248,040.00	119,340.00	平	
2202	应付账款	002	中华炼钢厂	平		119,574.00	119,574.00	平	
2202	应付账款	003	大阳炼钢厂	平		76,116.00	75,816.00	借	300.00
2202	应付账款	004	巨象炼钢厂	平		122,733.00	122,733.00	平	
2202	应付账款	006	连庆炼钢厂	平		102,960.00	102,960.00	平	
2202	应付账款	007	中隆炼钢厂	平		149,581.00	203,580.00	贷	53,999.00
小计:				贷	128,700.00	819,004.00	744,003.00	贷	53,699.00
合计:				贷	108,700.00	804,262.00	803,673.00	贷	108,111.00

图 5-46 科目余额表

如图 5-46 所示的科目余额表显示的科目均是应付系统受控的科目,而且每个科目都根据供应商进行了数据汇总,而如图 5-47 所示的科目明细账是将每个科目下对供应

科目明细账

科目　[全部　　　　　　▼]

2010年		凭证号	科目		供应商		摘　要	借方	贷方	方向	余　额
月	日		编号	名　称	编号	名　称		本币	本币		本币
			1123	预付账款	002	中华炼钢厂	期初余额			借	20,000.00
07	30	转-0047	1123	预付账款	002	中华炼钢厂	预付款	-14,742.00		借	5,258.00
07			1123	预付账款	002	中华炼钢厂	本月合计	-14,742.00		借	5,258.00
07			1123	预付账款	002	中华炼钢厂	本年累计	-14,742.00		借	5,258.00
07	14	付-0013	1123	预付账款	007	中隆炼钢厂	付款单	10,000.00		借	10,000.00
07	31	转-0096	1123	预付账款	007	中隆炼钢厂	核销	-10,000.00		平	
07			1123	预付账款	007	中隆炼钢厂	本月合计			平	
07			1123	预付账款	007	中隆炼钢厂	本年累计			平	
			1123	预付账款			合　计	-14,742.00		借	5,258.00
			1123	预付账款			累　计	-14,742.00		借	5,258.00
07	30	转-0091	2201	应付票据	001	新元炼钢厂	支付新元的材料款		59,670.00	贷	59,670.00
07			2201	应付票据	001	新元炼钢厂	本月合计		59,670.00	贷	59,670.00
07			2201	应付票据	001	新元炼钢厂	本年累计		59,670.00	贷	59,670.00
			2201	应付票据			合　计		59,670.00	贷	59,670.00
			2201	应付票据			累　计		59,670.00	贷	59,670.00
			2202	应付账款	001	新元炼钢厂	期初余额			贷	128,700.00
07	01	转-0002	2202	应付账款	001	新元炼钢厂	采购专用发票		59,670.00	贷	188,370.00
07	03	付-0004	2202	应付账款	001	新元炼钢厂	支付轻轨钢坯材料款	59,670.00		贷	128,700.00
07	30	转-0051	2202	应付账款	001	新元炼钢厂	购买45#锭、20管锭	128,700.00		平	
07	30	转-0053	2202	应付账款	001	新元炼钢厂	采购专用发票		59,670.00	贷	59,670.00
07	30	转-0091	2202	应付账款	001	新元炼钢厂	支付新元的材料款	59,670.00		平	
07	31	转-0092	2202	应付账款	001	新元炼钢厂	支付轻轨钢坯材料款	59,670.00		借	59,670.00

图 5-47　科目明细账

商的每笔业务数据列示出来。

5.7.3　供应商往来辅助账查询

所有应付款管理系统的账表都能在总账系统中进行查询。在总账账表菜单下,有供应商往来辅助账提供应付款的查询。

5.7.3.1　供应商余额表

【操作】　进入总账系统,点击[账表]菜单下的[供应商往来辅助账],单击[供应商余额表],在如图 5-48 所示的窗口选择供应商[001—新元炼钢厂],勾选[含未记账凭证],点击[确定],显示如图 5-49 所示的[供应商余额表]。

5.7.3.2　供应商明细账

供应商明细账反映的是某个供应商所有受控于应付款系统科目的明细账情况。供应

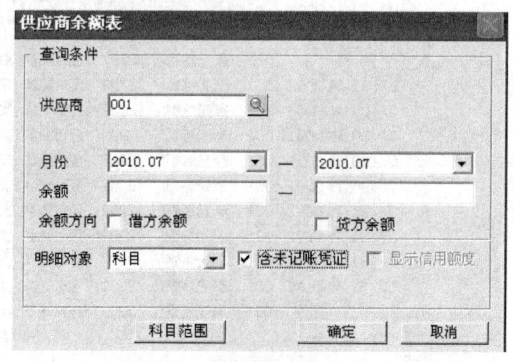

图 5-48　供应商余额表查询界面

图 5-49　供应商余额表

商明细账是供应商余额表的详细记录。

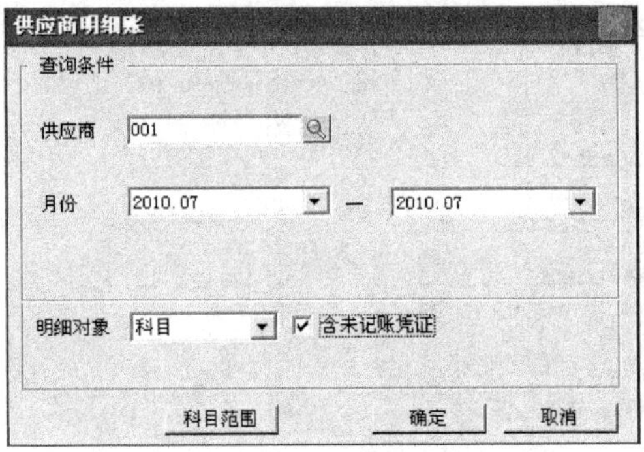

图 5-50　供应商明细账查询界面

【操作】　进入总账系统,点击[账表]菜单下的[供应商往来辅助账],单击[供应商明细账],在如图 5-50 所示的窗口选择供应商[001—新元炼钢厂],勾选[含未记账凭证],点击[确定],显示如图 5-51 所示的供应商明细账。

以上查询的账表数据,在总账系统同样可以查到,因为这些凭证都是应付系统生成传递到总账系统的,所以两个系统的数据是源于同一个凭证库。

图 5-51　供应商明细账

本章重点精炼

应付账款子系统是连接采购系统和总账系统的纽带,它接收采购形成的应付款业务(启用供应链时),审核并编制应付账款的记账凭证,将凭证传递到总账系统,记录负债的确认。当支付货款时,办理付款事项,输入付款单,编制付款凭证传递给总账系统,确认应付款项的减少。根据应付款项和付款事项进行核销处理,及时更新应付款余额。编制应付款余额表,为财务部制定还款计划提供依据。可使企业及时支付到期账款,以保证良好的信誉。

习　　题

一、选择题

1. 下列关于应付系统月末处理的说法中,正确的有(　　)。

　　A. 一次只能选择一个月进行结账

　　B. 前一个月没有结账,则本月不能结账

　　C. 结算单还有未审核的,不能结账

　　D. 年度末结账,对所有核销、转账等处理全部制单

2. 在应付款系统的单据查询功能中,可以进行查询的有(　　)。

　　A. 结算单　　　　　　B. 应付单　　　　　　C. 凭证　　　　　　D. 发票

3. 在应付款管理系统中,关于账龄区间设置,以下说法中,正确的是(　　)。

　　A. 序号由系统自动生成

　　B. 系统会根据输入的总天数自动生成相应的区间

　　C. 账龄区间不能修改和删除

　　D. 最后一个区间不能修改和删除

4. 在应付款管理系统的详细核算应用方案下,应付款管理系统的主要功能有(　　)。

　　A. 处理应付项目的付款及转账业务

　　B. 审核已生成的记账凭证

　　C. 对应付票据进行记录和管理

　　D. 在应付单据的处理过程中生成凭证

5. 在应付款管理系统与总账系统集成使用的情况下,应付款管理系统向总账系统传递(　　)。

　　A. 应用函数　　　　　　　　　　B. 分析数据

　　C. 凭证　　　　　　　　　　　　D. 付款结算情况

6. 应付冲应付生成凭证应选择的制单方式是（　　　）。

    A. 发票制单   B. 并账制单

    C. 结算单制单   D. 应付单制单

7. 在应付款系统中，属于预付冲应付业务规则的是（　　　）。

    A. 当该供应商的预付款小于等于应付款时，则该供应商最终自动冲销的金额以应付款总额为准

    B. 要想进行红字预付款冲销红字应付款时，则选择类型为收款单

    C. 当预付款小于应付款时，则该供应商最终自动冲销的金额以预付款总额为准

    D. 系统自动对冲的原则是对有预付款和应付款的供应商进行挨个对冲

二、判断题

1. 已审核的单据要弃审才能删除。（　　　）

2. 从采购系统中传入的单据不允许删除。（　　　）

3. 在应付款系统中，只能增加应付单的类型，而发票的类型是固定的，不能修改和删除。（　　　）

4. 在应付款系统红票对冲的转账处理功能中，手工对冲一次只能对一个供应商进行红票对冲，对冲金额不能大于原币余额。（　　　）

5. 在应付款系统的应付冲应付的转账处理功能中，每次可以选择多个转入单位。（　　　）

6. 蓝字预付款冲销蓝字应付款，红字预付款冲销红字应付款，两者可以同时进行处理。（　　　）

7. 在应付款系统中，付款单与蓝字采购发票、蓝字应付单、收款单核销；收款单与红字采购发票、红字应付单，付款单核销。（　　　）

8. 付款单的数额小于原有单据的数额，单据仅得到部分核销。（　　　）

三、简答题

1. 如何录入应付系统的期初余额？

2. 应付款系统期末结转前，应完成哪些工作？

3. 应付款系统采用详细核算模型时，如何与其他系统关联？

第6章　职工薪酬管理系统

6.1　薪酬管理业务概述

职工薪酬是指企业为获得职工提供的服务而给予其各种形式的报酬以及其他相关支出。

薪酬核算是所有单位会计核算中最基本的业务之一。该项业务无论对于职工个人、企业，还是社会都具有重要意义：

第一，薪酬核算和管理的正确与否关系到企业每一个职工的切身利益，对于调动职工的工作积极性，正确处理企业与职工之间的经济关系具有不可忽视的作用；

第二，企业的工资费用是产品成本的重要组成部分，加强劳动工资管理，合理调配人员组织生产，有效控制工资费用在成本中的比例，可以有效地降低产品成本；

第三，工资是国民收入中消费基金的重要组成部分，其数额的大小关系到国民收入中积累和消费的比例，因此也是国家重点管理和控制的内容。

因此，薪酬核算系统已成为会计核算中必不可少的专业核算系统。

6.2　薪酬核算业务分析

6.2.1　职工及职工薪酬的范围

1）职工的范围界定

职工是指与企业订立劳动合同的所有人员，包括全职、兼职和临时职工，也包括虽未与企业订立劳动合同，但由企业正式任命的人员，如董事会成员、监事会成员等。在企业的计划和控制下，虽未与企业订立劳动合同或未由其正式任命，但为其提供与职工类似服务的人员，也属于职工薪酬准则所称的职工。

2）职工薪酬的范围

我国 2006 年《企业会计准则》规定，职工薪酬包括"工资"、"职工福利"、"社会保险费"、"住房公积金"、"工会经费"、"职工教育经费"、"非货币性福利"、"辞退福利"、"股利支付"等项目。《企业会计准则》还规定，"社会保险费"、"住房公积金"、"工会经费"、"职工教育经费"

等的核算都是根据工资总额的一定比例计提,因此,职工薪酬的核算主要是工资的核算。

工资一般包括标准工资、加班工资、工资性津贴、经常性奖金以及支付给职工的非工作时间工资等,在会计核算中表现为"应付职工薪酬"科目的借方发生额。

(1) 标准工资是企业根据国家规定的工资标准、等级支付给职工的劳动报酬,包括计时工资和计件工资。

(2) 加班工资是企业对于职工在规定工作时间以外所进行的超时劳动所给予的劳动报酬。

(3) 工资性津贴是为了补偿职工额外或特殊的劳动消耗,在标准工资和奖金之外支付给职工的劳动报酬,如高温作业津贴等。

(4) 经常性奖金是对职工超额劳动的一种鼓励,即对在生产、工作中有优良成绩的职工,在标准工资以外支付给他们的劳动报酬。

(5) 非工作时间工资是按照国家有关政策规定,支付给职工的病假工资、产假工资、探亲假工资、工伤休假期间的工资等。

6.2.2 工资核算的原始记录

工资核算的原始记录是进行工资核算和管理的重要依据,在实际工作中要力求完整、准确并妥善保管,主要包括以下几方面内容:

(1) 提供标准工资的资料。企业通常使用工资卡来记录职工的职务、工资级别等原始信息,以提供标准工资的资料。工资卡由人事部门在职工进厂时填制,在职工调离时作相应记载。财会部门根据人事部门的通知起发或停发工资。

(2) 工作中的考勤记录。通常所见的考勤记录是考勤表,该表旨在反映职工出勤和缺勤的情况,一般由各生产班组(科、室)指定人员根据每个职工的出勤情况逐日登记,每月终了时将考勤表送交财务部门,据以计算出勤工资及病、伤、产假等工资,并最终确定职工的应发工资。

(3) 产量工时记录。产量工时记录是登记工人或小组在出勤时间内完成多少件产品和每件产品耗用多少工时的原始记录。在成批生产类型的车间中,一般采用工作进程单和工作班组产量记录结合使用的方法,全面提供核算工作所需要的资料。

(4) 代扣款记录。企业在进行工资核算时,还需要处理有关水费、电费、煤气费、托儿费、医药费、工会会费等代扣业务,有关这些业务的记录也是工资业务处理的原始记录。这些记录一般由企业的各职能部门指定专人负责登记,由财务部门代扣之后,计算职工的实发工资。

6.2.3 工资核算的基本工作

(1) 编制职工工资单。工资单由财务人员根据各项工资原始记录按月编制,是记录职工工资中各项明细数据的基本文件。编制职工工资单是工资业务处理的第一步,也是整个工资核算的基础。

（2）计算职工个人所得税。按照每个职工的应税额，套用基础资料设置中的所得税计算公式，计算出每个职工的个人所得税。

（3）生成分部门的工资汇总表。由于我国大多数单位工资项目都较多，构成比较复杂。不同工作岗位、不同工作性质的人员工资汇总数据要在不同的科目中进行核算。因此，首先将工资单中不同工资项目的数据分部门按职工工作岗位和工作性质等进行汇总，以便为编制工资核算记账凭证提供数据。

（4）编制工资结算汇总表。将分部门的工资汇总表中不同工资项目的数据按职工工作岗位和工作性质等进行二次汇总，生成工资核算的记账凭证，为账务处理系统结转工资费用提供依据。

（5）计提附加费。依据工资结算汇总表中不同部门及不同岗位职工的应发工资，按照规定的比例分别计算应计提的职工福利、住房公积金、工会经费和职工教育经费等。

（6）编制工资分配表。根据工资结算汇总表和产量记录，编制工资分配表，为进行成本核算提供依据。

（7）编制结转工资费用的转账凭证，转入账务处理系统。

6.2.4　工资核算处理流程

1）手工方式下工资核算处理流程

在手工方式下，根据人事部门提供的工资原始数据，先编制工资结算单，据此编制工资发放表、工资汇总表，然后编制工资费用分配表，填制工资转账凭证。工资核算处理流程如图 6－1 所示。

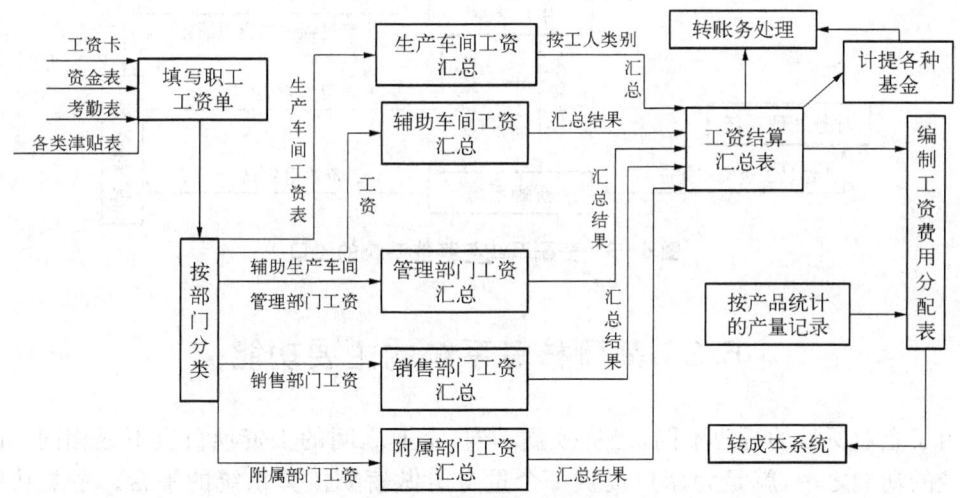

图 6－1　手工工资核算处理流程

2）信息系统处理方式下工资核算数据流程

在信息系统处理方式下,工资核算所需要的变动数据必须每次更新,相对固定数据可从上次数据中直接导入,再运用各种应用程序自动完成个人所得税计算、工资单生成等工作。信息系统处理方式下的工资核算数据流程如图 6-2 所示。

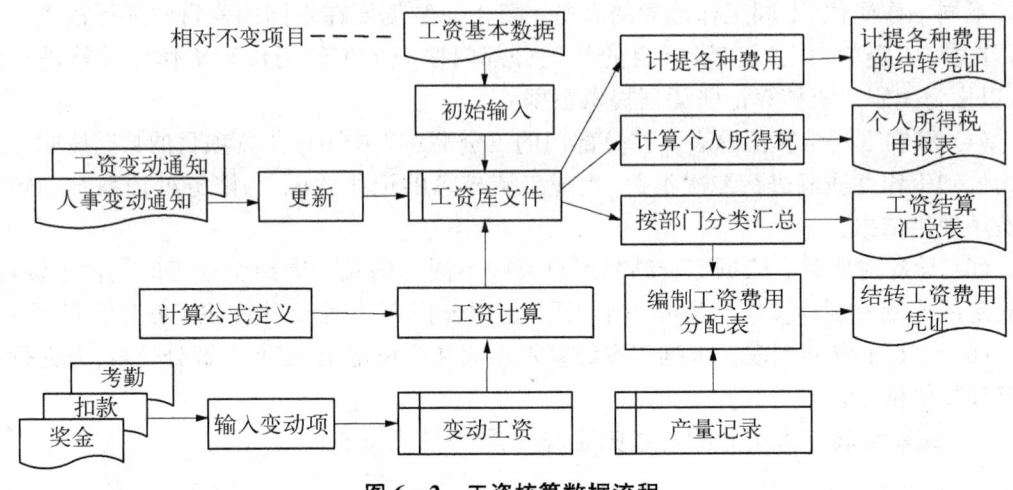

图 6-2 工资核算数据流程

6.2.5 薪酬核算系统与其他系统的关系

薪酬核算系统是一个相对独立的系统,它既可独立运行也可与账务系统、生产与成本系统协同工作。若采用协同运行方式,其相互之间的关系如图 6-3 所示。

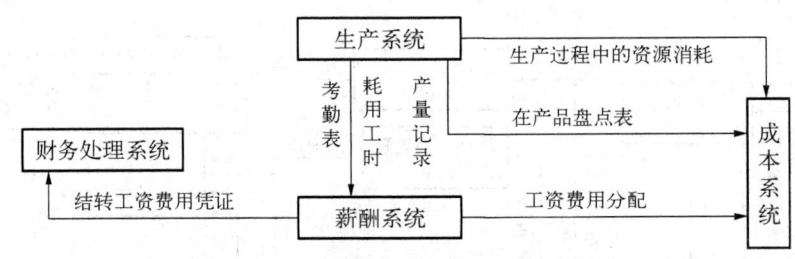

图 6-3 薪酬系统与其他系统的接口

6.3 薪酬核算系统的主要功能

由于企业所处的行业不同,经济效益不同,企业之间的工资项目也不尽相同。因此该系统的功能之一,就是为用户提供一个量身定做薪酬核算系统的平台。主要功能如图 6-4 所示。

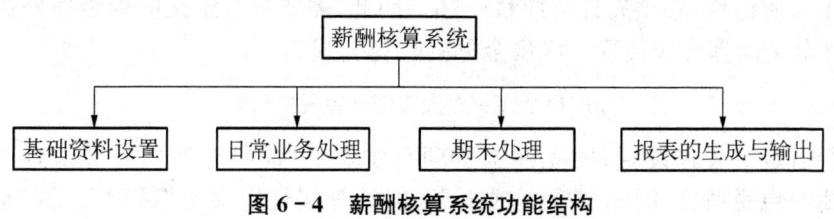

图 6-4　薪酬核算系统功能结构

6.3.1　各功能模块所包含的具体内容说明

6.3.1.1　基础资料设置

基础资料设置主要包括：人员类别设置、工资项目定义与计算公式定义、人员档案设置、银行管理所得税设置等工资核算的基础资料。

1）人员类别设置

人员类别设置的目的是便于按类别对所属人员进行工资的汇总和计算，可以按不同的人员类别分配工资费用，并有针对性地对不同类别人员的工资进行管理。

2）工资项目与计算公式定义

工资项目是构成工资表的各栏目，也是计算公式中的基本对象，由用户在初始设置时根据自身需要进行定义，不同的单位可以定义不同的栏目。设置公式就是建立工资项目之间的运算关系，将企业薪酬核算方法用计算公式表示。计算公式设置的正确与否，直接关系到工资核算的最终结果。

（1）自行定义工资项目时，需要注意以下事项。① 项目名称与工资表一致。定义工资项目即定义工资数据库文件的库结构，也就是构成工资表的栏目。② 项目类型由存储数据决定，凡是参与计算的项目类型都设为数字型。③ 工资项目的字段宽度应以能容纳该项目中可能出现的最大数据的宽度为准。④ 工资项目的计算属性由项目本身决定，构成应发合计公式的项目，计算属性应设为"增项"。凡构成扣款合计公式的项目，计算属性应设为"减项"。若定义的项目为自定义公式使用，此类项目的计算属性应设为"其他"，这些项目可在自定义公式中使用，不会被自动计入任何公式。

（2）计算项目与计算公式的关系。应发工资、实发工资、扣款合计、个人所得税等项目的数据是由其他项目数据经过计算得出的。这些项目是系统预设项目，也是所有企业的共性项目，不可修改或删除。

应发工资的公式由工资项目中计算属性为"加项"的项目自动构成，无法进行修改。而扣款合计的公式由工资项目中计算属性为"减项"的项目自动构成，同样无法进行修改。

但有些项目不能直接计入扣款合计中，因为扣款中的项目是税后项目（如水电费之类），而有些是免税项目（如住房公积金之类）。因此不能简单确定为"加项"或"减项"，为正确计算个人所得税,必须先计算应税金额。因此,需要自行定义应税金额公式。

(3) 自定义计算公式设置。应税金额的计算公式为:

应税金额＝应发工资－免税项目

要进行自定义公式设置,要先在工资项目中定义"应税金额",计算属性为"其他"。公式中需要的免税项目,同样需要逐项定义,但计算属性定义为"减项"。因"应税金额"是自行设置的公式,所以构成公式的工资项目及运算符号可自由选择。

注意:工资项目名必须与公式中的项目名始终保持一致。

(4) 个人所得税计算公式定义。严格按照税法的要求确定,适用税率即《个人所得税法》所规定的九级超额累进税率,速算扣除数是采用简便算法时税法提供的个人所得税减项数字。各企业根据自己的选择,设置对应的计算公式。

3) 人员档案设置

人员档案设置包括三部分:基本信息、数据档案、附加信息。

(1) 基本信息。基本信息包括人员编号、人员姓名、所属部门编码、名称、人员类别、代发银行、银行账号等。

(2) 数据档案。数据档案是员工的工资数据,在此可录入员工的工资。

(3) 附加信息。如果要录入附加信息,需要在此逐项定义要录入的项目,如性别、学历、技术职称、婚否、出生年月等。附加信息对工资核算无影响。

4) 银行管理

就是对工资支付行的管理。此处的银行管理为发放工资的银行,并非总账中所有的开户银行。在总账中可能有多个开户的银行,有基本存款账户、专项贷款账户等,而在薪酬管理系统中就只有发放工资的银行,只需设置银行名称、账号长度。

5) 所得税设置

即对个人所得税计算进行初始项目设置,如税率类别、税率项目、所得计算、基本扣除、所得期间、币别等。该项设置应与所得税计算公式定义一致。

6.3.1.2 工资的日常业务处理

工资的日常核算业务主要是对职工工资数据进行计算和调整,按照计算数据发放工资,进行凭证填制等账务处理。重点是及时根据职工人员变动对人员档案进行调整,根据工资分配政策的变化及时进行工资数据的调整计算,在此基础上利用系统的报表功能对工资分配进行报表分析,为企业制定和调整分配政策提供参考。

1) 人员变动调整

在日常经营中,时常会发生人员调出调进,或由于某些原因停发工资的情况,在日常工资核算业务处理中,先要对发生变动的人员及时进行调整。

2) 工资数据编辑

工资数据可分为固定数据和变动数据两类。固定数据一般较为稳定,数值很少变动,在日常工作中只有当其发生变化时,才进行调整,每月无需重复输入。一般而言基本工资、岗位工资属于固定数据。而变动数据则需在每月计算工资之前,根据实际发生的数据进行录入,以替换上次数据,如奖金、病假工资等。

3) 个人所得税计算

计算个人所得税时,需要在公式中定义计税基数(2 000 元),计算出每个职工的应税金额,系统会根据职工个人收入来源构成,自动计算出每位职工的个人所得税并生成个人所得税申报表。

4) 工资发放

在实际工作中,工资的发放有现金发放和银行代发两种方式。对采用现金发放方式的企业,可在系统设置时选择"工资分钱清单"功能,帮助用户筹划现金提取的票面组合。

(1) 采用银行代发方式的处理。在系统设置时选择"银行代发"功能,需要制作符合银行要求的工资发放文件。银行代发工资业务处理的主要内容是向银行提供规定格式的工资数据文件。

(2) 银行代发对格式的要求。根据银行的要求,设置提供数据中所包含的项目,以及项目的数据类型、长度和取值范围等,以保证企业工资计算结果与银行文件格式一致。系统默认设置有单位编号、人员编号、账号、金额和录入时间等栏目。

6.3.1.3　期末处理

工资核算业务期末处理的主要内容是进行与工资有关的费用计提和分配,内容包括:汇总计算出本月的工资总额;按人员类别将工资费用分摊入各类成本和期间费用;按工资总额计提应付福利费、工会经费、职工教育经费以及其他需要按工资总额计提的费用。完成费用计提和分摊核算后,进行结账。

1) 费用的计提与分摊

(1) 费用计提。在计算出企业应付工资总额之后,按核定应付工资总额的 10% 计提医疗保险费;12% 计提养老保险费;2% 计提失业保险费;10.5% 计提住房公积金;2% 计提职工福利费;2% 计提工会经费;1.5% 计提职工教育经费。

(2) 工资及费用分摊。将职工工资按类别汇总,生产工人的工资记入"生产成本——基本生产成本——人工成本"科目;生产管理人员的工资记入"制造费用"科目;管理人员的工资记入"管理费用——工资"科目;计提的各种费用同样按类别记入相应的科目。分摊结果就是结转费用的转账凭证,这些工作都要在结账之前完成。

2) 结账工作

月末结账是将当月数据经过处理后结转至下月。每月工资数据处理完毕后就要进行月末结转。结转之后,根据需要保留不变数据,可选择变动项目进行清零处理,即为下个月的数据输入做好准备。进行期末处理后,当月数据将不再允许变动。

6.3.1.4　统计分析功能

统计分析主要提供了工资账表数据的打印和分析及工资系统生成凭证的查询,用于工资系统数据与总账数据的查询核对。

1)账表管理

账表主要功能是对工资系统中所有的报表进行管理,有工资表和工资分析表两种报表类型,还可以自定义报表。

第一,工资表。

工资表主要用于本月工资的发放和统计,本功能主要完成查询和打印各种工资表的工作。工资表包括:工资发放签名表、工资发放条、工资卡、部门职工汇总表、人员类别汇总表、部门条件表、条件统计表、条件明细表、工资变动明细表、工资变动汇总表。其中,工资发放签名表、工资发放条都用于工资发放使用,一般银行代发不需要工资发放签名表,但需要工资发放条。因为银行到账的是实发工资,各种扣款的项目及金额在工资发放条中是单项列示的。其他统计表、汇总表都是供管理部门分析使用的。

第二,工资分析表。

工资分析表是以工资数据为基础(包括历史数据),对部门、人员类别的工资数据进行分析和比较,产生各种分析表,供管理人员使用。工资分析表主要包括工资增长分析、按月分类统计表、部门分类统计表、工资项目分析表、员工工资汇总表、按项目分类统计表、员工工资项目统计表、分部门各月工资构成分析、部门工资项目构成分析表。工资分析表中有些报表与工资表是相同的。

2)凭证查询

凭证查询用于查询结转工资及计提相关费用的凭证,可实现计提费用表和对应凭证的联查功能,保证与总账数据的一致性、转账凭证数据的准确性。比如,计提的医疗保险费、养老保险费、失业保险费、住房公积金、职工福利费、工会经费、职工教育经费的计算单及对应的结转凭证。

6.4　薪酬系统的应用

6.4.1　薪酬系统的操作流程

薪酬系统的操作流程如图6-5所示。

6.4.2　薪酬系统的初始化

薪酬管理系统的初始化就是账套主管按照单位的实际需要设置薪酬管理系统的工作模式,主要包括选项设置、工资项目及工资计算公式、部门及人员类别等的设置。

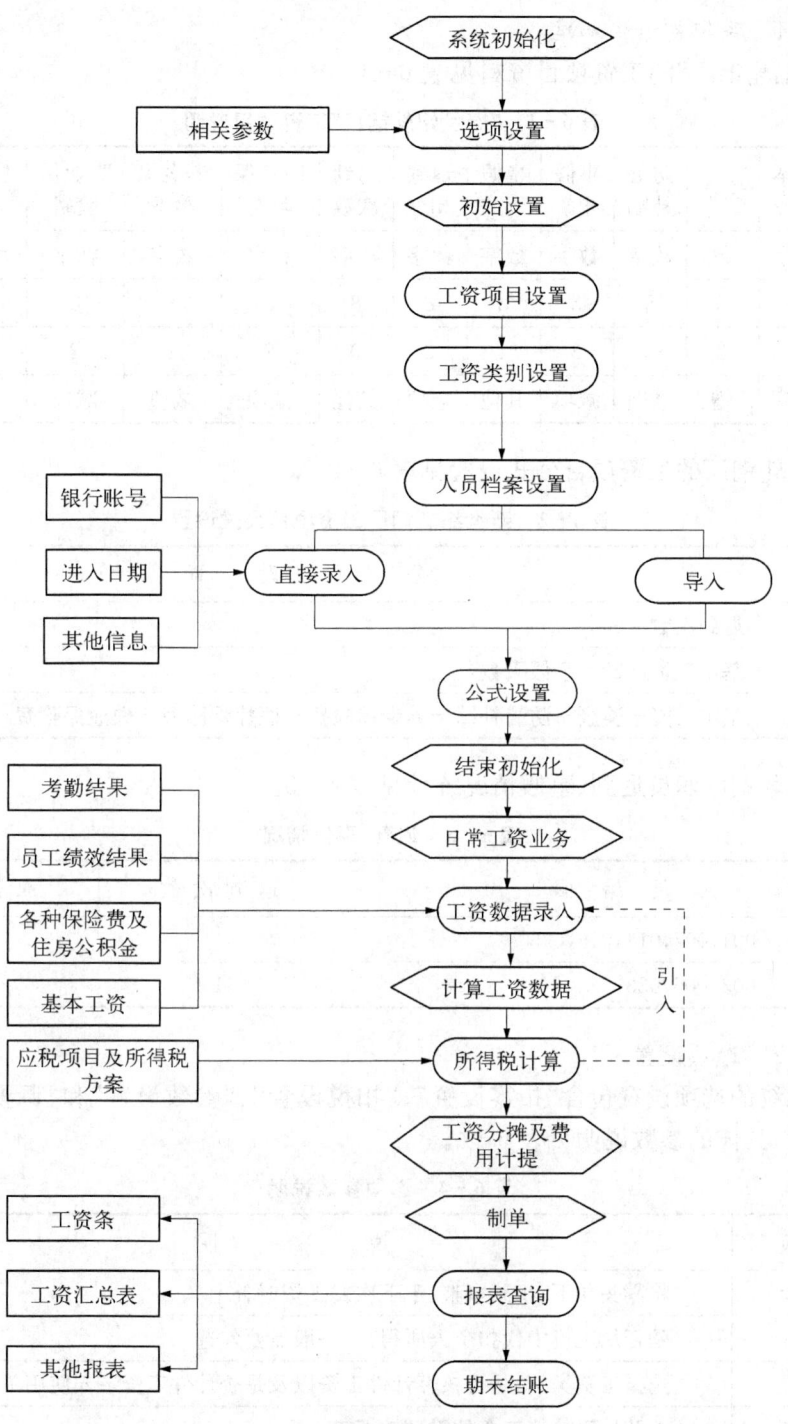

图 6 - 5　薪酬系统的操作流程

6.4.2.1 系统初始资料准备

"新世纪轧钢厂"的工资项目资料见表 6-1。

表 6-1 "新世纪轧钢厂"工资项目说明

工资项目名称	基本工资	奖金	防暑补贴	事假扣款	事假天数	迟到扣款	迟到次数	医疗保险费	养老保险费	失业保险费	住房公积金	应税金额
类 型	数字	数	数字	数字	数字	数字	数字	数字	数字	数字	数字	数字
长 度	8	8	8	8	8	8	8	8	8	8	8	8
小 数	2	2	2	2	1	2	0	2	2	2	2	2
增减项	增项	增	增项	减项	其他	减项	其他	减项	减项	减项	减项	其他

新世纪轧钢厂的工资项目公式设置见表 6-2。

表 6-2 新世纪轧钢厂工资项目公式设置

工资项目	公 式 设 置
迟到扣款	迟到次数×50
事假扣款	基本工资÷22×事假天数
应税金额	基本工资＋奖金＋防暑补贴－养老保险费－医疗保险费－失业保险费－住房公积金

新世纪轧钢厂职员迟到、事假情况统计见表 6-3。

表 6-3 迟到、事假情况

人 员 编 码	迟 到 次 数	事 假 天 数
001,007,014,016,025		1
003,006,023	1	

6.4.2.2 选项设置

薪酬系统的选项设置包含"扣零设置"、"扣税设置"、"参数设置"和"调整汇率"四个页签的设置,具体的参数说明见表 6-4。

表 6-4 选项参数说明

选 项	说 明
扣零设置	将零头扣下,积累取整,于下次发工资时补上
扣税设置	是否从工资中代扣个人所得税,一般需要勾选
参数设置	选择工资类别、是否核算计件工资以及是否计件工录入使用单人方式
调整汇率	涉及外币核算工资的需调整汇率

新世纪轧钢厂没有外币核算,企业代扣个人所得税,对个人工资不进行扣零处理,仅设有一种工资类别。

【操作】　进入企业门户[业务]页签,单击[人力资源]|[薪资管理],打开如图 6-6 所示的薪资管理系统,选择[设置]下的[选项],弹出如图 6-7 所示的对话框,单击[编辑]分别进行扣税设置、参数设置、调整汇率设置。设置结果见图 6-8 至图 6-10。

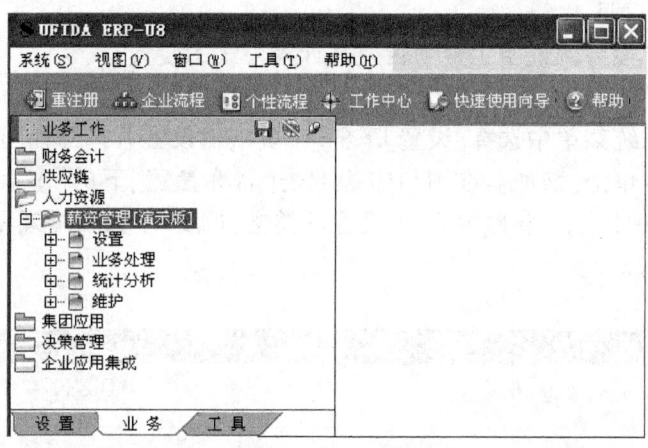

图 6-6　薪资管理

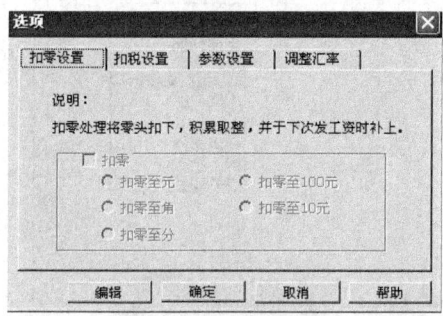

图 6-7　选项

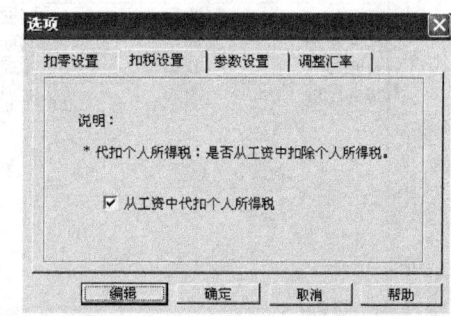

图 6-8　选项——扣税设置

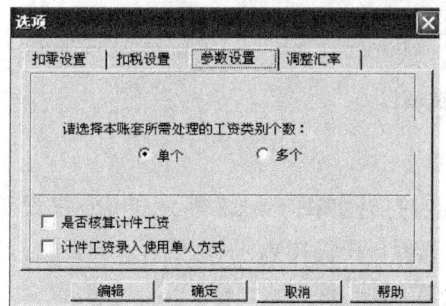

图 6-9　选项——参数设置

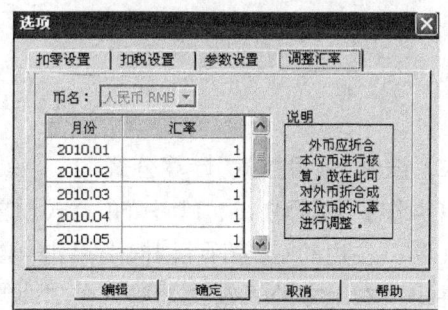

图 6-10　选项——调整汇率

6.4.2.3 工资项目及计算公式设置

"工资项目设置"中的"应发合计"、"实发合计"、"扣款合计"、"代扣税"为默认项,不能修改,其中设置为"增项"的工资项目会自动添加到"应发合计",设置为"减项"的工资项目会自动添加到"扣款合计",设置为"其他"项的可以自由设置增减性。如果新增工资项目需要通过其他方式计算得到,企业可以自行设置计算公式。新世纪轧钢厂工资项目见表6-1,计算公式见表6-2。

以"事假扣款"项为例说明工资项目及其计算公式的设置。

1) 添加"事假扣款"工资项目

【操作】 在系统菜单中选择[设置]下的[工资项目设置],打开如图6-11所示的[工资项目设置]窗口,单击[增加],在窗口右边双击[名称参照]下的[事假扣款],系统自动填入左边的[工资项目]中,参照表6-1设置其类型、长度、小数和增减项。其他工资项目设置结果见图6-12。

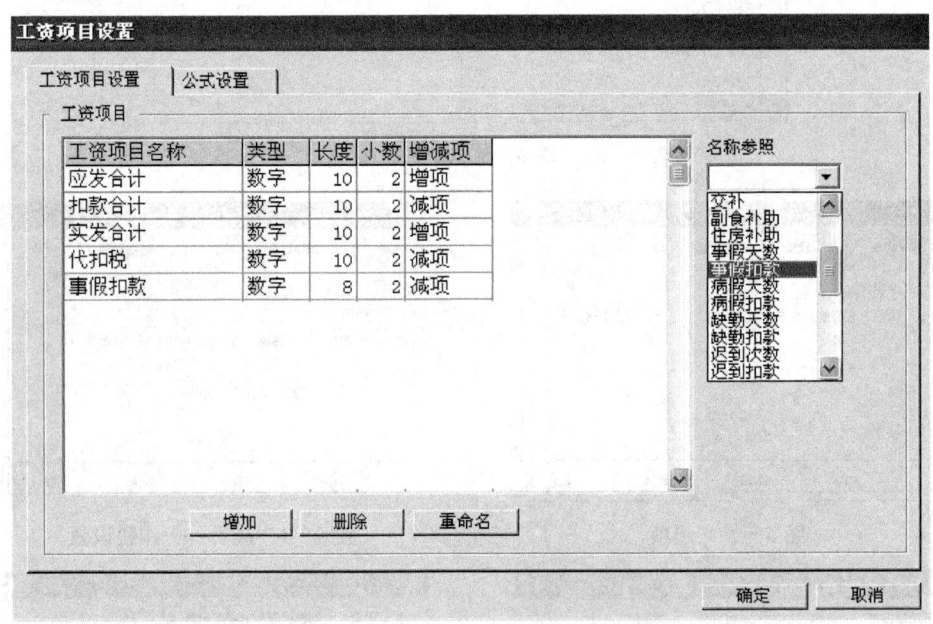

图6-11 工资项目

2) 设置"事假扣款"计算公式

【操作】 选择图6-11中的[公式设置]页签,打开如图6-13所示的[公式设置]界面,在窗口左边的[工资项目]框中单击[增加],选择[事假扣款],参照表6-2的计算公式,在窗口右上方公式定义处输入公式,单击[公式确认]保存。

注意:公式中的项目必须从窗口下方的工资项目列表中选择。

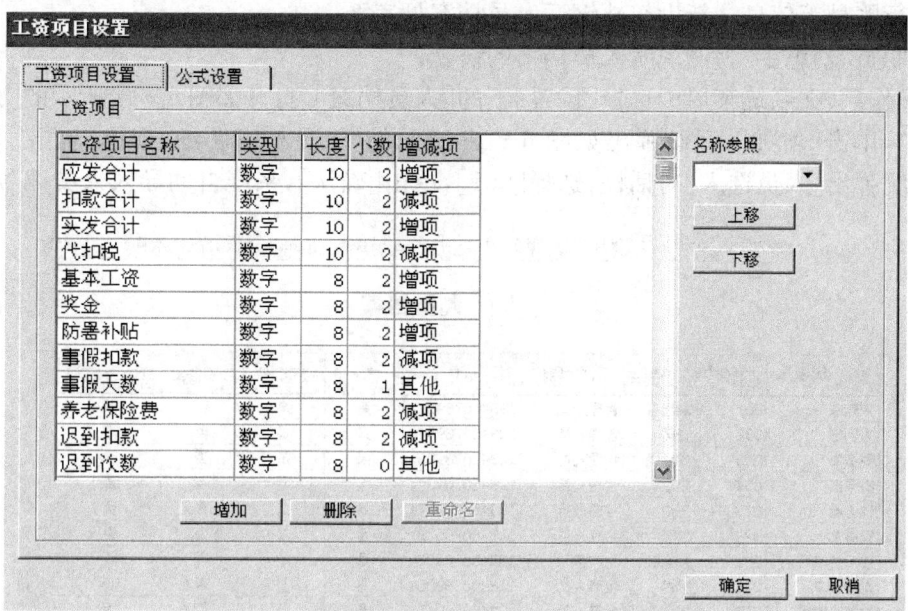

图 6 - 12　设置结果

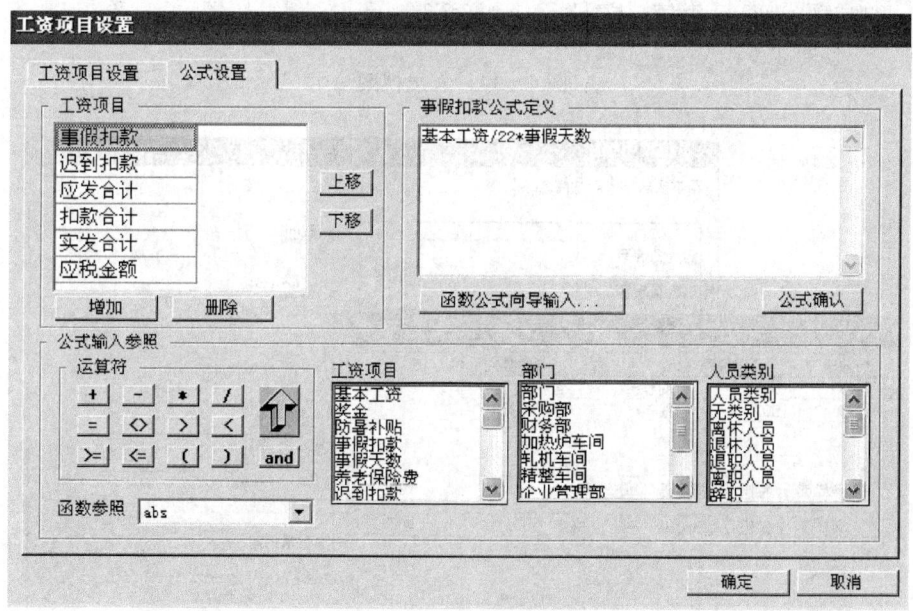

图 6 - 13　事假扣款公式定义

6.4.2.4　人员档案设置

人员档案可直接引入基础档案中已存在的职员及其所在部门信息,此外还要增加职员的银行账号等信息。新世纪轧钢厂人员档案见表2-3。

以职员"刘思宇"为例说明人员档案的设置。

【操作】　在系统菜单中选择[设置]下的[人员档案],打开如图6-14所示的[人员档案]窗口,单击[增加],系统弹出如图6-15所示的[人员档案明细]窗口,单击[人员姓名],系统弹出[人员选入]对话框,选择[001],单击[确认],系统自动导入人员编号、人员

人员档案

薪资部门名称	人员编号	人员姓名	人员类别	账号	中方人员	是否计税	工资停发	核算计件工资
采购部	001	刘思宇	管理人员	12345678901	是	是	否	否
采购部	002	任笑	管理人员	12345678902	是	是	否	否
财务部	003	龙胜强	管理人员	12345678903	是	是	否	否
财务部	004	疗江	管理人员	12345678904	是	是	否	否
财务部	027	王洁	管理人员	12345678927	是	是	否	否
财务部	028	徐晓	管理人员	12345678928	是	是	否	否
加热炉车间	005	孙亚楠	生产管理人员	12345678905	是	是	否	否
加热炉车间	006	孙艳	生产人员	12345678906	是	是	否	否
加热炉车间	017	岑洁	生产人员	12345678917	是	是	否	否
加热炉车间	018	覃晓	生产人员	12345678918	是	是	否	否
加热炉车间	019	张巧枚	生产人员	12345678919	是	是	否	否
加热炉车间	020	王传东	生产人员	12345678920	是	是	否	否
轧机车间	007	戴熊	生产管理人员	12345678907	是	是	否	否

图6-14　人员档案

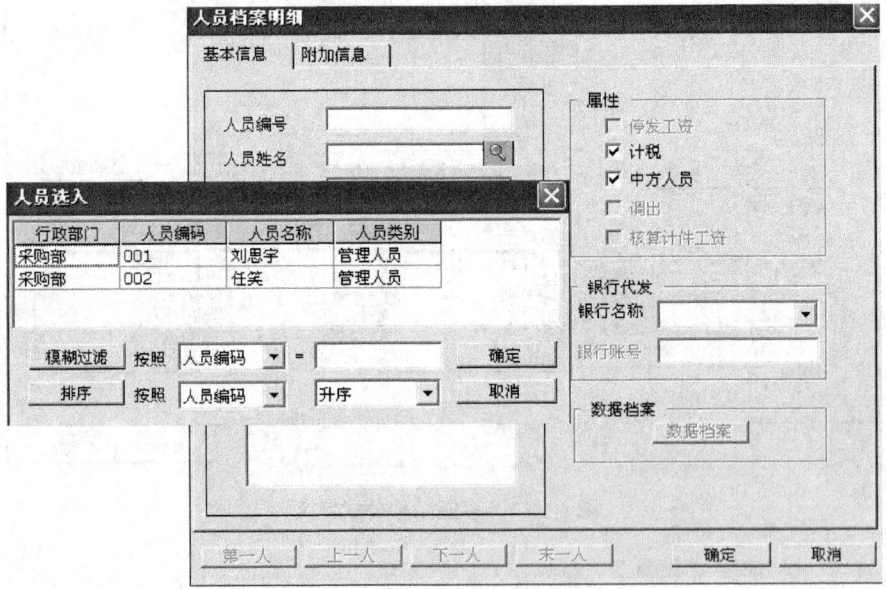

图6-15　人员档案明细

姓名、所在部门和人员类别信息,在[银行名称]下拉菜单中选择[中国工商银行],选中[计税]和[中方人员]两个复选框,[银行账号]栏录入[12345678901],单击[确认]保存信息。

6.5 薪酬的日常业务处理

6.5.1 人员变动调整

人员变动可以分为调入和调出两类。对于调入人员,首先在基础档案里添加职员信息,然后将其引入到工资系统的人员档案中。下面重点介绍人员调出的操作。

【操作】 在图 6-14 中选中该职员,单击[修改],弹出如图 6-16 所示的[人员档案]窗口,勾选[调出]复选框,窗口的文本框即变为灰色,表明该职员已不在工资发放的范围中,单击[确认]返回图 6-14。

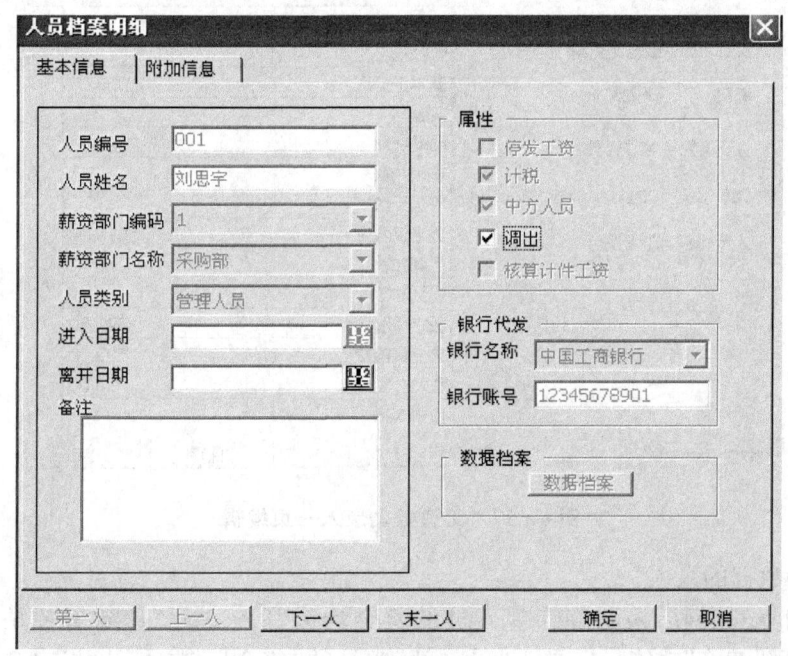

图 6-16 人员调出

6.5.2 工资数据的录入与计算

工资数据可分为固定数据和变动数据两类。固定数据一般较为稳定,数值很少变动,常见的有基本工资、各种保险费等。而变动数据则需每期发放工资时根据实际情况进行调整,当大多数职员某个工资项目金额相同时,可以用"替换"功能快速录入,对于可按照公式计算的工资项目数据,系统根据预先定义的公式自动计算,还有一些无规则可循的工资项目则需手动逐项输入。7月份新世纪轧钢厂部分职员工资表如表6-5所示。

1) 固定数据的录入

新世纪轧钢厂工资项目中基本工资、各项保险费及住房公积金是固定数据。

【操作】 在系统菜单中选择[设置]下的[人员档案],选中第一位职员,单击[修改],打开如图6-15所示的[人员档案]窗口,在数据档案栏单击[数据档案],系统弹出如图6-17所示的[工资数据录入—页编辑]窗口,录入基本工资、各项保险费及住房公积金,然后单击[保存]返回图6-15,单击[确认],系统自动翻至下一人,参照表6-5,逐个输入职工的基本工资、各项保险费及住房公积金。

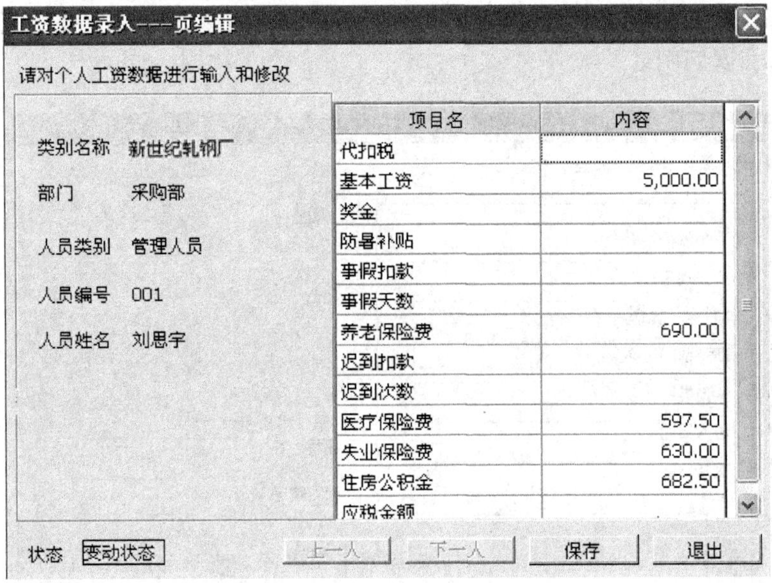

图6-17 工资数据录入—页编辑

2) 变动数据的录入

因为新世纪轧钢厂采购部管理人员的奖金均为"2 000元","防暑补贴"均为"500元",可以使用"替换"功能。以录入"采购部"职员的"奖金"、"防暑补贴"、"事假天数"和"迟到次数"为例说明变动数据的录入。

【操作】 在系统菜单中选择[业务处理]下的[工资变动],打开如图6-18所示的[工资变动]窗口,单击[替换],采购部管理人员奖金的录入见图6-19,以相同的方式录入[防暑补贴]项。参照表6-3在图6-18中[001]号职员的[事假天数]项输入[1](见图6-20)。

表 6-5　工　资　表

人员编号	姓名	部门	人员类别	应发合计	扣款合计	实发合计	代扣税	基本工资	奖金	防暑补贴费	事假扣款	事假天数	迟到扣款	迟到次数	医疗保险费	住房公积金	失业保险费	养老保险费	应税金额
001	刘思宇	采购部	管理人员	7 500	3 137.27	4 362.73	310	5 000	2 000	500	227.27	1	0	0	597.5	682.5	630	690	4 900
002	任笑	采购部	管理人员	5 500	2 665	2 835	65	3 000	2 000	500	0	0	0	0	597.5	682.5	630	690	2 900
003	龙胜强	财务部	管理人员	5 800	2 313	3 487	143	4 500	1 000	300	0	0	50	1	579.5	556.5	606	378	3 680
004	疗江	财务部	管理人员	5 800	2 263	3 537	143	4 500	1 000	300	0	0	0	0	579.5	556.5	606	378	3 680
027	王浩	财务部	管理人员	4 800	2 163	2 637	43	3 500	1 000	300	0	0	0	0	579.5	556.5	606	378	2 680
028	徐晓	财务部	管理人员	4 800	2 163	2 637	43	3 500	1 000	300	0	0	50	1	579.5	556.5	606	378	2 680
005	孙亚楠	加热炉车间	生产管理人员	5 200	2 167	3 033	87	3 500	1 500	200	0	0	0	0	578	546	604	352	3 120
006	孙艳	加热炉车间	生产人员	4 100	1 713	2 387	23	3 000	1 000	100	0	0	0	0	561.5	430.5	482	166	2 460
017	岑洁	加热炉车间	生产人员	4 100	1 663	2 437	23	3 000	1 000	100	0	0	0	0	561.5	430.5	482	166	2 460
018	覃晓	加热炉车间	生产人员	4 100	1 663	2 437	23	3 000	1 000	100	0	0	0	0	561.5	430.5	482	166	2 460
019	张巧枚	加热炉车间	生产人员	4 100	1 663	2 437	23	3 000	1 000	100	0	0	0	0	561.5	430.5	482	166	2 460
020	王传东	加热炉车间	生产人员	4 100	1 663	2 437	23	3 000	1 000	100	159.09	1	0	0	561.5	430.5	482	166	2 460
007	戴熊	轧机车间	生产管理人	5 200	2 326.09	2 873.91	87	3 500	1 500	200	0	0	0	0	578	546	604	352	3 120
008	熊伟	轧机车间	生产人员	4 100	1 663	2 437	23	3 000	1 000	100	0	0	0	0	561.5	430.5	482	166	2 460

（续表）

人员编号	姓名	部门	人员类别	应发合计	扣款合计	实发合计	代扣税	基本工资	奖金	防暑补贴费	事假扣款	事假天数	迟到扣款	迟到次数	医疗保险费	住房公积金	失业保险费	养老保险费	应税金额
021	李文贤	轧机车间	生产人员	4 100	1 663	2 437	23	3 000	1 000	100	0	0	0	0	561.5	430.5	482	166	2 460
022	李明	轧机车间	生产人员	4 100	1 663	2 437	23	3 000	1 000	100	0	0	0	0	561.5	430.5	482	166	2 460
023	邓超	轧机车间	生产人员	4 100	1 713	2 387	23	3 000	1 000	100	0	0	50	1	561.5	430.5	482	166	2 460
009	熊卓	精整车间	生产管理人	5 200	2 167	3 033	87	3 500	1 500	200	0	0	0	0	578	546	604	352	3 120
010	饶娟	精整车间	生产人员	4 100	1 663	2 437	23	3 000	1 000	100	0	0	0	0	561.5	430.5	482	166	2 460
024	孙莉	精整车间	生产人员	4 100	1 663	2 437	23	3 000	1 000	100	0	0	0	0	561.5	430.5	482	166	2 460
025	王杰	精整车间	生产人员	4 100	1 799.36	2 300.64	23	3 000	1 000	100	136.36	1	0	0	561.5	430.5	482	166	2 460
026	袁帅	精整车间	生产人员	4 100	1 663	2 437	23	3 000	1 000	100	0	0	0	0	561.5	430.5	482	166	2 460
011	刘伟	企业管理部	管理人员	8 600	3 449	5 151	409	5 000	3 000	600	0	0	0	0	614	798	652	976	5 560
012	刘壮	企业管理部	管理人员	6 600	3 171	3 429	131	3 000	3 000	600	0	0	0	0	614	798	652	976	3 560
013	邓娟	销售一部	管理人员	7 500	3 080	4 420	280	4 500	2 500	500	0	0	0	0	605	735	640	820	4 700
014	吴迪	销售一部	管理人员	6 500	3 104.09	3 395.91	145	3 500	2 500	500	159.09	1	0	0	605	735	640	820	3 700
015	李杰	销售二部	管理人员	7 500	3 080	4 420	280	4 500	2 500	500	0	0	0	0	605	735	640	820	4 700
016	张星	销售二部	管理人员	6 500	3 104.09	3 395.91	145	3 500	2 500	500	159.09	1	0	0	605	735	640	820	3 700

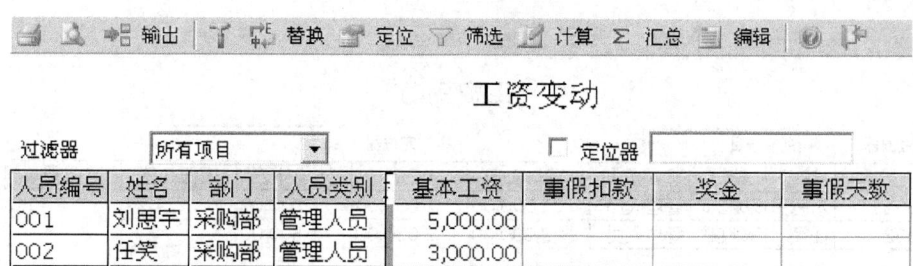

图 6 - 18 工资变动

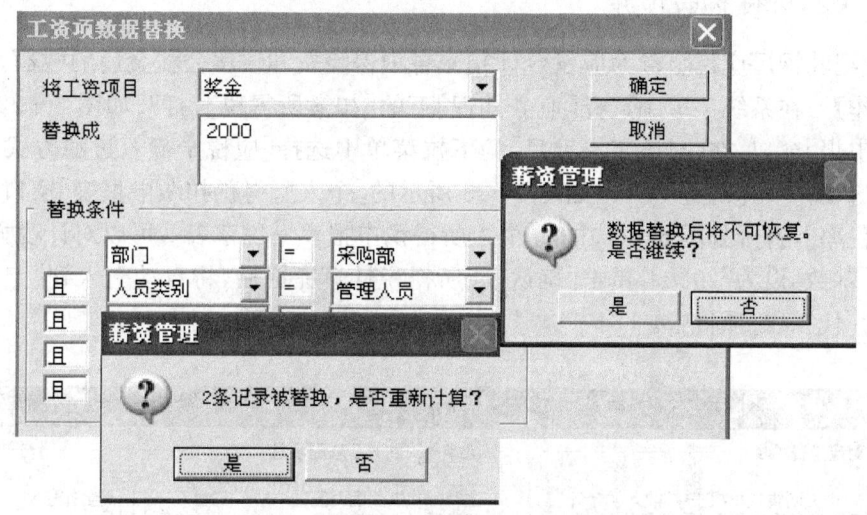

图 6 - 19 录入采购部管理人员奖金

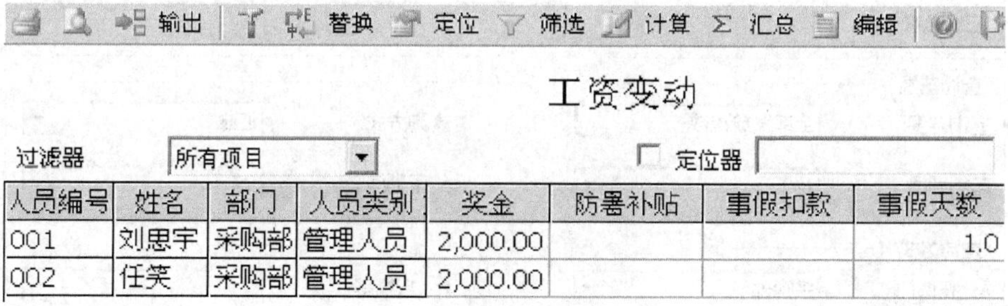

图 6 - 20 录入"事假天数"

3) 计算工资

【操作】 在图 6 - 20 中单击[计算],系统计算出剩余工资项目(见图 6 - 21)。

人员编号	姓名	部门	人员类别	基本工资	奖金	防暑补贴	事假扣款	事假天数
001	刘思宇	采购部	管理人员	5,000.00	2,000.00	500.00	227.27	1.0
002	任笑	采购部	管理人员	3,000.00	2,000.00	500.00		

图 6-21　计算工资

6.5.3　个人所得税的计算

新世纪轧钢厂应税金额为应发合计扣减各项保险费和住房公积金后的数额。

【操作】　在系统菜单中选择[业务处理]下的[扣缴所得税],打开如图 6-22 所示的[所得税申报]窗口,在[对应工资项目]的下拉菜单中选择[应税金额],过滤方式勾选[按部门]复选框,单击[确定],弹出如图 6-23 所示的[个人所得税扣缴申报表]窗口,在菜单栏单击[税率],打开如图 6-24 中的[个人所得税申报表—税率表],可以对计税方法进行编辑,将[基数]设为[2000],单击[确认]。所得税计算完成后,将自动引入到[工资变动]窗口中的[代扣税]项目中。

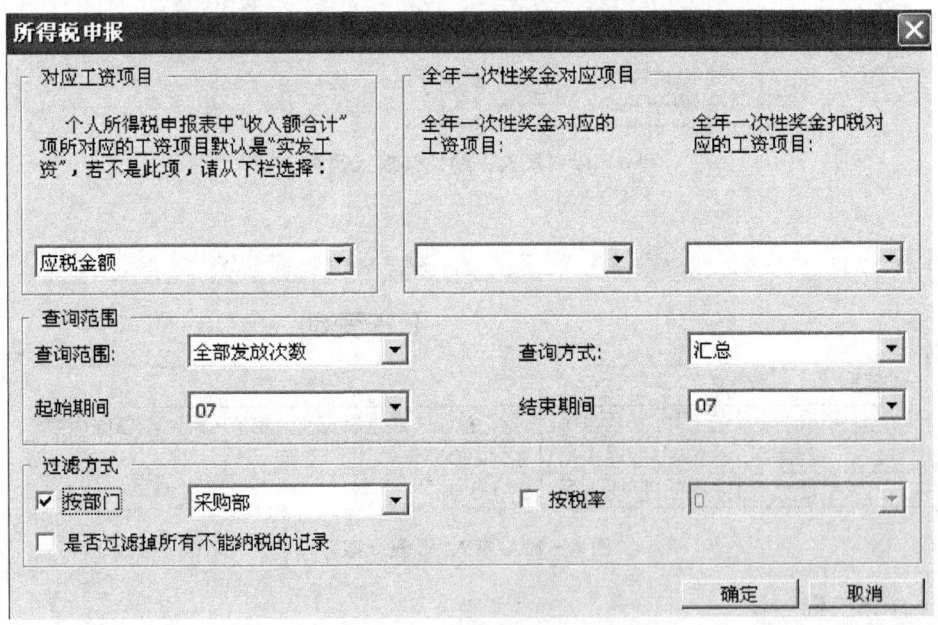

图 6-22　所得税申报

所得税申报
2010年7月--2010年7月

序号	纳税人姓名	身份证照类型	收入额	费用扣除标准	应纳税所得额	税率	已扣税额
1	刘思宇	身份证	4900.00	2000.00	2900.00	15	310.00
2	任笑	身份证	2900.00	2000.00	900.00	10	65.00

图 6 - 23　个人所得税扣缴申报表

个人所得税申报表——税率表

基数 2000　　附加费用 3200.00　　您如果修改了纳税的设置，请到工资变动中重新进行工资计算。

计算公式

级次	应纳税所得额下限	应纳税所得额上限	税率(%)	速算扣除数
1	0.00	500.00	5.00	0.
2	500.00	2000.00	10.00	25.
3	2000.00	5000.00	15.00	125.
4	5000.00	20000.00	20.00	375.
5	20000.00	40000.00	25.00	1375.
6	40000.00	60000.00	30.00	3375.
7	60000.00	80000.00	35.00	6375.
8	80000.00	100000.00	40.00	10375.

增加　删除

确定　取消　打印

图 6 - 24　税率表

6.5.4　工资的发放

工资的发放有现金发放和银行代发两种方式。新世纪轧钢厂采用银行代发的方式。

【操作】　在系统菜单中选择[业务处理]下的[银行代发]，打开如图 6 - 25 所示的[银行代发]窗口，单击[方式]，设置新世纪轧钢厂的文件方式，见图 6 - 26、6 - 27，单击[确认]返回图 6 - 25。

银行代发一览表

名称：中国工商银行

单位编号	人员编号	账号	金额
1234934325	001	12345678901	4,362.73
1234934325	002	12345678902	2,835.00
1234934325	003	12345678903	3,487.00
1234934325	004	12345678904	3,537.00
1234934325	005	12345678905	3,501.18
1234934325	006	12345678906	2,387.00

图 6 - 25　银行代发

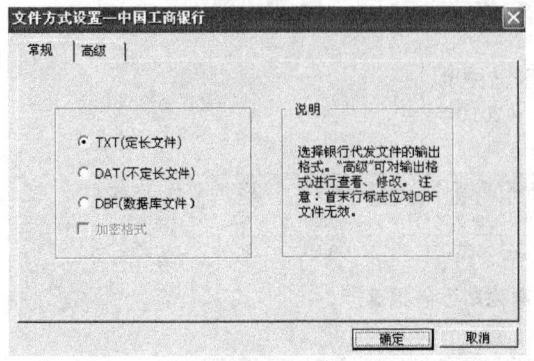
图 6-26　文件方式设置—常规

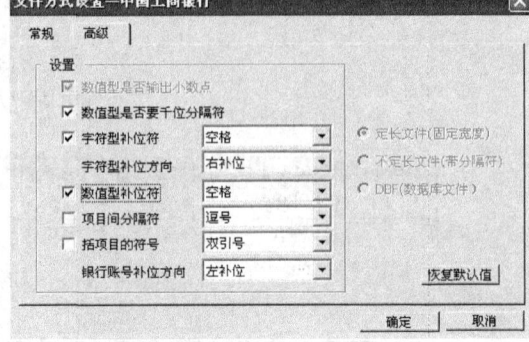
图 6-27　文件方式设置—高级

6.6　薪酬系统期末处理

6.6.1　工资分摊及费用计提

应付工资总额核定之后,要按照应付工资总额的规定比例计提"职工福利费"、"医疗保险"、"养老保险"、"住房公积金"、"职工教育经费"、"工会经费"。这些计提的费用按照人员类别分别记入不同的科目,其中按照生产人员工资总额计提的相关费用记入"生产成本——基本生产成本——直接人工"科目的借方,按照生产管理人员工资总额计提的相关费用记入"制造费用——工资"科目的借方,按照"销售部"管理人员工资总额计提的相关费用记入"销售费用——工资"科目的借方,按照其他部门管理人员工资总额计提的相关费用记入"管理费用——工资"科目的借方,贷方均记入"应付职工薪酬"科目。新世纪轧钢厂的费用计提类型及比例参见表 6-6。

表 6-6　计提费用类型及比例

计提类型名称	职工福利费	医疗保险费	养老保险费	失业保险费	住房公积金	职工教育费	工会经费
计提比例	2%	10%	12%	2%	10.5%	1.5%	2%

以计提"职工福利费"为例说明工资分摊及费用计提的设置。

【操作】　在系统菜单中选择[业务处理]下的[工资分摊],打开如图 6-28 所示的[工资分摊]窗口,单击[工资分摊设置],系统弹出如图 6-29 所示的[分摊类型设置]对话框,单击[增加],弹出如图 6-30 所示的[分摊计提比例设置]对话框,在[计提比例名称]处输入[职工福利费],在[分摊计提比例]处输入[2],单击[下一步],设置职工福利费的分摊构成设置(见图 6-31)。单击[完成]返回图 6-29。

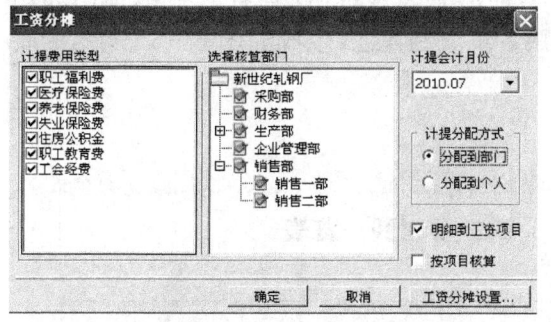

图 6-28　工资分摊　　　　　　　　　图 6-29　分摊类型设置

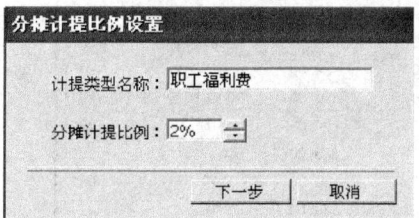

图 6-30　计提比例设置　　　　　　　图 6-31　分摊构成设置

6.6.2　制单处理

制单处理包括计提费用、应付工资的制单以及人工成本在各产品间分摊的制单。对于人工成本的分摊,企业采用标准产量法,因此首先将其他产品折合为标准产品产量,将成本计入标准产品,然后按照其他产品折合标准产品的系数再还原,将成本分摊转入各产品。新世纪轧钢厂的标准产品为齿轮钢。

6.6.2.1　计提费用的制单

企业按照应付工资总额计提的"职工福利费"、"医疗保险"、"养老保险"、"住房公积金"、"职工教育经费"、"工会经费"要逐项进行制单处理。现以"职工福利费"制单为例,说明计提费用的制单处理。

【操作】　在图 6-28 中依次选择计提会计月份[2010.07],计提分配方式[分配到部门],勾选[明细到工资项目],单击[确认],打开如图 6-32 所示的[工资分摊明细]窗口,单击[制单]进入如图 6-33 所示的[填制凭证]窗口,在[生产成本]科目的[辅助项]中选择[齿轮钢]。单击[保存]生成凭证(见图 6-34)。

6.6.2.2　应付工资的制单

首先通过工资管理系统的账表查询功能,汇总工资发放数据,然后在总账系统中按凭证处理的一般程序生成凭证。

【操作】　在系统菜单中选择[统计分析]下的[账表],点击[工资表],打开如图

6-35 所示的[工资表]对话框,选择[人员类别汇总表],单击[查看],系统弹出如图 6-36 所示的[人员类别汇总表]窗口,在总账系统填制凭证,生成如图 6-37 所示的转账凭证。

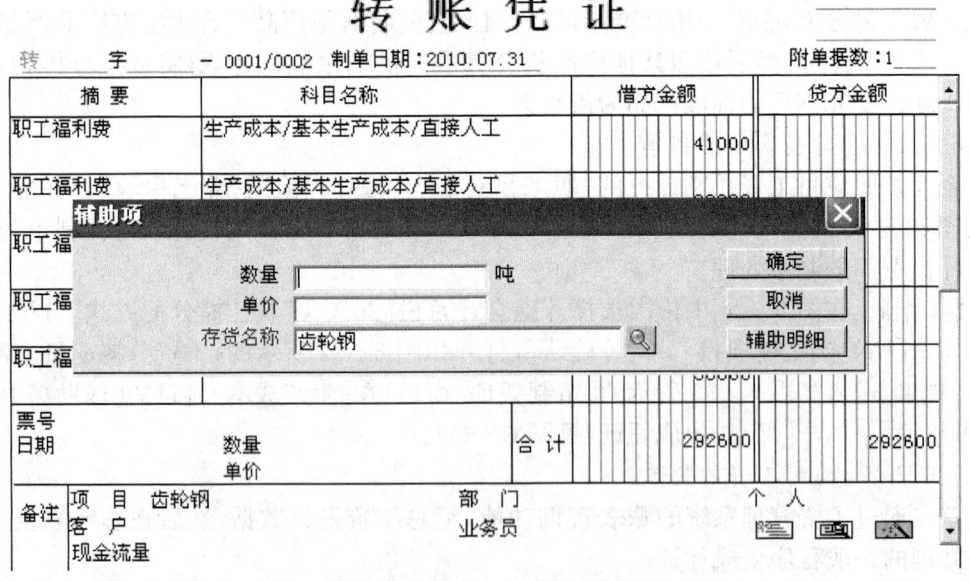

职工福利费一览表

☐ 合并科目相同、辅助项相同的分录

类型 职工福利费 ▼

部门名称	人员类别	应发合计				
		计提基数	计提比例	计提金额	借方科目	贷方科目
采购部	管理人员	13000.00	2.00%	260.00	660204	2211
财务部	管理人员	21200.00	2.00%	424.00	660204	2211
加热炉车间	生产人员	20500.00	2.00%	410.00	50010102	2211
	生产管理人员	5200.00	2.00%	104.00	510105	2211
轧机车间	生产人员	16400.00	2.00%	328.00	50010102	2211
	生产管理人员	5200.00	2.00%	104.00	510105	2211
精整车间	生产人员	16400.00	2.00%	328.00	50010102	2211
	生产管理人员	5200.00	2.00%	104.00	510105	2211
企业管理部		15200.00	2.00%	304.00	660204	2211

图 6-32 工资分摊明细

转 账 凭 证

转 字 — 0001/0002 制单日期:2010.07.31 　　附单据数:1

摘 要	科目名称	借方金额	贷方金额
职工福利费	生产成本/基本生产成本/直接人工	41000	
职工福利费	生产成本/基本生产成本/直接人工		
职工福利			
职工福			
职工福			

辅助项

数量 [   ] 吨 　　确定

单价 [   ] 　　取消

存货名称 齿轮钢 🔍 　　辅助明细

票号 日期	数量 单价	合计	292600	292600

备注 项 目 齿轮钢 　　部 门 　　个 人
客 户 　　业务员
现金流量

图 6-33 填制凭证

转 账 凭 证

摘　要	科目名称	借方金额	贷方金额
职工福利费	生产成本/基本生产成本/直接人工	41000	
职工福利费	生产成本/基本生产成本/直接人工	32800	
职工福利费	生产成本/基本生产成本/直接人工	32800	
职工福利费	制造费用/工资	31200	
职工福利费	营业费用/工资	56000	

转　字 0081 - 0001/0002 制单日期:2010.07.31　　附单据数:1

票号 日期　数量 单价　　合 计　292600　292600

备注　项 目 齿轮钢　　部 门　　　　个 人
　　　客 户　　　　　业务员
　　　现金流量

图 6 - 34　计提职工福利费凭证

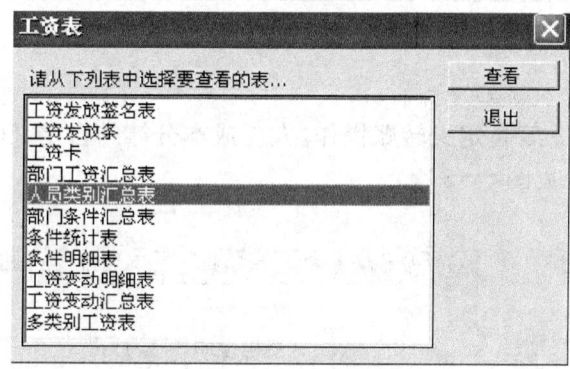

图 6 - 35　工资表

人员类别汇总表
2010 年 07 月

会计月份　七月　▼

类别	人数	应发合计	扣款合计	实发合计	代扣税	基本工资	奖金
生产人员	13	53,300.00	22,122.51	31,177.49	566.15	39,000.00	13,000.00
生产管理人员	3	15,600.00	6,745.89	8,854.11	346.80	10,500.00	4,500.00
管理人员	12	77,400.00	34,165.72	43,234.28	2,610.26	48,000.00	24,000.00
合计	28	146,300.00	63,034.12	83,265.88	3,523.21	97,500.00	41,500.00

图 6 - 36　人员类别汇总表

图 6-37 结转工资凭证

6.6.2.3 人工成本分摊的制单

【操作】 参见第 3 章自定义转账操作,人工成本分摊的自定义转账设置如图 6-38 所示,生成的转账凭证见图 6-39。

摘要	科目编码	部门	供应商	项目	方向	金额公式
直接人工	50010102			螺纹钢	借	QM (41010102, 月, , 023)*0.09
直接人工	50010102			角钢	借	QM (41010102, 月, , 023)*0.11
直接人工	50010102			槽钢	借	QM (41010102, 月, , 023)*0.17
直接人工	50010102			扣件钢	借	QM (41010102, 月, , 023)*0.07
直接人工	50010102			轻轨	借	QM (41010102, 月, , 023)*0.13
直接人工	50010102			锚杆钢	借	QM (41010102, 月, , 023)*0.13
直接人工	50010102			链条钢	借	QM (41010102, 月, , 023)*0.13
直接人工	50010102			弹条钢	借	QM (41010102, 月, , 023)*0.13
直接人工	50010102			齿轮钢	贷	QM (41010102, 月, , 023)*0.96

图 6-38 直接人工自定义转账

图 6 - 39 直接人工分摊

6.6.3 月末结账

新世纪轧钢厂月末结账之后,通过清零处理将基本工资、各项保险费及住房公积金之外的工资项目清零,为下期的工作做好准备。

【操作】 在系统菜单中选择[业务处理]下的[月末处理],打开如图 6-40 所示的[月末处理]对话框,单击[确认],弹出如图 6 - 40 中的[工资]对话框,单击[是]完成月末结账。系统提示[是否选择清零项]如图 6 - 41 所示。单击[是],在图 6 - 42 中选择需要清零的工资项目,点击[确认]完成清零工作。注意:清零之后,被清除的项目数据无法恢复和查询。因此,在清零之前,利用统计分析提供的工资表将数据输出备份。

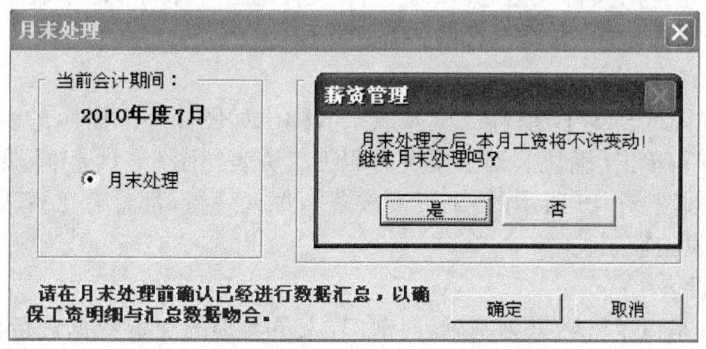

图 6 - 40 月末处理

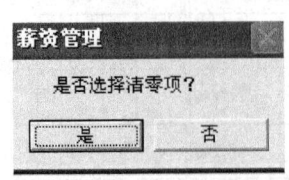

图 6-41　工资清零

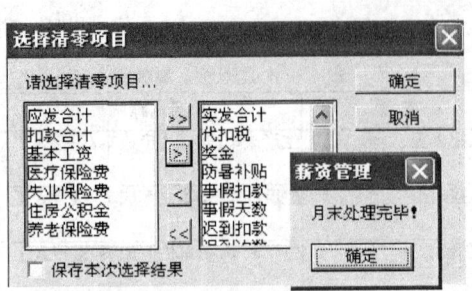

图 6-42　选择清零项目

6.6.4　统计分析

统计分析主要提供了工资账表的打印,也可利用该功能进行数据的备份,工资表分析及工资系统生成凭证的查询,用于工资系统数据与总账数据的查询核对。

6.6.4.1　账表管理

1) 工资表

在工资表窗口列出了 11 种可供选择的表名,这些表都是对基本工资表数据的不同组合。其中"工资发放签名表"是数据最完整的报表,是其他报表统计的基础。因此,要备份完整的工资数据,只要备份"工资发放签名表"的数据即可,其他报表都可以通过该表数据计算得出。

(1) 工资数据备份。

【操作】　在系统菜单中选择[统计分析],展开下级目录,单击[工资表],弹出[工资表]窗口如图 6-43 所示,从中选择[工资发放签名表],点击[查看],列出[工资发放签名表]如图 6-44 所示,点击工具栏的[输出],弹出保存文件窗口,选择保存文件类型、路径及文件名,点击[保存],弹出输入表单名窗口,输入[gz201007],点击[确认]显示输出文件成功。

注意:因为选择的文件类型为.xls。一个文件有多个表单,每个表单保存一个月的数据,所以文件名用 2010,而每个表单名要加月份。

(2) 工资发放条打印

【操作】　在图 6-43 中选择[工资发放条],弹出如图 6-45 所示的[工资发放条]窗口,选择所有部门,单击[确认],列示出所有职工工资表与图 6-44 相同,单击窗口工具栏的[预览],显示如图 6-46 所示的[工资发放条],每人一行,都带有工资表栏目。打印之后分行剪开,分发给职工。

2) 工资分析表

工资分析表是以工资数据为基础,对部门、人员类别的工资数据进行分析和比较,产生各种分析结果表。系统提供了 9 种分析表,这些报表大都需要多个月的数据对比分析,

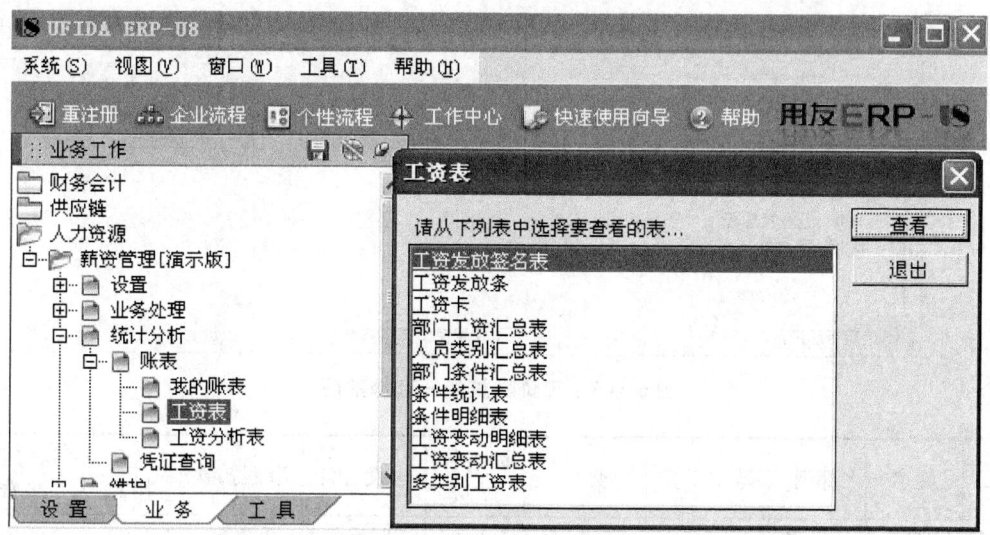

图 6-43　工资表管理窗口

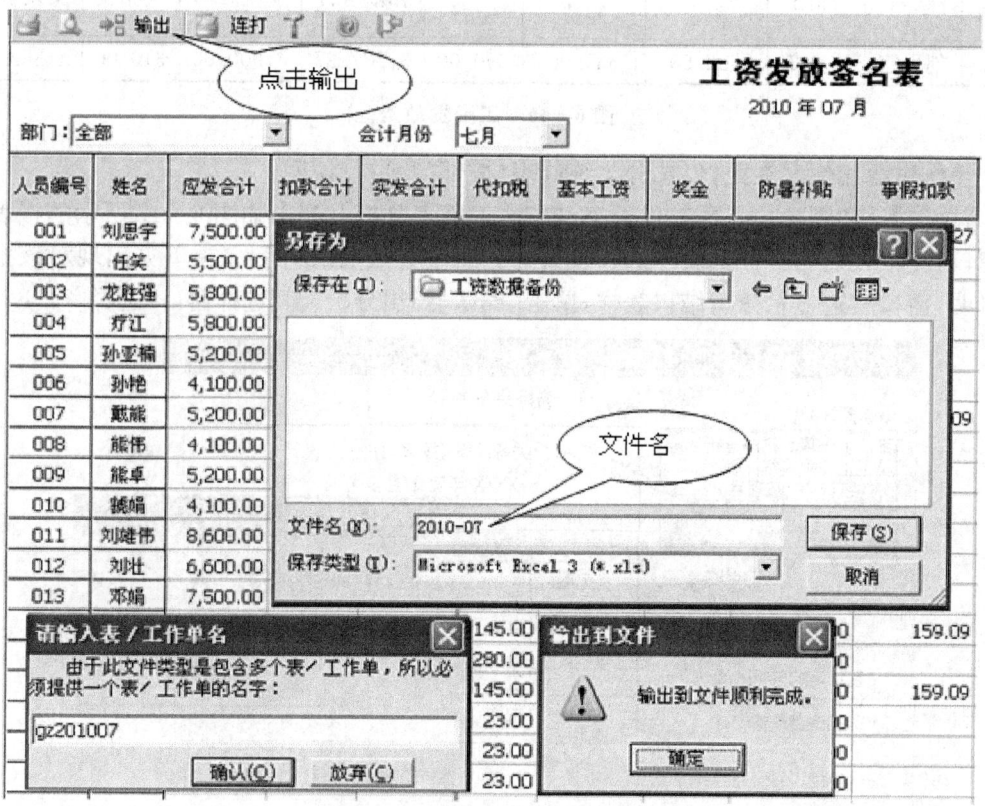

图 6-44　数据备份操作过程

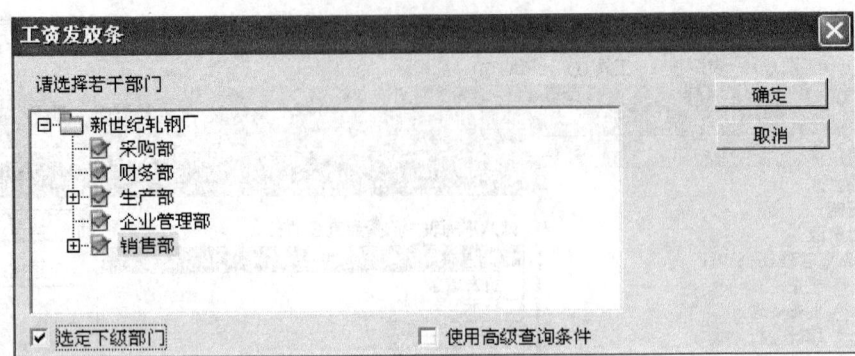

图 6 - 45　工资发放条—选择部门

人员编号	姓名	部门	基本工资	奖金	防暑补贴费	应发合计	事假扣款	迟到扣款	医疗保险费
001	刘思宇	采购部	5,000.00	2,000.00	500.00	7,500.00	227.27	0.00	597.50

人员编号	姓名	部门	住房公积金	失业保险费	养老保险费	扣款合计	应税金额	代扣税	实发合计
001	刘思宇	采购部	682.50	630.00	690.00	3,137.27	4,900.00	310.00	4,362.73

图 6 - 46　工资发放条

操作过程相似。在此,仅选分类统计表(按部门)进行说明。

【操作】　在图 6 - 43 左边目录中,单击[工资表分析],弹出如图 6 - 47 所示的报表选择窗口,左上方列出 9 种报表供选择,选择[分类统计表(按部门)],左下方出现对该报表的说明,窗口右边显示分析结果表样,单击[确认]弹出分析期间选择窗口,选择[7—8]月,

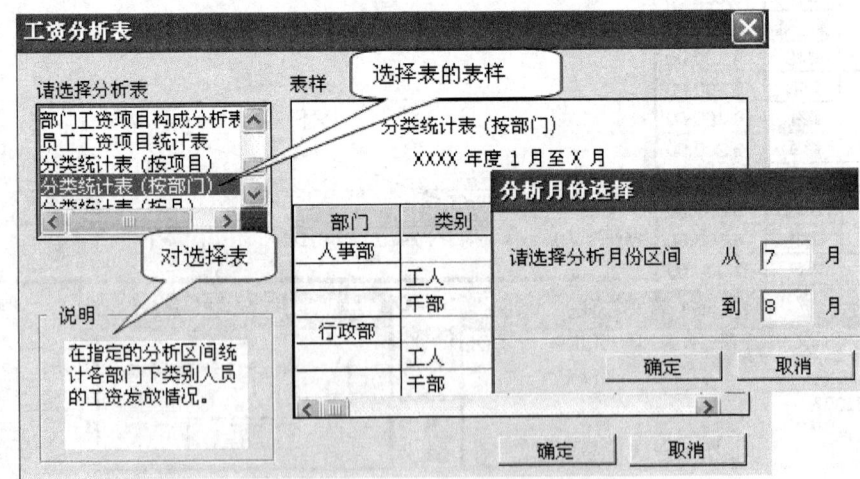

图 6 - 47　分析报表选择窗口

点击［确认］，进入如图 6-48 所示的［选择分析部门］窗口，选择［生产部］，点击［确认］，进入如图 6-49 所示的［分析表选项］窗口，在窗口左边选中分析项目，点［＞］将项目移入右边，点击［确认］，统计出如图 6-50 所示的生产部分类统计表。

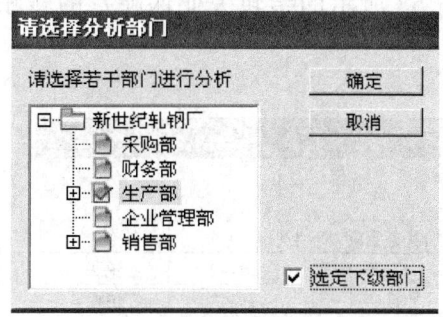

图 6-48　分析报表部门选择窗口

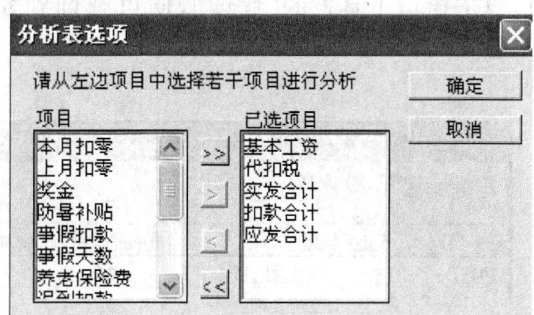

图 6-49　分析报表项目选择窗口

分类统计表（按部门）
2010 年度 7～8 月

部门	类别	人数	基本工资	代扣税	实发合计	扣款合计	应发合计
生产部	生产人员	13	39,000.00	299.00	31,444.64	21,855.36	53,300.00
	管理人员						
	生产管理人员	3	10,500.00	417.06	10,344.45	5,255.55	15,600.00
加热炉车间							
	生产人员	5	15,000.00	115.00	12,135.00	8,365.00	20,500.00
	管理人员						
	生产管理人员	1	3,500.00	139.02	3,501.18	1,698.82	5,200.00
轧机车间							
	生产人员	4	12,000.00	92.00	9,698.00	6,702.00	16,400.00
	管理人员						
	生产管理人员	1	3,500.00	139.02	3,342.09	1,857.91	5,200.00
精整车间							
	生产人员	4	12,000.00	92.00	9,611.64	6,788.36	16,400.00
	管理人员						
	生产管理人员	1	3,500.00	139.02	3,501.18	1,698.82	5,200.00
合计		16	49,500.00	716.06	41,789.09	27,110.91	68,900.00

图 6-50　生产部分类统计表

6.6.4.2　凭证查询

用于查询结转工资及计提相关费用的凭证，可实现计提费用表和对应凭证的联查功能，保证与总账数据的一致性、转账凭证数据的准确性。

【操作】　在图 6-43 中，单击左边目录中的［凭证查询］，弹出如图 6-51 所示的

[凭证查询]窗口，选择查询期间 7 月，列出 7 月份结转各种计提费用的业务及凭证标号。选中其中任意一行，如[业务类型]为[失业保险费]，单击窗口工具栏的[单据]，查询到如图 6－52 所示的计提[失业保险费]的计算单。如在图 6－51 的[凭证查询]窗口，单击窗口工具栏的[凭证]，便可查询到如图 6－53 所示的结转失业保险费的转账凭证。

凭证查询

冲销　单据　凭证

业务日期	业务类型	业务号	制单人	凭证日期	凭证号	标志
2010-7-31	失业保险费	11	王浩	2010-7-31	转-42	记账
2010-7-31	住房公积金	12	王浩	2010-7-31	转-43	记账
2010-7-31	职工教育费	13	王浩	2010-7-31	转-44	记账
2010-7-31	养老保险费	14	王浩	2010-7-31	转-45	记账
2010-7-31	职工福利费	15	王浩	2010-7-31	转-81	记账
2010-7-31	工会经费	7	王浩	2010-7-31	转-40	记账
2010-7-31	医疗保险费	9	王浩	2010-7-31	转-41	记账

图 6－51　凭证查询窗口

失业保险费一览表

□ 合并科目相同、辅助项相同的分录

类型 失业保险费　　　　计提会计月份　2010.07月

部门名称	人员类别	应发合计				
		计提基数	计提比例	计提金额	借方科目	贷方科目
采购部	管理人员	13000.00	2.00%	260.00	660204	2211
财务部		21200.00	2.00%	424.00	660204	2211
加热炉车间	生产人员	20500.00	2.00%	410.00	50010102	2211
	生产管理人员	5200.00	2.00%	104.00	510105	2211
轧机车间	生产人员	16400.00	2.00%	328.00	50010102	2211
	生产管理人员	5200.00	2.00%	104.00	510105	2211
精整车间	生产人员	16400.00	2.00%	328.00	50010102	2211
	生产管理人员	5200.00	2.00%	104.00	510105	2211
企业管理部	管理人员	15200.00	2.00%	304.00	660204	2211
销售一部		14000.00	2.00%	280.00	660104	2211
销售二部		14000.00	2.00%	280.00	660104	2211

图 6－52　计提失业保险费的原始单据

【分析】　通过原始计算单与转账凭证的对应查询，不通过总账便可进行数据的核对，如图 6－52 的计提金额合计数与转账凭证的结转的金额相同。对每种业务单据都可以进行这样的处理，进行一一核对。

转 账 凭 证

转　　字 0042　– 0001/0002　制单日期：2010.07.31　　　　　　　　　附单据数：1

摘　要	科目名称	借方金额	贷方金额
失业保险费	生产成本/基本生产成本/直接人工	41000	
失业保险费	生产成本/基本生产成本/直接人工	32800	
失业保险费	生产成本/基本生产成本/直接人工	32800	
失业保险费	制造费用/工资	31200	
失业保险费	营业费用/工资	56000	
票号 日期	数量 单价	合　计　　292600	292600
备注	项　目　齿轮钢　　客　户　　现金流量	部　门　　业务员	个　人

图 6-53　结转失业保险费

本章重点精炼

薪酬核算系统的主要特点是为各种不同需求的用户归纳设计了一个共同的应用平台，在此平台上，各自设计自己的工资项目和计算公式。但是，要能够很好地使用系统，一定要抓住一些关键环节：第一，要明确工资项目的定义。第二，要熟练掌握已定义的工资项目在什么环节起作用，如在工资输入时，必须在已定义的项目中选择输入项，公式定义时，也是从已定义的项目中选择，工资表的输出同样是在已定义的项目中选择。所以工资项目定义是贯穿整个系统的处理对象，它决定了系统的输入、计算、输出。第三，要精通工资的核算方法，才能正确地定义计算公式。因为计算公式的定义是决定工资能否正确计算的关键，必须认真定义每个计算公式，一旦算法有变动，必须首先修改计算公式。

习　题

一、选择题

1. 下列各项中，属于变动工资项目的是（　　　）。

　　A. 基本工资　　　　　B. 岗位工资　　　　　C. 副食补贴　　　　　D. 奖金

2. 工资项目定义的基本信息包括(　　　)。

  A. 项目名称   B. 项目性质   C. 项目类型   D. 项目宽度

3. 工资核算系统与账务处理系统不能共享的信息是(　　　)。

  A. 部门代码   B. 科目类型   C. 会计科目   D. 计算公式

4. 下列工作中,属于工资管理系统的初始化操作的项目是(　　　)。

  A. 工资项目设置与工资计算公式的编辑 B. 计算职工工资

  C. 工资项目录入与编辑工资数据   D. 输出工资报表

5. 下列工作中,不属于工资管理系统初始设置范畴的是(　　　)。

  A. 计件工资统计   B. 工资项目设置

  C. 工资账套参数设置   D. 人员档案设置

6. 工资系统正常使用之前必须做好以下的设置是(　　　)。

  A. 项目大类设置 B. 人员类别设置 C. 部门设置   D. 收发类别设置

7. 在工资分摊构成设置中,需要设置的内容是(　　　)。

  A. 人员类别   B. 部门   C. 科目   D. 工资项目

8. 进行工资分摊时,需要选择的内容包括(　　　)。

  A. 计提会计月份 B. 选择核算部门 C. 计提分配方式 D. 计提费用类型

二、判断题

1. 用友 U8 工资管理系统只提供计时工资核算,不提供计件工资核算。   (　　　)

2. 工资管理系统建账完成后,所有建账参数均不能修改。   (　　　)

3. 每位员工是否从工资中代扣个人所得税是由用户自由选择的。   (　　　)

4. 工资分摊的结果可以自动生成凭证传递到总账系统。   (　　　)

5. 工资管理系统中提供对"个人所得税申报表"中栏目的设置功能。 (　　　)

6. "计算工资"功能每月只能操作一次,否则该月机制凭证中的数据将被成倍增大。(　　　)

7. 用户单位可根据实际情况通过系统初始化模块自行设定工资核算的内容与方法。(　　　)

8. 设置职员类型的直接目的之一是在工资费用分配中选择正确的应付职工薪酬的分配
结转科目。   (　　　)

9. 工资计算是形成工资发放表单和输出各类工资报表以及向账务处理系统传递工资费
用分配凭证的基础。   (　　　)

10. 在输入工资结转凭证的会计科目时,允许输入在账务处理系统中不存在的科目。

                             (　　　)

三、思考题

1. 薪资管理系统的主要功能有哪些?

2. 如果初始化时将工资类别设置为"单个",那么在工资系统使用之后是否能修改为
"多个"?

第7章 固定资产管理系统

7.1 固定资产业务概述

固定资产是指同时具有下列特征的有形资产：① 为生产商品、提供劳务、出租或经营管理而持有的。② 使用寿命超过一个会计年度。使用寿命是指企业使用固定资产的预计期间，或者该固定资产所能生产或提供劳务的数量。

固定资产是企业为使用而持有的，使用年限较长，且在使用过程中将保持原有的实物形态。它是企业进行生产经营活动的物质基础，在企业的资产总额中占有相当大的比重。由于企业固定资产的种类繁多、构成复杂，且用于企业的生产经营活动而不是为了出售，因此与其他会计核算系统相比，固定资产的核算和管理有其固有的特点。

1) 固定资产的分类

企业的固定资产根据不同的管理需要和核算要求可以进行不同的分类，通常按经济用途和使用情况进行综合分类，可以将固定资产分为以下 7 类：

（1）生产经营用固定资产。这是指直接服务于企业生产、经营过程的各种固定资产，如生产经营用的房屋、建筑物、机器、设备、器具和工具等。

（2）非生产经营用固定资产。这是指不直接服务于生产、经营过程的各种固定资产，如职工宿舍、食堂、浴室、理发室等使用的房屋、设备和其他固定资产等。

（3）租出固定资产。这是指在经营性租赁方式下出租给外单位使用的固定资产。

（4）不需用固定资产。

（5）未使用固定资产。

（6）融资租入固定资产。这是指企业以融资租赁方式租入的固定资产，在租赁期内，应视同自有固定资产进行管理。

（7）土地。这是指过去已经估价单独入账的土地。因征地而支付的补偿费，应计入与土地有关的房屋、建筑物的价值内，不单独作为土地价值入账。企业取得的土地使用权不能作为固定资产管理。

由于企业的经营性质不同，经营规模各异，对固定资产的分类不可能完全一致，也没有必要强求统一,企业可根据各自的具体情况和经营管理、会计核算的需要进行必要的分类。

2)固定资产核算的原始记录

企业应当设置固定资产登记簿和固定资产卡片,按固定资产类别、使用部门和每项固定资产进行明细核算。临时租入的固定资产,应当另设备查账簿进行登记,不在"固定资产"科目核算。

固定资产登记簿应按固定资产的类别和明细分类开设账页,并按保管、使用单位设置专栏,按各项固定资产的增减日期序时登记,每月结出余额,以反映各单位、各部门各类固定资产的增加、减少和结存情况。

固定资产卡片应按固定资产每一独立登记对象分别设置,每一对象一张卡片。在每一张卡片中,应记载该项固定资产的编号、名称、规格、技术特征、技术资料编号、附属物、使用单位、所在地点、建造年份、开始使用日期、原价、预计使用年限、购建的资金来源、折旧率、大修理基金提取率、大修理次数日期、转移调拨情况、报废清理情况等详细资料。各企业固定资产卡片的格式不尽相同。

7.2 固定资产系统分析

7.2.1 固定资产管理业务分析

企业的固定资产与存货的管理有很大的区别,固定资产不是存放在一个特定场所进行集中管理,而是分散在企业不同的部门。这种情况造成了固定资产的使用、管理、核算的分离,固定资产管理部门管理的只是固定资产的台账和卡片,实物的使用分散在企业的所有部门,而固定资产的核算工作由财务部门负责。由于这种管理体制造成固定资产的数据来源分散。有关同一固定资产的数据在不同部门归纳、收集和汇总,不仅导致数据重复多,而且得不到完整的数据,甚至造成各部门提供的数据遗漏、脱节,产生较大的差异,各部门都无法提供完整的信息。

1)固定资产管理部门负责的工作

(1)采购管理。对于设备类固定资产,由需求部门提出购买申请计划,管理部门审批采购计划、管理采购合同、审查供货单位资格、并负责按计划进行采购。

(2)仓库管理。对新购置尚未确定使用单位的资产进行管理。

(3)固定资产领用管理。当使用单位根据固定资产领用单,领走固定资产后,应在该项固定资产卡片上登记使用单位和折旧开始时间。

(4)固定资产档案管理。建立固定资产台账,负责固定资产的内部调拨登记。对报废、闲置、封存、积压的设备进行备查账登记和报废清理登记。

（5）固定资产后续支出管理。对设备大修计划、更新改造计划进行审批并组织人员对设备大修情况及更新改造结果进行验收,将其增值的价值记入固定资产卡片。

（6）固定资产的清查核资管理。企业对固定资产应当定期或至少每年实地核对一次,如发现有账实不符的固定资产,应编制固定资产清查表并及时按规定程序进行报批处理。

（7）固定资产的报废、清理审批。根据固定资产使用部门的申请,核实固定资产的实际状况,进行审批。

2）固定资产使用部门负责的工作

（1）编制设备维修计划。根据设备的运行状况和生产任务,确定合适的维修时间,预计维修费用,提前将维修计划提交固定资产的管理部门。

（2）固定资产的日常管理。负责对设备的日常运行状况进行登记,详细记录设备的事故（故障）,以便及时进行维修,同时为固定资产的管理部门提供详细的资料。

（3）固定资产的报废、清理申请。对尚未达到预计使用期限而不能使用的资产,应写明报废的原因。待主管部门审核批准后,方可进行报废清理工作。

7.2.2　固定资产核算业务分析

企业的固定资产在长期的生产经营活动中虽然能够保持其原有的实物形态,但其价值将随着固定资产的使用而逐渐转移,构成企业的成本费用。为了保证企业将来有能力重置固定资产,同时实现收入与费用的配比,企业必须在固定资产的有效使用年限内计提一定数额的折旧费用。同时,为了严格对固定资产的管理,固定资产的增减变化以及固定资产的修理、改良也是固定资产核算的重要内容。

1）固定资产的增加核算

企业固定资产增加,其来源的渠道较多,来源不同其核算使用的科目也不尽相同。企业在取得固定资产时,一方面要求按照固定资产的经济用途或其他标准分类,并确定其取得时的价值;另一方面要求办理交接手续,填制和审核有关凭证,作为固定资产核算的依据。

（1）外购固定资产。外购固定资产的成本包括购买价款、相关税费、使固定资产达到顶定可使用状态前所发生的归属于该项资产的运输费、装卸费、安装费和专业人员服务费等。

（2）自行建造固定资产。其成本由建造该项资产达到预定可使用状态前所发生的必要支出构成。

（3）投资者投入固定资产。对于企业接受的固定资产投资,在办理了固定资产移交手续之后,应当按照投资合同或协议约定的价值加上应支付的相关税费作为固定资产的入账价值,但合同或协议约定价值不公开的除外。

2）计提固定资产折旧及减值准备

企业应当根据固定资产的性质和消耗方式,在会计制度允许的范围内,合理地确定每一项固定资产的预计使用年限、预计净残值、折旧方法等,这些方法一经确定不得随意变更,如需变更,需按有关规定报批备案,并在会计报表附注中予以说明。

企业的固定资产应当在期末时按照账面价值与可收回金额孰低计量,对可收回金额低于账面价值的差额,应当计提固定资产减值准备。

3）固定资产的后续支出

固定资产的后续支出是指固定资产在使用过程中发生的更新改造支出、修理费用等。固定资产的后续支出,满足《企业会计准则》规定的固定资产确认条件的(即与该固定资产有关的经济利益很可能流入企业;该固定资产的成本能够可靠地计量),如固定资产发生的更新改造支出等,应当计入固定资产成本,同时将被替换部分的账面价值扣除;不满足《企业会计准则》规定的固定资产确认条件的,如固定资产的日常修理费用和大修理费用等,应当在发生时计入当期损益。

(1)资本化的后续支出。固定资产发生可资本化的后续支出时,企业应将该固定资产的原值、已计提的累计折旧和减值准备转销,将固定资产的账面值转入在建工程,并停止计提折旧。发生的后续支出通过"在建工程"科目核算。当后续支出完工并达到预定可使用状态时,再从"在建工程"科目转为固定资产,并重新确定使用寿命、预计净残值和折旧方法。

(2)费用化的后续支出。当固定资产投入使用之后,由于磨损、各组成部分耐用程度不同,可能导致固定资产的局部损坏,为维护固定资产的正常运转和使用,需要对固定资产进行必要的维护。固定资产的日常修理费用、大修理费用等支出只是确保固定资产的正常工作状况,一般不产生未来的经济利益。因此,通常不符合固定资产的确认条件,应在发生时直接计入当期损益。

4）固定资产的投资和租出

企业向其他单位投资转出的固定资产,应从账面转出固定资产原值,同时转出固定资产已提折旧。企业经营性租出的固定资产,虽然其用途发生变化,但产权仍属于企业,因此,仅需调整固定资产明细账。

5）固定资产的清理

企业出售、报废或损毁的固定资产,应按规定程序办理转让、报废手续,并通过"固定资产清理"科目进行清理核算。

6）固定资产的清查盘点

企业对固定资产应当定期或至少每年实地盘点一次,如发现有盘盈或盘亏的固定资产,应编制"固定资产盘盈、盘亏表"并及时按规定程序进行报批处理。对于盘亏的固定资产,通过"待处理财产损溢——待处理固定资产损溢"科目核算,盘亏造成的损失,通过"营业外支出——盘亏损失"科目核算,计入当期损益。对于盘盈的固定资产,作为前期差错处理,通过"以前年度损益调整"科目核算。

7.2.3　固定资产核算系统处理流程

固定资产系统的核算对象,由固定资产的特征决定其具有较长的寿命期间,系统需要记录固定资产从进入企业到报废清理的全部数据,且需要长时间的保存。所以该系统的核算是多年数据的累计核算。同时可以看出固定资产的数据处理方式,相对比较简单。其基本处理流程可用图 7 - 1 表示。

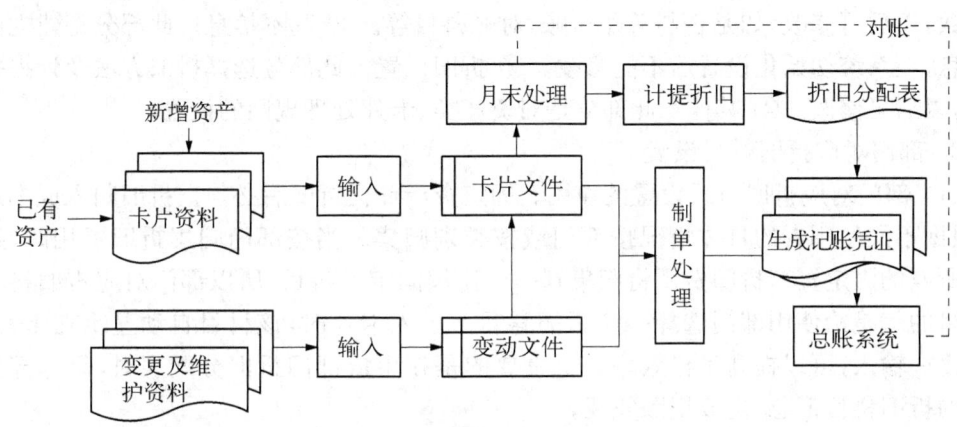

图 7 - 1　固定资产核算流程图

7.3　固定资产系统的主要功能

7.3.1　系统功能模块结构

根据固定资产系统分析,固定资产管理系统应具备如图 7 - 2 所示的功能。

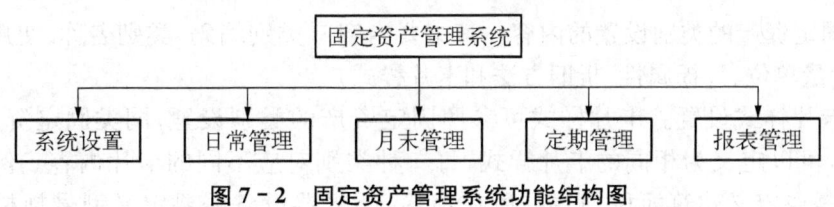

图 7 - 2　固定资产管理系统功能结构图

7.3.2　功能模块说明

7.3.2.1　系统设置

固定资产系统的基础设置主要包括选项、部门对应折旧科目、资产类别、增减方式、使用状况和折旧方法。其中,"选项"在固定资产初始化时完成的,可以修改,而"部门档案"在基础设置时完成的,所有的财务会计模块可以共享。

1) 选项设置

(1) 选项设置的作用。选项包括在账套初始化中设置的参数和其他一些在账套运行中使用的参数或判断。选项设置的结果决定固定资产系统运行的规则和处理业务的方式,因此选项设置应在充分熟悉固定资产业务的基础上进行设置。

(2) 选项设置的内容。选项设置包括四部分内容:① 与账务系统接口。此部分为判断参数,以后可修改,如是否与总账对账,对账科目等。② 基本信息。此部分是建立账套的信息,在系统初始化设置后不能修改。③ 折旧设置。此部分选择折旧方法及计提折旧周期,以后可修改。④ 其他。此部分是对资产类、卡片处理规则的设置。

2) 部门对应折旧科目设置

(1) 部门对应折旧科目设置的作用。固定资产计提折旧后必须把折旧归入成本或费用,根据不同使用者的具体情况按部门或按类别归集。当按部门归集折旧费用时,某一部门所属的固定资产折旧费用将归集到一个比较固定的科目,所以部门对应折旧科目设置的目的就是给使用部门选择一个折旧科目。录入卡片时,该科目自动显示在卡片中,不必逐一输入,可以提高工作效率。更重要的是在生成部门折旧分配表时,每一部门按设置的折旧科目汇总,生成记账凭证。

(2) 部门对应折旧科目设置的内容。这是指为企业所有的部门,输入一个具体的会计科目,该科目必须是总账系统的末级科目。比如,生产部门的折旧应记入"制造费用——折旧"科目,管理部门的折旧应记入"管理费用——折旧"科目。

3) 资产类别设置

(1) 固定资产的类别设置的作用。就是在系统中定义固定资产的分类编码和相应的分类名称。固定资产的种类、规格繁杂,制定科学合理的分类体系是强化固定资产管理和核算的基础。一般而言,同类别的固定资产可采用相同的折旧方法,便于分类统计和管理。

(2) 固定资产的类别设置的内容。其主要内容有类别编码、类别名称、使用年限、净残值率、计量单位、计提属性、折旧方法和卡片样式。

(3) 卡片样式设置。卡片样式可参照固定资产的类别设置,同类固定资产具有相同的属性,可以定义为相同的卡片样式,每一种类别对应不同的卡片内容。例如,房屋及建筑类需要定义建筑面积、间数、所在地等,而机器设备需要定义型号规格、存放地点等。

4) 增减方式设置

(1) 设置的作用。为规范固定资产来源和变动类别,将固定资产的来源归为:直接购入、投资者投入、捐赠、盘盈、在建工程转入和融资租入几类,由于不同来源的固定资产会计处理的入账科目不同。因此,需要按不同来源设置入账科目,在生成凭证时使用。同样将固定资产的减少,归为出售、盘亏、投资转出、捐赠转出、报废、毁损、融资租出等,根据变化的方式和价值要做相应的会计处理,入账科目供增减变化的会计分录使用。

(2) 设置的内容。如系统预设的类型不能满足需要时,可自行增加,增加变动发式就要设置对应的入账科目。因固定资产增减方式较多,固定资产增加时,由于资金来源性质的不同,决定了各种固定资产增加方式对应的入账科目也不同。由于每种增加方式只能输入一个对应入账科目,所以只选择输入该增加方式,必然会发生的会计科目。如果一笔固定资产增加业务只涉及该对应科目,则系统会根据增加的固定资产净额自动生成该对应科目的发生额,如果一笔固定资产增加业务涉及两个以上的对应科目,则在系统自动生成凭证后,还需要手工输入有关会计科目并调整科目的发生额。

固定资产减少时,出售、投资转出、报废、毁损都要经过"固定资产清理"科目进行核算,所以,这些减少方式所对应入账科目均为"固定资产清理"。系统在进行固定资产减少处理时,会自动计算累计折旧,并按固定资产净值生成"固定资产清理"科目的发生额。盘亏的固定资产入账科目为"待处理财产损溢——待处理固定资产损溢"。

5) 使用状况设置

使用状况主要包括在用、季节性停用、经营性出租、大修理停用、不需用、未使用等。同时要明确处于不同状态下资产是否计提折旧问题,有助于正确计提折旧并随时了解固定资产的利用率。

6) 折旧方法设置

设置折旧方法是系统自动计提折旧的基础,系统预设了几种常用方法,分别为:不提折旧、平均年限法(一)、平均年限法(二)、工作量法、年数总和法、双倍余额递减法。不同的资产类别可选择不同的折旧方法,除这几种之外,企业可根据自身的需要自定义折旧方法。

7.3.2.2　固定资产的日常处理业务

固定资产日常发生增减变化的情况较少,核算的主要内容是计提固定资产折旧。其中,固定资产增加、部门之间转移以及调整原值、使用年限或折旧方法的业务处理可在业务发生时进行。而按照会计制度的规定,对减少的固定资产当月仍需计提折旧,所以固定资产减少的业务处理,应在计提了固定资产折旧以后进行。在进行固定资产日常核算业务处理时,应注意时间顺序的要求。尽管上述固定资产业务处理在时间上有所不同,但都需要在月末对账。均属结账前必须完成的工作。

1) 固定资产增加处理

固定资产的增加可分为直接购入、接受捐赠、盘盈、在建工程转入和融资租入等多种方式。对固定资产增加的业务处理,首先进行增加固定资产的卡片处理,填制卡片内容,然后根据卡片数据生成凭证。同时完成固定资产的卡片管理和核算工作。

2）固定资产折旧处理

固定资产的折旧是固定资产核算的重要内容,在固定资产系统中,折旧是系统根据固定资产类别及对应的折旧方法,自动进行折旧的计提,并按照"部门对应折旧科目"的关系生成折旧费用分配的记账凭证。

3）固定资产减少处理

在企业的日常经营中,由于出售、盘亏、投资转出、捐赠、报废、毁损和融资租出等原因,导致固定资产的减少。因固定资产在减少当月仍需计提折旧,所以固定资产减少的处理必须计提了当月的固定资产折旧以后才能进行。当固定资产减少时,首先要从固定资产原始卡片中将该资产卡片从在用资产中转出,然后再进行资产减少的核算工作即凭证处理。

4）固定资产的其他变动业务

（1）其他变动业务的范围。固定资产的其他变动是指原值调整、部门间调拨、使用年限调整、使用状况变动、折旧方法调整以及资产类别调整等与计提和分配固定资产折旧相关的业务变动。因一些业务的变更属会计政策的变更或会计估计的变更,故一般情况下不会发生。

（2）日常处理的固定资产其他变动。固定资产使用部门间调拨。该项业务发生,不涉及固定资产的原值、折旧方法、使用年限、净残值等的变更,但会导致固定资产存放地点、折旧费用分配的变化,因此必须对卡片数据进行及时调整。

7.3.2.3　期末处理

固定资产业务的期末处理主要进行对账和结账两项工作。

1）对账

使用固定资产系统进行固定资产核算管理的情况下,固定资产和累计折旧科目的核算,在固定资产系统中进行,总账系统不填制固定资产和累计折旧科目的凭证,只对固定资产系统传递的凭证进行审核、记账。由于固定资产科目的核算是在两个系统中进行。为了保证两个系统固定资产科目数值的相等,必须在期末结账前进行对账检查。在对账之前,必须先在总账系统对有关固定资产科目的凭证进行审核和记账。

2）结账

结账工作是完成当期业务核算之后进行的,所以结账前系统会自动检查当月是否进行了计提折旧,所有核算业务是否已生成凭证,经检查符合结账的基本条件后,才能进行月末结账。

7.3.2.4　账表管理

1）报表管理

系统提供了分析表、减值准备表、统计表、折旧表等可对固定资产进行管理和统计的报表。总账、固定资产明细账、固定资产登记簿、部门和类别分类账。

（1）固定资产分析表。该分析表提供了对固定资产全方位的分析。① 部门资产构成分析表：按部门及资产类别统计各部门资产占总资产的比重、各部门分类资产占本部门资产的比重，该分析表内容为优化资产的构成比率提供帮助。② 资产价值结构分析表：按资产类别提供分析期间的原值、累计折旧、净值及净值率，净值率可反映资产的质量。③ 资产类别构成分析表：是部门资产构成表的汇总，按资产类别分析各大类资产占总资产的比重。④ 使用状况分析表：提供处在不同使用状态中的资产比率，该表反映企业固定资产的利用率，是一个很重要的分析表。

（2）固定资产统计表。统计表提供了日常管理使用的报表和资产变动统计报告。如固定资产到期提示表，用于固定资产的使用期限管理；固定资产统计表，是固定资产全部信息统计汇总，可用于领导对固定资产的全面了解；评估变动表、评估汇总表、盘盈盘亏报告表都是变动信息的统计管理。

（3）固定资产折旧表。可查询按部门计提的折旧汇总表，固定资产及累计折旧表、固定资产折旧明细表。

（4）固定资产减值准备表。该减值准备表包括：减值准备明细表、减值准备余额表及减值准备总账。

2）账簿管理

（1）（部门、类别）明细账。记录每项资产的资产编号、凭证号等详细信息，分三栏分别记录资产的原值、累计折旧、资产净值。

（2）固定资产登记簿。固定资产登记簿记录的原始信息，与明细账相比，只有原值信息，而没有累计折旧和资产净值。

7.4　固定资产系统的应用

7.4.1　系统操作流程

系统操作流程如图 7-3 所示。

7.4.2　系统初始化

固定资产系统初始化包括选项设置、资产类别等的初始设置及原始卡片的录入。

7.4.2.1　系统初始的资料准备

1）资产类别及折旧方法

新世纪轧钢厂固定资产类别、使用年限、折旧方法等资料如表 7-1 所示。

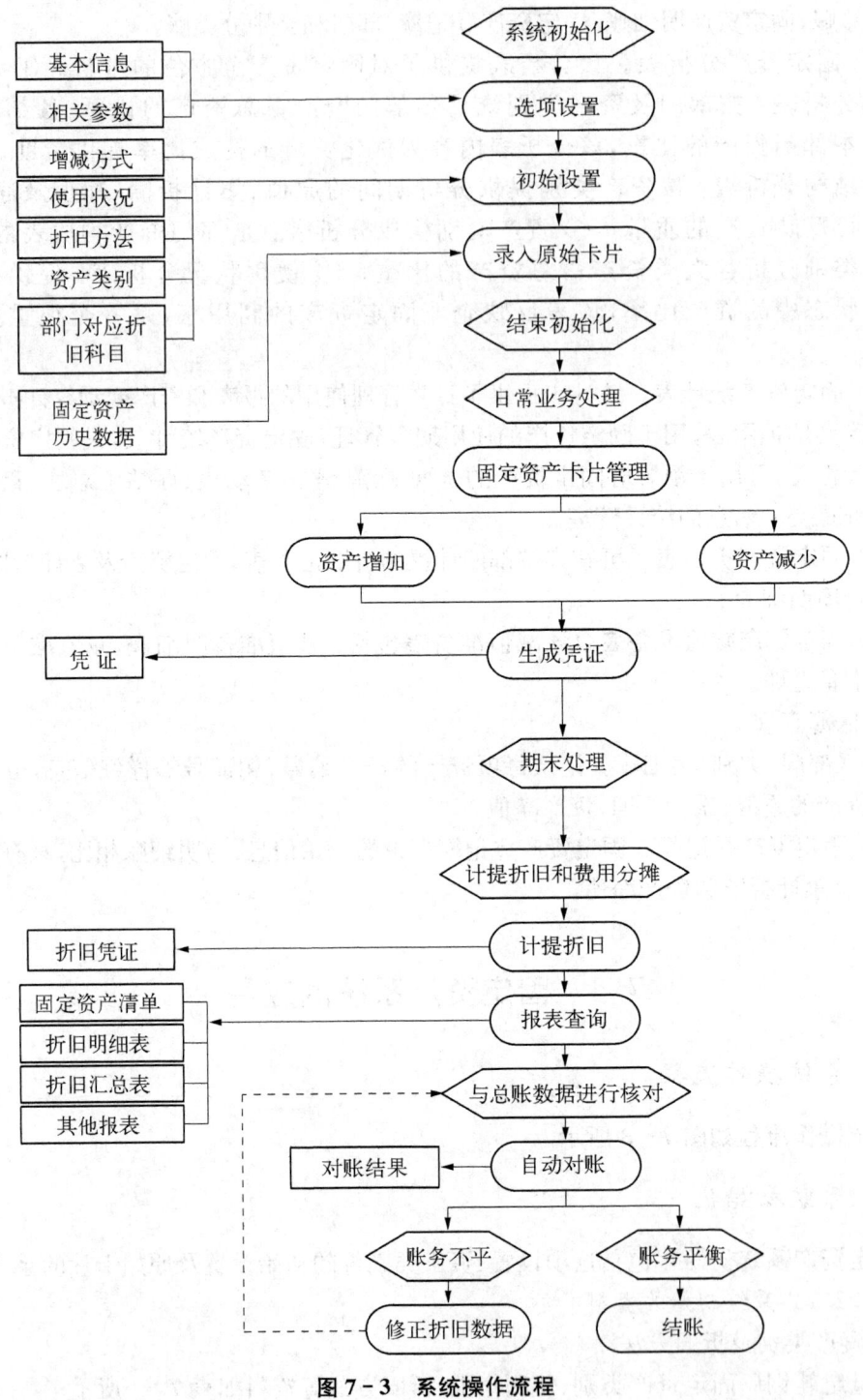

图 7-3　系统操作流程

表 7-1 新世纪轧钢厂资产分类表

类别名称	使用年限 （年）	净残值率 （％）	计量单位	计提属性	折旧方法	卡片样式
房屋	40	10.00	栋	正常计提	平均年限法（一）	通用样式 1
动力设备	5	5.00		正常计提	平均年限法（一）	通用样式
传导设备	7	7.00		正常计提	平均年限法（一）	通用样式
机器	10	8.00		正常计提	平均年限法（一）	通用样式
运输设备	6	6.00		正常计提	平均年限法（一）	通用样式
管理工具	2	3.00		正常计提	平均年限法（一）	通用样式
其他生产用固定资产				正常计提	平均年限法（一）	通用样式

2）在用固定资产数据整理

新世纪轧钢厂目前在用固定资产情况明细如表 7-2 所示。

表 7-2 新世纪轧钢厂固定资产明细表

固定资产	方式	开始日期	原值 （元）	累计折旧 （元）	使用年限 （年）	已计提月份 （月）	类别	部门编码	分配比例
厂房	自建	2008-7-1	200 000	8 625.00	40	23	房屋	0301 0302 0303	3：5：2
动力设备	购买	2009-1-1	15 000	4 037.50	5	17	动力设备	0301 0302 0303	5：3：2
动力设备 2	购买	2008-7-1	10 000	3 641.59	5	23	动力设备	0301 0302 0303	5：3：2
加热炉机器	购买	2009-1-1	20 000	2 606.61	10	17	机器	0301	
轧机机器	购买	2009-1-1	25 000	3 258.39	10	17	机器	0302	
精整机器	购买	2009-1-1	15 000	1 955.00	10	17	机器	0303	
传导设备	购买	2009-4-1	12 000	1 860.04	7	14	传导设备	0301 0302 0303	3：4：3

（续表）

固定资产	方式	开始日期	原值（元）	累计折旧（元）	使用年限（年）	已计提月份（月）	类别	部门编码	分配比例
卡车	购买	2009-1-1	8 000	1 775.48	6	17	运输设备	0501	
卡车	购买	2009-1-1	8 000	1 775.48	6	17	运输设备	0502	
办公楼	自建	2008-10-1	250 000	9 375.00	40	20	房屋	01 02 04 0501 0502	平均分配

3）7月份增加尚未建账的资产

7月份增加尚未建账的资产如表7-3所示。

表7-3　新世纪轧钢厂7月份增加的资产

资产名称	类别	原值（元）	使用年限（年）	使用部门	分配比例
小轿车2辆	运输设备	50 000	6	企业管理部	
轧机机器	机器	30 000	10	轧机车间	
轧机机器	机器	30 000	10	轧机车间	
卡车1辆	运输设备	7 500	6	销售一部	
新元材料库	房屋	12 000	40	加热炉、轧机及精整车间	4:3:3

4）7月份报废清理的固定资产

7月份报废清理的固定资产如表7-4所示。

表7-4　新世纪轧钢厂7月份减少的资产　　　　　单位：元

资产名称	减少方式	原值	已提折旧	清理收入	清理费用	减少日期
卡车	报废	8 000	1 775.48	2 000	200	7月20日
动力设备2	报废	10 000	3 641.59	2 000	200	7月20日
轧机设备	出售	25 000	3 258.39	21 500	250	7月20日

7.4.2.2　初始化操作

1）选项设置

固定资产选项中的"基本信息"标签页是建账时设置的企业基本信息，此处不可修改。这里重点介绍"与财务系统接口"、"折旧信息"和"其他"三个页签的内容。

【操作】　进入企业应用平台业务页签,单击[财务会计]下的[固定资产],打开如图7-4所示的[固定资产]窗口。选择[设置]下的[选项],弹出[选项]对话框见图7-5。单击[编辑],单按如图7-5所示的[与财务系统接口],如图7-6所示的[折旧信息],如图7-7所示的[其他],设置新世纪轧钢厂的选项内容。各页签的参数说明见表7-5至表7-7。

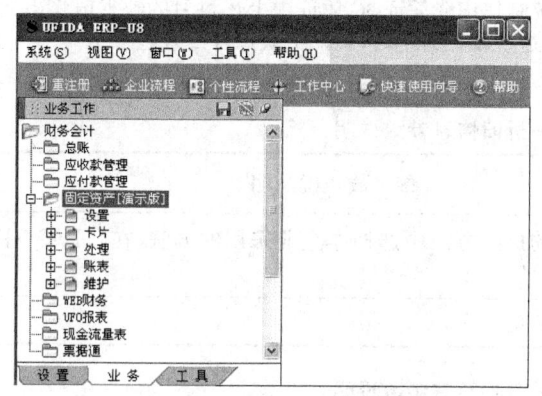

图7-4　固定资产系统

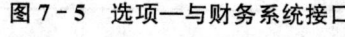

图7-5　选项—与财务系统接口

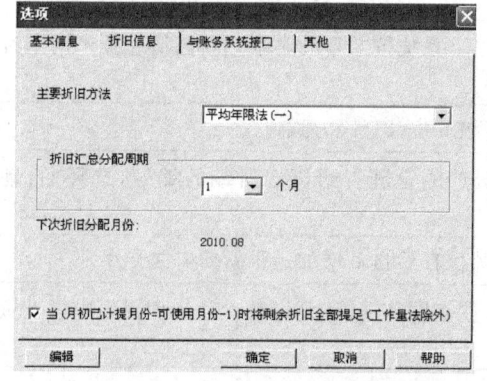

图7-6　选项—折旧信息

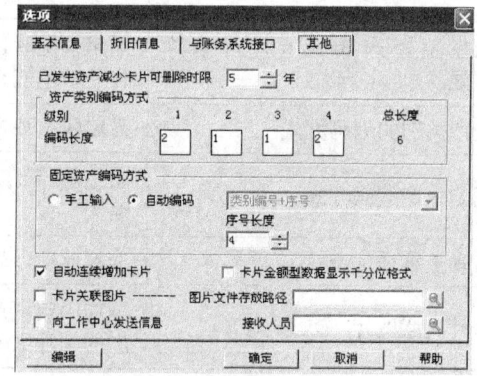

图7-7　选项—其他

表7-5　选项—与财务系统接口参数说明

参　　数	参　数　说　明
与财务系统进行对账	将固定资产系统内所有资产的原值、累计折旧和总账系统中的"固定资产"科目和"累计折旧"科目的余额核对,看数值是否相等
业务发生后立即制单	勾选该项,业务发生时会立即制单
执行事业单位会计制度	事业单位对固定资产的账务处理与企业单位不同,勾选此项,可以根据事业单位会计制度设置凭证规则

（续表）

参　　数	参　数　说　明
月末结账前一定要完成制单登账业务	为保证系统的严谨性,在此判断框内打钩,表示一定要完成应制作的凭证,如有没有制作的凭证,本期间不允许结账
固定资产缺省入账科目、累计折旧缺省入账科目、减值准备缺省入账科目	固定资产系统制作记账凭证时,凭证中上述科目的缺省值将由此设置确定,当这些设置为空时,凭证中缺省科目为空

表7-6　选项—折旧信息参数说明

参　　数	参　数　说　明
主要折旧方法	从系统预设的折旧方法中选择本企业采用的方法,在此选择"平均年限法(一)"
折旧汇总分配周期	选择一个月分配一次

表7-7　选项—其他页签参数说明

参　　数	参　数　说　明
已发生资产减少卡片可删除时限	采用系统默认的5年,系统按5年的时限判断已清理资产的卡片和变动单能否删除
资产类别的编码方式	采用国家规定的4级6位(2112)方式
固定资产编码方式	固定资产编号是资产的管理者给资产所编的编号,选择"自动编码"
自动连续增加卡片	选择此项,增加卡片保存后自动增加一张新的空白卡片
卡片关联图片	增加固定资产卡片联查图片功能,允许在卡片管理界面中联查资产的图片文件

2）部门对应折旧科目设置

生产部对应的折旧记入"制造费用——折旧费"科目,其余部门对应的折旧均记入"管理费用——折旧费"科目。

【操作】　在系统菜单中选择[设置]下的[部门对应折旧科目],打开如图7-8所示的[部门对应折旧科目设置]窗口,选择部门名称后单击[修改],修改该部门对应的折旧科目如图7-9所示。按图7-8中所列示的部门,逐项修改新世纪轧钢厂的部门对应折旧科目。设置完成后,单击[退出]返回主菜单。

3）卡片样式设置

因通用卡片不适合房屋类资产,需要为房屋类资产设置专用卡片样式。如卡片样式

图 7 - 8 部门对应折旧科目设置

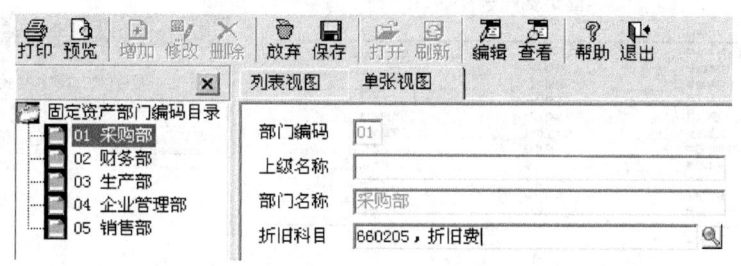

图 7 - 9 修改折旧科目

需要的项目在系统预设项目中不存在,就要先定义卡片项目,再设置卡片样式。

(1) 定义"所在地点"卡片项目。

【操作 1】 在系统菜单中选择[卡片]下的[卡片项目],在[卡片项目]窗口单击[增加],输入[所在地点],[数据类型]设为[字符型],[字符数]设为[10]见图 7 - 10。保存后单击[退出]返回主菜单。

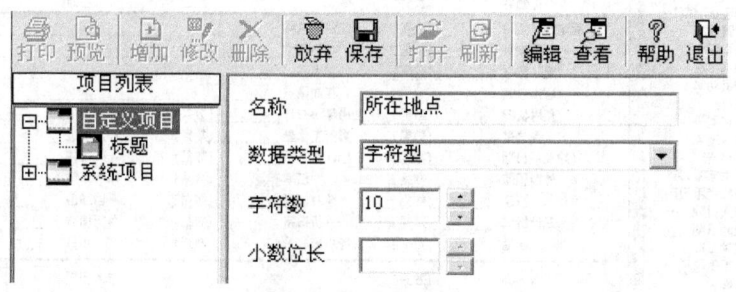

图 7 - 10 卡片项目

(2) 卡片样式定义。选择以通用卡片样式为基础建立新样式,将通用样式中的"规格型号"、"存放地点"项移出,然后添加"建筑面积"、"所在地点"、"间(座)数"三个项目。

【操作2】 在系统菜单中选择[卡片]下的[卡片样式],打开如图7-11所示的[卡片样式]窗口,单击[增加],弹出如图7-12所示的对话框,选择[是]。打开如图7-13所示的[卡片模板定义]窗口,选择[规格型号]栏,单击[编辑]下的[项目移出]如图7-14所示。将左侧[系统项目]中的[建筑面积]项拖入,选中[B,C]两列,在菜单栏单击[居右]见图7-15。以同样的方法将[存放地点]栏移出,并从[自定义项目]和[系统项目]中分别将[所在地点]和[间(座)数]拖入卡片中,单击[保存]。设计好的房屋类卡片如图7-16所示。

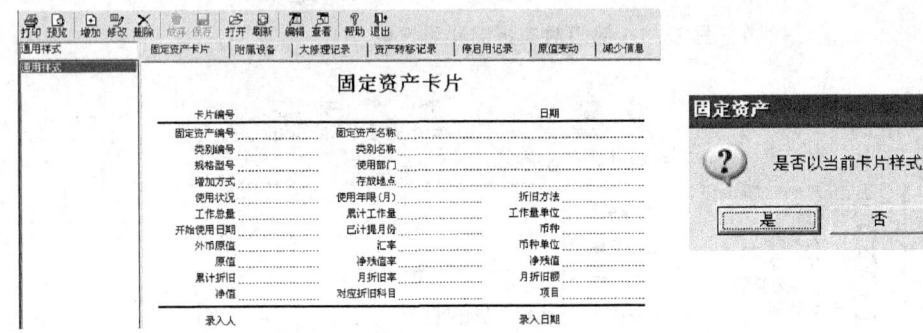

图7-11 卡片样式   图7-12 建立新样式

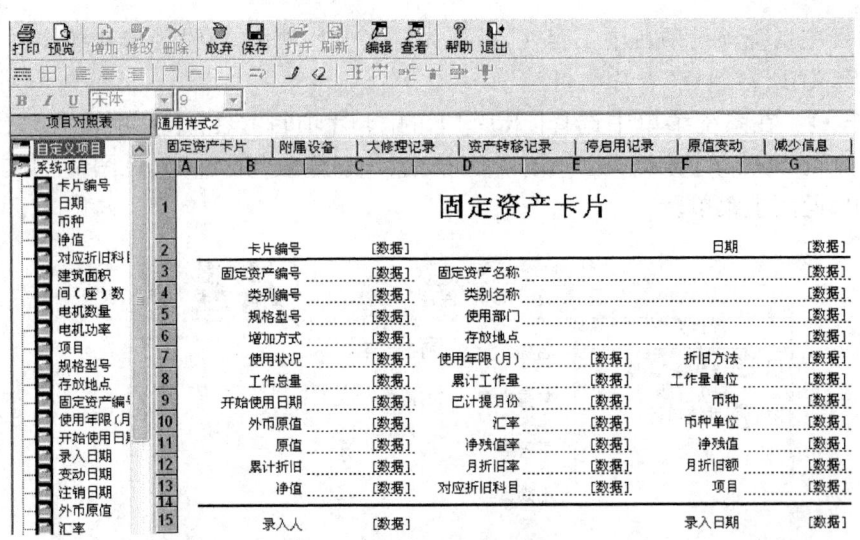

图7-13 卡片模板定义

4) 资产类别设置

根据表7-1新世纪轧钢厂的资产类别表,设置各类资产的类别,以增加"房屋"为例说明资产类别的设置。

图 7-14　移出项目

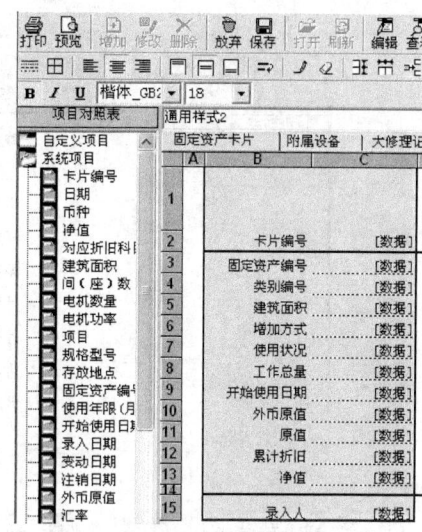

图 7-15　移入项目并调整格式

固定资产卡片

卡片编号	[数据]			日期	[数据]
固定资产编号	[数据]	固定资产名称			[数据]
类别编号	[数据]	类别名称			[数据]
建筑面积	[数据]	使用部门			[数据]
增加方式	[数据]	所在地点	[数据]	间(座)数	[数据]
使用状况	[数据]	使用年限(月)	[数据]	折旧方法	[数据]
工作总量	[数据]	累计工作量	[数据]	工作量单位	[数据]
开始使用日期	[数据]	已计提月份	[数据]	币种	[数据]
外币原值	[数据]	汇率	[数据]	币种单位	[数据]
原值	[数据]	净残值率	[数据]	净残值	[数据]
累计折旧	[数据]	月折旧率	[数据]	月折旧额	[数据]
净值	[数据]	对应折旧科目	[数据]	项目	[数据]
录入人	[数据]			录入日期	[数据]

图 7-16　通用样式 1

【操作】　在系统菜单中选择[设置]下的[资产类别],打开如图 7-17 所示的[类别编码表]窗口,在工具栏单击[增加],出现如图 7-18 所示的增加资产类别界面,参照表 7-1 输入房屋的信息。设置完毕后单击[保存]继续输入下一条。新世纪轧钢厂的资产类别设置结果见图 7-19。

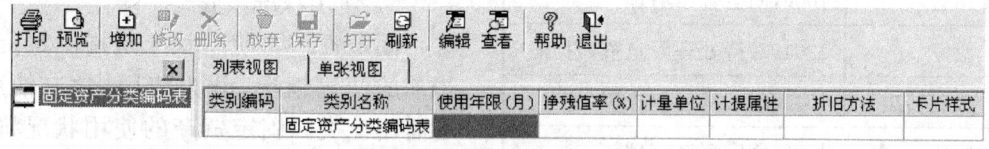

图 7-17　类别编码表

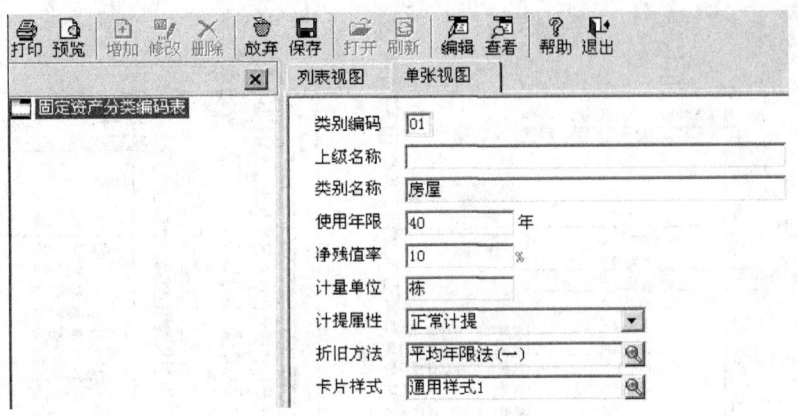

图 7 - 18　增加资产类别

类别编码	类别名称	使用年限(月)	净残值率(%)	计量单位	计提属性	折旧方法	卡片样式
	固定资产分类编码表						
01	房屋	480	10.00	栋	正常计提	平均年限法(一)	通用样式1
02	动力设备	60	5.00		正常计提	平均年限法(一)	通用样式1
03	传导设备	84	7.00		正常计提	平均年限法(一)	通用样式1
04	机器	120	8.00		正常计提	平均年限法(一)	通用样式1
05	运输设备	72	6.00		正常计提	平均年限法(一)	通用样式1
06	管理工具	24	3.00		正常计提	平均年限法(一)	通用样式1
07	其他生产用固定资产	0			正常计提	平均年限法(一)	通用样式1

图 7 - 19　资产类别设置结果

表 7 - 8　增减方式对应入账科目

增减方式目录	对应入账科目
增加方式	
直接购入	100201,工行
投资者投入	4001,实收资本
盘盈	6901,以前年度损益调整
在建工程	1604,在建工程
减少方式	
出售	1606,固定资产清理
盘亏	190102,待处理固定资产损溢
投资转出	151102,其他股权投资
报废	1606,固定资产清理

5) 增减方式设置

本账套设置的增减方式对应入账科目如表 7-8 所示。

【操作】 在系统菜单中选择[设置]下的[增减方式],打开如图 7-20 所示的[增减方式]窗口,选择[直接购入],单击[修改]进入图 7-21,参照表 7-8 选择[直接购入]的对应入账科目,单击[保存]返回图 7-20。依次设置新世纪轧钢厂其他增减方式及对应入账科目。

6) 使用状况设置

固定资产的使用状况是指固定资产当前的使用情况,分为使用中、未使用、不需用三类。固定资产的使用状况将决定固定资产是否计提折旧,一般在用的

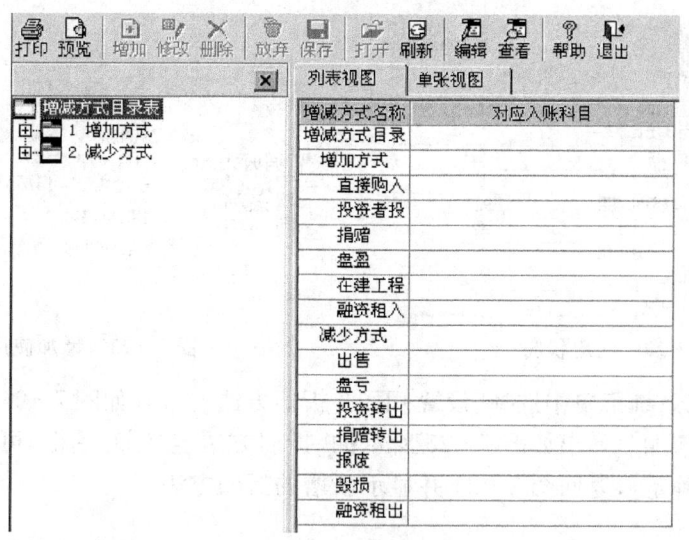

图 7 - 20　增减方式

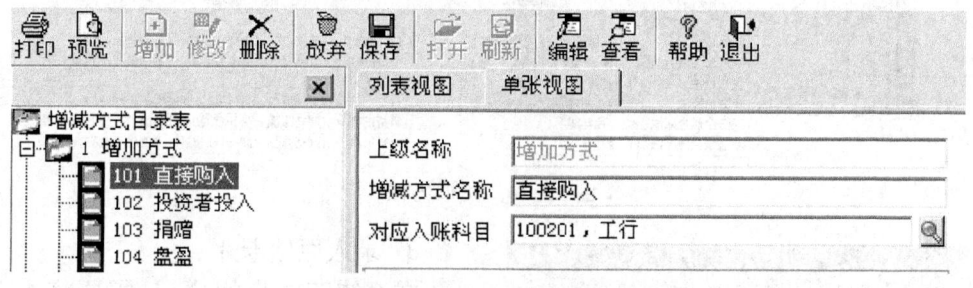

图 7 - 21　选择入账科目

固定资产要计提折旧,未使用和不需用的固定资产不提折旧。系统预设了使用中、未使用、不需用三类使用状态,用户也可以根据本企业的实际情况在每个大类下定义自己的固定资产使用情况。

　　【操作】　在系统菜单中选择[设置]下的[使用状况],打开如图 7 - 22 所示的[使用状况]窗口,在左侧的[使用状况目录表]中选择一类,单击[增加]可根据企业情况设置使用状况名称及是否计提折旧如图 7 - 23 所示。

　　7) 折旧方法设置

　　系统共预设了六种折旧法;同时,为满足企业特殊的折旧处理要求,提供了自定义折旧方法的功能,用户可根据企业需要自定义公式或每期折旧率。

　　在无法使用系统预设折旧方法时,可以利用系统提供的自定义功能,来自行设置折旧公式。

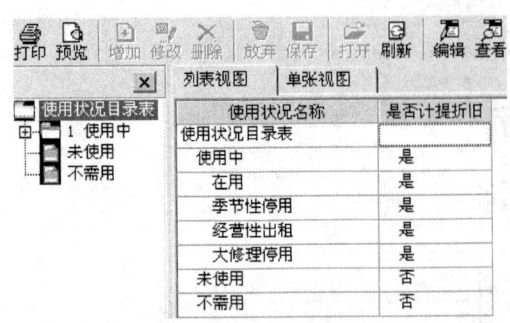

图 7-22 使用状况

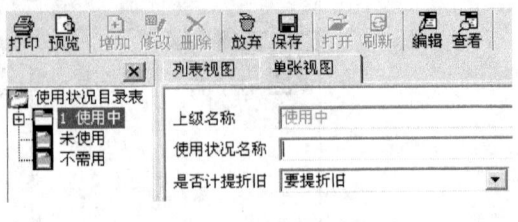

图 7-23 增加使用状况

【操作】 在系统菜单中选择[设置]下的[折旧方法],打开如图 7-24 所示的[折旧方法]窗口,单击[增加],弹出如图 7-25 所示的[折旧方法定义]对话框,可新增折旧方法。增加之后单击[确定],返回图 7-24 并显示新增的折旧方法。

图 7-24 折旧方法

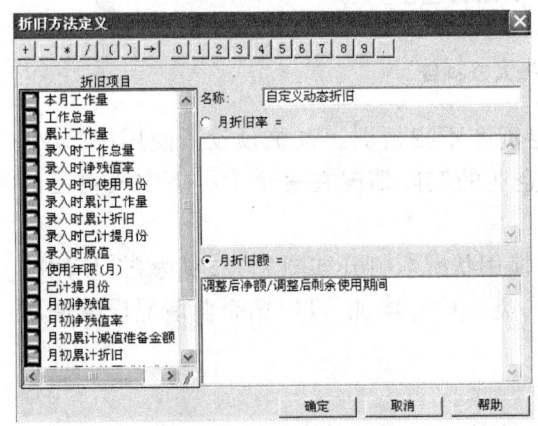

图 7-25 折旧方法定义

8) 录入原始卡片

在系统正式启用之前,需要将企业正在使用的固定资产及其历史数据通过"录入原始卡片"功能,录入到系统中。在卡片录入时,必须录入的信息包括"名称及类别"、"开始使用日期"、"增加方式"、"使用部门"、"使用状况"、"原值"和"累计折旧"。

按照表 7-2 新世纪轧钢厂在用固定资产资料,逐项进行录入。以"厂房"原始卡片为例说明"录入原始卡片"的具体操作。

【操作】 在系统菜单中选择[卡片]下的[录入原始卡片],打开如图 7-26 所示的[资产类别参照]对话框,选择[房屋],单击[确认],进入如图 7-27 所示的[固定资产卡片录入]窗口,单击[部门名称]进入图 7-28,选择[多部门]。单击[确定]进入如图 7-29

所示的[使用部门]对话框,输入使用部门及分配比例,单击[确定]返回图 7-27。单击[增加方式]弹出图 7-30,选择[在建工程转入],单击[确认]返回图 7-27。单击[使用状况]弹出图 7-31,选择[在用],单击[确认]返回图 7-27。其他项目直接填入,[建筑面积]输入[20000],[所在地点]输入[A 区],[间(座)数]输入[15],至此厂房卡片录入完毕,结果如图 7-32 所示。

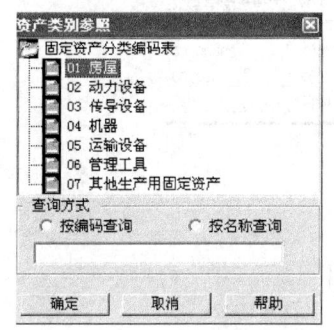

图 7-26　资产类别参照

图 7-27　固定资产卡片录入

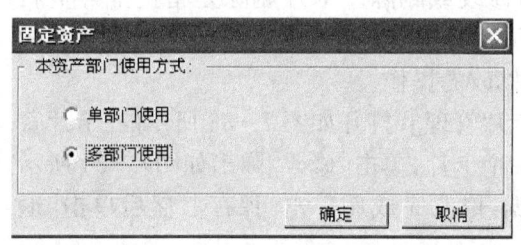

图 7-28　部门使用方式

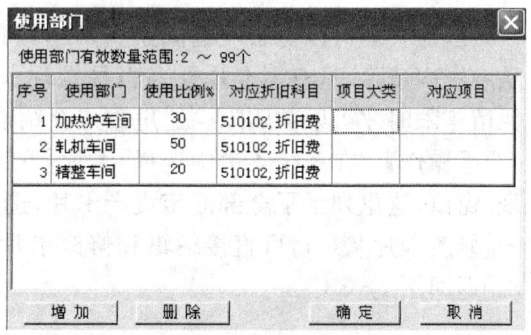

图 7-29　选择部门

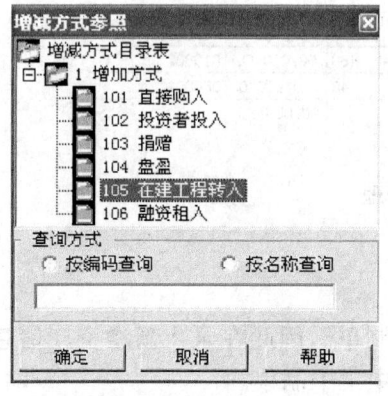

图 7-30　增加方式

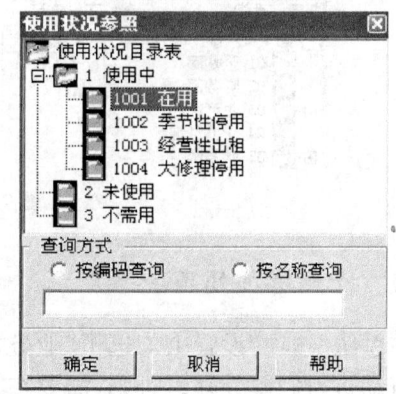

图 7-31　使用状况

固定资产卡片

卡片编号	00001			日期	2010-07-01
固定资产编号	010001	固定资产名称			厂房
类别编号	01	类别名称			房屋
建筑面积	20000	使用部门			加热炉车间/轧机车间/精整车间
增加方式	在建工程转入	所在地点	A区	间（座）数	15
使用状况	在用	使用年限（月）	480	折旧方法	平均年限法（一）
开始使用日期	2008-07-01	已计提月份	23	币种	人民币
原值	200000.00	净残值率	10%	净残值	20000.00
累计折旧	7866.00	月折旧率	0.0019	月折旧额	380.00
净值	192134.00	对应折旧科目	(510102,折旧费)	项目	

图 7 - 32　"厂房"卡片

7.5　固定资产日常业务处理

7.5.1　卡片管理

卡片管理可以对录入的固定资产卡片进行修改或删除。卡片删除是指把卡片资料从系统内清除,只有当卡片录入当月发现卡片录入有错,或资产减少的卡片超过设定的保留年限时才可以被删除。这里重点介绍卡片修改的操作。

【操作】　在系统菜单中选择[卡片]下的[卡片管理],打开如图 7 - 33 所示的[卡片管理]窗口,这里列示了全部固定资产卡片,选中一个卡片,单击[修改]弹出如图 7 - 34 所示的[修改卡片]窗口,可直接编辑和修改卡片数据,修改完成后单击[保存],然后单击[退出]返回图 7 - 33。

图 7 - 33　卡片管理

7.5.2　资产增加处理

在系统"选项"设置中勾选了"业务发生后立即制单",因此在录入新增资产信息后系统会自动进行制单处理。否则,需要在"批量制单"中集中制单。

按照表 7 - 3 新世纪轧钢厂 7 月份新增资产顺序逐项录入。以录入"小轿车"为例说

固定资产卡片

卡片编号	00011	日期	2010-07-01

固定资产编号	060001	固定资产名称	电脑
类别编号	06	类别名称	管理工具
规格型号		使用部门	采购部/财务部/企业管理部/销售一部/销售二部
增加方式	直接购入	存放地点	
使用状况	在用	使用年限(月)	48	折旧方法	平均年限法(一)
开始使用日期	2008-10-01	已计提月份	21	币种	人民币
原值	40000.00	净残值率	3%	净残值	1200.00
累计折旧	16483.20	月折旧率	0.0202	月折旧额	808.00
净值	23516.80	对应折旧科目	(660205,折旧费)	项目	

图 7-34　修改卡片

明资产增加的操作。

【操作】　在系统菜单中选择[卡片]下的[资产增加],打开如图 7-35 所示的[资产类别参照]窗口,选择[运输设备],单击[确认],弹出如图 7-36 所示的[新增资产]窗口,与录入原始卡片操作相同,录入"小轿车"的基本信息,录入完成后单击[保存],系统弹出如图 7-37 所示的[填制凭证]窗口,选择凭证类别[付],附单据数[1],单击[保存],凭证上显示[已生成]字样完成制单。

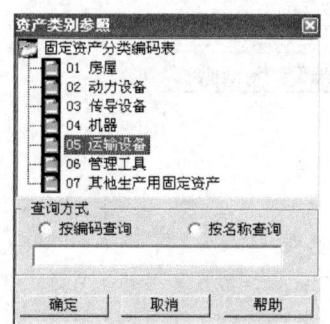

图 7-35　资产类别参照

固定资产卡片

卡片编号	00016	日期	2010-07-01

固定资产编号	050004	固定资产名称	小轿车
类别编号	05	类别名称	运输设备
规格型号		使用部门	企业管理部
增加方式	直接购入	存放地点	
使用状况	在用	使用年限(月)	72	折旧方法	平均年限法(一)
开始使用日期	2010-07-20	已计提月份	0	币种	人民币
原值	50000.00	净残值率	6%	净残值	3000.00
累计折旧	0.00	月折旧率	0.0131	月折旧额	655.00
净值	50000.00	对应折旧科目	660205,折旧费	项目	

图 7-36　"小轿车"卡片

7.5.3　资产减少处理

企业在经营过程中可能会出现资产毁损、出售等业务而使企业固定资产减少。新世纪轧钢厂 7 月份资产的减少见表 7-4。以"轧机设备"的出售为例说明资产减少的处理。

【操作】　在系统菜单中选择[卡片]下的[资产减少],打开如图 7-38 所示的[资产减少]窗口,参照表 7-4 输入减少资产的卡片编号,系统自动填入资产编号,单击[增加],输入卡片清理信息,单击[确定]系统弹出如图 7-39 所示的[填制凭证]窗口。保存凭证后

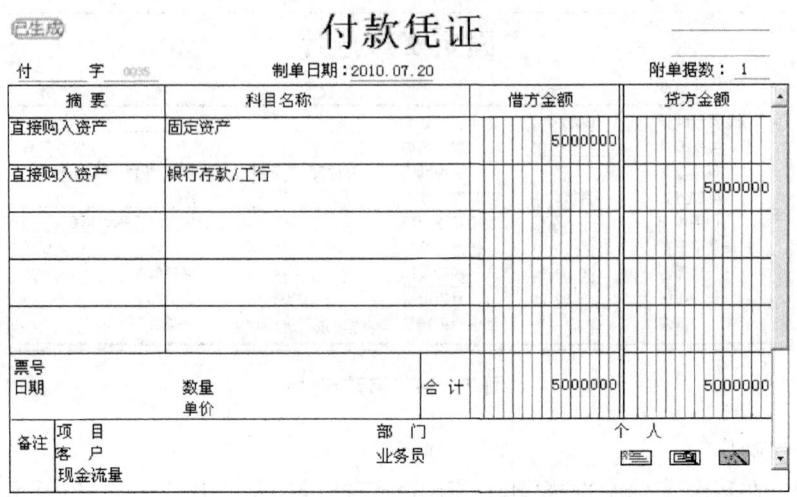

图 7 - 37　生成凭证

单击[退出],提示[卡片减少成功]如图 7 - 40 所示。单击[确定]返回主菜单。注:减少的卡片并没有删除。

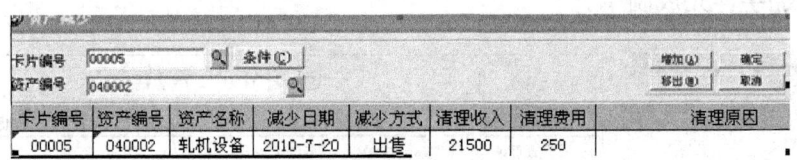

图 7 - 38　资产减少

图 7 - 39　填制凭证　　　　　　　　　　图 7 - 40　卡片减少成功

7.6　固定资产期末处理

7.6.1　计提本月折旧

在折旧信息选项图 7-6 中,选择了折旧汇总分配周期为"一个月",折旧方法为"平均年限法(一)",系统根据设置的计提折旧方法,进行本期各项固定资产的折旧,并将折旧费用根据使用部门分别计入有关费用科目,自动生成计提折旧的转账凭证之后,传送到账务系统。

【操作】　在系统菜单中选择[处理]下的[计提本月折旧],系统弹出如图 7-41 所示的对话框,单击[是],进入如图 7-42 所示的[折旧清单]窗口。单击[退出]打开如图 7-43 所示的[折旧分配表]窗口,单击[凭证]制单,系统弹出如图 7-44 所示的[填制凭证]窗口,单击[保存]返回图 7-43。单击[退出],系统弹出如图 7-45 所示的对话框,单击[确定]返回主菜单。

图 7-41　计提折旧

图 7-42　折旧清单

7.6.2　批量制单

批量制单可以同时为一批需要制单的业务连续制作记账凭证并传输到账务系统,避免了多次制单的繁琐。凡是在业务发生时没有制单或因发现错误而撤销制单的业务,可利用批量制单进行集中处理。

【操作】　在系统菜单中选择[处理]下的[批量制单],打开如图 7-46 所示的[批量制单]窗口,未制单的业务就会列示在窗口。双击需要制单的[制单]标记项,打上红色的[Y]即可,选择[制单设置]页签如图 7-47 所示,单击工具栏[制

部门编号	部门名称	科目编号	科目名称	折旧额
01	采购部	660205	折旧费	256.60
02	财务部	660205	折旧费	256.60
0301	加热炉车间	510102	折旧费	543.46
0302	轧机车间	510102	折旧费	601.78
0303	精整车间	510102	折旧费	310.46
04	企业管理部	660205	折旧费	256.60
0501	销售一部	660205	折旧费	361.40
0502	销售二部	660205	折旧费	361.40
合计				2,948.30

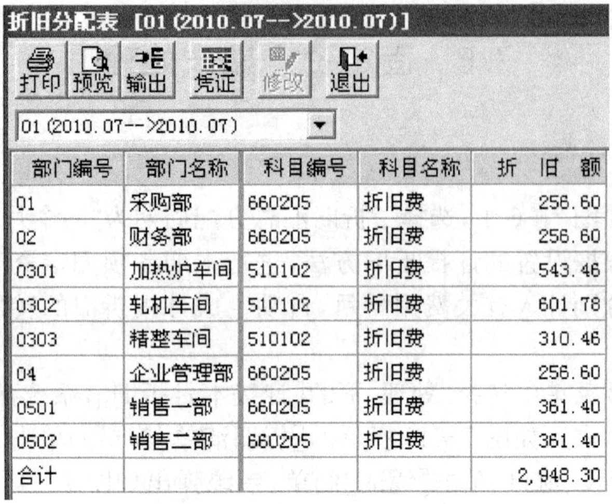

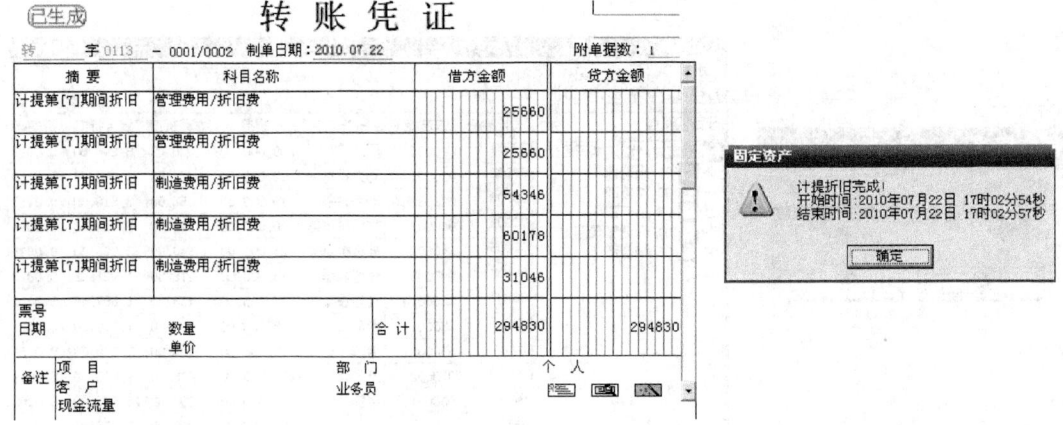

图 7-43　折旧分配表

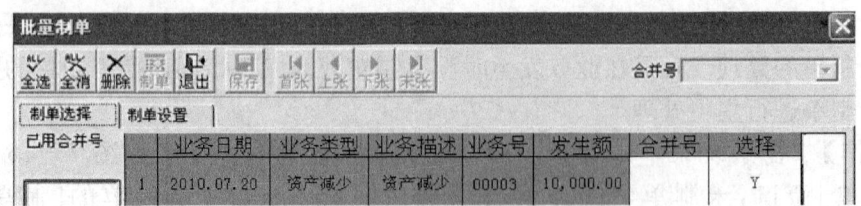

图 7-44　结转折旧费用凭证　　　　**图 7-45　计提结束**

单]，系统弹出[填制凭证]窗口，单击[保存]凭证页面出现[已生成]字样如图 7-48 所示。

图 7-46　批量制单

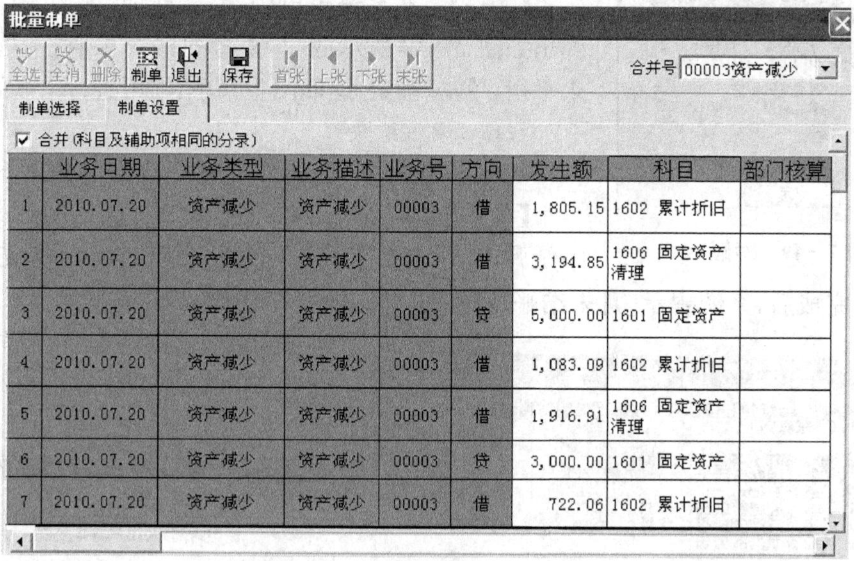

批量制单

全选 全消 删除 制单 退出 保存 首张 上张 下张 末张　合并号 00003资产减少

制单选择　制单设置

☑ 合并(科目及辅助项相同的分录)

	业务日期	业务类型	业务描述	业务号	方向	发生额	科目	部门核算
1	2010.07.20	资产减少	资产减少	00003	借	1,805.15	1602 累计折旧	
2	2010.07.20	资产减少	资产减少	00003	借	3,194.85	1606 固定资产清理	
3	2010.07.20	资产减少	资产减少	00003	贷	5,000.00	1601 固定资产	
4	2010.07.20	资产减少	资产减少	00003	借	1,083.09	1602 累计折旧	
5	2010.07.20	资产减少	资产减少	00003	借	1,916.91	1606 固定资产清理	
6	2010.07.20	资产减少	资产减少	00003	贷	3,000.00	1601 固定资产	
7	2010.07.20	资产减少	资产减少	00003	借	722.06	1602 累计折旧	

图 7-47　批量制单—制单设置

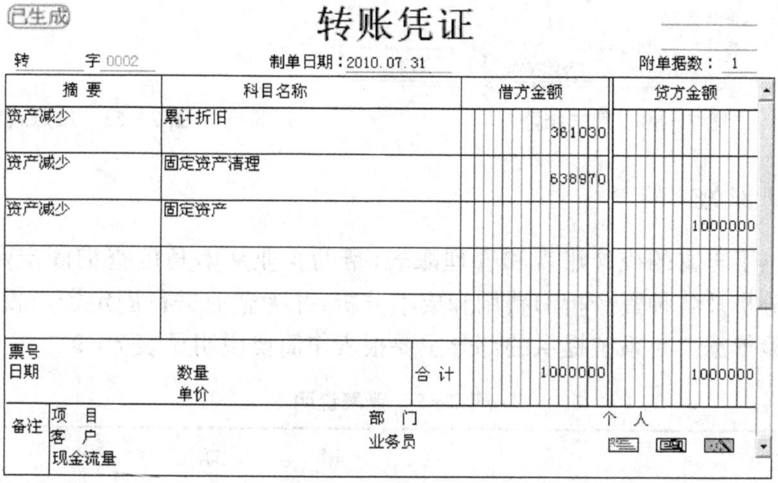

已生成

转账凭证

转　字 0002　制单日期：2010.07.31　附单据数：1

摘要	科目名称	借方金额	贷方金额
资产减少	累计折旧	361030	
资产减少	固定资产清理	638970	
资产减少	固定资产		1000000
票号 日期	数量 单价　合计	1000000	1000000

备注　项目　客户　现金流量　部门　业务员　个人

图 7-48　生成凭证

7.6.3　期末结账

7.6.3.1　对账

对账功能主要是为防止用户不通过固定资产系统，直接在总账系统录入固定资产凭证，导致业务与财务数据核对不上，系统提供了对账功能，将固定资产系统的业务数据与总账系统的财务数据进行核对，及时发现错误。

图 7-49 对账

【操作】 在系统菜单中选择[处理]下的[对账],系统弹出如图 7-49 所示的[与财务对账结果]提示框,对账结果平衡,单击[确定]返回图主菜单,即可进行结账处理。

7.6.3.2 结账

对账平衡后,方可结账,结账后当期的数据不能修改。

【操作】 在系统菜单中选择[处理]下的[月末结账],系统弹出[月末结账]窗口如图 7-50 所示。单击[开始结账],结账完成后,系统提示[月末结账成功完成]如图 7-51 所示。

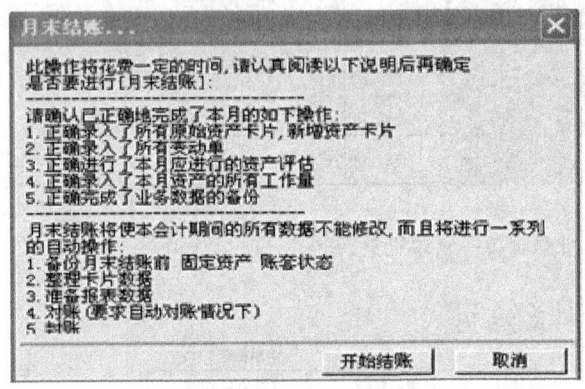

图 7-50 月末结账

图 7-51 结账成功

7.6.4 账表处理

系统提供了丰富的统计账表和管理账表,帮助企业从多角度查询固定资产信息,进行资产统计分析及各种资产折旧费用和成本分析,并为企业进行固定资产投资、保养、修理等提供决策依据。对系统提供的部分主要报表作简要说明见表 7-9。

表 7-9 账表说明

账 表	说 明	
固定资产原值表	各项固定资产的原值、累计折旧、净值的统计表,便于管理者掌握资产的分布情况	这些表均可按固定资产类别、使用部门等数据项进行多级汇总
固定资产折旧计提明细表	反映资产按类别计算折旧的情况,包括上月计提情况、上月原值变动和本月计提情况	
固定资产统计表	用于统计资产的价值、数量、折旧、新旧程度等指标	
固定资产到期提示表	反映按使用寿命计算,在指定期间到期的全部固定资产资料,包括到期固定资产的使用时间、到期时间、原值、折旧等信息	

（续表）

账　表	说　明
（部门、类别）明细账	查询某一类别或部门的固定资产在查询期间内发生的所有业务,包括资产增加、资产减少、原值变动、使用状况变化、部门转移、计提折旧等
（部门）折旧计提汇总表	反映该账套内各使用部门计提折旧的情况,包括计提原值和计算的折旧额信息
类别构成分析表	反映指定会计期间,固定资产按照不同项目分类后,固定资产原值的构成比例,帮助企业掌握固定资产的价值分布

7.6.4.1　分析报表的应用

1）部门构成分析表

（1）部门构成分析表的操作处理。

【操作】 在系统菜单下单击[账表],展开账簿的下级目录如图7-52所示,在图7-52中点击[分析表],显示所有分析表,双击[部门结构分析表],弹出条件选择窗口,选择汇总类别和分析期间,单击[确定],生成构成部门分析表如图7-53所示,可打印输出。

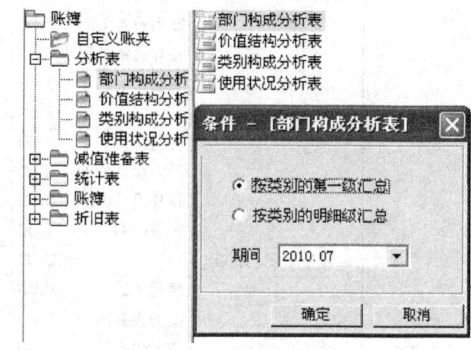

图7-52　分析条件选择窗口

（2）部门构成表结果分析。部门资产构成分析表数据显示,生产部门的资产占总资产的55.42%,说明企业资产投资重点在生产主线,相对其他部门而言,销售部占的比重最大,凸显销售部门的重要性。

2）价值结构分析表

（1）价值结构分析表的操作。

【操作】 在图7-52中,双击树型目录中的[价值结构分析表],弹出期间选择窗口,选择[2010.07],单击[确定],生成如图7-54所示的分析表。

（2）价值结构表结果分析。由分析表中的净值率,不难发现,新世纪轧钢厂的固定资产的质量是很好的,即大都是新资产,只有管理工具的净值率为58.79%,但该项资产的使用年限只有两年。

3）使用状况分析表

（1）使用状况分析表的操作。在图7-52中,双击树型目录中的"使用状况分析表",弹出期间选择窗口,选择"2010.07",单击[确定],生成如图7-55所示的分析表。

（2）使用状况表的结果分析。由使用状况分析可知,新世纪轧钢厂的资产利用率100%,说明该企业购置资产的计划符合需要,资金利用率高,没有闲置资产,没有固定资产投资造成的浪费和损失。

部门构成分析表

使用单位:新世纪轧钢厂 期间: 2010.07

类别级次第 1 级

使用部门	资产类别	数量	计量单位	期末原值	占部门百分比%	占总值百分比%
采购部(01)		0.40		58,000.00	100.00	7.27
	房屋(01)	0.20	栋	50,000.00	86.21	6.27
	管理工具(06)	0.20		8,000.00	13.79	1.00
财务部(02)		0.40		58,000.00	100.00	7.27
	房屋(01)	0.20	栋	50,000.00	86.21	6.27
	管理工具(06)	0.20		8,000.00	13.79	1.00
生产部(03)		8.00		442,000.00	100.00	55.42
加热炉车间(0301)		2.50		139,100.00	31.47	17.44
	房屋(01)	0.70	栋	108,000.00	24.43	13.54
	动力设备(02)	0.50		7,500.00	1.70	0.94
	传导设备(03)	0.30		3,600.00	0.81	0.45
	机器(04)	1.00		20,000.00	4.52	2.51
轧机车间(0302)		3.50		205,300.00	46.45	25.74
	房屋(01)	0.80	栋	136,000.00	30.77	17.05
	动力设备(02)	0.30		4,500.00	1.02	0.56
	传导设备(03)	0.40		4,800.00	1.09	0.60
	机器(04)	2.00		60,000.00	13.57	7.52
精整车间(0303)		2.00		97,600.00	22.08	12.24
	房屋(01)	0.50	栋	76,000.00	17.19	9.53
	动力设备(02)	0.20		3,000.00	0.68	0.38
	传导设备(03)	0.30		3,600.00	0.81	0.45
	机器(04)	1.00		15,000.00	3.39	1.88
企业管理部(04)		1.40		108,000.00	100.00	13.54
	房屋(01)	0.20	栋	50,000.00	46.30	6.27
	运输设备(05)	1.00		50,000.00	46.30	6.27
	管理工具(06)	0.20		8,000.00	7.41	1.00

图 7-53　部门构成分析表

价值结构分析表

使用单位:新世纪轧钢厂 期间: 2010.07

资产类别	数量	计量单位	期末原值	期末累计折旧	期末净值	累计折旧占原值百分比%	净值率%
房屋(01)	3	栋	570,000.00	17,271.00	552,729.00	3.03	96.97
动力设备(02)	1		15,000.00	4,064.55	10,935.45	27.10	72.90
传导设备(03)	1		12,000.00	1,867.46	10,132.54	15.56	84.44
机器(04)	4		95,000.00	5,116.80	89,883.20	5.39	94.61
运输设备(05)	3		65,500.00	1,779.50	63,720.50	2.72	97.28
管理工具(06)	1		40,000.00	16,483.20	23,516.80	41.21	58.79
合计	13		797,500.00	46,582.51	750,917.49	5.84	94.16

图 7-54　价值结构分析表

使用状况分析表

使用单位:新世纪轧钢厂   期间: 2010.07

使用状况	原值		累计折旧		净值	
	金额	占总值百分比%	金额	占总值百分比%	金额	占总值百分比%
使用中(1)	797,500.00	100.00	46,582.51	100.00	750,917.49	100.00
在用(1001)	797,500.00	100.00	46,582.51	100.00	750,917.49	100.00
合计	797,500.00	100.00	46,582.51	100.00	750,917.49	100.00

图 7 - 55   使用状况分析表

7.6.4.2   统计报表的应用

1) 固定资产原值一览表

(1) 固定资产原值一览表的操作。

【操作】   在图 7 - 56 中,单击窗口左边的树型目录[统计表],展开下级目录,双击[固定资产原值一览表],弹出统计条件窗口,选择期间及汇总部门,单击[确定]生成如图 7 - 57 所示的报表。

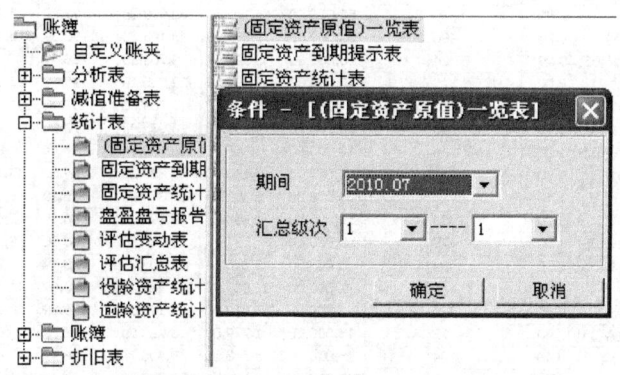

图 7 - 56   固定资产原值查询条件

(固定资产原值)一览表

使用单位:新世纪轧钢厂   期间: 2010.07
汇总级次1---1

部门名称	合计			房屋			动力设备		
	原值	累计折旧	净值	原值	累计折旧	净值	原值	累计折旧	净值
采购部(01)	58,000.00	5,101.64	52,898.36	50,000.00	1,805.00	48,195.00			
财务部(02)	58,000.00	5,101.64	52,898.36	50,000.00	1,805.00	48,195.00			
生产部(03)	442,000.00	19,294.81	422,705.19	320,000.00	8,246.00	311,754.00	15,000.00	4,064.55	10,935.45
企业管理部(04)	108,000.00	5,101.64	102,898.36	100,000.00	1,805.00	48,195.00			
销售部(05)	131,500.00	11,982.78	119,517.22	100,000.00	3,610.00	96,390.00			
合计	797,500.00	46,582.51	750,917.49	570,000.00	17,271.00	552,729.00	15,000.00	4,064.55	10,935.45

图 7 - 57   固定资产原值一览表(部分)

（2）固定资产原值一览表的应用。该表每行列出了一个部门各项资产，一类资产一栏，因栏目太多，图 7-57 只截取了部分资产。该表提供了企业分部门资产的全貌，管理者通过该表可快速了解企业固定资产的基本情况。

2）固定资产条件表

（1）固定资产统计表的操作。

【操作】 在图 7-56 中，双击[固定资产统计表]，弹出统计条件窗口如图 7-58 所示，选择统计类别、级次及期间，单击[确定]生成如图 7-59 所示的统计表。双击表内任意一行，便可联查到对应部门的资产明细账，双击明细账任意资产，可显示该项资产的卡片。

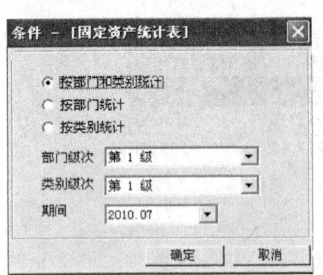

图 7-58 统计条件

固定资产统计表

使用单位：新世纪轧钢厂　　期间：2010.07
部门级次第 1 级　　类别级次第 1 级

部门名称	资产类别	数量	使用年限(月)	计量单位	原值	累计折旧	净值	新旧程度%	净残值	本月折旧
采购部(01)		0.40			58,000.00	5,101.64	52,898.36	91.20	5,240.00	256.60
	房屋(01)	0.20	480	栋	50,000.00	1,805.00	48,195.00	96.39	5,000.00	95.00
	管理工具(06)	0.20	24		8,000.00	3,296.64	4,703.36	58.79	240.00	161.60
财务部(02)		0.40			58,000.00	5,101.64	52,898.36	91.20	5,240.00	256.60
	房屋(01)	0.20	480	栋	50,000.00	1,805.00	48,195.00	96.39	5,000.00	95.00
	管理工具(06)	0.20	24		8,000.00	3,296.64	4,703.36	58.79	240.00	161.60
生产部(03)		8.00			442,000.00	19,294.81	422,705.19	95.63	41,190.00	1,455.70
	房屋(01)	2.00	480	栋	320,000.00	8,246.00	311,754.00	97.42	32,000.00	380.00
	动力设备(02)	1.00	60		15,000.00	4,064.55	10,935.45	72.90	750.00	395.00
	传导设备(03)	1.00	84		12,000.00	1,867.46	10,132.54	84.44	840.00	133.20
	机器(04)	4.00	120		95,000.00	5,116.80	89,883.20	94.61	7,600.00	547.50
企业管理部(04)		1.40			108,000.00	5,101.64	102,898.36	95.28	8,240.00	256.60
	房屋(01)	0.20	480	栋	50,000.00	1,805.00	48,195.00	96.39	5,000.00	95.00
	运输设备(05)	1.00	72		50,000.00		50,000.00	100.00	3,000.00	
	管理工具(06)	0.20	24		8,000.00	3,296.64	4,703.36	58.79	240.00	161.60
销售部(05)		2.80			131,500.00	11,982.78	119,517.22	90.89	11,410.00	722.80
	房屋(01)	0.40	480	栋	100,000.00	3,610.00	96,390.00	96.39	10,000.00	190.00
	运输设备(05)	2.00	72		15,500.00	1,779.50	13,720.50	88.52	930.00	209.60
	管理工具(06)	0.40	24		16,000.00	6,593.28	9,406.72	58.79	480.00	323.20
合计		13.00	0		797,500.00	46,582.51	750,917.49	94.16	71,320.00	2,948.30

图 7-59 固定资产统计表

（2）固定资产统计表结果分析。固定资产统计表包含了多种信息，通过固定资产统计表的数据，可抽取出多个表的结果，如图 7-54 价值结构分析表，与图 7-57 包含相同的信息，只是显示方式不同而已。

7.6.4.3 账簿管理

【操作】 单击[账簿]，展开下级目录，双击（部门、类别）明细账，弹出条件选择对话框如图 7-60 所示。不选具体类别和部门，缺省值为所有部门的所有资产，期间为[2010.07]，单击[确定]显示如图 7-61 所示的固定资产明细账，双击表内任一资产，便可显示对应资产的卡片。

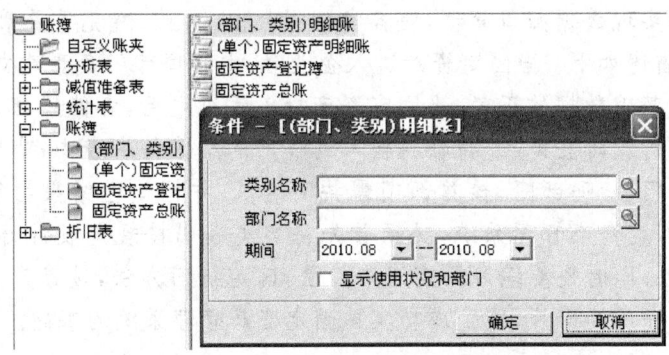

图 7 - 60　(部门、类别)明细账查询条件

(部门、类别)明细账

使用单位:新世纪轧钢厂　　　　　　　　期间:2010.07---2010.07
资产类别:　　　　　　　　　　　　　　使用部门:

日期	资产编号	业务.单号	凭证号	摘要	资产名称	数量	原值			累计折旧		
							借方	贷方	余额	借方	贷方	余额
2010-07-01	010001	00001		录入原始卡片	厂房	1.00	200,000.00		200,000.00		7,866.00	7,866.00
2010-07-01	020001	00002		录入原始卡片	动力设备	1.00	15,000.00		215,000.00		3,827.55	11,693.55
2010-07-01	020002	00003		录入原始卡片	动力设备	1.00	10,000.00		225,000.00		3,452.30	15,145.85
2010-07-01	040001	00004		录入原始卡片	加热炉机器	1.00	20,000.00		245,000.00		3,002.88	18,148.73
2010-07-01	040002	00005		录入原始卡片	轧机机器	1.00	25,000.00		270,000.00		3,753.60	21,902.33
2010-07-01	040003	00006		录入原始卡片	精整机器	1.00	15,000.00		285,000.00		1,806.42	23,708.75
2010-07-01	030001	00007		录入原始卡片	传导设备	1.00	12,000.00		297,000.00		1,734.26	25,443.01
2010-07-01	050001	00008		录入原始卡片	卡车	1.00	8,000.00		305,000.00		1,674.70	27,117.71
2010-07-01	050002	00009		录入原始卡片	卡车	1.00	8,000.00		313,000.00		1,674.70	28,792.41
2010-07-01	010002	00010		录入原始卡片	办公楼	1.00	250,000.00		563,000.00		8,550.00	37,342.41
2010-07-01	060001	00011		录入原始卡片	电脑	1.00	40,000.00		603,000.00		15,675.20	53,017.61
2010-07-20	010003	00012	转--56	新增固定资产	新元材料库	1.00	120,000.00		723,000.00			53,017.61
2010-07-20	050003	00013	付--29	新增固定资产	卡车	1.00	7,500.00		730,500.00			53,017.61
2010-07-20	020002	00003	转--58	资产减少	动力设备	-1.00		10,000.00	720,500.00	3,610.30		49,407.31
2010-07-20	050001	00008	转--57	资产减少	卡车	-1.00		8,000.00	712,500.00	1,779.50		47,627.81
2010-07-20	040004	00014	付--30	新增固定资产	轧机机器	1.00	30,000.00		742,500.00			47,627.81
2010-07-20	040002	00005	转--59	资产减少	轧机机器	-1.00		25,000.00	717,500.00	3,993.60		43,634.21
2010-07-20	040005	00015	付--34	新增固定资产	轧机机器	1.00	30,000.00		747,500.00			43,634.21
2010-07-20	050004	00016	付--35	新增固定资产	小轿车	1.00	50,000.00		797,500.00			43,634.21
2010-07-31		01	转--113	计提折旧					797,500.00		2,948.30	46,582.51
				本期合计		13.00	840,500.00	43,000.00	797,500.00	9,383.40	55,965.91	46,582.51

图 7 - 61　固定资产明细账

本章重点精炼

　　固定资产管理的特殊性,即使用、管理、核算的分离,造成管理的困难,数据统计来源复杂且很难得到固定资产的完整资料,使企业的清查核资成为一项繁重的任务,尤其是大企业很难统计出固定资产的精确数据。采用计算机进行管理核算工作,可使管理部门、具体使用部门和核算部门共享相同的资料,从根本上保证了数据的一致性,避免了多头管理的混乱局面。利用系统的权限设置,可为管理部门、使用部门、核算部门实现按管理流程明确分工,实现数据归口管理,使各类数据数出一门。避免重叠管理,数出多家的现象。具体流程描述如下:当固定资产进入企业时,由管理部门负责建立卡片,核准卡片资料的数据,保证基础数据的正确;当固定资产投入运行之后,各使用部门对资产的运行状态、维修情况进行及时登记,并将资料输入到资产的维修信息表中;当固定资产减少情况发生时,使用部门、管理部门、核算部门需共同确认,并将处理结果由管理部门统一输入。要成功实施固定资产管理系统,必须首先将各类编码按规范设计好,并利用系统设置功能将编码输入;同时还要编制固定资产目录,确定折旧方法,按资产类别设计卡片内容,定义各类不同资产的卡片,这是成功实施固定资产管理系统的基础。

习 题

一、选择题

1. 固定资产减少时,该固定资产记录( )。
    A. 仍保留在固定资产卡片文件中　　　　B. 不能删除
    C. 转入固定资产备查文件中然后删除　　D. 直接删除

2. 固定资产账套启用( )的所有固定资产在启用系统的当月都应由系统计提折旧。
    A. 前　　　　　　B. 后　　　　　　C. 两者都要　　　　D. 两者都不要

3. 固定资产变动包括( )。
    A. 部门转移　　　B. 净残值调整　　　C. 工作量调整　　　D. 三者都是

4. 固定资产核算的主要任务包括计算、汇总和分配固定资产的( )。
    A. 生产成本　　　B. 工作时间　　　C. 原值　　　　　D. 折旧费用

5. 固定资产核算系统中,信息查询输出功能可以输出固定资产( )。
    A. 卡片　　　　　B. 明细账　　　　C. 折旧费　　　　D. 以上全部

6. 固定资产核算系统中,执行( )操作后,才能开始处理下一个月的业务。
    A. 生成凭证　　　B. 账簿输出　　　C. 结账　　　　　D. 对账

7. 固定资产系统"使用状况"设置中,以下说明中,正确的是( )。
    A. 系统预置的使用状况不能修改、删除
    B. 只能用使用中、未使用、不需用三种一级使用状况,不能增加、修改、删除
    C. 可以在一级使用状况下增加二级使用状况
    D. 不允许在一级使用状况下增加二级使用状况

8. 固定资产系统新增一个资产类别时要求( )。
    A. 只有在最新会计期间时可以增加,月末结账后则不能增加
    B. 资产类别编码不能重复,同级的类别名称不能相同
    C. 类别编码、名称、计提属性、卡片样式不能为空

D. 其他各项内容的输入是为了输入卡片方便要默认的内容,可以为空

二、判断题

1. 固定资产发生变动时,必须在计提折旧前先更新固定资产卡片。　　　　　(　　)

2. 固定资产核算系统中,新增固定资产都是通过"初始数据录入"功能录入系统的。

(　　)

3. 电算化后,根据固定资产卡片中有关信息和规定选用折旧方法,可自动计算折旧,而不需要人工计算和填列。　　　　　　　　　　　　　　　　　(　　)

4. 当固定资产的使用部门改变时,需制作相应的记账凭证在账务处理系统中登记。

(　　)

5. 固定资产核算系统中,新录入系统的固定资产在录入当月都不提折旧。　(　　)

6. 固定资产核算中,新增固定资产的累计折旧一定是零。　　　　　　　(　　)

7. 执行"资产减少"操作时若当前账套设置了计提折旧,则需在计提折旧后执行资产减少。　　　　　　　　　　　　　　　　　　　　　　　(　　)

三、操作题

1. 如果发现本月新增固定资产的原值输入错误,但是已经制单,应该如何修改原值并进行制单?

2. 设计电机的卡片样式。

3. 增加一项固定资产并制单。

四、思考题

1. 固定资产卡片的初始设置包括哪些内容? 其中哪些内容是必须设置的?

2. 月末处理主要做哪些工作?

第8章 会计报表系统

8.1 报 表 概 述

8.1.1 会计报表简介

会计报表是根据日常会计核算资料编制的,总括地反映会计主体在一定时期财务状况和经营成果的报告文件。

会计报表包括资产负债表、利润表、现金流量表、所有者权益(或股东权益)变动表和附注。根据 2006 年企业会计准则应用指南,财务报表格式和附注分别按一般企业、商业银行、保险公司、证券公司等企业类型予以规定。本教材选择一般企业为讲授对象。

资产负债表主要提供企业财务状况的信息。利润表提供企业经营成果的信息,也就是反映利润或是亏损。现金流量表提供企业在一定会计期间的现金流量的信息。所有者权益(或股东权益)变动表提供构成所有者权益的各部分当期的增减变动情况。附注是对在资产负债表、利润表、现金流量表和所有者权益变动表等报表中列示项目的文字描述或明细资料,以及对未能在这些报表中列示项目的说明等。反映企业财务状况、经营成果和现金流量的补充报表,以表格的形式对基本会计报表的有关项目和内容的数据所作的明细数据补充,主要包括利润分配表以及国家统一的会计制度规定的其他附表,例如资产减值明细表、股东权益增减变动表和应交增值税明细表等。利润分配表是反映企业一定会计期间对实现净利润以及以前年度未分配利润的分配或者亏损弥补的报表。

8.1.2 会计报表的作用

会计报表不仅对编制报表的企业具有重要作用,而且对企业外部的各报表使用者也具有重要作用。会计报表的作用主要表现在以下 5 个方面:

(1) 企业利用会计报表,可以分析、检查企业经营目标和财务计划等完成情况,总结和评价企业的工作业绩,加强企业管理,为预测企业前景,制定长期的决策提供科学的依据。

（2）财务、税收部门利用会计报表,可以检查企业是否严格遵守国家的各项法律、法规、政策和制度,检查企业资金运用情况和利润形成情况以及各种税金的交纳情况,有效地发挥各部门的控制和监督作用。

（3）企业投资者利用会计报表,可以了解企业的财务状况和经营成果,分析企业的短期、长期偿债能力以及盈利能力,预测企业的发展前景,有助于投资人进行投资决策。

（4）银行及其他金融机构利用会计报表,可以了解企业的生产能力,分析和检查企业对资金、贷款的使用情况,考核企业信贷纪律的遵守情况,以确定其对企业的信贷政策。

（5）国家经济管理部门利用会计报表,可以综合反映国民经济各部门或地区的经济发展情况,为国家制定科学的国民经济发展计划,进行宏观调控提供依据,促进国民经济稳步、持续的发展。

8.2　编制报表的工作步骤

编制会计报表的工作步骤及各步骤的主要工作如图 8-1 所示。编制一张正确的会计报表,最主要的工作就是正确的定义计算公式,这就要求报表编制者首先必须精通会计业务,其次能够熟练运用取数函数,两者结合才能完成报表的公式定义,为报表的数据处理奠定基础。因此,编制任何一张报表,必须先对编制对象进行分析,其目的是编制符合格式及内容要求的报表。

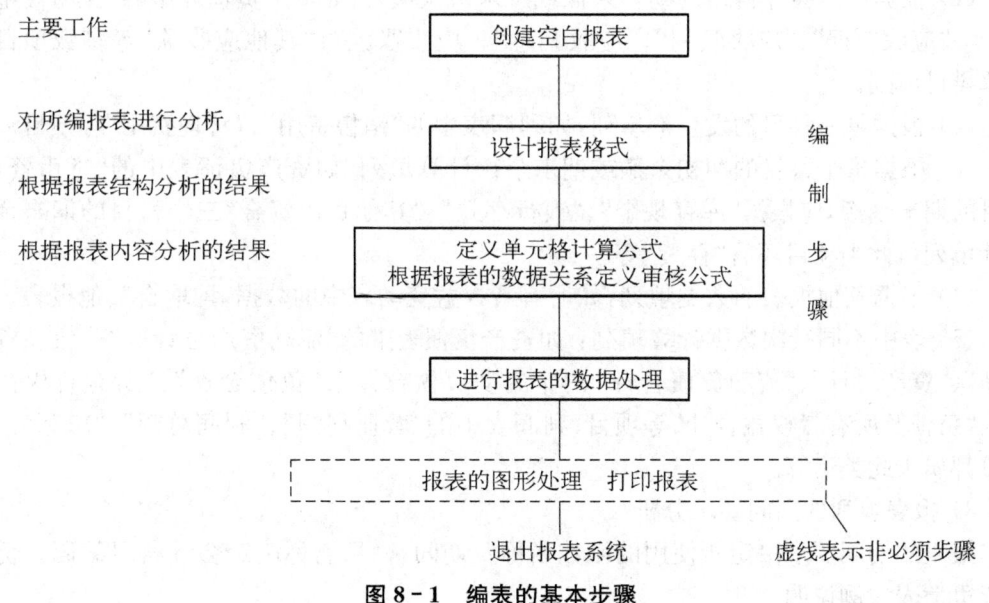

图 8-1　编表的基本步骤

8.2.1 会计报表的编制分析

8.2.1.1 报表的格式分析

报表的格式可归纳为3个部分：标题、表头和表体。

（1）标题。标题用来表示报表名称、编制日期、编制单位、使用的货币单位等内容如表8-1所示。

（2）表头。表头用来表示报表的栏目，如表8-1中的各栏目名称。

（3）表体。表体是报表的主体，是组成报表的主体部分，即所编制报表的主要内容，它包括报表的所有项目和要求填列的内容见表8-1。

8.2.1.2 报表的数据分析

1）报表的数据来源分析

对所要编制的报表，按其要求填列项目的内容，逐一分析其构成及其来源。先明确所填数据是取自于总分类账，还是明细分类账，或从同一张表的不同表页取数，或从其他已编制的表中取得。该分析可决定数据源所在地，即取数时所采用的函数。如资产负债表的数据多数来源于总账系统，而利润分配表中的净利润取自于利润表。

2）报表的填列方法分析

对于任何一张会计报表，其填列方法都是根据报表要求逐项分析得出的。可总结归纳为以下几类：

（1）根据单一会计科目的期初余额或期末余额填列，如资产负债表中的"交易性金融资产"、"应收票据"、"应收股利"、"应收利息"、"应收账款"、"其他应收款"等多数项目都属单科目填列。

（2）根据单一科目的发生额填列，如利润表中的"销售费用"、"管理费用"等项目。

（3）根据多个科目的期初余额或期末余额计算填列，如资产负债表中的"货币资金"项目的期末余额，应根据"库存现金"、"银行存款"、"其他货币资金"三个科目的期末余额合计填列。此类项目还有"存货"等。

（4）根据其他报表的数据填列，如所有者权益变动表中的数据，均取自其他报表。

（5）表中不同行次数据计算填列：如资产负债表中的"流动资产合计"、"非流动资产合计"、"资产总计"、"流动负债合计"、"非流动负债合计"、"负债合计"、"所有者权益合计"、"负债及所有者权益合计"等项目，利润表中的"营业利润"、"利润总额"、"净利润"等项目都属于此类运算。

3）报表填列的期间要求分析

报表的期间要求决定所使用的函数名称及期间，栏目名称决定会计科目编码。仍以资产负债表为例说明。

表 8 - 1　资产负债表

会企 01 表　标题

编制单位　　　　　　　　　　　　　　　　　　　　　　年　月　日　　单位：元

资　产	期末余额	年初余额	负债和所有者权益（或股东权益）	期末余额	年初余额
流动资产：			流动负债：		
货币资金			短期借款		
交易性金融资产			交易性金融负债		
应收票据			应付票据		
应收账款			应付账款		
预付款项			预收款项		
应收利息			应付职工酬薪		
应收股利			应交税费		
其他应收款			应付利息		
存货			应付股利		
一年内到期的非流动资产			其他应付款		
其他流动资产			一年内到期的非流动负债		
流动资产合计			其他流动负债		
非流动资产：			流动负债合计		
可供出售金融资产			非流动负债：		
持有至到期投资			长期借款		
长期应收款			应付债券		
长期股权投资			长期应付款		
投资性房地产			专项应付款		
固定资产			预计负债		
在建工程			递延所得税负债		
工程物资			其他非流动负债		
固定资产清理			非流动负债合计		
生产性生物资产			负债合计		
油气资产			所有者权益（或股东权益）		
开发支出			实收资本（或股本）		
商誉			资本公积		
长期待摊费用			减：库存股		
递延所得税资产			盈余公积		
其他非流动资产			未分配利润		
非流动资产合计			所有者权益（或股东权益）合计		
资产总计			负债和所有者权益（或股东权益）总计		

固定文字项目

表头

表体部分

假设 B6 单元格的计算公式为：

$$货币资金（库存现金＋银行存款＋其他货币资金）的期末余额$$

先要知道货币资金代表的具体会计科目,结合填表的期间要求,就能够在公式中描述取什么科目、什么期间、期初还是期末的数据。这就是报表编制分析所要达到的目的。通过分析明确每个单元应填什么科目、什么期间、期初还是期末的数据。

8.2.2 报表编制的公式

报表编制的公式就是报表数据单元计算依据的规则,主要包括单元计算公式、报表中数据关系的审核公式和舍位平衡公式。

8.2.2.1 单元公式

单元公式主要用于定义报表数据来源以及运算关系,也是编制报表使用最多的公式。单元公式一般由目标单元、取数单元、函数和运算符系列组成,用于从账簿、凭证、本表或其他报表中调用、运算所需的数据,将结果填入对应的报表单元中。

常用的报表数据一般来源于总账系统和报表系统本身,报表取数可以分为从本表取数和从它表表页取数两种取数方式。由报表数据来源分析可将单元公式归纳为以下四种。

1) 账务取数公式

账务取数公式沟通了报表和总账系统的数据传递,实现了报表系统从账簿、凭证中采集会计数据生成报表及账表一体化。

(1) 账务取数函数的基本格式。函数名("科目编码",会计期间,["方向"],[账套号],[会计年度],[编码1],[编码2])参数取值说明:科目编码也可用科目名称,但必须使用双引号括起来。会计期间可以用"年"、"季"、"月"等变量,也可以用具体的数字表示。

(2) 主要账务取数函数表。账务取数函数的格式是相同的,不同的是函数名,函数名决定取数的类型:"期初"、"期末"、"发生额"等。主要账务取数函数名如表 8-2 所示。

表 8-2 主要账务取数函数表

函 数 名	金 额 式	数 量 式	外 币 式
期初余额函数	QC()	SQC()	WQC()
期末余额函数	QM()	SQM()	WQM()
发生额函数	FS()	SFS()	WFS()
累计发生额函数	LFS()	SLFS()	WLFS()
条件发生额函数	TFS()	STFS()	WTFS()

（续表）

函　数　名	金　额　式	数　量　式	外　币　式
对方科目发生额函数	DFS（）	SDFS（）	WDFS（）
净额函数	JE（）	SJE（）	WJE（）
汇率函数	HL（）		

2）表页内部统计公式

表页内部统计公式主要用于在本表页的指定区域内求和、求平均值、计数、求最大值或最小值、求统计方差等运算，实现表页中相关数据的计算和统计。报表系统中提供了如表 8-3 所示的函数。

表 8-3　表页内条件公式

函　数　名	固　定　区	可　变　区
求　和	PTOTAL（）	GTOTAL（）
平均值	PAVG（）	GAVG（）
计　数	PCOUNT（）	GCOUNT（）
最大值	PMAX（）	GMAX（）
最小值	PMIN（）	GMIN（）
方　差	PVAR（）	GVAR（）
偏方差	PSTD（）	GSTD（）

3）本表它页取数公式

本表它页取数公式取确定表号表页数据的格式为：

＜目标区域＞＝＜数据源区域＞@＜页号＞

该公式的作用就是将＜页号＞和＜数据源区域＞的数据填入＜目标区域＞。

【举例】　将当前报表的第二页 C6 单元格的数据填入报表的当前页 B8，则表示为：B8＝C6@2。

4）报表之间取数公式

报表之间取数公式主要用于从另一报表采集数据，在报表之间采集数据时要指定表名、表页、单元格。其格式为：

＜目标区域＞＝"＜报表名[.rep]＞"—＜数据源区域＞[@＜页号＞]

【举例】　如资产负债表 B9 单元格需要利润表中 C7 单元格的数据（注：前提是利润

表已编好),则：

$$B9="lrb" \longrightarrow C7$$

8.2.2.2　审核公式

在会计报表中,数据之间一般都存在某种勾稽关系,根据这种勾稽关系定义审核公式,检查报表编制结果的正确性。审核公式可验证表页中的数据关系,也可验证同表中不同表页之间或不同表之间的数据勾稽关系。审核公式把报表中某一单元或某一区域与另一单元或某一区域或其他字符之间用逻辑运算符连接起来。

审核公式格式为：

$$<表达式><逻辑运算符><表达式>[MESS"说明信息"]$$

逻辑运算符可使用＝、＞、＜、＞=、＜=、＜＞ 运算符。

以表 8-4 存货披露表为例。

表 8-4　存货披露表

存货种类	年初账面余额	本期增加额	本期减少额	期末账面余额
1. 材料采购				
2. 原材料				
3. 库存商品				
4. 周转材料				
5. 材料成本差异				
6. 消耗性生物资产				
合　计				

第一,表内审核公式。

表 8-4 中的数据存在以下关系(见图 8-12)：

$$E4=B4+C4-D4, E5=B5+C5-D5, \cdots, E9=B9+C9-D9, E10=B10+C10-D10$$

该表的审核公式为：

$E4=B4+C4-D4$　MESSAGE "材料采购期末账面余额错"

$E5=B5+C5-D5$　MESSAGE"原材料期末账面余额错"

$E6=B6+C6-D6$　MESSAGE"库存商品期末账面余额错"

$E7=B7+C7-D7$　MESSAGE"周转材料期末账面余额错"

$E8=B8+C8-D8$　MESSAGE"材料成本差异期末账面余额错"

$E9=B9+C9-D9$　MESSAGE"消耗性生物资产期末账面余额错"

第二,表间审核公式。

表 8 - 4 中的 B10、E10(见图 8 - 12)分别与同期资产负债表中的存货年初余额、期末余额相同,因为表 8 - 4 是对资产负债表重要项目存货的详细披露,应当与报表项目金额相衔接。这种勾稽关系,就要依靠表间审核公式完成。

假设资产负债表中存货的期末余额所在单元格为 D14,资产负债表的审核公式为:

D14＝"report1. rep"→E10 　MESSAGE"期末账面余额存货不等于明细项合计"

该公式应在资产负债表中定义。

8.2.2.3 舍位公式

1) 舍位公式的作用

舍位公式主要用于解决已编制的正确报表由于货币计量单位的转换而导致的不平衡问题。编制会计报表时,编制单位一般均以元作为计量单位,而在进行集团公司汇总或行业汇总报表时,将计量单位转换为"千元"或"万元",这种操作可能会因小数位的四舍五入而破坏报表的平衡关系。因此,还需要对计量单位转换之后报表的数据平衡关系进行调整,使舍位之后的数据符合制定的平衡公式。

2) 舍位平衡公式的书写格式

REPORT " ＜舍位表文件名＞ "
RANGE ＜区域＞〔, ＜区域＞〕*
WEI ＜位数＞
〔FORMULA ＜平衡公式＞〔, ＜平衡公式＞〕*〔 FOR ＜页面筛选条件＞〕〕

(1) 舍位平衡公式的参数说明。

必须指明舍位表名、舍位范围、舍位位数和平衡公式。舍位位数为 1,区域中的数据除 10;舍位位数为 2,区域中的数据除 100;以此类推。

(2) 书写平衡公式时要遵从以下原则:① 倒顺序写,首先写最终运算结果,然后一步一步向前推。② 每个公式一行,各公式之间用逗号","隔开,最后一条公式不用写逗号。③ 公式中只能使用"＋""－"符号,不能使用其他运算符及函数。④ 等号左边只能为一个单元(不带页号和表名)。⑤ 一个单元只允许在等号右边出现一次。

3) 应用举例

仍以表 8 - 4 为例(见图 8 - 12),舍位范围为 A4：E10,舍位位数为 4,舍位后表中数据的计量单位由原来的元变成万元。

舍位公式如下:

$$E10＝B10＋C10－D10$$
$$E9＝B9＋C9－D9$$
$$E8＝B8＋C8－D8$$
$$E7＝B7＋C7－D7$$

……

$$E4=B4+C4-D4$$

至此,编制报表需要的公式类型都进行了讲解,如何使用这些公式编制自己需要的报表,如何进行操作,详见下节会计报表系统的应用。

8.3 会计报表系统的应用

8.3.1 自定义报表的编制

为用实例说明自定义报表的编制过程,选择如表 8-4 所示的存货披露表,属资产负债表重要事项。

8.3.1.1 创建新会计报表

要编制一张报表,首先要定义报表数据的载体——报表格式。不同的报表,格式定义的内容会有所不同,但一般而言报表格式应该包括报表表样、单元类型及单元风格等内容。

【操作】 单击图 8-2 中的[UFO 报表],在图 8-3 中选择[文件]→[新建],就可创建一张空白报表。

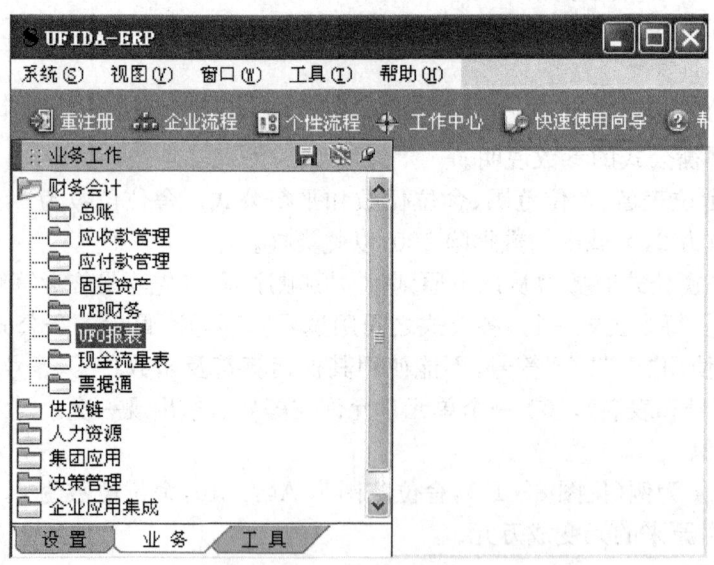

图 8-2 业务工作界面

8.3.1.2 设计报表格式

空白报表创建之后,就要对报表进行结构设计(见报表编制分析)。主要内容包括报表的大小(行数及列数)、画表格线、标题、表日期、表头、表尾和表题固定栏目的内容及设置单元属性等。

1）设置表的尺寸

报表进行尺寸设置，主要是设置报表的行和列。表 8-4 设置 10 行 5 列，要留一行输入标题，一行设置关键字。

【操作】　在 UFO 报表系统的［格式］菜单下，选择［表尺寸］，显示如图 8-3 所示的对话界面，输入［10］和［5］之后，按［确认］可显示设计的表格。

图 8-3　新建报表尺寸定义

2）定义行高和列宽

完成报表尺寸设置后，如形成报表格式的行高和列宽不符合报表要求，可对其进行调整。将空白报表的第一行由原来的 5 调整为 10，用于输入报表名称。

【操作】　首先选中调整区域 A1：E1，然后在 UFO 报表系统的［格式］菜单下，选择［行高］出现图 8-4，行高输入［10］，然后，用同样的操作，在 UFO 报表系统的［格式］菜单下，选择［列宽］，出现图 8-5，将列宽输入［25］，按［确认］退出。

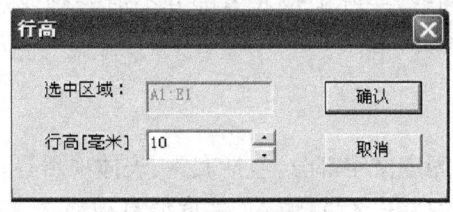 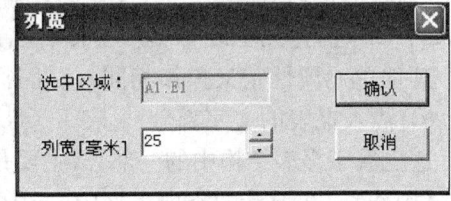

图 8-4　行高定义　　　　　　　　　　**图 8-5　列宽定义**

3）画表格线

设置的表格当报表输出时没有任何表格线，为了满足打印的需要，还需要按报表要求画上表格线,按照表8-4的格式画线。

【操作】 首先选中报表区域A1:E9,然后在UFO报表系统的[格式]菜单下,选择[区域画线],出现如图8-6所示的对话框,选中[网线],再选画线的样式,点击[确认]退出,完成画线。

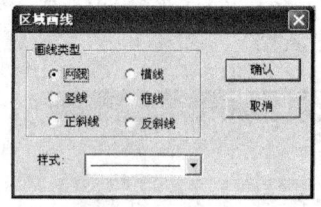
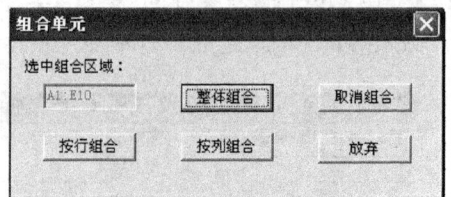

图8-6 区域画线　　　　　　　　图8-7 组合单元

4) 定义组合单元格

组合单元格就是把几个单元格作为一个使用,将报表的A1:E1,就是第一行的5列合并为一个单元格。

【操作】 选中组合区域A1:E1,然后在UFO报表系统的[格式]菜单下,选择[组合单元格],出现如图8-7所示的对话框,单击[按行组合],完成组合单元定义。

5) 设置单元属性

设置单元属性,就是对选中的单元进行存储数据类型、字体图案(字形、字体、字号、颜色)、对齐方式、边框等内容的设置,最重要的是单元类型,决定单元存储数值还是字符。参照表8-4,A1:E1组合单元,单元类型设为"表样",字体图案设置(字体为宋体,字号为12),对齐方式(垂直,水平都选居中),A2:A10区域,单元类型设为表样,字号为9,B4:B10,C4:C10,D4:D10,E4:E10区域,单元类型设为数值。

【操作】 选中组合区域A1:E1,然后在UFO报表系统的[格式]菜单下,选择[单元属性],出现如图8-8所示的对话框,在单元类型下选"表样",完成单元类型定义。在图8-8中,选[字体图案]页签,进入图8-9,选择字体、字号的对应值;选[对齐]页签进入图8-10,分别选择水平、垂直方向的对齐方式;选[边框]页签进入图8-11,在此可对单元画线做特殊处理,在图8-6中,对所有单元画了网线,实际上报表名部分不需要画线,可对A1:E1进行[无框线]处理,去掉表名部分的框线。

其他单元属性定义操作相同,此处省略。

6) 输入报表的文字部分

这也属于报表结构中的一部分,主要是报表的固定文字部分,包括表头、表体项目等。

【操作】 在设计的空白表格中,选中组合单元(第一行),输入[存货信息披露表],然后在第三行依次输入存货种类、年初账面余额、本期增加额、本期减少额、期末账面余额,完成表头输入。A4:A10,输入报表的项目列。完成此操作后,创建了与表8-4完全相同的待填表格参见图8-12。

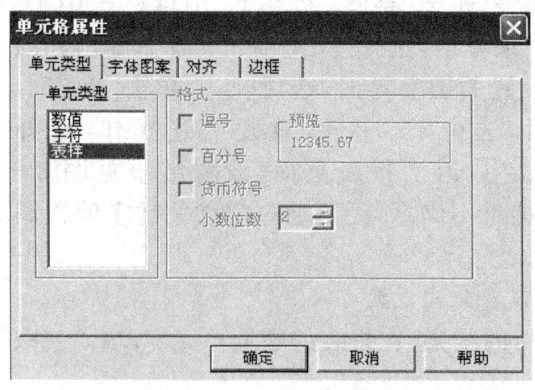

图 8-8　单元属性—单元类型　　　　图 8-9　单元属性—字体图案

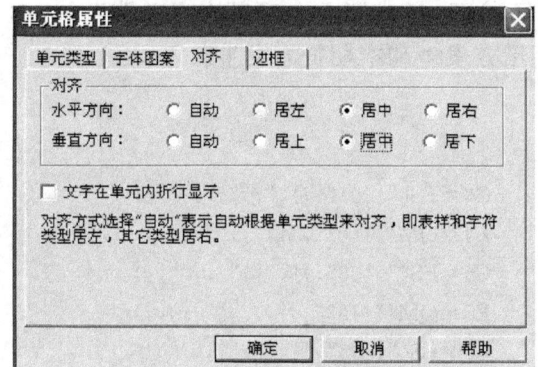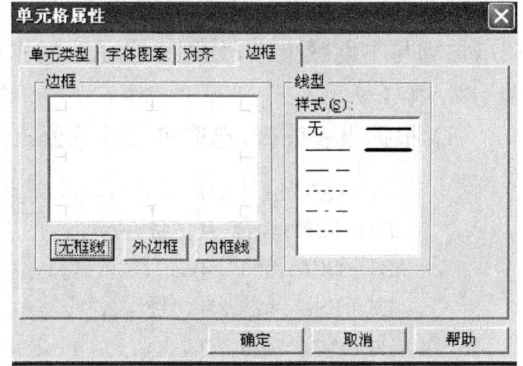

图 8-10　单元属性—对齐　　　　图 8-11　单元属性—边框

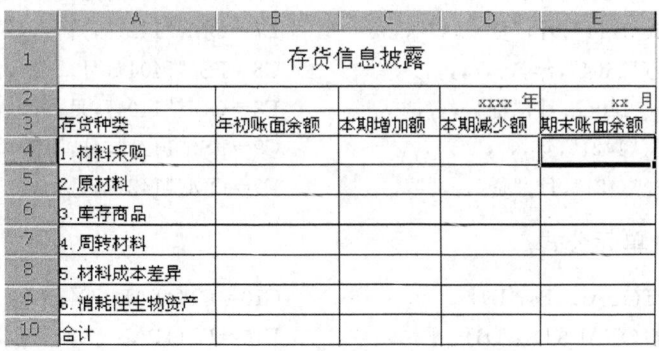

图 8-12　创建的自定义报表格式

7）定义关键字

因为该表是资产负债表的重要事项，不需要填写编制单位，只需记录会计年度和会计期间，以便单元公式取数使用，以及年度之间进行数据对比分析。

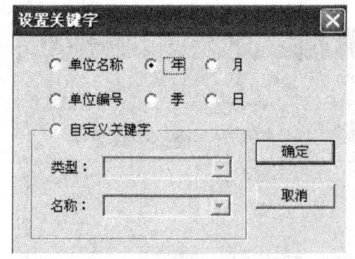

图 8 - 13　设置关键字

【操作】　报表处于"格式"状态下,用鼠标选中 D2 单元,在[数据]菜单下,选择[关键字—设置],弹出如图 8 - 13 所示的设置关键字界面,选择[年],单击[确定],返回报表页面,选中 E2 单元,重复上述操作,选择[月],单击[确定],返回报表页面,设置结果见图 8 - 12。如对设置结果不满意,还可通过定义关键字偏移调整关键字位置。

8.3.1.3　报表公式设置

报表公式设置就是根据编制报表数据分析的结果,在报表的数值单元中,填入获取该单元数据的单元公式。

1)编制报表的数据分析

对图 8 - 12 的数据来源进行分析,年初账面余额、期末账面余额都来自总账系统,本期增加额与本期减少额,分别来自总账的本期借方发生和本期贷方发生。

2)填写单元公式

(1)根据报表分析,选取单元计算公式。

B4＝QC("1401",年,,,,"",,,,,)	C4＝FS("1401",月,"借",,,"",,)
D4＝FS("1401",月,"贷",,,"",,)	E4＝QM("1401",月,,,,"",,,,,)
B5＝QC("1403",年,,,,"",,,,,)	C5＝FS("1403",月,"借",,,"",,)
D5＝FS("1403",月,"贷",,,"",,)	E5＝QM("1403",月,,,,"",,,,,)
B6＝QC("1405",年,,,,,,,,,)	C6＝FS("1405",月,"借",,,"")
D6＝QM("1405",月,,,,,,,,,)	E6＝QM("1405",月,,,,,,,,)
B7＝QC("1411",年,,,,"",,,,)	C7＝FS("1411",月,"借",,,"",,)
D7＝FS("1411",月,"贷",,,"",,)	E7＝QM("1411",月,,,,"",,,,,)
B8＝QC("1404",年,,,,,,,,)	C8＝FS("1404",月,"借",,,)
D8＝FS("1404",月,"贷",,,,)	E8＝QM("1404",月,,,,,,,,)
B9＝QC("1421",年,,,,"",,,,)	C9＝FS("1421",月,"借",,,"",,)
D9＝FS("1421",月,"贷",,,"",,)	E9＝QM("1421",月,,,,"",,,,)

(2)填写合计单元公式。

B10＝PTOTAL(B4:B9)	C10＝PTOTAL(C4:C9)
D10＝PTOTAL(D4:D9)	E10＝PTOTAL(E4:E9)

3)将公式填入对应单元

【操作 1】　总账系统取数的单元公式。在 UFO 报表系统中选定需定义公式的单元,如图 8 - 12 中的 B4,在[数据]菜单下,选择[编辑公式]→[单元公式],出现如图 8 - 14 所示的定义公式对话框,可在定义公式处输入公式,单击[确认]将公式填入 B4 单元。

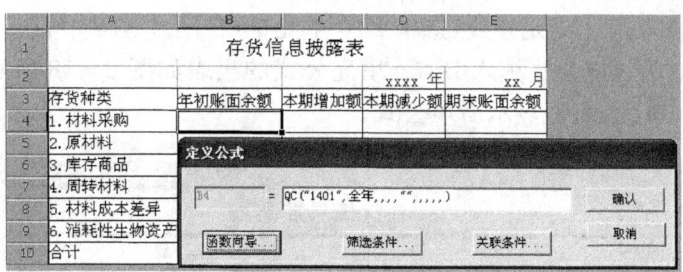

图 8-14　定义公式对话框

【操作 2】　在图 8-14 中选择[函数向导],弹出如图 8-15 所示的函数选择界面,在左边函数分类列选中[用友账务函数],在右边函数名列选中[期初],单击[下一步],进入如图 8-16 所示的函数录入界面,单击[参照],进入图 8-17,在图中依次选择[账套号]、[会计年度]、[科目]、[期间]等参数值。默认为本账套、本年度,选择[1401 材料采购]科目,单击[确定],返回到图 8-16,将公式填入函数录入区,在图 8-16 中单击[确定],将完整的公式填入如图 8-14 所示的定义公式对话框,在图 8-14 中单击[确认]完成 B4 单元公式的录入。

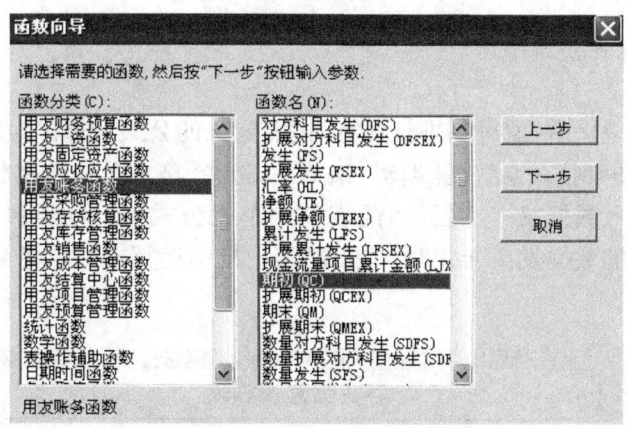

图 8-15　函数向导对话框

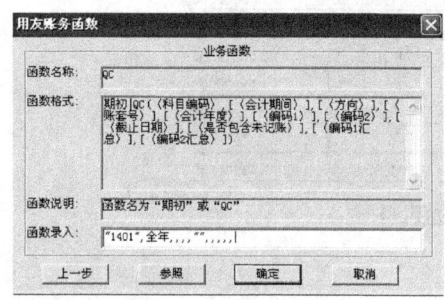

图 8-16　函数录入

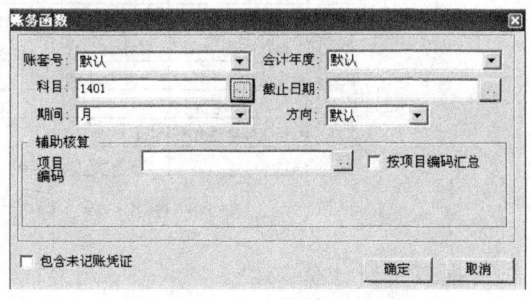

图 8-17　参数选择

【操作 3】 录入合计单元公式,选中 B10 单元,可在图 8 – 14 中直接输入[PTOTAL(B4:B9)],按[确认],将公式填入 B10。填完公式的报表如图 8 – 18 所示。如果公式有错,则不显示公式单元,而是显示所填公式。

	A	B	C	D	E
1		存货信息披露表			
2				xxxx 年	xx 月
3	存货种类	年初账面余额	本期增加额	本期减少额	期末账面余额
4	1. 物资采购	公式单元	公式单元	公式单元	公式单元
5	2. 原材料	公式单元	公式单元	公式单元	公式单元
6	3. 半成品	公式单元	公式单元	公式单元	公式单元
7	4. 库存商品	公式单元	公式单元	公式单元	公式单元
8	5. 包装物	公式单元	公式单元	公式单元	公式单元
9	6. 材料成本差异	公式单元	公式单元	公式单元	公式单元
10	合计	公式单元	公式单元	公式单元	公式单元

图 8 – 18　完成公式定义的报表

【操作 4】 保存报表,单击[文件]→[另存为],将报表保存在 rep 目录下,取名[report1. rep]。

8.3.1.4　报表的数据处理

1) 报表的计算

当公式设置完成之后,就可以进行计算,按照定义的公式计算出对应的数据。

【操作】 在 UFO 报表系统的[编辑]菜单单下,选择[格式]→[数据状态],格式状态下定义的单元公式进入数据状态之后,当前表页的单元公式将自动运算并显示结果;当单元公式中引用单元的数据发生变化时,公式也随之自动运算并显示结果。计算结果数据如图 8 – 19 所示。

	A	B	C	D	E
1		存货信息披露表			
2				2010 年	7 月
3	存货种类	年初账面余额	本期增加额	本期减少额	期末账面余额
4	1. 材料采购		635900.00	572300.00	63600.00
5	2. 原材料	1039400.00	571040.00	1058870.00	551570.00
6	3. 库存商品	376659.65	1169985.50	1431072.85	115572.30
7	4. 包装物	10000.00	4000.00		14000.00
8	5. 材料成本差异		5040.00	3780.00	1260.00
9	6. 消耗性生物资产				
10	合计	1426059.65	2385965.50	3066022.85	746002.30

图 8 – 19　存货信息披露表

2) 报表重新计算

如果报表公式发生变化,或账务数据进行了调整,需要对报表公式进行重新计算。

对报表的重新计算有两种方法:可进行整表重算或表页重算,前者对报表中所有的表页全部重新计算,后者只对当前页进行重新计算。

【操作】　报表处于数据状态下,选择[数据]→[整表重算],弹出[确定整表重算]对话框,单击[是],进行整表重算。表页重算操作相同,只是选择[数据]→[表页重算]。

8.3.1.5　表页管理

在实际工作中,每期会计报表的格式和计算公式基本是相同的,只是会计期间不同,同样的报表,只需要编制一次,下一期的报表,通过追加表页功能,增加一个新表页,新表页包含了所有的计算公式。为新表页输入关键值,重新计算该表页的单元公式,便可得到新的报表数据。

1) 增加表页

增加表页可通过插入表页和追加表页两个途径实现。

(1) 插入表页。插入表页就是在当前表页之前插入一空白表页。如当前表页为第 1 页,执行插入表页后,新表页为第 1 页,而当前页变为第 2 页。

(2) 追加表页。就是在当前表页之后增加一空白表页。如当前表页为第 1 页,执行追加表页后,新表页为第 2 页,而当前页不变。

为存货信息披露表增加 8 月份的表页,并为新表页输入关键字的值。

【操作 1】　在 UFO 报表系统的[编辑]菜单下,选择[格式]→[数据状态],使报表处于数据状态,在[编辑]菜单下,选择追加表页,出现如图 8-20 所示的追加表页窗口,一次可追加多个表页,此时只需增加 1 页 8 月份的表页,按[确认]完成增加新表页。新增表页如图 8-21 所示,新增表页为第二页。

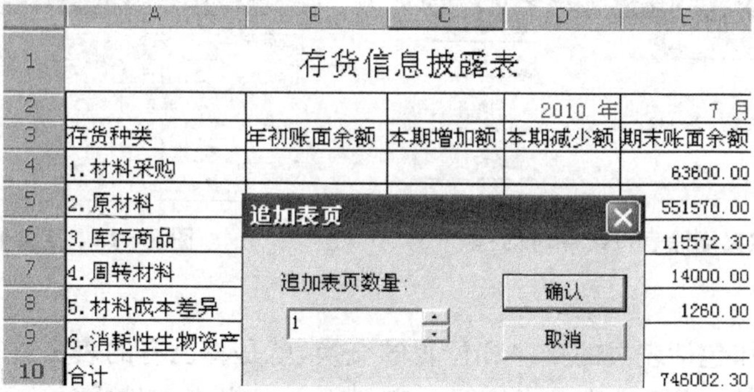

图 8-20　追加新表页

【操作 2】　在[数据]菜单下,选择[关键字]→[录入],分别录入关键字"年"和"月"的值[2010]和[8],按[确认]返回。

录入关键字的值之后,在[数据]菜单下,选择[表页重算],就可完成新表页的计算。

每个表页具有不同的关键字值,用于区分同报表名的不同表页,在引用表页之间或

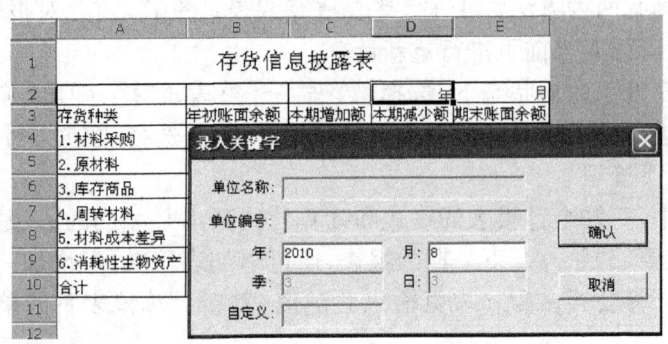

图 8 - 21　录入关键字值

不同报表表页之间的取数函数时,关键字及其值是主要的识别标志。

2)表页删除

删除表页的类型有两种:一种是直接输入删除表页的页号;另一种是输入删除条件,进行条件删除。

【操作】　在［编辑］菜单下,选择［删除］,弹出如图 8 - 22 所示的删除表页对话框,输入需删除的表页号,按［确认］完成表页删除任务。如按条件删除,则在图 8 - 22 中,单击［条件］,进入条件设置界面图 8 - 23,输入年小于等于 2007,按［确认］将条件带入图 8 - 22 中的删除条件,单击图 8 - 22 的［确认］,即可删除报表关键字年的值小于等于 2007 的所有报表。

图 8 - 22　定义删除表页条件对话框　　　　图 8 - 23　定义删除条件

3)整理表页

整理表页工作包括表页的排序和位置的交换,就是将已有的表页进行整理。

(1)表页排序。表页排序是指按照一定的规则对报表文件中的表页进行排序整理。表页可以按关键字值或者按照报表中任意单元的值以递增或递减的方式进行排序。

(2)表页交换。表页交换就是将编制过程没放在一起的报表,根据需要调整表页顺序,即交换表页的位置。

【操作】　在［数据］菜单下,选择［排序］,弹出如图 8 - 24 所示的［表页排序］对话框,选择排序依据。选择［月］,［递增］排序,按［确认］,便可实现以关键字"月"值为依据的递增排序。在[编辑]菜单下,选择[交换],弹出如图 8-25 所示的[表页交换]对话框,输入交换的页号,按[确认]完成表页交换。

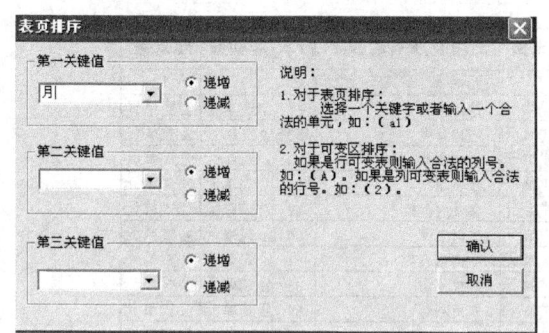

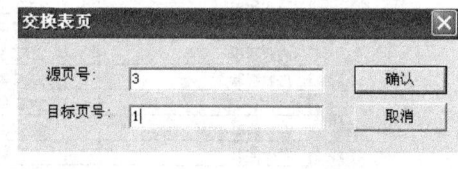

图 8-24　表页排序对话框　　　　　　　　　　图 8-25　表页交换对话框

　　为了便于取数和查阅、统计等工作,将不同期间相同类型的会计报表放在同一个报表文件中,形成一个三维表进行管理,同时报表页数会随时间的增加而增加。对表页管理构成了日常报表管理的主要内容。表页的标识、表页的关键字以及表页的计算状态设置是表页管理的主要内容。

8.3.2　会计报表模板的应用

　　自定义报表是根据企业自己的需要而编制的分析表或预算控制表等内部使用的管理报表,而对外报送的主要报表,系统提供了报表模板,可直接应用,节省了定义公式的时间。但是,报表会根据《企业会计准则》及制度的变化而不断变化,系统中的报表模板却是不变的。因此,引用的模板也需要修改。

　　1) 新建工业企业资产负债表

　　【操作】　在 UFO 报表系统的[文件]菜单下,选择[新建],系统自动生成一张空白表。然后在[格式]菜单下,选择[报表模板],弹出如图 8-26 所示的[报表模板]选择对话框,选择[工业企业]、[资产负债表],单击[确认],弹出如图 8-27 所示的界面,单击[确定],将显示工业企业资产负债表的模板如图 8-28 所示,由于表格太大,只截取了上半部分。

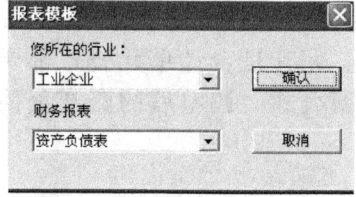

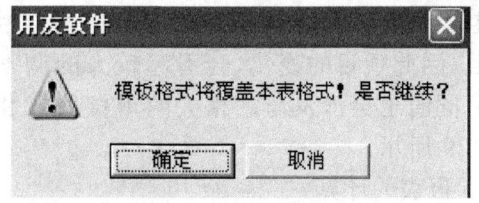

图 8-26　报表模板选择界面　　　　　　　　图 8-27　报表模板确认界面

资产	行次	年初数	期末数	负债及所有者权益	行次	年初数	期末数
资产负债表							
						会工01表	
单位名称：xxxxxxxxxxxxxxxxxxxx年　　xx月　　xx日						单位：元	
流动资产：				流动负债：			
货币资金	1	公式单元	公式单元	短期借款	51	公式单元	公式单元
短期投资	2	公式单元	公式单元	应付票据	52	公式单元	公式单元
应收票据	3	公式单元	公式单元	应付账款	53	公式单元	公式单元
应收账款	4	公式单元	公式单元	预收账款	54	公式单元	公式单元
减：坏账准备	5	公式单元	公式单元	其他应付款	55	公式单元	公式单元
应收账款净额	6	公式单元	公式单元	应付工资	56	公式单元	公式单元
预付账款	7	公式单元	公式单元	应付福利费	57	公式单元	公式单元
应收补贴款	8	公式单元	公式单元	未交税金	58	公式单元	公式单元
其他应收款	9	公式单元	公式单元	未付利润	59	公式单元	公式单元
存货	10	公式单元	公式单元	其他未交款	60	公式单元	公式单元
待摊费用	11	公式单元	公式单元	预提费用	61	公式单元	公式单元
待处理流动资产净损失	12	公式单元	公式单元	一年内到期的长期负债	62		
一年内到期的长期债券投资	13			其他流动负债	63	公式单元	公式单元
其他流动资产	14			流动负债合计	70	公式单元	公式单元
流动资产合计	20	公式单元	公式单元	长期负债：			
长期投资				长期借款	71	公式单元	公式单元
长期投资	21	公式单元	公式单元	应付债券	72	公式单元	公式单元
固定资产：				长期应付款	73	公式单元	公式单元
固定资产原价	24	公式单元	公式单元	其他长期负债	80		

图 8－28　选择的报表模板

2）报表的调整

如果报表模板与需编制的报表有差异，可在此模板上进行修改。增加的单元需要定义单元公式，单元的增加、删除会改变求和公式及报表的审核公式。

（1）报表模板与编制报表的对比分析。图 8－28 的报表模板与目前编制的报表（表 8－1）比较，项目有些调整，表 8－1 中无需单列"坏账准备"、"应收账款净额"、"累计折旧"、"固定资产净值"等项目，可将这些项目的内容进行单元清除处理，处理之后就会影响"流动资产总计"、"固定资产总计"、"资产总计"等项目的单元合计公式。

（2）报表调整的主要操作。由于资产负债表的特殊性，一行涉及两个项目，如果做删除操作就会整行删除，报表系统没有单元删除命令。因此，建议进行单元清除处理，这样清除之后，单元内容为空，不影响其他处理。

3）调整后的资产负债表

由于资产负债表在格式处理上的特殊性，一旦删除行或插入行会影响左、右两边的项目，因此项目的变化，会引起较大的调整工作量。尤其是合计单元公式都要重新填写。同时也会涉及与之相关的审核公式和舍位平衡公式。调整后的资产负债表如图 8－29 所示。

4）报表的计算

当报表的项目调整和公式填列完毕后，在图 8－29 中点击表左下角的〔格式〕，弹出重

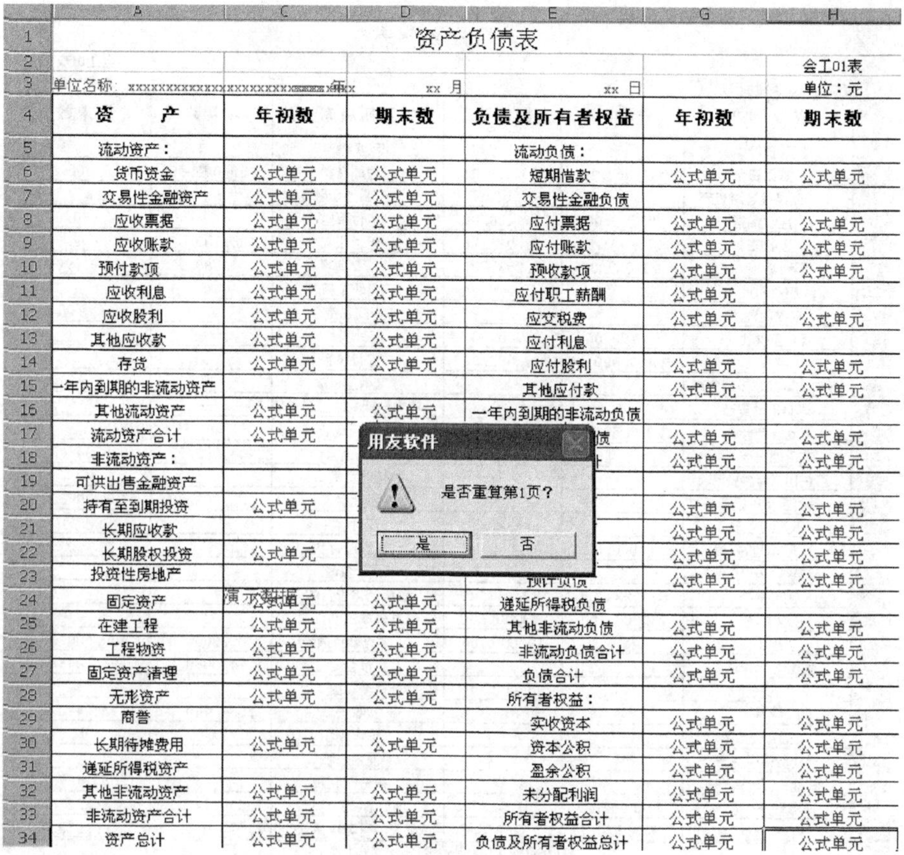

图 8 - 29　调整后的资产负债表

计算对话框,单击[是]进行报表计算,计算结果如图 8 - 30 所示。图 8 - 30 的计算结果也是教材中提供所有业务处理的最终结果。

8.3.3　报表的审核

一个企业的会计报表中每个数据都有明确的经济含义,并且各类数据之间、报表之间都有一定的勾稽关系。为了确保报表数据的准确性,应根据报表之间或报表之内的勾稽关系定义对应的审核公式,对报表进行检查。

可对资产负债表定义审核公式,检查资产负债表的平衡关系,即:

资产总计=负债及所有者权益总计

另外用存货信息披露表与资产负债表的存货进行勾稽,对不同报表进行检查。

审核公式为:

	资 产	年初数	期末数	负债及所有者权益	年初数	期末数
						会工01表
						单位：元
	单位名称：新世纪轧钢厂	2010 年	7 月	31 日		
4	资　　产	年初数	期末数	负债及所有者权益	年初数	期末数
5	流动资产：			流动负债：		
6	货币资金	361,453.16	576,326.14	短期借款	150,000.00	150,000.00
7	交易性金融资产		50,250.00	交易性金融负债		
8	应收票据	5,000.00	331,430.00	应付票据		59,670.00
9	应收账款	178,325.02	882,091.78	应付账款	128,700.00	53,699.00
10	预付款项	20,000.00	5,258.00	预收款项	164,380.02	22,015.02
11	应收利息			应付职工薪酬		
12	应收股利			应交税费		329,664.00
13	其他应收款	1,700.00	6,700.00	应付利息		
14	存货	1,426,059.65	746,002.30	应付股利		
15	一年内到期的非流动资产			其他应付款		
16	其他流动资产		演示数据	一年内到期的非流动负债		
17	流动资产合计	1,992,537.83	2,598,058.22	其他流动负债		
18	非流动资产：			流动负债合计	443,080.02	615,048.02
19	可供出售金融资产			非流动负债：		
20	持有至到期投资			长期借款	700,000.00	400,000.00
21	长期应收款			应付债券		
22	长期股权投资	5,000.00	105,000.00	长期应付款		
23	投资性房地产			预计负债		
24	固定资产	549,982.39	750,917.49	递延所得税负债		
25	在建工程	230,000.00	273,000.00	其他非流动负债		
26	工程物资		10,000.00	非流动负债合计	700,000.00	400,000.00
27	固定资产清理			负债合计	1,143,080.02	1,015,048.02
28	无形资产		63,000.00	所有者权益：		
29	商誉			实收资本	1,634,440.20	1,734,440.20
30	长期待摊费用			资本公积		
31	递延所得税资产			盈余公积		
32	其他非流动资产			未分配利润		1,050,487.69
33	非流动资产合计	784,982.39	1,201,917.49	所有者权益合计	1,634,440.20	2,784,927.89
34	资产总计	2,777,520.22	3,799,975.71	负债及所有者权益总计	2,777,520.22	3,799,975.91
35	补充资料：1.已贴现的商业承兑汇票			示：		

图 8 - 30　计算之后的资产负债表

C33＝G33

MESS"年初余额不平"

D33＝H33

MESS"期末余额不平"

C14＝"report1"－＞B10

mess"明细合计与总账年初余额不等"

D14＝"report1"－＞E10

mess"明细合计与总账期末余额不等"

（1）定义审核公式。

【操作】　在图 8 - 30 中点击左下角［数据］，使报表处于格式状态如图 8 - 29 所示；单击［编辑公式］，选择［审核公式］，弹出如图 8 - 31 所示的定义审核公式窗口，输入审核公式，按［确定］返回，完成审核公式定义。

（2）审核报表。

【操作】　在数据状态下（如图 8 - 30 所示），选择菜单［数据］→［审核］。

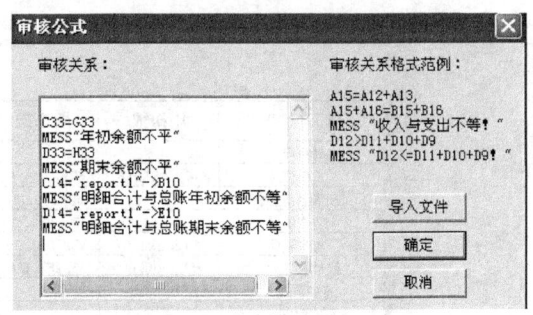

图 8 - 31　输入审核公式

系统按照审核公式逐条审核表内的关系，当报表数据不符合勾稽关系时，屏幕上出现审核公式中的提示信息，记录该提示信息后按任意键继续审核其余的公式。

执行审核后无信息显示，说明报表数据符合勾稽关系，报表编制正确。到此已对新世纪轧钢厂 2010 年 7 月份的业务全部处理完毕，并通过报表检查。

（3）报表的明细联查。

系统提供了联查明细账功能，在报表中采用此项功能，可实现报表数据与总账系统的明细账核对，从报表的统计结果，追溯到数据源的明细项目。以"其他应收款"为例进行操作说明。

【操作】　在数据状态下，选中 D13，单击鼠标右键，在右键菜单中选择［联查明细账］，列出其他应收款的明细账如图 8 - 32 所示。

8.3.4　报表打印

编制的报表计算正确之后，需要打印报送和存档，一般报表可以直接浏览，看效果是否满意，若不符合要求，再调整格式，重复操作直至满意为止。但有些报表需要分页打印，或需要插入对象打印，或数据套打等，就必须进行相应的操作。

1）报表分页

系统提供的自动分页功能是按照表页的自然页进行分页，但是有时自动分页会影响报表的美观，此时可利用"强制分页"功能，按自身的需要自由分页。强制分页功能用于打印输出，并不改变表格式，所以在格式状态和数据状态均可进行此项操作。

以资产负债表分页为例，说明强制分页操作，分页可按行分，也可按列分。

【操作 1】　按行分页，对如图 8 - 32 所示的资产负债表，从 18 行非流动资产分开。单击报表左边的［18］，18 行被选中，单击［工具］下的［强制分页］，17 行与 18 行之间显示一条虚线，表示分页的行边界。此时单击［打印预览］，资产负债表就分为上下两页显示。

【操作 2】　按列分页，对如图 8 - 32 所示的资产负债表，将资产和负债分开显示，单击表头［E］，E 列被选中，单击［工具］下的［强制分页］，D 列与 E 列之间显示一条虚线，表示分页的列边界。此时单击［打印预览］，资产负债表就分为左右两页显示。

注：如果按行分页未撤销，又按列分页，就把报表分为了 4 页。所以无论按行或按列分页，都必须选行或列的第一个单元格，否则将会把表分成 4 份。

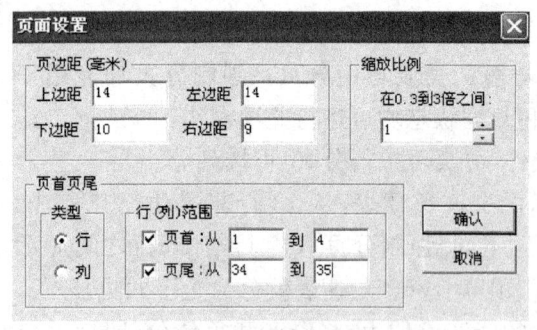

		资产负债表					
							会工01表
单位名称: 新世纪轧钢厂		2010 年		7 月		31 日	单位:元
资 产	年初数	期末数	负债及所有者权益		年初数		期末数
流动资产:			流动负债:				
货币资金	361,453.16	576,326.14	短期借款		150,000.00		150,000.00
交易性金融资产		50,250.00	交易性金融负债				
应收票据	5,000.00	331,430.00	应付票据				59,670.00
应收账款	178,325.02	882,091.78	应付账款		128,700.00		53,699.00
预付款项	20,000.00	5,258.00	预收款项		164,380.02		22,015.02
应收利息			应付职工薪酬				
应收股利			应交税费				329,664.00
其他应收款	1,700.00	6,700.00	应付利息				
存货	1,426,059.65	746,002.30	应付股利				

一年	科目	1221 其他应收款						
2010年							方	
月	日	凭证号数	科目编码	摘要	借方	贷方	向	余额
07			1221	期初余额			借	1,700.00
07			1221	本月合计(月净额:5,000.00)	6,700.00	1,700.00	借	6,700.00
07			1221	本年累计	8,400.00	1,700.00	借	6,700.00

长期股权投资	5,000.00	105,000.00	长期应付款				
投资性房地产			预计负债				
固定资产	549,982.39	750,917.49	递延所得税负债				
在建工程	230,000.00	273,000.00	其他非流动负债				
工程物资		10,000.00	非流动负债合计		700,000.00		400,000.00
固定资产清理			负债合计		1,143,080.02		1,015,048.02
无形资产		63,000.00	所有者权益:				
商誉			实收资本		1,634,440.20		1,734,440.20
长期待摊费用			资本公积				
递延所得税资产			盈余公积				
其他非流动资产			未分配利润				1,050,487.69
非流动资产合计	784,982.39	1,201,917.49	所有者权益合计		1,634,440.20		2,784,927.89
资产总计	2,777,520.22	3,799,975.71	负债和所有者权益总计		2,777,520.22		3,799,975.91
			补充资料:1.已贴现的商业承兑汇票		元;		

图 8 - 32　其他应收款联查明细账

2)页面设置

页面设置用于设置报表的页边距、缩放比例、页首和页尾。当报表分页后,如果没有设置页首和页尾,那么分开的报表就没有表头,显然这不符合分页的要求。

【操作】 打开文件菜单下的[页面设置],弹出如图 8 - 33 所示的[页面设置]窗口,设置页边距和缩放比例,选择页首和页尾所占的行数,单击[确认],完成页面设置。

为说明分页后页首、页尾的作用,图 8 - 34 是将资产负债表分为 4 页中的 2 页。页首、页尾的设置是根据具体的报表进行的。资产负债表的页首表名占一行、会工 01 表占一行、关键字占一行,还有表头共 4 行。页尾有两行补充说明。

图 8 - 33　页面设置窗口

资产负债表　　　　　　　　　　　　　资产负债表

单位名称：新世纪轧钢厂	2010 年	7 月
资　　　产	年初数	期末数
流动资产：		
货币资金	361,453.16	576,326.14
交易性金融资产		50,250.00
应收票据	5,000.00	331,430.00
应收账款	178,325.02	882,091.78
预付款项	20,000.00	5,258.00
应收利息		
应收股利		
其他应收款	1,700.00	6,700.00
存货	1,426,059.65	746,002.30
一年内到期的非流动资产		
其他流动资产		演示数据
流动资产合计	1,992,537.83	2,598,058.22
补充资料：1.已贴现的商业承兑汇票		元；
2.融资租入固定资产原价		元。

单位名称：新世纪轧钢厂	2010 年	7 月
资　　　产	年初数	期末数
非流动资产：		
可供出售金融资产		
持有至到期投资		
长期应收款		
长期股权投资	5,000.00	105,000.00
投资性房地产		
固定资产	549,982.39	750,917.49
在建工程	230,000.00	273,000.00
工程物资		10,000.00
固定资产清理		
无形资产		63,000.00
商誉		
长期待摊费用		
递延所得税资产		
其他非流动资产		
非流动资产合计	784,982.39	1,201,917.49
资产总计	2,777,520.22	3,799,975.71

补充资料：1.已贴现的商业承兑汇票　　　　　　元；
　　　　　2.融资租入固定资产原价　　　　　　元。

图 8 - 34　分页显示的部分资产负债表

3）打印设置

【操作】　点击[文件]菜单中的[打印]，将弹出[打印设置]对话框。在[打印]对话框中设置打印机、打印纸的大小、打印方向、纸张来源、打印到文件、打印范围等设置。

注：对于在报表中不需要打印的行，可将该行高调整为 0。

8.4　报表数据汇总

会计报表之间存在一定的对比或汇总关系，内部管理使用的报表，大多是从利润表或费用表抽取出来的数据，编制这些报表，一般需要不同表页之间的汇总或比较。系统提供了"透视"和"汇总"两种功能，进行汇总报表处理。

8.4.1　透视功能

透视是将多张表页中的多个区域数据采集到一张报表中，用于对不同表页中的同类数据进行对比分析。透视功能只能对当前表页之后的数据进行透视，不能透视某个区段的表页。

应用举例：对比"lrb"（利润表）文件中，7～9 月的营业收入、营业成本、销售费用、管理费用、财务费用。

【操作】　在数据状态下，单击窗口下方第一页的页标，使 7 月份的利润表成为当前页。选择[数据]菜单下的[透视]，弹出如图 8 - 35 所示的多区域透视对话框。在对话框上边输入透视区域[C6：C7，C9：C11]，在对话框下边输入与单元对应的项目名称[营业收入]、[营业成本],[销售费用]、[管理费用]、[财务费用]。按[确定]显示透视结果如图 8-36 所示,单击窗口下方的滚动条,可浏览后边的数据。

注:列标字串输入时,每列只能显示 4 个汉字,所以输入时尽量将指标名称进行简化。

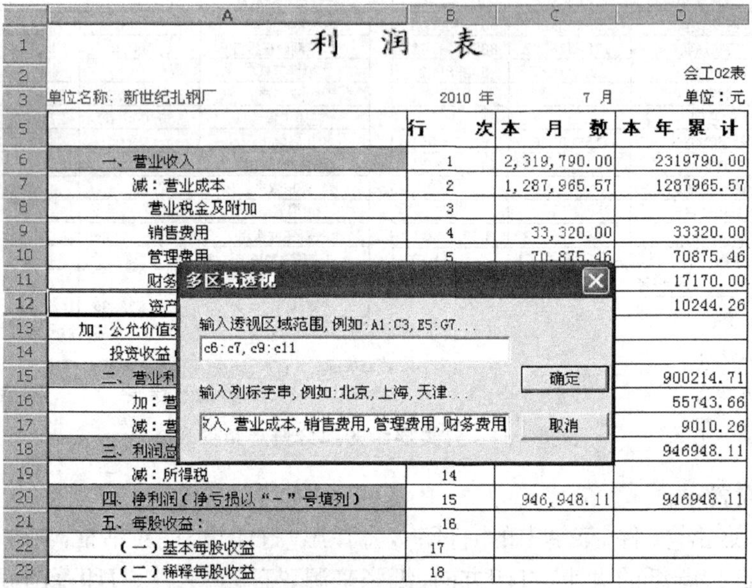

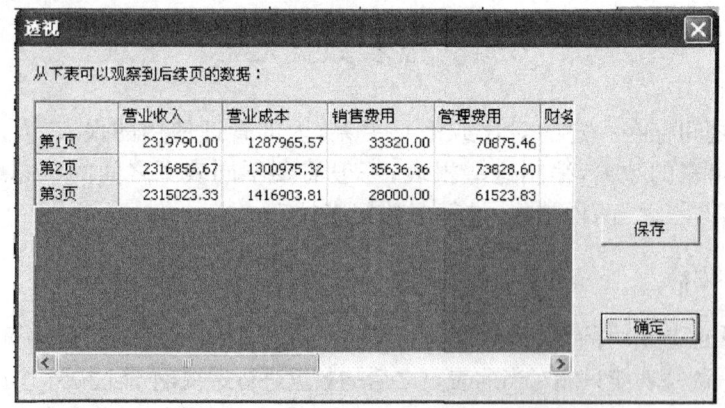

图 8-35　定义多区域透视

图 8-36　利润表 7~9 月份数据对比

8.4.2　数据汇总

报表数据汇总就是将报表数据按要求进行叠加,可按同一报表的不同表页进行汇总,形成一张新的汇总报表。以 7～9 月份的利润表为例,进行表页汇总说明。

【操作】 将 7 月份报表,在报表中[数据]菜单下,选择[汇总]→[表页],弹出如图 8-37 所示的选择汇总方向窗口,选择汇总结果的保存位置。在此选择[汇总到本表的最后一张表页],单击[下一步],进入如图 8-38 所示的汇总条件窗口,用于指定汇总哪些表页,如果汇总部分表页,在[表页汇总条件]中定义条件时,可用单元值作为汇总条件,也可用关键字值或表页号作为汇总条件。此例中不输入条件,单击[下一步],进入如图 8-39 所示的

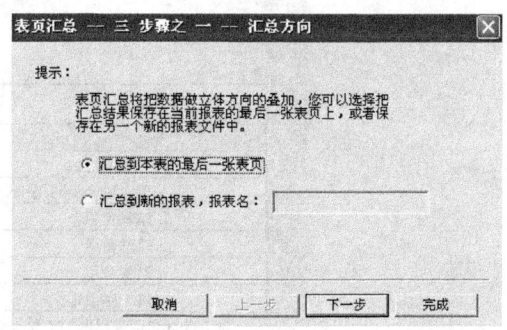

图 8-37 表页汇总三步骤之———汇总方向

汇总位置选择窗口,选择[按物理位置汇总],按[完成]出现如图 8-40 所示的汇总结果页面,汇总结果为第四个表页。

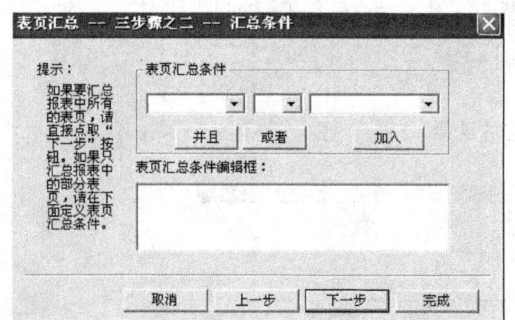

图 8-38 表页汇总三步骤之二—汇总条件

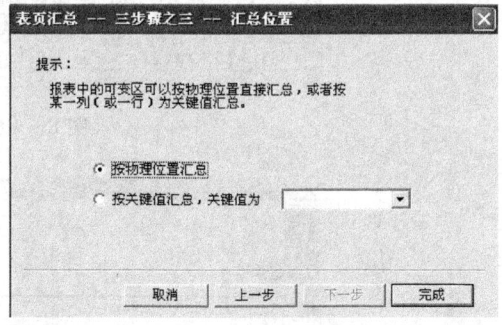

图 8-39 表页汇总三步骤之三—汇总位置

8.4.3 汇总与透视结果的比较分析

图 8-40 的本月数是 7～9 月的相同指标的汇总,图 8-36 是将不同月份的数据采集到一个表页进行比较。在此将两种结果进行对照,以检验数据计算的正确性。结果对照如图 8-41 所示。

本章重点精炼

编制会计报表是财会工作的重要内容。会计报表是会计核算工作的最终结果,是反映企业财务状况和经营成果的报告,也是财会部门提供财务信息资料的重要手段。由于会计报表时常随会计制度的更新而变更,会计报表系统给财会人员提供了一种编制报表的方法和实现方法的工具。财会人员可根据实际工作的需要,编制各种不同类型的报

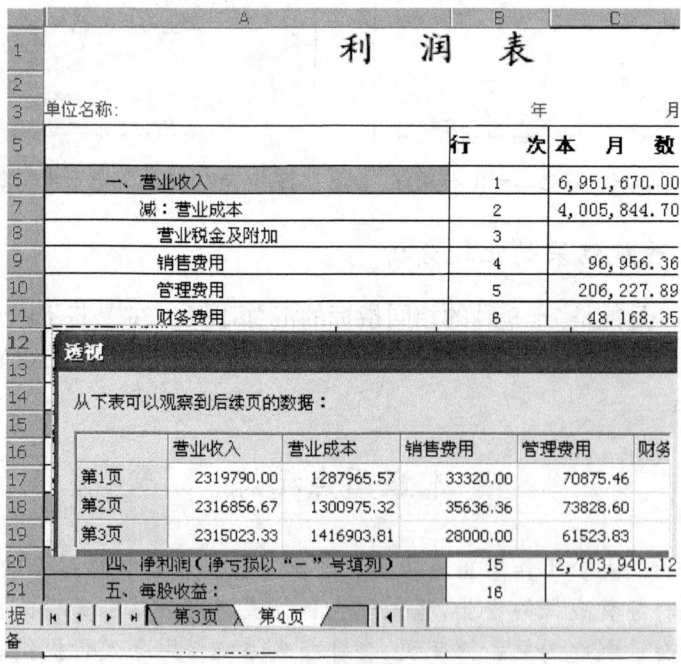

图 8 - 40 汇总结果

利　润　表

	行　次	本　月　数
单位名称：　　　　　　　　　年　　　　月		
一、营业收入	1	6,951,670.00
减：营业成本	2	4,005,844.70
营业税金及附加	3	
销售费用	4	96,956.36
管理费用	5	206,227.89
财务费用	6	48,168.35
资产减值损失	7	30,732.78
加：公允价值变动收益（损失以"-"号填列）	8	
投资收益（损失以"-"号填列）	8	
二、营业利润（亏损以"-"号填列）	9	2,563,739.92
加：营业外收入	10	167,230.98
减：营业外支出	11	27,030.78
三、利润总额（亏损总额以"-"号填列）	13	2,703,940.12
减：所得税	14	
四、净利润（净亏损以"-"号填列）	15	2,703,940.12
五、每股收益：	16	

透视

从下表可以观察到后续页的数据：

	营业收入	营业成本	销售费用	管理费用	财务
第1页	2319790.00	1287965.57	33320.00	70875.46	
第2页	2316856.67	1300975.32	35636.36	73828.60	
第3页	2315023.33	1416903.81	28000.00	61523.83	

图 8 - 41 汇总与透视结果的比较

表。首先根据编制报表的要求定义报表格式,然后从会计业务的角度对报表进行数据分析。数据分析是编制报表的关键,只有做好了报表的数据分析工作,才能确定报表中每个单元格所填的内容,根据单元格的内容决定采用的单元公式。只要单元公式定义的正确,就可保证编制报表的准确性。所以编制报表的关键就是正确的数据分析,熟练的公式运用。

习　题

一、单选题

1. UFO 是一个面向财经领域的通用三维报表系统,集许多功能于一体。它主要包括的功能是(　　)。

　　A. 格式设计　　　　　B. 图形功能　　　　　C. 二次开发　　　　　D. 数据处理

2. UFO 报表计算公式的账务取数函数公式中,可缺省的项目是(　　)。

　　A. 会计科目　　　　　B. 账套号　　　　　　C. 会计年度　　　　　D. 辅助核算

3. UFO 报表计算公式的账务取数函数公式中,不可缺省的项目是(　　)。

　　A. 会计科目　　　　　B. 账套号　　　　　　C. 会计年度　　　　　D. 会计期间

4. UFO 报表系统默认的扩展名是(　　)。

　　A. XLS　　　　　　　B. REP　　　　　　　C. ERP　　　　　　　D. DOC

5. UFO 报表中,可唯一标志一个表页的是(　　)。

　　A. 特殊公式　　　　　B. 表元　　　　　　　C. 固定区　　　　　　D. 关键字

6. UFO 报表计算公式中,取数函数包括(　　)。

　　A. 本表表页取数函数　　　　　　　　　B. 账务取数函数

　　C. 其他报表取数函数　　　　　　　　　D. 本表其他表页取数函数

7. 下列在报表的数据状态下进行的工作是(　　)。

　　A. 录入关键字值　　　　　　　　　　　B. 定义报表公式

　　C. 舍位平衡计算　　　　　　　　　　　D. 设定表单元属性

8. 在 UFO 报表中,要想对各个表页的数据进行比较,可以利用(　　)功能把多个表页的数据显示在一个平面上。

　　A. 数据透视　　　　　B. 数据汇总　　　　　C. 数据采集　　　　　D. 表页排序

9. 表表之间的相互取数是通过(　　)实现的。

　　A. 报表汇总　　　　　B. 表间取数公式　　　C. 块写文件　　　　　D. 数据修改

10. UFO 报表系统具有的功能是(　　)。

　　A. 设计报表格式　　　　　　　　　　　B. 从总账中取数

　　C. 文档编辑　　　　　　　　　　　　　D. 制作动画

11. 在UFO报表中,舍位平衡公式需要确定的条件是( )。

    A. 舍位单元   B. 舍位表名   C. 舍位位数   D. 舍位区域

二、填空题

1. UFO 将报表的操作分为_____和_____两种状态。

2. 报表公式包括 _____、_____和_____。

3. 报表初始设置的内容包括和_____、_____和_____等。

4. 报表格式主要有_____、_____、_____和_____等内容。

5. 设计报表格式的方法有_____和_____两种。

6. 表体是报表的重要内容,它是由_____和_____两部分组成。

7. 会计报表的数据来源有_____、_____和_____等。

8. "主营业务收入"本月数的账务取数公式为_____。

三、判断题

1. 定义的报表格式作为表样,可以反复调用,但不能进行修改。   ( )

2. 定义报表计算公式时,必须使用本系统规定的函数格式,否则系统认为是非法的计算公式。   ( )

3. 报表审核公式与计算公式中的"="含义相同。   ( )

4. 数据报表中的编制日期,是系统自动根据定义的日期函数生成的。   ( )

5. 在报表管理系统中,报表数据的舍位平衡就是四舍五入。   ( )

6. 会计报表只能从主体账簿中采集取数,而不能从辅助账簿中采集数据。   ( )

7. 定义一个表项目的取数公式只能选用一种取数函数。   ( )

8. 任何一个表项目的取数公式必须是唯一的;否则,将会错误编报。   ( )

四、编制会计报表

1. 新建报表,引用股份制公司的利润表模板报表格式。

2. 修改模板报表的单元取数公式,使会计科目编码与总账系统一致。

3. 计算并检查结果,通过"明细链查"功能检查报表与总账的勾稽关系。

第9章 财务分析

在企业的财务管理中,对企业的财务报告进行分析是重要的环节。财务分析是运用财务报表数据和总账数据,对企业过去的财务状况和经营成果及未来前景的一种评价。通过这种评价,可以为财务决策、计划和控制提供广泛的帮助。财务分析的基础是企业的财务报告,它反映过去的财务状况和经营成果不是报表使用者的最终目的,真正的价值是通过对财务报表的分析来预测未来的盈余、现金流量及其风险,以帮助管理人员规划未来。可以说,不掌握财务分析,就不能把反映历史状况的数据转变成预计未来的有用信息。

9.1 财务分析的方法分类

一般财务分析方法分为报表分析法、因素分析法和指标分析法。

9.1.1 报表分析法

报表分析主要是对资产负债表、利润表和自定义报表的分析。即在第8章已编制的报表基础上进行分析。对每一张报表都可进行结构分析、比较分析和趋势分析。

9.1.1.1 结构分析

结构分析是对构成某一指标的各个组成部分占总体的比重所进行的分析。结构分析可用于任何一个由部分构成总体的指标。例如,应收账款中各客户余额占应收账款总额的百分比、产品销售收入中各个产品占总收入的比重,流动资产占总资产的比重等。

9.1.1.2 比较分析

比较分析是指对同口径的任何一个财务指标在两个会计期间或一个会计期间与它的预算数之间的比较,借以揭示其增减金额及增减幅度的方法。

考虑到财务分析的会计期间可能为月,也可能为季、年,因此,进行比较分析时,可选择月、季、年和预算数四个比较。选择月、季、年时,还可以对对比期(报告期)和被对比期(基期)进行选择,即可在任意两个口径相同的会计期间之间进行比较。若选择与预算比较,则表示本期指标与它的预算数对比,也可以得到某指标与其预算数对比的情况。

9.1.1.3 趋势分析

所谓趋势分析是指同一事物在时间阶段上的变化趋势。趋势分析往往能够揭示企业财务指标或损益指标的变动规律,借以对企业未来的经济活动进行很好的预测和规划。趋势分析由于分析的角度不一样,又可以分为绝对数趋势分析和相对数趋势分析两种趋势分析方法。

绝对数趋势分析是指某一指标在本年各月度之间、各季度之间、进而在各个年度之间并行排列,借以观察其发展的动态趋势和规律。

相对数趋势分析是指某期与一个基期相比的变化趋势,由于其基础的不同,又可以分为定基分析和环比分析。

(1) 定基分析是指各期与指定基期相比的变动额、变动幅度等趋势。

(2) 环比分析是指各个会计期间指标分别与上期相比的发展趋势。

9.1.2 因素分析法

因素分析法就是把某一综合指标分解成若干个相互联系的因素并分别计算、分析各个因素影响程度的方法。利用这种方法对综合性财务指标的变动进行分析,应首先找出该综合指标受哪几个因素的影响,并建立各因素与该指标间的函数关系,然后根据分析的目的,选择适当的方法进行分析,测定各因素变动对指标的影响程度。选定某一个因素,可以是收入、利润,也可以是某一个产品的成本构成,因素的设定由用户自己确定。在确定了因素和因素分析的方法之后,便可以对该因素进行各种分析。因素分析法又可以分为比率因素分解法和差异要素分解法。

9.1.3 指标分析法

基本财务指标分析是指同一期财务报表上的相关项目互相比较,求出它们间的比率,以说明财务报表上所列项目与项目之间的关系,从而揭示单位的财务状况,通过计算各种财务指标的方法来了解企业的经营和收益情况,是财务分析的核心。例如,通过计算应收账款周转率可以了解企业资金回笼的速度,通过资产负债率可以了解企业的负债总额占总资产的比重,确定企业的融资和投资方案等。因此,指标分析法也称为比率法。

9.2 财务分析的主要功能

财务分析系统主要是利用已有的账务数据和编制的会计报表,对企业过去的财务状况、经营成果及未来前景的一种评价,该系统有些功能可直接取总账系统的数据,大部分功能都是通过数据维护功能将要分析的报表导入,主要是对多个公司进行评价,用友 U86.1 与 U85.2 最大的不同之处就是,用友 U86.1 是一个独立的专家财务评估系统,而不仅仅是财务分析。其主要功能模块如图 9-1 所示。

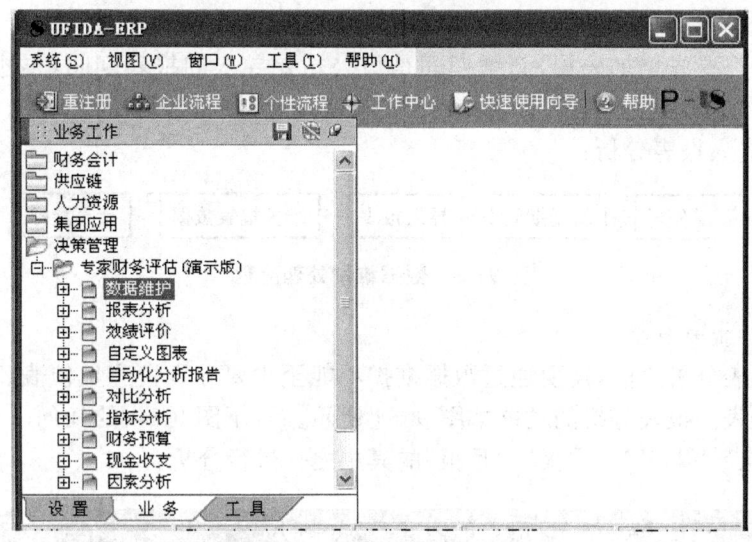

图 9 - 1　专家财务评估功能模块

9.2.1　功能简介

9.2.1.1　数据维护

进行报表分析首先要通过如图 9 - 2 所示的数据维护功能,将报表数据导入专家财务评估系统,可以导入多家公司的报表,进行比较分析。就是同一账套的报表也要通过该功能,将数据导入,才能使用报表数据进行分析。

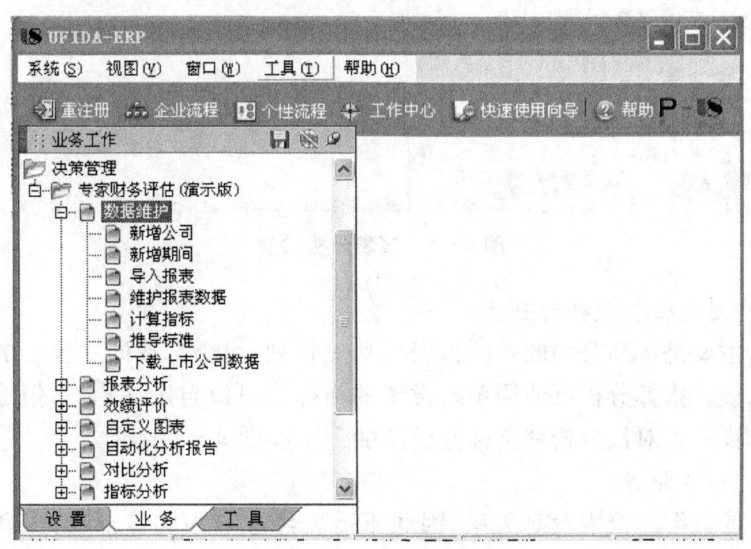

图 9 - 2　数据维护功能

数据维护操作流程如图 9-3 所示,因为该系统可对多家公司进行评价,所以导入每个公司的数据都要先增加公司,新增期间是该公司要导入的报表期间,再才能导入对应的报表,导入报表数据之后,需要与系统报表项目匹配,然后进行指标计算。完成这些工作之后,才能进入报表分析。

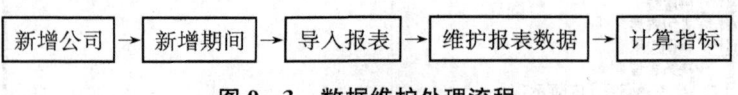

图 9-3 数据维护处理流程

9.2.1.2 报表分析

在进行报表分析之前,需要通过数据维护功能至少要导入资产负债表、利润表、现金流量表这三张表。报表分析的功能如图 9-4 所示。对于图 9-4 的任何一个选项,都可分别选择"年报"、"中报"、"季报"、"月报"的其中之一进行分析。

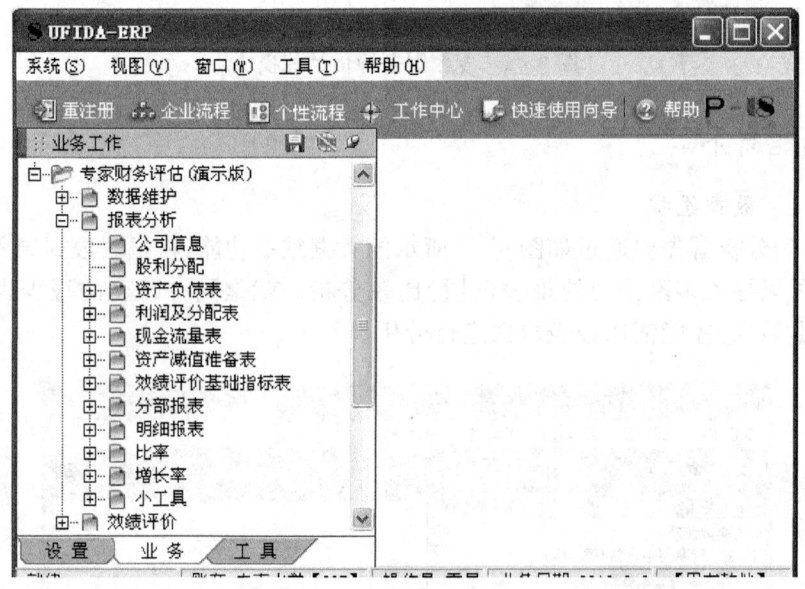

图 9-4 报表分析功能

9.2.1.3 对比分析及指标分析

对比分析主要是不同公司的相同报表项目进行列示比较,或同一公司的相同指标在不同期间的比较。指标分析可使用系统设置的指标也可以自定义指标,但这些指标也都是从报表中选择的。对比分析和指标分析功能列示如图 9-5 所示。

9.2.1.4 财务预算

财务预算的数据与报表没有关系,因此不需要经过前面的步骤,与账套数据直接关联,所以预算初始、预算分析都在该模块进行。财务预算功能如图 9-6 所示。

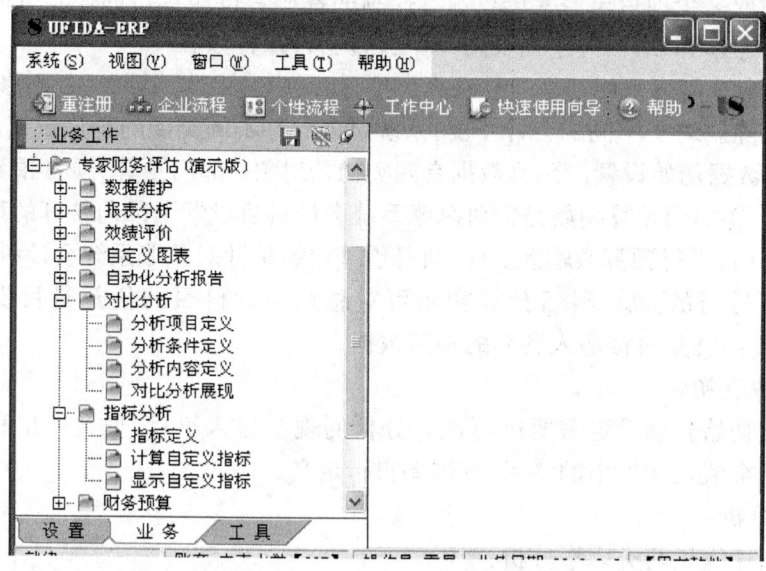

图 9-5 对比分析及指标分析

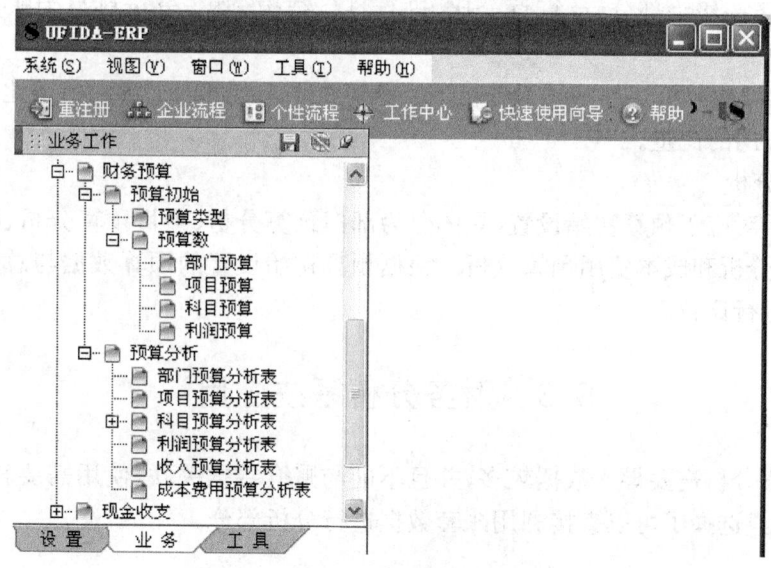

图 9-6 预算功能

1）预算初始设置

预算初始设置包括预算类型初始设置和预算数据初始设置。

（1）预算类型初始设置。预算类型分精细型和粗放型。初始设置时应在两者之中选择其一。精细预算是指对某个部门或某个项目中的核算科目制定预算数。粗放预算就是将某个部门或某个项目里需要进行预算控制的各科目按照选定的控制方向,制订一个部门或项目的总预算数,而并不需要对每个科目制订预算数。

注:一个会计年度只能选择一种预算类型,如果中途修改预算类型,则修改之前的预算数据将被删除。对于不同的会计年度,系统可以保存不同类型的预算数据。

(2) 预算数据初始设置。预算数据有四类初始对象:部门预算、项目预算、科目预算和利润预算。① 部门预算初始是针对总账系统会计科目设置了部门核算的科目,按照基础资料中的部门,进行预算数输入。② 项目预算初始是针对总账系统会计科目设置了项目核算的科目进行的。③ 科目预算初始可对总账会计科目的任意科目设置预算数。④ 利润预算初始就是直接输入利润的预算数据。

2) 现金收支初始

现金收支初始分别设定需要进行预算分析的现金流入科目、现金流出科目,并录入年预算数。现金流入和流出的科目,都需要自行定义。

3) 因素分析

财务分析中提供两类因素分析:

(1) 科目结构分析。科目结构分析即在企业科目结构中,选定任一非末级科目为总体,以该科目下一级为部分,计算百分比,进行科目结构分析,分析科目为账务系统的所有非末级科目。

(2) 部门结构分析。部门结构分析用于分析每个末级部门下各科目的比重及各科目下每个末级部门的比重。

4) 预算分析

预算分析对应于预算初始设置,具体分为部门预算分析、项目预算分析、科目预算分析、收入预算分析和成本费用预算分析。根据预算初始设置的预算数据与总账系统实际发生的数据进行比较。

9.3　财务分析系统应用

因为报表分析需要导入数据较多,并且不能与账套数据关联,使用需要较多的学时,因此,该部分只选择了可以直接利用账套数据进行分析部分。

9.3.1　系统初始的资料准备

1) 部门预算数据

在总账系统的会计科目设置中,管理费用下的三个明细科目设置了部门辅助核算。因此,部门预算只能对这些科目按部门编制预算数据,假设新世纪轧钢厂编制的预算数据如表 9-1 所示。

表 9-1 部门预算数据　　　　　　　　　　　　　单位：元

部门名称	管理费用（分部门进行辅助核算）		
	招待费	差旅费	办公费
采购部	800	1 000	500
企业管理部	800	2 000	300
财务部	800	1 500	400

2）项目预算数据

在总账系统的会计科目设置中，存货类的科目都按存货设置了项目核算，在建工程按工程项目设置了项目核算，主营业务收入和主营业务成本按存货大类下的产品设置了项目核算，这些科目都可以按具体项目设置预算数据。在此以项目中的存货为例，新世纪轧钢厂编制的项目预算数据如表 9-2 所示。

表 9-2 主要产品的收入和成本预算数据　　　　　单位：元

项目大类	项目名称	主营业务（销售）收入	主营业务（销售）成本
存货	齿轮钢	160 000	77 600
	螺纹钢	270 000	160 000
	角 钢	280 000	160 000
	槽 钢	380 000	240 000
	扣件钢	160 000	80 000
	轻 轨	298 290	198 627
	链条钢	370 000	170 000
	锚杆钢	360 000	200 000
	弹条钢	300 000	136 000

由于在此选择了存货项目预算，并选择了销售收入和销售成本，因此，不需要进行产品毛利预算。

3）现金收支预算

现金流入/流出预算数据如表 9-3 所示。

4）利润预算初始准备

利润预算项目及 7 月份的预算数据如表 9-4 所示。

表 9 - 3　　现金收支预算表　　　　　　　　　　单位：元

科目代码	流入科目	流入预算	科目代码	流出科目	流出预算
5101	主营业务收入	2 564 000	5401	主营业务成本	1 500 000
5102	其他业务收入	10 000	5405	其他业务成本	10 000
5201	投资收益	8 000	5501	销售费用	40 000
5203	补贴收入	2 000	5502	管理费用	30 000
5301	营业外收入	5 000	5503	财务费用	20 000
			5601	营业外支出	16 000

表 9 - 4　　7 月份利润预算表　　　　　　　　　　单位：元

项　　目	产品销售利润	其他业务利润	投资收益	营业外收入	营业外支出
金　　额	1 200 000	20 000		12 000	10 000

9.3.2　初始设置操作

1）预算类型选择

【操作】　在图 9 - 7[业务]页签中单击树状目录的根结点[决策管理]后，列示下一级结点，点击下一级结点[专家财务评估]后，单击结点[预算类型]，弹出[选择预算类型]对话框如图 9 - 7 所示。选择[精细预算]，单击[确定]。

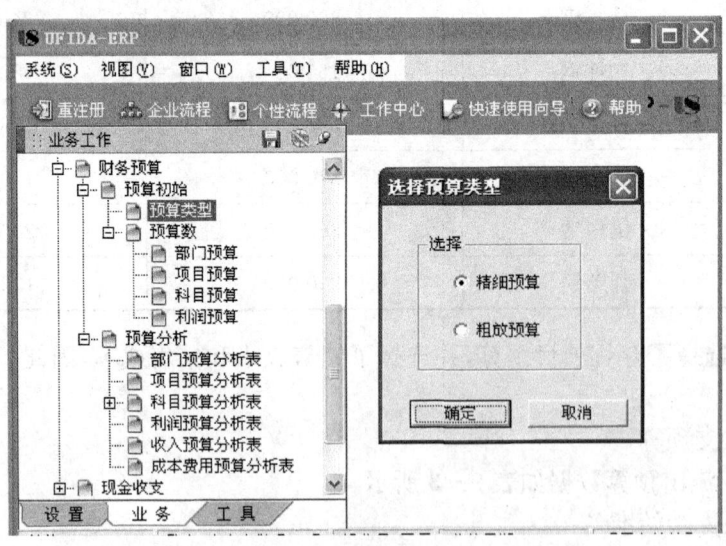

图 9 - 7　预算类型窗口

2）预算数设置

（1）部门预算数设置。

【操作】　在图 9-7 中，单击树型目录的[部门预算]，弹出如图 9-8 所示的部门预算窗口，先在窗口中部[部门]下选择[采购部]，然后在左边选中三个预算科目，单击[＞]将左边选中的科目填入右边的[已选科目]，重复以上操作，依次将[采购部]、[财务部]、[企业管理部]的对应科目填入右边如图 9-8 所示。最后单击[确定]，进入如图 9-9 所示的[编制部门预算数]窗口，在此窗口直接录入表 9-1 的数据，输入预算数据之后单击[确定]保存数据，返回主窗口。如输入预算数据之后单击[取消]不保存数据，返回主窗口。

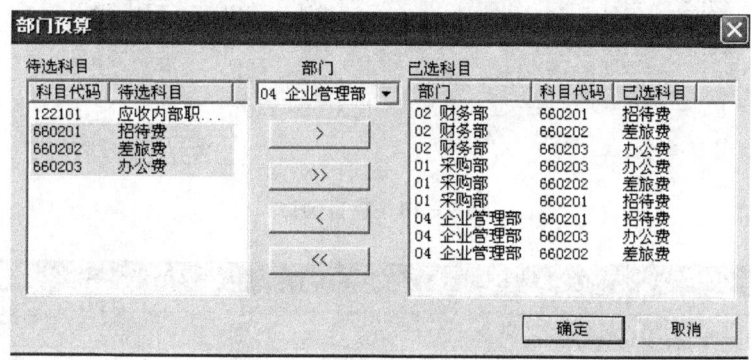

图 9-8　部门预算窗口

部门	科目	2010.7	追加
采购部	招待费	800.00	0.00
采购部	差旅费	1,000.00	0.00
采购部	办公费	500.00	0.00
	合计	2,300.00	0.00
财务部	招待费	800.00	0.00
财务部	差旅费	1,500.00	0.00
财务部	办公费	400.00	0.00
	合计	2,700.00	0.00
企业管理部	招待费	800.00	0.00
企业管理部	差旅费	2,000.00	0.00

图 9-9　编制部门预算数

（2）项目预算设置。

【操作】　在图 9-7 中，单击树型目录的[项目预算]，弹出如图 9-10 所示的项目预算窗口，在窗口左上方选择项目大类[存货核算]，左下列出全部按"存货"设置"项目核算"的会计科目。点击窗口右上方项目对应的下拉列表框，显示所有"存货"项目，从中选择表 9-2 的项目名称，而后从左边待选科目列选中[主营业务收入]及[主营业务成本]，单击窗口中部的[＞]，将所选科目移入右边的[已选科目]，重复上述操作，将表 9-2 的所有项目及对应科目填入[已选科目]之后,按窗口左下方[确定],进入如图9-11所示的[编制项目预算数]窗口。在此录入表9-2的预算数据。录入全部数据之后单击[确定]保存数据,返回主窗口。

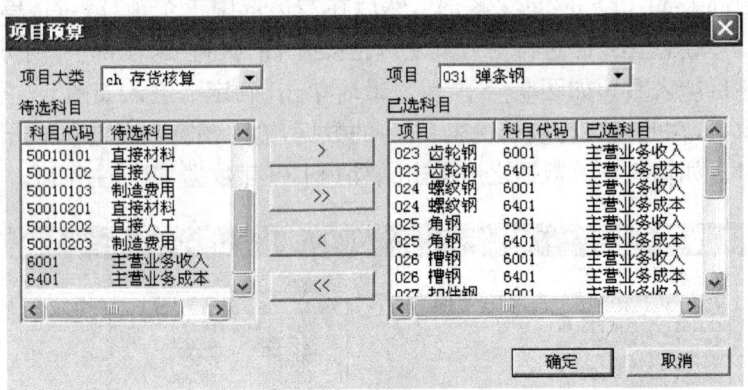

图9-10　项目预算

大类	项目	科目		2010.7	追加	2010.8
存货核算	齿轮钢	主营业务收入		160,000.00	0.00	0.00
存货核算	齿轮钢	主营业务成本		77,600.00	0.00	0.00
		合计		237,600.00		
存货核算	螺纹钢	主营业务收入		270,000.00	0.00	0.00
存货核算	螺纹钢	主营业务成本		160,000.00	0.00	0.00
		合计		430,000.00		
存货核算	角钢	主营业务收入		280,000.00	0.00	0.00
存货核算	角钢	主营业务成本		160,000.00	0.00	0.00
		合计		440,000.00		
存货核算	槽钢	主营业务收入		380,000.00	0.00	0.00

图9-11　项目预算数据录入窗口

(3) 现金流入/流出预算设置。

【操作】　在图9-7中,单击树型目录的[现金收支],弹出如图9-12所示的[现金科目预算]窗口,窗口左边为现金[流入科目],右边为现金[流出科目],首先在左边单击[增加],弹出如图9-13所示的增加代码窗口,单击应填入的科目[6001],科目名称自动显示在[已选流入科目],在科目名称右边,输入流入预算额[2 564 000],单击[确定]将数据填入并返回图9-12。重复上述操作。流出项目操作相同,只是操作对象为右边窗口。

(4) 利润预算数设置。

【操作】　在图9-7中,单击树型目录的[利润预算],弹出如图9-14所示的利润预算窗口,在此参照表9-5录入7月份的预算数据,单击[确定]保存数据,返回系统界面。

注:利润预算窗口的项目不能进行增、删修改,只需录入预算数据。

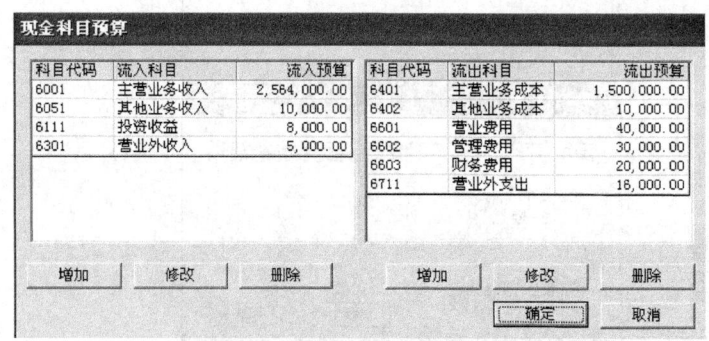

图 9-12 现金收支预算窗口

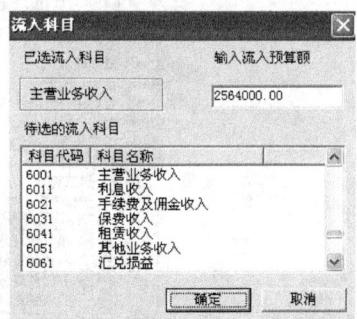

图 9-13 选择科目录入预算额

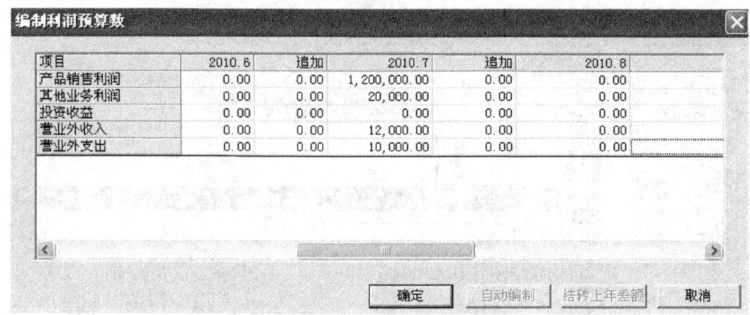

图 9-14 利润预算窗口

9.3.3 预算管理报表分析

1) 部门预算分析

【操作】 在系统菜单下,单击[预算分析]打开下级目录,单击[部门预算分析表],弹出如图 9-15 所示的分析期间选择窗口,选择[2010.7]之后单击[确定]进入图 9-16,首先选择表名[精细部门预算执行报告],然后单击窗口中部的[>>],将窗口左边的[待选科目]全部移入窗口右边的[已选科目],报表分析只对已选科目进行。最后选择分析方式[按部门],单击[确定]出现如图 9-17 所示的[精细部门预算执行报告]。

2) 项目预算分析

【操作】 在如图 9-15 所示的树型目录中单击[项目预算分析表],弹出分析期间选择窗口,选择[2010.7]之后单击[确定]进入图 9-18,首先选择表名[精细项目预算执行报告],然后单击窗口中部的[>>],将窗口左边的[待选科目]全部移入窗口右边的[已选科目],最后选择分析方式[按科目],单击[确定]出现如图 9-19 所示的[精细项目预算执行报告]。

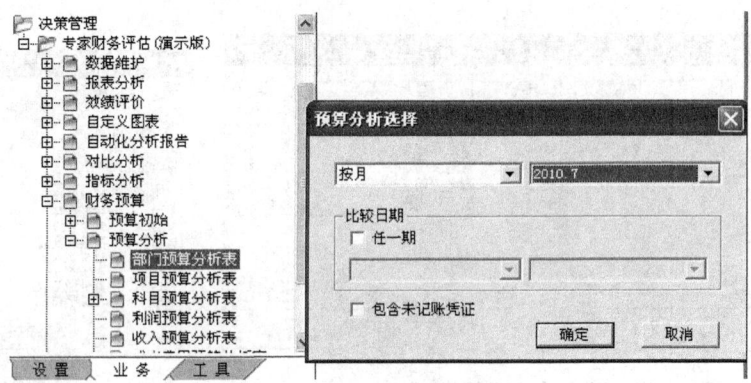

图 9-15　预算分析选择窗口

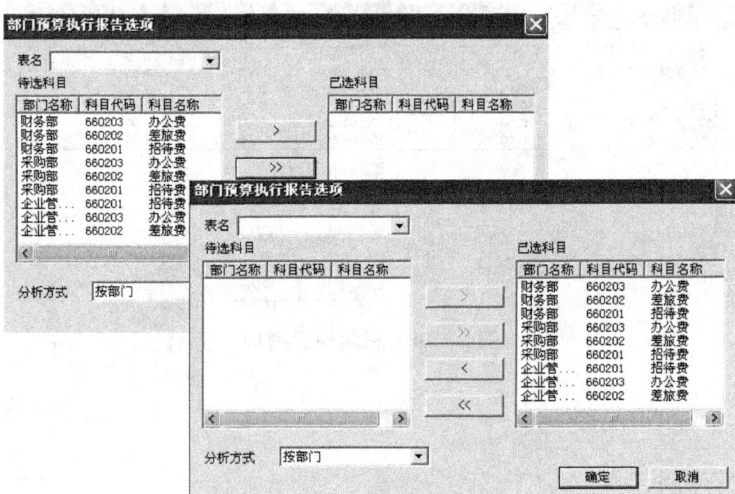

图 9-16　部门预算报告选项设置

部门	科目	2010.7预算	2010.7预算合计	2010.7完成	完成预算	
					差额	百分比
采购部	招待费	800.00	800.00		-800.00	
	差旅费	1,000.00	1,000.00	50.00	-950.00	5.00%
	办公费	500.00	500.00		-500.00	
	合计	2,300.00	2,300.00	50.00	-2,250.00	2.17%
财务部	招待费	800.00	800.00		-800.00	
	差旅费	1,500.00	1,500.00		-1,500.00	
	办公费	400.00	400.00		-400.00	
	合计	2,700.00	2,700.00		-2,700.00	
企业管理部	招待费	800.00	800.00	794.00	-6.00	99.25%
	差旅费	2,000.00	2,000.00	1,664.00	-336.00	83.20%
	办公费	300.00	300.00	272.00	-28.00	90.67%
	合计	3,100.00	3,100.00	2,730.00	-370.00	88.06%

精细部门预算执行报告
日期：2010.7

图 9-17　部门预算执行报告

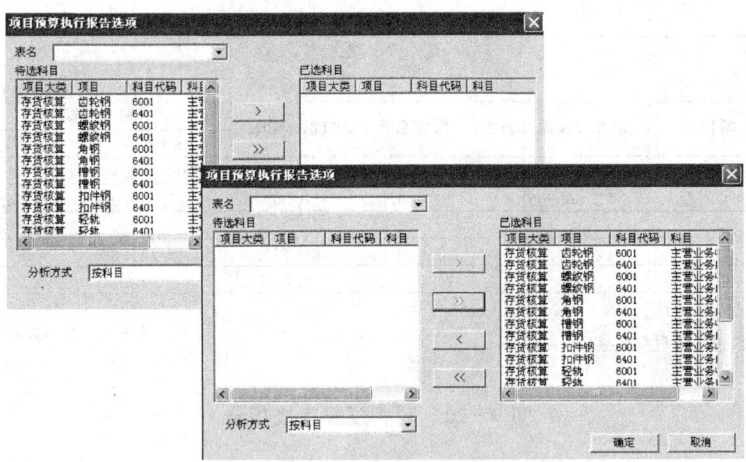

图 9 - 18 项目预算报告选项设置

科目	项目大类	项目	2010.7预算	2010.7预算合计	2010.7完成	完成预算	
						差额	百分比
主营业务收入	存货核算	齿轮钢	160,000.00	160,000.00	156,400.00	-3,600.00	97.75%
		螺纹钢	270,000.00	270,000.00	270,750.00	750.00	100.28%
		角钢	280,000.00	280,000.00	283,500.00	3,500.00	101.25%
		槽钢	380,000.00	380,000.00	381,300.00	1,300.00	100.34%
		扣件钢	160,000.00	160,000.00	164,220.00	4,220.00	102.64%
		轻轨	298,290.00	298,290.00	313,280.00	14,990.00	105.03%
		鱼条钢	370,000.00	370,000.00	373,450.00	3,450.00	100.93%
		锚杆钢	360,000.00	360,000.00	306,000.00	-54,000.00	85.00%
		弹条钢	300,000.00	300,000.00	315,200.00	15,200.00	105.07%
	合计		2,578,290.00	2,578,290.00	2,564,100.00	-14,190.00	99.45%
主营业务成本	存货核算	齿轮钢	77,600.00	77,600.00	77,415.45	-184.55	99.76%
		螺纹钢	160,000.00	160,000.00	166,915.95	6,915.95	104.32%
		角钢	160,000.00	160,000.00	157,101.90	-2,898.10	98.19%
		槽钢	240,000.00	240,000.00	235,106.71	-4,893.29	97.96%
		扣件钢	80,000.00	80,000.00	81,633.83	1,633.83	102.04%
		轻轨	198,627.00	198,627.00	201,629.50	3,002.50	101.51%
		鱼条钢	170,000.00	170,000.00	172,303.67	2,303.67	101.36%
		锚杆钢	200,000.00	200,000.00	202,608.72	2,608.72	101.30%
		弹条钢	136,000.00	136,000.00	136,357.12	357.12	100.26%
	合计		1,422,227.00	1,422,227.00	1,431,072.85	8,845.85	100.62%

图 9 - 19 项目预算执行报告

3) 利润预算分析

利润预算项目是系统预设的,因此不需要选择预算项目,只选择分析日期即可。

【操作】 在如图 9 - 15 所示的树型目录中单击[利润预算分析],弹出分析期间选择窗口,选择[2010.7]之后单击[确定]进入如图 9 - 20 所示的[利润预算完成报告]。

4) 预算分析总结

所有预算分析都是通过预算与实际完成相比较,预算方案是在报表分析系统录入的,实际完成数据是从报表或总账系统中采集的。

项目	2010.7预算	2010.7预算合计	2010.7完成	完成预算	
				差额	百分比
产品销售利润	1,200,000.00	1,200,000.00	1,133,027.15	-66,972.85	94.42%
其他业务利润	20,000.00	20,000.00	11,000.00	-9,000.00	55.00%
投资收益					
营业外收入	12,000.00	12,000.00	55,743.66	43,743.66	464.53%
营业外支出	10,000.00	10,000.00	9,010.26	-989.74	90.10%

利 润 预 算 完 成 报 告

日期: 2010.7

核算单位: 新世纪轧钢厂

制表: 王浩

打印日期: 2010年8月5日

图 9 - 20　利润预算完成报告

(1) 从总账采集的数据。图 9 - 17 部门执行预算报告中数据都取自总账系统管理费用的明细科目,这些明细科目"按部门设置了辅助核算"。因此,在总账中分部门记录了发生额,此处才可以进行分析。

图 9 - 19 项目预算执行报告的数据取自总账系统"主营业务收入"和"主营业务成本"科目,这些科目"按存货设置了项目核算",才可以分产品记录"收入"和"成本",自动计算出"销售"利润。

(2) 从报表采集的数据。图 9 - 20 利润预算完成报告中"产品销售利润"是从利润表取得的数据,但从图 9 - 19 中

"主营业务收入"合计-"主营业务成本"合计=2 564 100-1 431 072.85=1 133 027.15(元)

同样可得出相同的结果,说明账表之间的勾稽关系是正确的。

5) 因素分析法——科目结构分析

科目结构分析是用于分析单个科目中各明细科目所占比重,每次选择一个科目,如分析生产成本/基本生产成本的科目结构,可分析各成本要素占总成本的比重。

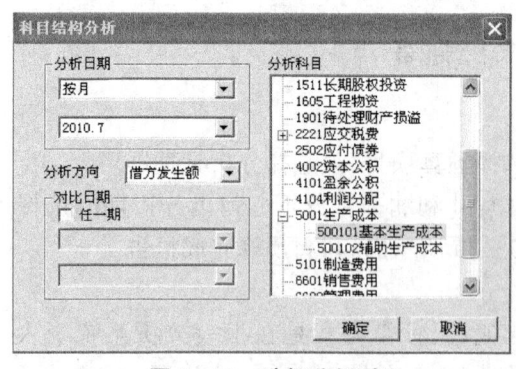

图 9 - 21　选择分析科目

【操作】　在系统菜单下,单击[因素分析]展开下级目录,单击[科目结构分析],弹出如图 9 - 21 所示的[科目结构分析]选择窗口。在窗口右边选择[基本生产成本],在窗口左上方选择分析日期[2010.7],分析方向选择[借方发生额],单击[确定]进行数据准备,数据处理之后自动显示分析结果如图 9 - 22 所示的基本生产成本结构分析表。基本生产的科目结构分析说明新世纪轧钢厂的成本结构是合理的,制造费用仅占 3.34%。

科目结构分析表

基本生产成本　　日期：2010.7

明细科目	当期借方发生额		本年累计	
	金额	结构	金额	结构
直接材料	1,053,870.00	84.88%	1,053,870.00	84.88%
直接人工	146,255.20	11.78%	146,255.20	11.78%
制造费用	41,495.70	3.34%	41,495.70	3.34%
合计	1,241,620.90	100.0%	1,241,620.90	100.0%

核算单位：新世纪轧钢厂　　打印日期：2010年8月5日

制表：王浩　　[用友财务软件]

图9-22　基本生产成本结构分析表

本章重点精炼

财务分析是对财务信息的提炼和升华，除预算分析要输入预算方案之外，其他分析全部是利用已有数据，轻松地获得各种有价值的信息，尤其是对历史数据的趋势分析，只要选择比较期间，就可完成不同期间的结果比较表，该功能可完成第8章所讲的“报表透视”，但比“报表透视”效果更好，操作更简单。“比较期间”可以任意选择，但不需要输入“透视区域”和“列字符串”，并且生成的报表更直观、更漂亮。如果做好了会计的全部核算工作，而没有进行财务分析，这是对会计信息资源的巨大浪费。

习　　题

单选题

1. 按照第3章设置的会计科目，下列可以做部门预算的科目是（　　）。
   A. 应收账款　　B. 管理费用　　C. 原材料　　D. 库存商品
2. 按照第3章设置的会计科目，下列可以做项目预算的科目是（　　）。
   A. 在建工程　　B. 主营业务成本　　C. 应付账款　　D. 管理费用
3. 下列符合科目预算的是（　　）。
   A. 所有科目　　B. 没有设辅助核算的科目
   C. 非一级科目　　D. 非受控科目
4. 下列符合做科目结构分析的是（　　）。
   A. 所有科目　　B. 非末级科目
   C. 设置了辅助核算的科目　　D. 受控科目
5. 因素趋势分析法中，对分析因素描述正确的是（　　）。
   A. 只能是一级会计科目　　B. 可以是任何一级的会计科目
   C. 一级会计科目和部分报表项目　　D. ABC都正确

参 考 文 献

［1］ 韩庆兰.会计信息系统［M］.北京：机械工业出版社,2007.

［2］ 王景新,等.会计电算化教程［M］.北京：清华大学出版社,2002.

［3］ 中华人民共和国财政部.企业会计准则——应用指南2006［M］.北京：中国财政经济出版社,2006.

［4］ 企业会计准则编审委员会.最新企业会计准则讲解与运用［M］.上海：立信会计出版社,2006.

［5］ 财政部会计司编写组.企业会计准则讲解2006［M］.北京：人民出版社,2006.

［6］ 龚中华,等.用友ERP－U8(V8.61)标准财务模拟实训［M］.北京：人民邮电出版社,2007.

［7］ 龚中华,等.用友ERP－U8(V8.61)标准财务培训教程［M］.北京：人民邮电出版社,2007.

［8］ 用友U9产品介绍［EB/OL］.www.ufida.com.cn.

［9］ 金蝶EAS产品介绍［EB/OL］.www.kingdee.com.